Die Wähler der Linkspartei.PDS von 1994 bis 2009

Christian Zettl

Die Wähler der Linkspartei.PDS von 1994 bis 2009

Springer VS

Christian Zettl
Zeppelin Universität Friedrichshafen
Deutschland

Dissertation Universität Freiburg, 2012

ISBN 978-3-658-06495-2 ISBN 978-3-658-06496-9 (eBook)
DOI 10.1007/978-3-658-06496-9

Die Deutsche Nationalbibliothek verzeichnet diese Publikation in der Deutschen Nationalbibliografie; detaillierte bibliografische Daten sind im Internet über http://dnb.d-nb.de abrufbar.

Springer VS

Gedruckt auf säurefreiem und chlorfrei gebleichtem Papier

Springer VS ist eine Marke von Springer DE. Springer DE ist Teil der Fachverlagsgruppe Springer Science+Business Media.
www.springer-vs.de

Inhaltsverzeichnis

Tabellenverzeichnis

Abbildungsverzeichnis

1 Einleitung

1.1 Forschungsproblem und Fragestellung

„Die Wege zum Kommunismus können wir nur finden, wenn wir uns auf den Weg machen und sie ausprobieren, ob in der Opposition oder in der Regierung", so lautete eine Passage eines Vortrages von Gesine Lötzsch, Vorsitzende der Partei „Die Linke" auf der Rosa-Luxemburg-Konferenz im Januar 2011 (Lötzsch 2011). Obgleich diese Aussage in späteren Interviews von ihr und von Seiten der Partei relativiert wurde, stieß sie in den Medien, der Öffentlichkeit und seitens der politischen Gegner auf heftige Kritik. So wurde der Parteivorsitzenden unter anderem unterstellt, dass sie sich außerhalb der verfassungsrechtlichen Grundlage bewege, und gefordert, die Partei fortan wieder unter Beobachtung des Verfassungsschutzes zu stellen (Wittrock/Medick: 2011).

Die aktuelle Episode zeigt, dass die Partei auch nach über 20 Jahren eine Sonderrolle im Parteiensystem der Bundesrepublik Deutschland einnimmt. So wurde die Partei des Demokratischen Sozialismus (PDS) als Nachfolgeorganisation der Sozialistischen Einheitspartei Deutschlands (SED) seit der Wiedervereinigung vom Bundesamt für Verfassungsschutz als „bedenklich" eingestuft, da linksextremistische Kräfte in ihren Parteistrukturen verankert seien, die die Systemüberwindung des Kapitalismus zum Ziel hätten und dem Parlamentarismus kritisch gegenüberstünden (Bundesministerium des Inneren 2007: 169ff.; Backes/Jesse 1996: 45; Moreau 1998). Die Partei stellt sich dagegen als eindeutig demokratische Kraft dar. Dabei führt sie die Revolution im Herbst 1989 in der Deutschen Demokratischen Republik (DDR) als ihre Wurzeln an und proklamiert ihren Widerstand gegen jegliche Art von Diktatur (Arzheimer 2007: 68). Diese divergierenden Bewertungen der Partei werden nicht nur von politischen Gegnern einerseits und Befürwortern der Partei andererseits getroffen, sondern finden sich auch in wissenschaftlichen Analysen zur Linkspartei.PDS[1] (vgl. Neu 2004; Arzheimer 2005a: 412).

---

[1] Seit 1990 hat die Nachfolgepartei der SED mehrmals ihren Namen geändert. Aus Gründen der Übersichtlichkeit wird im Folgenden der Name Linkspartei.PDS verwendet, da er sowohl den alten als auch den neuen Namen der Partei beinhaltet.

Mit der Diskussion um Parteiprogramme und -strukturen rückten im Zuge der ersten Wahlerfolge der Linkspartei.PDS auch die Motive der Wählerschaft in den Fokus wissenschaftlicher Untersuchungen, die ebenfalls die unterschiedlichsten Blickwinkel einnahmen. Einerseits wurden Indikatoren der klassischen Wahlverhaltensansätze untersucht sowie die Bedeutung von Protestwahlverhalten, nostalgischen Einstellungen oder der Unzufriedenheit mit dem Transformationsprozess, andererseits wurden auch antidemokratische und extremistische Einstellungen hervorgehoben und so die Wählerschaft selbst in die Nähe jener rechtsextremer Parteien gerückt (Neu 2009; Bortfeldt 1994: 1284; Falter/Klein 1994, 1995; Arzheimer 2007: 70).

Analysen dieser Art zur Wählerschaft der Linkspartei.PDS wurden oftmals losgelöst von tiefer gehenden theoretischen Überlegungen konzipiert und interpretiert. Dies lässt sich darauf zurückführen, dass Ansätze und Indikatoren zu vermeintlich extremistischen Wählern zumeist aus der Forschung zu ideologisch rechten Parteien entstanden sind und linken Parteien lange Zeit eine nur geringe Aufmerksamkeit zuteil wurde (Arzheimer 2006: 253; Neugebauer 2001). Doch auch die relativ gut ausgearbeiteten Ansätze der Rechtsextremismusforschung zerfallen bei näherer Betrachtung in äußerst heterogene Subgruppen zu Persönlichkeitsmerkmalen, sozialer Desintegration, Gruppenkonflikten und politischen Gelegenheitsstrukturen, die jeweils nur einen Teilaspekt der Wählermotive beleuchten. Dabei wurden schon in den 1960er Jahren integrative Ansätze konzipiert, die diese Heterogenität zu reduzieren suchten und damit ein umfassendes Bild extremer Parteien und ihrer Wählerschaft zu zeichnen vermochten (Scheuch/Klingemann 1967). Jedoch wurde erst in der neueren Forschung eine Verbindung zwischen solchen Ansätzen und den klassischen Ansätzen der Wahlforschung gezogen (Arzheimer/Falter 2002; Arzheimer 2008a).

Die vorliegende Arbeit verfolgt deshalb zwei Ziele: Während erstens bisherige Untersuchungen zur Wählerschaft der Linkspartei.PDS zumeist theoretisch unzureichend unterfüttert waren und nur fragmentierte Ergebnisse lieferten, wird die Analyse der Wahlmotive mithilfe eines integrativen Ansatzes auf eine fundierte Basis gestellt und die Übertragbarkeit von Extremismustheorien überprüft. Während solche Untersuchungen für die Wahl einer extrem rechten Partei in den letzten Jahren durchgeführt wurden (Arzheimer 2008a), stellt sie eine grundlegende Innovation im Bereich der politikwissenschaftlichen Diskussion für Parteien am extrem linken Rand dar.

Zweitens werden auf Grundlage dieser Überlegungen die Wählermotive der Linkspartei.PDS umfassend empirisch untersucht. Dabei besteht ein besonderes Interesse an den Veränderungen dieser Motive seit der Wiedervereinigung, den Unterschieden zwischen Ost- und Westdeutschland und den Wechselbeziehungen zwischen soziodemographischen Merkmalen, individuellen Einstellungen und programmatischen Angeboten der Parteien. Damit präsentiert vorliegende Arbeit die erste empirische Analyse der Motive der Wählerschaft der Linkspartei.PDS über einen längeren Zeitraum, die sowohl Merkmale auf der Nachfrage- als auch auf der Angebotsseite mit einbezieht und einen Vergleich zwischen ost- und westdeutscher Wählerschaft zieht.

Konkret ergeben sich aus diesen Zielen die folgenden Forschungsfragen, die das Gerüst für die theoretische Basis und die empirische Analyse der vorliegenden Arbeit bilden:

1. Sind für eine umfassende Analyse der Linkspartei.PDS-Wahl Ansätze aus der Extremismusforschung notwendig, um das Wahlverhalten für diese Partei erklären zu können, oder reichen die klassischen Theorien der Wahlverhaltensforschung aus?

Erst wenn die Frage positiv beantwortet werden kann, ist es möglich, weitere Analysen der Linkspartei.PDS-Wahl unter dem Blickwinkel der Extremismusforschung vorzunehmen. Sollten sich jedoch die Motive der Wählerschaft der Linkspartei.PDS auch auf Grundlage der klassischen Theorien des Wahlverhaltens erklären lassen, ergibt sich aus der Anwendung der Ansätze der Extremismusforschung kein zusätzlicher Erkenntnisgewinn. Sollten sie sich als erklärungsrelevant herausstellen, dann sind sie für die empirische Analyse unabdingbar. Allerdings kann daraus noch nicht die Übertragbarkeit der neueren integrativen Ansätze abgeleitet werden. So muss in einem zweiten Schritt gefragt werden:

2. Können die Theorien der Extremismusforschung auch auf Wähler einer Partei am linken Rand des Parteienspektrums angewandt werden?

Auch hier wird die Anwendung von Extremismusansätzen auf die Bereitschaft, die Linkspartei.PDS zu wählen, erst durch die positive Beantwortung der zweiten Frage möglich. Eine Übertragbarkeit ist dabei alles andere als selbstverständlich, da nahezu alle Theorien zur Analyse extremer Wähler für Parteien am rechten Rand des politischen Spektrums konzipiert wurden. Dabei erweisen sich erstens neuere Ansätze der Extremismusforschung als hilfreich, da sie nicht nur eine integrative Funktion aufweisen, sondern zudem als Mehr-Ebenen-Modelle konzipiert worden sind und somit eine Übertragung ermöglichen. Zweitens lässt sich zeigen, dass sich die klassischen Ansätze der Extremismusforschung mit negativen Einstellungen zu Fremdgruppen bzw. zum etablierten politischen System beschäftigen. Somit sollte eine Anwendung der Extremismusansätze möglich sein, wenn sich für die Wählerschaft der Linkspartei.PDS eine prominente

Fremdgruppe bzw. eine Abgrenzung zu einem politischen System identifizieren ließe.

Erst wenn diese beiden Fragen positiv beantwortet worden sind, kann eine empirische Analyse der Wählerschaft der Linkspartei.PDS stattfinden. Den oben dargestellten Annahmen zufolge sollte dabei eine integrative Theorie, die Ansätze der Wahl- und der Extremismusforschung verbindet, am ehesten die Motive der Linkspartei.PDS-Wählerschaft aufdecken können. Neben der Frage nach den allgemeinen Wählermotiven sind zudem die Fragen nach Veränderungen im Zeitverlauf und nach Unterschieden im Ost-West-Vergleich von besonderem Interesse. So ist anzunehmen, dass sich seit der Wiedervereinigung die soziodemographische Basis und die Einstellungen der Linkspartei.PDS-Wählerschaft verändert haben und sie sich in beiden Landesteilen signifikant unterscheiden (Schoen/Falter 2005; Neller/Thaidigsmann 2007). So lautet die dritte Fragestellung:

3. Welche Motive spielen bei der Wahl der Linkspartei.PDS die Hauptrolle? Ergeben sich Veränderungen in den Einflussfaktoren seit der Wiedervereinigung und wie unterscheidet sich die Wählerschaft in Ost- und Westdeutschland?

In der empirischen Sozialforschung ist eine klare Tendenz erkennbar, menschliches Verhalten auf der Individualebene zu erklären. In den letzten Jahrzehnten wurde jedoch evident, dass auch Faktoren auf der Makro- bzw. Meso-Ebene einen Einfluss auf das Wahlverhalten des Individuums ausüben (Hummell/Opp 1971; Coleman 1994; Opp 2005; Esser 1996b). Auch die integrativen Ansätze gehen davon aus, dass nicht nur soziodemographische Merkmale und individuelle Orientierungen eine Rolle bei der Wahl der Linkspartei.PDS spielen, sondern auch politische Kontextfaktoren bzw. programmatische Positionen der politischen Parteien im bundesdeutschen Parteiensystem (Scheuch/ Klingemann 1967; Arzheimer/Falter 2002; Arzheimer 2008a). Somit wird die letzte Forschungsfrage wie folgt formuliert:

4. Spielen bei der Wahlentscheidung neben Faktoren auf der Individualebene auch die programmatischen Angebote der Linkspartei.PDS und der anderen etablierten Parteien eine Rolle bzw. haben andere strukturelle Rahmenbedingungen Einfluss auf den Erfolg der Partei an den Wahlurnen?

1.2 Anlage der Arbeit und Vorgehensweise

1.2.1 Untersuchungszeitraum und –gebiet

Aus den Forschungsfragen ergeben sich Konsequenzen für den Untersuchungszeitraum und das Untersuchungsgebiet. So kann eine Analyse der Linkspartei.PDS erst mit dem Zusammenbruch des DDR-Regimes 1989 beginnen. Zwar wurden bis 1990 in der DDR unregelmäßige Befragungen durch staatliche Institutionen durchgeführt, diese genügten jedoch oft nicht wissenschaftlichen Standards (Niemann 1993). Während die Parteiprogramme für den Zeitraum von 1990 bis 2009 quantitativ nutzbar gemacht worden sind, stehen für das Bundestagswahljahr 1990 nur unzureichende Datenquellen auf der Individualebene zur Verfügung, die nur wenige für eine empirische Analyse verwertbare Indikatoren beinhalten. Aus diesem Grund ist die Analyse der Wählermotive lediglich für die Bundestagswahlen 1994 bis 2009 möglich.

Auch beim Untersuchungsgebiet müssen Einschränkungen für das Forschungsdesign hingenommen werden. Erstens beinhaltet eine der oben dargestellten Fragestellungen eventuell vorhandene Unterschiede der Wählermotive in Ost- und Westdeutschland. Eine vollständige Untersuchung für die Jahre 1994 bis 2009 in beiden Populationen wäre demnach wünschenswert. Allerdings konnte die Linkspartei.PDS bis 2005 nur wenige Wählerstimmen in Westdeutschland auf sich vereinigen, was sich in den Fallzahlen der vorhandenen Datensätzen widerspiegelt (siehe Kapitel 2.5.4; Arzheimer 2007: 71). Eine multivariate Untersuchung wäre daher in Westdeutschland für die Jahre 1994 bis 2002 mit einer großen Fehleranfälligkeit behaftet und würde zu unsicheren Ergebnissen führen, da die abhängige Variable in einigen Untergruppen nicht variiert (Backhaus et al. 2008). Daher kann aus methodischen Gründen eine vergleichende Analyse der Wählerschaft der Linkspartei.PDS zwischen West- und Ostdeutschland nur für die Jahre 2005 und 2009 stattfinden.

Außerdem ergeben sich sowohl in konzeptioneller als auch in datentechnischer Hinsicht bei den Makro-Faktoren Probleme, die eine weitgehende Konzentration der Untersuchung auf die Mikro-Ebene erfordern. So werden in den Sozialwissenschaften meist Daten nur auf der Mikro-Ebene erhoben, auch weil keine Einigkeit über die genaue Konzeption der Indikatoren der Kontextfaktoren herrscht (Franklin 2004: 44). Darüber hinaus sind viele Faktoren auf der Makro-Ebene nur im internationalen Vergleich anwendbar bzw. lassen sich mittels Zeitreihenanalysen nicht befriedigend operationalisieren (vgl. Marsh 2002; siehe auch Kapitel 2.5.2). Die vorliegende Arbeit wird sich aus diesen Gründen, aber auch wegen des beschränkten Umfangs einer solchen Studie, größtenteils auf die Wählerschaft und somit auf die Nachfrageseite des Mikro-Makro-Modells beschränken.

Drittens ist das Forschungsgebiet des Extremismus kein eindimensionaler Begriff, sondern umfasst eine Vielzahl an Untersuchungsebenen. Neben den oben genannten Ansätzen zur Wahl- und Parteienforschung wird der Einfluss von Politikern (Hartleb 2004: 250f.; Shifter 2006) und Intellektuellen (Ojeili 2001) oder internationaler Kooperationen extremer Parteien (Schirdewan 2006) diskutiert. Andere Autoren beschäftigen sich mit neuen sozialen Bewegungen und Entkopplungstendenzen sozialer Gruppen von Parteien (Nachtwey/Spier 2007a; Heartfield 2003) oder mit den Reaktionen der Medien auf die Erfolge extremer Parteien (Schilling 2008). Darüber hinaus zählen auch sozial- und kulturgeschichtliche sowie organisationssoziologische Aspekte zum Gegenstand der Extremismusforschung (Arzheimer 2008a: 25). Schließlich finden sich im weiteren Umkreis des Untersuchungsgegenstandes auch Analysen zu kommunistischen, anarchistischen, linksterroristischen und autonomen Gruppierungen, zu kommunistischen und staatssozialistischen Systemen sowie zu Subkulturen und Mentalitäten (Pfahl-Traughber 1998a). Allerdings wurden diese Untersuchungen nur selten unter dem Begriff und unter Verwendung der Konzepte der Extremismusforschung durchgeführt (Neugebauer 2001).

Ein derart umfassender Forschungsansatz zur Analyse extremer Parteien, Gruppen und Wählern würde weit über die in Kapitel 1.1 aufgeworfenen Fragestellungen hinausgehen und den Umfang der Arbeit bei Weitem sprengen. In der Extremismusforschung wurde aufgrund der Komplexität des Phänomens eine Einteilung in vier Dimensionen vorgeschlagen: Einstellungen und Verhalten von Massen auf der einen und Eliten auf der anderen Seite (Arzheimer 2008a: 25; siehe auch schon Arzheimer 2002b: 66f.).[2] Diesem Muster folgend beschränkt sich die vorliegende Arbeit auf die Erklärung von Einstellungen und (Wahl-)Verhalten innerhalb der Bevölkerung zugunsten einer extrem linken Partei und den Einstellungen und dem Verhalten politischer Akteure.

1.2.2 Vorgehensweise

Kapitel 1.3 widmet sich der Beantwortung der ersten Forschungsfrage, inwieweit die Ansätze der (Rechts-)Extremismusforschung notwendig sind, das Wahlverhalten zugunsten der Linkspartei.PDS zu erklären. Nach einem kurzen historischen Abriss wird die Linkspartei.PDS im Parteiensystem verortet sowie die verwendeten Begrifflichkeiten im Forschungsfeld dargestellt und kritisch diskutiert. Außerdem werden bisherige Forschungserkenntnisse zur Zusammensetzung

---

[2] Allerdings bleiben dabei strukturelle Aspekte zu nichtdemokratischen politischen Systemen unbeachtet (siehe hierzu Easton 1965, 1975).

und zu den Motiven der Wählerschaft der Linkspartei.PDS referiert. Kapitel 2 befasst sich neben den klassischen (Kapitel 2.1 und 2.2) hauptsächlich mit den integrativen Ansätzen der Extremismusforschung und deren Verbindung zu Wahlverhaltensansätzen (Kapitel 2.3). Zusammen mit Kapitel 2.4 steht hier die Beantwortung der zweiten Forschungsfrage im Mittelpunkt, nämlich die Übertragbarkeit der Theorien der Rechtsextremismusforschung auf eine extrem linke Partei. Sowohl die Eigenschaften integrativer Mehr-Ebenen-Modelle als auch die von Extremismustheorien, die allesamt Aussagen über Fremdgruppen treffen bzw. als Hintergrundtheorien sozialer und politischer Präferenzen dienen können, werden diskutiert. Kapitel 2.5 stellt die Datenbasis und die Analysemethoden, die im empirischen Teil angewandt werden, dar, behandelt die Operationalisierung der einzelnen Phänomene und zeigt die Grenzen der Untersuchungsmöglichkeiten auf. Da integrative Ansätze aufgrund ihrer Komplexität nicht vollständig anhand der Realität überprüfbar sind, werden in Kapitel 2.6 Hypothesen zur empirischen Überprüfung aufgestellt. In Kapitel 3 werden diese Hypothesen schließlich empirisch getestet und Zusammenhänge bzw. Interaktionseffekte der Motive der Linkspartei.PDS-Wählerschaft untersucht. Das letzte Kapitel fasst die gewonnenen Ergebnisse zusammen, ordnet die Erkenntnisse in einen größeren Bezugsrahmen ein und diskutiert Forschungsdesiderata, die sich aus der Beschäftigung mit dem Thema der vorliegenden Arbeit ergeben haben.

1.3 Die Linkspartei.PDS und ihre Wählerschaft

Bevor Anwendung und Übertragbarkeit der Ansätze aus der Rechtsextremismusforschung diskutiert werden können, stellt sich die Frage, ob die Linkspartei.PDS überhaupt und wenn ja, aufgrund welcher Merkmale, als extrem bzw. extremistisch angesehen werden kann und inwiefern sie sich von den etablierten Parteien im bundesdeutschen Parteiensystem unterscheidet. So könnte die Entstehung der Partei aus der SED darauf hindeuten, dass das sozialistische Erbe nach wie vor die Programmatik und das Verhältnis zum politischen System bestimmt (Kapitel 1.3.1). Im Vergleich zur ideologischen Verortung extrem rechter Parteien ist diejenige der Linkspartei.PDS jedoch kaum systematisch untersucht worden, sondern oftmals durch ihre Vergangenheit als sozialistische Einheitspartei als gegeben angenommen worden (vgl. Moreau 1998). Allerdings waren auch die Begrifflichkeiten der Extremismusforschung im Zeitverlauf starken Bedeutungsveränderungen und -differenzierungen unterworfen und wurden nur selten auf eine extrem linke Partei angewandt (Neugebauer 2001; Heimann 1986: 404). Eine ideologische Verortung der Linkspartei.PDS (Kapitel 1.3.2) und ausführliche Definition der verwendeten Begriffe ist daher für die vorliegende Untersuchung unerlässlich (Kapitel 1.3.3).

Die Einordnung der Linkspartei.PDS als extrem linke Partei und ihre Abgrenzung zu moderaten Parteien hat zu lebhaften Diskussionen innerhalb der Forschung geführt (Lang 2003: 155ff.). Da sich die Partei ihrerseits als gemäßigte und eindeutig demokratische Kraft darstellt, rücken die soziodemographische Basis und die Motive der Wählerschaft in den Fokus, die sich wie die programmatische Ausrichtung der Partei im Zuge der Entwicklungen seit der Wiedervereinigung ebenfalls verändert haben. Schließlich kann der Ruf der Linkspartei.PDS als extremistische Partei auch daher rühren, dass sie von ihren Wählern als Protestpartei angesehen wird und aus extremistischen Motiven heraus gewählt wird. Deshalb wird ein Überblick über die wichtigsten Ergebnisse aus der Wahl- und Einstellungsforschung gegeben (Kapitel 1.3.4).

1.3.1 Die Geschichte der Partei und ihre programmatische Entwicklung

Der Erfolg der Linkspartei.PDS in den vergangenen 20 Jahren kam für viele Beobachter unerwartet. Zum einen durchlief die Partei den schwierigen Prozess der Transformation von der Einheitspartei SED hin zu einer Partei im demokratischen politischen System der Bundesrepublik Deutschland. Zum anderen blieben Konflikte in der Partei über Programmatik, Ausrichtung, Führung und Vergangenheit sowie über ihre Stellung im und dem Verhältnis gegenüber dem neuen politischen System nicht auf einen kurzen Zeitraum beschränkt, sondern wirken bis heute nach.

Der Zerfall der Sowjetunion besaß unverkennbar einen dramatischen Einfluss auf die kommunistischen und sozialistischen Parteien Osteuropas. Viele von ihnen verschwanden gänzlich oder mussten zumindest einen massiven Mitgliederrückgang und erhebliche Verluste an Stimmenanteilen hinnehmen. Jedoch gelang es einigen, ihre alte Stärke nach einer kurzen Konsolidierungsphase wiederzugewinnen (vgl. Ismayr et al. 2010). Auch die PDS konnte sich im Parteiensystem Ostdeutschlands relativ schnell etablieren, jedoch war das politische Überleben der Nachfolgepartei der SED keineswegs gesichert, da ständige Konflikte um die ideologische Ausrichtung und das Verhältnis zum demokratischen System der Bundesrepublik Deutschland die Partei lähmten (Pfahl-Traughber 1995: 97f.; Lang 2004: 965). So musste sie von Beginn an einerseits die Wählerschaft von ihrem Programm überzeugen, andererseits die heterogene Parteibasis und parteiinterne Gruppen, wie „Reformer" und „Fundamentalisten", integrieren (Prinz 2010: 14; Neu 2003a: 4f.; Brie 1995: 12).

Ab Mitte Oktober 1989 machten sich die ersten Auflösungserscheinungen des politischen Systems der DDR bemerkbar (Neugebauer 1990). Zu diesem Zeitpunkt waren viele Spitzenfunktionäre der SED davon überzeugt, diesem Prozess durch Reformen Einhalt gebieten zu können (Kloth 2000: 467; Bortfeldt

1992). Dabei wurden demokratische Willensbildungs- und Entscheidungsstrukturen und eine kritische Distanz zum administrativ-zentralistischen Sozialismus der DDR einerseits, aber auch die Verfolgung der sozialistischen Idee als programmatischem Kernpunkt andererseits als Grundbedingungen für das Fortbestehen der SED genannt (Falkner/Huber 1994; Arzheimer 2002c: 327). Innerhalb der Partei führte der Spagat zwischen Kontinuität und Wandel zur Umbenennung in SED-PDS und zu einer umfassenden personellen Erneuerung. Trotz dieser Neuformierung und -orientierung verlor die Partei bis Februar 1990 rund zwei Drittel ihrer Mitglieder (Prinz 2010: 35).

Durch die sich verändernden politischen Rahmenbedingungen Anfang 1990 setzte sich der Mitgliederschwund und die Auflösung der Organisationsstruktur der Partei weiter fort, sodass sie zu einer Heimstätte unbeirrbarer SED-Parteigänger zu werden drohte (Welzel 1992). Auch parteiintern verschärften sich Konflikte von Gruppierungen wie der „Kommunistischen Plattform“, der „Sozialdemokratischen Plattform“, der Plattform „Demokratischer Sozialismus“ auf der einen und der Parteiführung auf der anderen Seite (Pfahl-Traughber 1993: 26; Winters 2000: 105). So trafen Forderungen nach Vergangenheitsbewältigung, parteiinterner Demokratisierung bis hin zur Auflösung und Neugründung der Partei auf den Wunsch nach Rückbesinnung auf die alten Werte des Sozialismus und die Errungenschaften der DDR.

Auf dem ersten ordentlichen Parteitag der nunmehr in PDS umbenannten Partei im Februar 1990 wurde die Entscheidung getroffen, die Partei als "progressiv, produktiv, pro DDR" aufzustellen (Feist 1990: 234). Sie sollte eine Alternative zu den übrigen überwiegend pro-westlich orientierten Parteien darstellen, DDR-Identität und sozialistische Errungenschaften bewahren sowie eine allzu schnelle Wiedervereinigung verhindern (Prinz 2010: 14). Auch aufgrund der Ausrichtung an den Bedürfnissen der ehemaligen politischen und administrativen Eliten der DDR erreichte die PDS bei den Volkskammerwahlen 1990 16,4 Prozent der Stimmenanteile, schaffte es jedoch nicht, ihre Vorstellungen bei den Verhandlungen über die Wirtschafts- und Währungsunion von Bundesrepublik und DDR durchzusetzen (Koch et al. 1995). Trotz dieses Umstandes und einer gescheiterten Kooperation mit den westdeutschen Linken machten die Erfolge bei den Volkskammerwahlen und eine Entscheidung des Bundesverfassungsgerichts, das für die Bundestagswahl 1990 zwei separate Wahlgebiete, Ost- und Westdeutschland, zuließ, Hoffnung auf weitere Zugewinne. So gelang es der PDS 1990 dank des Ergebnisses in Ostdeutschland, in den Bundestag einzuziehen, der Erfolg beendete aber vorerst die Diskussion um die Bildung einer gesamtdeutschen Linken (Bortfeldt 1992).

Auch während des zweiten Parteitages 1991 stand die Erneuerung der Partei auf verschiedenen Ebenen im Mittelpunkt. Die Grabenkämpfe der Parteilager führten zum Rückzug etlicher Reformer, deren Meinung nach die Neuorientierung und Vergangenheitsbewältigung innerhalb der Partei nicht konsequent genug vorangetrieben wurde. Die Beschlüsse sahen ein basisdemokratisches Grundverständnis mit außerparlamentarischer Opposition vor, weiter eine konsequente innerparteiliche Führung, die Bündelung der verschiedenen ideologischen Strömungen und eine Öffnung für soziale und ökologische Themen (Suckut/Staritz 1994). Damit wurden allerdings auch oppositionelle und extreme Gruppierungen Teil der parteiinternen Strukturen und die Meinungspluralität trat noch stärker hervor (Everts 2000: 282; Neugebauer 1996: 200). Dagegen standen in den Medien und der Öffentlichkeit Stasi-Affären und Finanzskandale der Partei im Zentrum des Interesses (Bortfeldt 1992).

1991/1992 schwenkten Wiedervereinigungseuphorie und Wirtschaftsoptimismus innerhalb der Gesellschaft in eine zunehmend skeptischere Haltung zum Einigungsprozess um. Der PDS gelang es, durch eine konsequente Verfolgung ostdeutscher Interessen und der Betonung ostdeutscher Identität sowie der in der DDR erbrachten Leistungen von dieser Stimmung zu profitieren. Der dritte Parteitag 1993 stand ein weiteres Mal im Zeichen der Integration verschiedener ideologischer Standpunkte innerhalb der Partei und der Suche nach Alternativen zum westdeutschen liberalen politischen System (Bortfeldt 1993). Fundamentalistische Strömungen innerhalb der Partei forderten darüber hinaus eine Konzentration auf die Interessen der so genannten „Vereinigungsverlierer“ und der in ihrer sozialen Existenz bedrohten Ostdeutschen (Moreau 1994).

Das Wahlprogramm 1994 „Veränderung beginnt mit Opposition“ wurde in der (westdeutschen) Öffentlichkeit als Beleg angesehen, dass die PDS eine Partei der ostdeutschen Partikularinteressen und des Protests gegen den Parlamentarismus geworden war (Prinz 2010: 198ff.). Zugleich unternahm die PDS enorme Anstrengungen, das Wählerpotenzial im Westen zu mobilisieren, indem sie sich als neue Sammelbewegung links der SPD darstellte (Falkner/Huber 1994: 233f.; Gerner 1994: 139f.). Im Osten dagegen sollten weiterhin Proteste gegen die Auswirkungen des Systemtransfers als Identifikationsgrundlage dienen (Neu 2003b: 270). Während die Europawahlen wenig erfolgreich verliefen, erreichte die Partei bei den Landtagswahlen in Sachsen-Anhalt im Juni 1994 19,9 Prozent und etablierte sich als drittstärkste Kraft hinter CDU und SPD. Trotz dieser günstigen Umstände scheiterte die PDS bei der Bundestagswahl 1994 an der Fünf-Prozent-Hürde, gewann aber vier Direktmandate und zog in Fraktionsstärke in den deutschen Bundestag ein (Neugebauer 1994). Der knappe Wiedereinzug ins Parlament konnte nicht darüber hinwegtäuschen, dass der scheinbare innere Friede eher durch Einflüsse von außen zustande gekommen war. So waren intern außerparlamentarische Aktionen, der Ausbau des Sozialstaates und der Kampf gegen die Massenarbeitslosigkeit unstrittig, weniger einmütig wurden dagegen Fragen nach kollektiven Friedenssicherungsmaßnahmen, das Verhältnis zur parlamentarischen Demokratie sowie mögliche Koalitionen mit anderen Parteien diskutiert (Behrend 2006: 79f.). Während der Parteiführung in der Folge eine demokratische, sozial gerechte Republik vorschwebte, vertraten einige parteiinterne Gruppierungen nach wie vor radikaldemokratische und antikapitalistische Positionen. Die CDU/CSU galt auf beiden Seiten als gesellschafts- und wirtschaftspolitischer Hauptgegner, wohingegen die SPD von der Parteiführung vornehmlich als ein Konkurrent um Wählerstimmen angesehen wurde (Neugebauer/Stöss 2008: 402). Die Führung nahm die Konkurrenzsituation mit der SPD zum Anlass, einen moderateren Kurs einzuschlagen, um die Partei sowohl auf Länder- als auch auf Bundesebene regierungsfähig zu machen (Hough 2001: 195). Aufgrund der bevorstehenden Bundestagswahl 1998 blieb die Kritik parteiinterner Gruppen gemäßigt (Neugebauer/Stöss 2003: 131).

Die PDS erreichte bei der Bundestagswahl 1998 5,1 Prozent der Stimmen und 36 Mandate. Nach den Landtagswahlen in Mecklenburg-Vorpommern war sie zum ersten Mal an einer Landesregierung mit der SPD beteiligt, jedoch erwuchsen daraus keine Kooperationen auf Bundesebene, da die rot-grüne Bundesregierung weiter von den eigenen gesellschafts- und wirtschaftspolitischen Positionen entfernt war als angenommen (Behrend 2006: 88; Hirscher 2001: 6ff.). Auch die alten innerparteilichen Streitfragen brachen wieder auf, da die im Oktober 2000 neu gewählte Parteiführung nicht mehr den moderierenden Kurs der vergangenen Jahre vertrat (Hough/Koß 2009: 585). So blieb die Frage der Vergangenheitsbewältigung unbeantwortet; die Terroranschläge vom 11. September 2001 in den USA und der Krieg in Afghanistan führten zu unterschiedlichen Reaktionen innerhalb der Partei (Behrend 2006: 109; Falkner 2003: 597). Trotz der anhaltenden innerparteilichen Diskussion hielt die Partei ihre Stimmenanteile bei der Landtagswahl 2002 in Sachsen-Anhalt, jedoch erreichte sie bei den Bundestagswahlen 2002 lediglich 4 Prozent der Stimmen und zog mit nur zwei gewonnenen Direktmandaten in den Bundestag ein. Die Verluste intensivierten die Grabenkämpfe über die ideologische Ausrichtung der Partei erneut, wurden aber von der Parteibasis nur am Rande wahrgenommen (Lang 2001: 162).

Die Ergebnisse der Bundestagswahl 2002 wurden innerhalb der Parteiführung als Aufruf zur radikalen Kurskorrektur angesehen, wobei die kapitalistischen und patriarchalen Strukturen der Bundesrepublik Deutschland als Ursache gesellschaftlicher Probleme ausgemacht wurden, während der außerparlamentarische Kampf und die menschliche Emanzipation als Lösungswege identifiziert wurden (Behrend 2006: 123). Diese Neuausrichtung konnte sich jedoch parteiintern nicht durchsetzen und führte nach dem Wechsel in der Parteiführung 2003 zu einer Annäherung radikaler und moderater Kräfte. Dieser Schulterschluss sollte die PDS als Partei mit Anspruch auf Regierungsbeteiligung etablieren. Dagegen wurde sie in der Öffentlichkeit und in den Medien als Bewegung „im freien Fall ins historische Nichts“ (König 2003) gesehen. Als Reaktion auf die negative öffentliche Wahrnehmung enthielt das Parteiprogramm 2003 keine

Definition von Sozialismus mehr (Land/Possekel 1995: 113; Brie 1995: 9), UNO-Militäreinsätze wurden legitimiert, der außerparlamentarische Kampf nicht mehr erwähnt und der Wille, Regierungsverantwortung zu übernehmen, bekräftigt (Hough et al. 2007; Behrend 2006: 133).[3]

Im März 2003 stellte die Agenda 2010 mit den Hartz-Gesetzen der rot-grünen Bundesregierung einen Wendepunkt für die PDS dar. Die SPD verlor im Zuge dieser Reformbestrebungen das Vertrauen der Gewerkschaften, ihrer Kernwähler und der gesamten Bevölkerung (Niedermayer 2006b: 126 f.). Die veränderte politische Lage führte einerseits dazu, dass die PDS als Regierungspartei auf Landesebene gesetzliche Vorgaben der rot-grünen Bundesregierung durchsetzen musste, gleichzeitig nahmen viele ihrer Wähler und der Parteibasis an den Protestdemonstrationen gegen die Agenda-Politik teil (Lang 2004: 964). Trotz dieser Widersprüche erzielte die PDS bei den folgenden Europawahlen und Landtagswahlen weitere Erfolge – ein Grund für die positive Grundstimmung des neunten Bundesparteitages 2004/2005 (Behrend 2006: 149). Auf der Tagesordnung standen die Westausdehnung der Partei und als Gegenentwurf zur Agenda 2010 eine „Agenda Sozial“ mit Einführung von Mindestlöhnen und -renten.

Um diese Projekte auf Bundesebene einbringen zu können, fehlten in Westdeutschland eine Wählerbasis und Parteiorganisation, sodass nicht die PDS, sondern eine neue politische Kraft sich des Themas soziale Gerechtigkeit annahm (Niedermayer 2010: 255). Ver.di-Bundessekretär Ralf Krämer formulierte eine Alternative zur SPD und PDS, um „eine neue politische Formation zu entwickeln, die bei der Bundestagswahl 2006 mit Aussicht auf Erfolg anzutreten in der Lage“ sei. Kurz darauf wurde ein erstes Treffen der „Wahlalternative 2006“[4] in Berlin abgehalten, die mit der Initiative „Arbeit und soziale Gerechtigkeit“ (ASG) ihr Pendant in Süddeutschland fand. Beide Initiativen gründeten am 3./4. Juli 2004 den Verein „Wahlalternative Arbeit & Soziale Gerechtigkeit“ (WASG) (Nachtwey 2007: 155). Forderungen nach einer Stärkung der Binnenwirtschaft, Verbesserungen im Gesundheitswesen und bei der Rente sowie die Einführung von Mindestlöhnen verbanden sich mit der Ablehnung von Kriegen gegen Terrorismus und der Befürwortung von Volksabstimmungen (Nachtwey 2007: 180). Trotz der unsicheren personellen und finanziellen Situation trat die WASG bei

[3] Gleichzeitig wurden jedoch die aktuelle Politik der rot-grünen Bundesregierung und der tief greifende Sozialabbau kritisiert: „Alle neoliberalen Konzepte, die 1998 zur Abwahl der Regierung Kohl geführt haben, sind von der rot-grünen Bundesregierung fortgesetzt und mit noch größeren Konsequenzen umgesetzt worden. Wenn nicht jetzt, wann dann braucht dieses Land eine starke sozialistische Opposition?“ (PDS 2003).

[4] Zu den Teilnehmern gehörten u.a. das ehemalige PDS-Vorstandsmitglied Joachim Bischoff, Sabine Lösing von Attac und ver.di sowie der Grünen-Politiker Frieder Otto Wolf.

den Landtagswahlen 2005 in Nordrhein-Westfalen an und erreichte dort 2,2 Prozent der Stimmen im Vergleich zu 0,9 Prozent für die PDS.

Die Annäherung von PDS bzw. seit Juli 2005 Linkspartei.PDS und WASG ging trotz ähnlicher politischer Ziele nur langsam vonstatten. Zwar beschleunigte sich diese durch den Beitritt des ehemaligen SPD-Parteivorsitzenden Oskar Lafontaine in die WASG, doch die Führungen von WASG und Linkspartei.PDS waren sich über die Möglichkeiten und Gefahren einer künftigen Kooperation keineswegs einig. Ungeachtet der kritischen Stimmen und ideologischen Gegensätze strebten beide Parteien innerhalb der nächsten zwei Jahre die Gründung einer vereinigten Linken in Deutschland an und konnten bei den Bundestagswahlen 2005 Stimmenanteile von 4,9 Prozent im Westen und 25 Prozent im Osten erzielen (Micus 2007: 185). Trotz der schnellen Erfolge dauerte die Fusion beider Parteien zur Partei „DIE LINKE" noch bis Mitte 2007. Der Annäherungsprozess war von Kompromissen durchzogen, sowohl zwischen den beiden Parteiführungen als auch zwischen ihnen und der Parteibasis. Dennoch gelang es, die Außendarstellung als Partei der sozialen Gerechtigkeit und des Pazifismus in der Öffentlichkeit zu festigen und das gespannte Verhältnis zu den anderen politischen Parteien insbesondere der SPD zu lösen (Niedermayer 2006a: 538; Hough/Koß 2009: 589f). Ausgeschlossen davon blieb jedoch eine Kooperation mit den Sozialdemokraten auf Bundesebene, wobei die Wahlerfolge der Partei eine Diskussion darüber immer wieder aufkommen ließ (Messinger/Rugenstein 2009).

Selbst nach dem Wahlerfolg 2005 und der Fusion beider Parteien blieben die Positionen innerhalb der Partei heterogen, wobei die Frage der sozialen Gerechtigkeit den kleinsten gemeinsamen Nenner bildete. So wurden die zentralen Reformen der rot-grünen und der schwarz-roten Koalition abgelehnt; zugleich profitierte sie aber von der zwangsläufigen Annäherung der Positionen von CDU/CSU und SPD während der Großen Koalition bei den folgenden Landtagswahlen (Egle 2010: 103). Durch den Zusammenschluss mit der WASG hatte die Linkspartei.PDS ein seit der Wiedervereinigung angestrebtes Ziel erreicht: die Westausdehnung. Waren ihre Landesverbände in Westdeutschland bis 2005 eigenständige Gruppierungen, so konnte mit der Fusion zumindest nach außen der Eindruck von Homogenität erzielt werden. Innerhalb der Partei differenzierten sich die Meinungen jedoch umso stärker, da die WASG mit dem Zusammenschluss neue Mitglieder anzog, die andere politische Ziele vertraten als die alten Mitglieder der Linkspartei.PDS (Messinger/Rugenstein 2009: 69). Im Vorfeld der Bundestagswahl 2009 gelang es der Partei „DIE LINKE" zunehmend auch in den Landesparlamenten der alten Bundesländer Fuß zu fassen (Alemann 2010: 94). Trotz einiger Rückschläge im Vorfeld vereinigte die Partei bei der Bundestagswahl 2009 im Westen 8,3 und im Osten 28,5 Prozent der Stimmen auf sich.

In diesem Kapitel wurde gezeigt, dass die Geschichte der Linkspartei.PDS von einer anhaltenden parteiinternen Debatte um ideologische und strategische Kernpunkte geprägt ist, die sich im Spannungsfeld zwischen ihrer SED-Vergangenheit und der Anpassung an die Gegebenheiten in der Bundesrepublik bewegt. Die Entwicklung der Partei bis heute umfasst eine Formierungsphase nach der Wiedervereinigung, die Konzentration der Wahlerfolge auf Ostdeutschland, eine Phase der internen ideologischen und strategischen Konflikte sowie beinahe einer Marginalisierung 2002, weiter die Profilierung im Zuge der Agenda 2010-Politik sowie die langsame Annäherung an die Gewerkschaften und schließlich die Wahlerfolge 2005 und 2009 als neue Partei „Die LINKE", auch in Westdeutschland.

1.3.2 Ideologische Verortung der Linkspartei.PDS

Nach dem historischen Abriss über die Entwicklung seit der Wiedervereinigung dient die ideologische Verortung dazu, die Linkspartei.PDS in das Parteiensystem der Bundesrepublik einzuordnen und Abgrenzungsmerkmale zu den anderen, etablierten Parteien zu identifizieren. Allgemein lässt sich der Parteienraum mittels zweier ideologischer Dimensionen beschreiben, dessen Annahmen sich letztlich auf die Cleavage-Theorie von Lipset und Rokkan (1967) zurückführen lassen[5]: eine wirtschafts- und eine gesellschaftspolitische Dimension (Kitschelt 1994; Warwick 2002). Die wirtschaftspolitische Dimension bezieht sich in erster Linie auf die Frage der Organisation der Ökonomie (Planwirtschaft vs. Marktwirtschaft) und der Eingriffsmöglichkeiten des Staates auf diese (vollständige Planung vs. keine Eingriffe). Die gesellschaftspolitische Dimension ist weniger klar definiert und beinhaltet das Ausmaß von Bürgerrechten für bestimmte Gruppen, die Frage, wie politische Entscheidungen getroffen werden, und wie stark der Einfluss von Institutionen auf das Leben der Bürger sein darf (Arzheimer/ Rudi 2007: 170).[6]

Eine dezidiert linke gesellschaftspolitische Position sieht erstens die Toleranz gegenüber fremden Kulturen und Lebensweisen als hohes Gut an. Traditio-

[5] Ideologien werden hier als eher wenig elaborierte oder reflektierte Systeme aus allgemeinen politischen Überzeugungen, die die Bürger im Laufe der Zeit ausbilden, verstanden. Sie treten auf der Individual- und Parteiebene auf, um konkretere politische Themen und Fragen vorzustrukturieren (Campbell et al. 1960: 192; Freeden 2001). Der Konzeption nach sind sie weitgehend resistent gegenüber Veränderungen und somit langfristig stabil (Downs 1957).

[6] Die Einteilung in eine wirtschaftspolitische und eine gesellschaftspolitische Dimension blieb in der Forschung nicht ohne Widerspruch. Viele Autoren halten nur zwei Dimensionen für unterkomplex (Elff 2002: 291f.). Zudem wurde angemerkt, dass die Dimensionen von Land zu Land variieren können und in einigen Ländern weitere Unterdimensionen notwendig sind.

nelle Werte und Normen sowie die Unterordnung unter die (nationale) Gemeinschaft werden abgelehnt. Zweitens beinhaltet sie eine aktive Beteiligung der Bürger am politischen Entscheidungsprozess im Gegensatz zu eher hierarchischen Strukturen auf der gesellschaftspolitisch rechten Seite (Arzheimer 2005a: 402). Drittens wird ein weit gefasstes Konzept der Bürgerschaft, auch für Ausländer, vertreten und vermehrte Zuwanderung und mehr Rechte für Immigranten gefordert.[7] Für diese gesellschaftspolitische Achse wurden diverse Bezeichnungen geprägt, etwa libertär-autoritäre Dimension (Flanagan 1979; Kitschelt 1994), Dimension der sozialen Kontrolle (Warwick 2002: 101), Universalismus versus Partikularismus oder individuelle Freiheit versus Kollektivismus (Kailitz 2006: 288f.).

Wesentlich präziser kann die wirtschaftspolitische Dimension definiert werden, die sich wiederum in eine wirtschaftliche und eine wohlfahrtsstaatliche Komponente aufteilen lässt (Debus 2007: 5f.; March/Mudde 2005). Linke Positionen orientieren sich dabei in ihrer wirtschaftlichen Komponente an einer redistributiven, geplanten Wirtschaftsordnung mit Marktregulierung, Kontrolle und Planung, Protektionismus und Verstaatlichung, in ihrer wohlfahrtsstaatlichen Komponente am Ausbau der sozialen Gerechtigkeit, des Wohlfahrtstaats und des Bildungssystems (Elff 2002: 291f.). Im Grundsatz handelt es sich demnach um eine Achse entlang einer radikal marktliberalen versus einer umverteilenden bzw. sozialistischen Position (Kitschelt/McGann 1995: 4f).

Für viele Forscher lässt sich mittels dieser beiden Dimensionen der Parteienraum in Westeuropa adäquat abbilden (siehe aber Markowski 2006: 121ff.)[8]. Dagegen wurde in Deutschland für die Zeit nach der Wiedervereinigung auf die Existenz weiterer eigenständiger Dimensionen wie einen Ost-West- bzw. einen Zentrums-Peripherie-Konflikt (Schultze/Zinterer 2002: 247; Eith 2009: 20), eine Konfliktlinie der sozialen Gerechtigkeit (Eith 2000: 215) oder auch eines materialistischen Individualismus versus eines moralischen Kollektivismus (Gensicke 1998: 197) hingewiesen. Demnach können die enttäuschten Erwartungen durch den Wiedervereinigungsprozess und die bestehenden ökonomischen Probleme einerseits als Gegensatz zwischen einer sozialistischen und liberalen Vorstellung der Demokratie aufgefasst werden (Fuchs 1997), andererseits als Gegensatz zwischen ostdeutscher und westdeutscher Identität. Beides wurde in der Forschung als Hindernis für die Konsolidierung der Demokratie in Ostdeutschland

---

7 Weitere libertäre Merkmale können die Ausgestaltung der Außenpolitik und der Freiheitsrechte betreffen. Dabei wird ein dezentraler, nicht-interventionistischer Standpunkt vertreten, der militärische Einmischung in auswärtige Konflikte ablehnt (Rothbard 1996).

8 Auch in Ost- und Mitteleuropa findet das Konzept immer mehr Anwendung. Hier lässt sich der Parteienraum ebenfalls anhand der zwei Dimensionen adäquat beschreiben (Van der Brug et al. 2008).

angesehen (Westle 1999b; Gensicke 1998; Pollack/Pickel 1998: 23)[9]. Jedoch bleiben der Inhalt und die Indikatoren zur Messung dieser Dimensionen weitgehend unklar. So kann erstens die Idee des Sozialismus durchaus positiv bewertet werden, andere Aspekte der DDR wiederum nicht (Eith/Mielke 2000: 97; Neller 2006: 295). Zweitens stehen zur Untersuchung eines Ost-West- bzw. Zentrum-Peripherie-Konflikts nur wenige Indikatoren zur Verfügung, die zumeist spezifische Einstellungen abfragen und keine Verallgemeinerung auf eine Konfliktdimension zulassen. Grundsätzlich kann daher für die Verortung der Linkspartei.PDS im Parteienraum nur die gesellschafts- und die wirtschaftspolitische Dimension herangezogen werden, jedoch spielen DDR-Nostalgie bzw. eine ostdeutsche Identität in der empirischen Analyse eine wichtige Rolle (siehe Kapitel 3.5).

Welche Stellung nimmt die Linkspartei.PDS nun auf der wirtschafts- und der gesellschaftspolitischen Dimension ein und lässt sich hierbei eine extrem linke Position identifizieren, sodass sie von den etablierten Parteien unterschieden werden kann? Wie in Abbildung 1 erkennbar besetzt die Partei auf der wirtschaftspolitischen Dimension eine extrem linke Position im bundesdeutschen Parteiensystem, ohne jedoch am äußersten Rand des Parteienraumes zu liegen (vgl. Neugebauer/Stöss 1996; Debus 2007: 49; Pollach et al. 2000: 78). So finden sich in den Diskussionen um die Parteiprogramme der Linkspartei.PDS in den 1990er Jahre einerseits Forderungen nach Verstaatlichung bestimmter wirtschaftlicher Betriebe, Beschränkung von Eigentumsrechten und Überwindung des Kapitalismus, andererseits schlagen Programmdiskussionen jüngeren Datums deutlich moderatere Töne an (Prinz 2010: 150ff.). Auf der gesellschaftspolitischen Dimension beinhalten die Parteiprogramme der Linkspartei.PDS zwar klare libertäre Positionen in Bezug auf Freiheits- und Selbstentfaltungsrechte, Bürgerbeteiligung[10], internationale Gemeinschaft[11] und Integration ethnischer Minderheiten[12] (Everts 2000: 270; Jörs 2006: 106; Oppelland 2007: 273). Ande-

---

[9] Vergleicht man diese „Besonderheit" Ostdeutschlands mit den übrigen Transformationsländern Mittel- und Osteuropas, so zeigen sich auch hier ähnliche Muster (Diamond et al. 1995). In mehreren Analysen wurde festgestellt, dass eine deutliche Zunahme der positiven Bewertungen der ehemaligen kommunistischen Regime stattgefunden hat (Linz/Stepan 1996: 442).

[10] Auf verschiedenen Ebenen hat die Linkspartei.PDS versucht, direktdemokratische Elemente in das parlamentarische System der Bundesrepublik einzubauen (siehe allgemein Weixner 2002).

[11] Allerdings richtet sich das konkrete Feindbild auf die Vereinigten Staaten von Amerika. So wirft das Parteiprogramm den USA vor, „mit ihrer imperialistischen Politik, mit politischer und wirtschaftlicher Erpressung und mit Aggressionskriegen das geostrategische Ziel einer weltweiten Vorherrschaft" zu verfolgen. Dabei sei der Kampf gegen eine „Politik der kapitalistischen Globalisierung", das als Hauptübel auf dieser Welt angesehen wird, ein vorrangiges Ziel (Oppelland 2007: 273).

[12] Dabei war die Parteilinie allerdings, anders als bei den anderen beiden Punkten, weniger konsistent, ja zum Teil widersprüchlich (siehe Kapitel 3.4).

rerseits wurden ihr aber auch immer wieder autoritäre Tendenzen innerhalb ihrer Parteistruktur bzw. -programme, unter den Mitgliedern und in der Wählerschaft unterstellt (Kailitz 2004: 83; Lang 2003: 155ff.). Die quantitative Analyse der Parteiprogramme widerspricht diesem Bild (siehe Abbildung 1).[13]

Abbildung 1: *Der zweidimensionale Raum der Parteienkonkurrenz in Deutschland, 1990-2009*

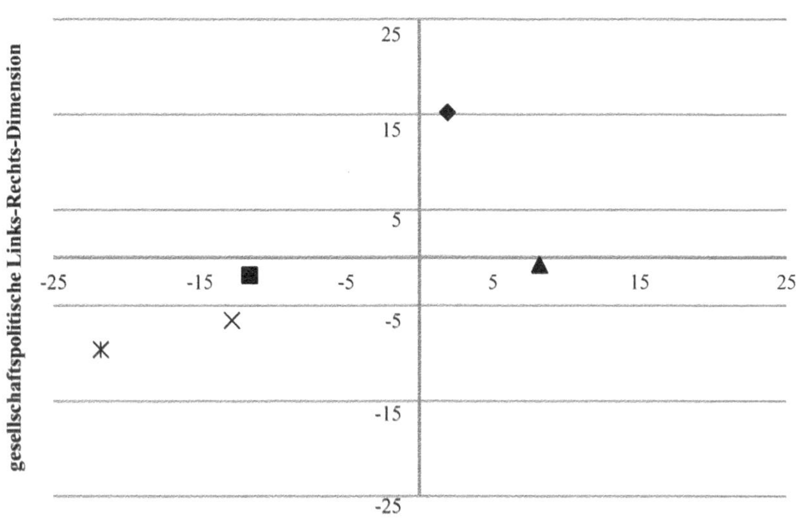

Quelle: Eigene Berechnungen auf Grundlage des *Comparative Manifesto Project*, 1990-2009. Die gesellschaftspolitische Links-Rechts-Dimension ergibt sich aus einem Index, der positive Aussagen in den Parteiprogrammen zu Konstitutionalismus, politischer Autorität, Patriotismus, traditionellen Moralvorstellungen, Sicherheits- und Ordnungsvorstellungen, sozialer Einheit und negative zu Konstitutionalismus, politischer Korruption, Patriotismus, traditionellen Moralvorstellungen beinhaltet. Die wirtschaftspolitische Links-Rechts-Dimension ergibt sich aus einem Index, der positive Aussagen zu Marktfreiheit, Marktregulierung, Planwirtschaft, wirtschaftliche Anreize, orthodoxe Wirtschaftspolitik, Protektionismus, Einschränkungen des Wohlfahrtstaates, Verstaatlichung und negative zu Protektionismus beinhaltet (vgl. Laver/Garry 2000: 628f.). Der Bereich der Indices kann theoretisch die Werte zwischen -100 bis +100 umfassen.

[13] Um ideologische Positionen von Parteien festzustellen, haben sich unterschiedliche Verfahren entwickelt. Grundsätzlich stehen drei Quellen für die empirische Forschung zur Verfügung: 1. quantifizierende Analyse der Parteiprogramme (siehe hierzu Budge et al. 2001; Gabel/Hix 2002), 2. Expertensurveys (siehe hierzu Ray 1999; Hooghe et al. 2002), 3. Einschätzung der Parteipositionen durch das Individuum.

Detaillierte Untersuchungen haben zudem ergeben, dass die Linkspartei.PDS auf der gesellschaftspolitischen Dimension nicht immer die libertärste Position im bundesdeutschen Parteiensystem einnimmt, sie ist jedoch im Zeitverlauf seit 1990 zu keiner Zeit auf der autoritären Achse positioniert (Debus 2007: 49; Pappi/ Shikano 2004: 76). Die libertäre Position der Linkspartei.PDS ist keineswegs selbstverständlich, da autoritäre Fragmente aus Zeiten des real existierenden Sozialismus überlebt haben könnten (Pollach et al. 2000: 245). Dies scheint, auf Grundlage der Analyse der Parteiprogramme, jedoch nicht der Fall zu sein. Damit widerspricht diese Erkenntnis der These, wonach eine Befürwortung von Planwirtschaft, wie Kitschelt den linken Endpunkt der wirtschaftspolitischen Achse deutet, weniger mit libertären Werten zu vereinbaren sei als mit autoritären Werten (Kitschelt 2003: 133; Kailitz 2006: 315).[14]

Zusammenfassend nimmt die Linkspartei.PDS im bundesdeutschen Parteiensystem auf der wirtschaftspolitischen Dimension eine extrem linke Position ein, wohingegen sie auf der gesellschaftspolitischen Achse eher moderat libertäre Ansichten vertritt.

Viele der genannten Elemente auf beiden Dimensionen, wie etwa Gleichberechtigung, Bürgerbeteiligung sowie soziale Gerechtigkeit, sind jedoch gleichermaßen Teil der Programmatik sozialdemokratischer und grüner Parteien in Deutschland und Europa (vgl. Bell 1993). So nehmen die Grünen im bundesdeutschen Parteiensystem teilweise eine stärker libertäre Position ein als die Linkspartei.PDS. Auch lassen sich Überschneidungen mit den Grundprinzipien der SPD auf der wirtschaftspolitischen Dimension nicht leugnen (Haas 2006: 212).

1.3.3 Begrifflichkeiten in der Extremismusforschung

Die ideologische Verortung der Linkspartei.PDS bietet zwar eine erste Standortbestimmung, kann jedoch keine eindeutige Abgrenzung zu den moderaten Parteien im bundesdeutschen Parteiensystem herstellen. In der Extremismusforschung wurden daher zur Einordnung von Parteien jenseits der Etablierten unterschiedliche Begriffe wie Radikalismus, Extremismus und Populismus verwendet (Kailitz 2004: 29; Neugebauer 2001). Jedoch herrscht eine erstaunliche Verwirrung über deren Bedeutung, ihren Inhalt (Jaschke 1994: 24; Kaase 1984: 96) und

[14] Einige Thesen zur Programmatik rechtsextremer Parteien mussten revidiert werden. So erwies sich die Annahme, dass eine Kombination aus kapitalistischen und autoritär-rassistischen Ideologieelementen die *electoral winning formula* darstelle, als unzutreffend (Kitschelt 1995). Ebenso ist auch die Aussage, dass der Erfolg der „Neuen Rechten" vor allem über ihre marktliberalen Haltungen zu erklären sei, inzwischen überholt (Betz 1993, 2003).

ihre Anwendung im Forschungsgebiet (Ivarsflaten 2002; Rydgren 2002), was eine präzise Darstellung und Diskussion der Begriffe innerhalb dieser Arbeit unerlässlich macht. Alle drei Begriffe entstammen Theorien, die sich mit ideologisch rechten Parteien beschäftigen, sodass Begriffe wie Linksextremismus, Linksradikalismus und Linkspopulismus eher unüblich sind (Hartleb 2004: 149). Dennoch bieten sie sich an, um losgelöst von ideologischen Positionen zu wichtigen Erkenntnissen bezüglich der Abgrenzung der Linkspartei.PDS zu den etablierten Parteien zu gelangen (Heimann 1986; siehe aber Neugebauer 2001).

1.3.3.1 Radikalismus

Der Radikalismusbegriff wurde im Zuge der Parlamentsreformen bzw. der Wahlrechtsausweitung und in Hinblick auf die Forderungen der Arbeiterbewegung Ende des 19. Jahrhunderts erstmals verwendet (MacCoby 1955: 15).[15] Im wissenschaftlichen Diskurs kam er erst Ende der 1920er Jahre auf – und zwar in Bezug auf Phänomene an beiden Rändern des politischen Spektrums (Wende 1984; Backes 1989).[16] Diese Reduktion des Begriffs auf den räumlichen Aspekt wurde dahingehend kritisiert, dass es in jedem politischen System zwei Parteien gibt, die an den Endpunkten des Parteienspektrums liegen, sie jedoch nicht zwangsläufig absolute oder systemübergreifende Endpunkte darstellen, anhand derer eine Einordnung der Parteien durchgeführt werden kann (Arzheimer 2008a: 34). Diese Problematik wirkt sich auch auf die Abgrenzung zu gemäßigten Parteien in politischen Systemen aus. So können moderate Parteien auf der gesellschafts- und wirtschaftspolitischen Dimension teils radikalere Positionen vertreten als die im eigentlichen Sinne radikale Partei. So stehen bei einigen gesellschaftspolitischen Themen grüne Parteien deutlich weiter links und auch sozialdemokratische Parteien vertreten teilweise ähnliche Ansichten wie radikale Parteien (Fogt 1987; Pappi/Brandenburg 2009). Demnach müssten auch einige moderate Parteien, wenn auch zeitlich begrenzt, als links- bzw. rechtsradikal eingestuft werden. Damit kann aber Radikalismus als Bezeichnung für eine Bewegung, Gruppe oder Partei, die sich nahe an der Grenze zur oder außerhalb der bestehenden verfassungsmäßigen Ordnung bewegt, nicht mehr als Abgrenzungskriterium verwendet werden (Pfahl-Traughber 1998b: 79; Mudde 2008: 18).

Mit dem Aufkommen des Extremismusbegriffs in den 1970er Jahren wurde versucht, den Begriff des Radikalismus als Argumentations- und Handlungsart und den des Extremismus als Denkweise getrennt zu konzipieren (Lenk 1969).

[15] In den romanischen Ländern wird der Radikalismusbegriff in links-liberalen und republikanischen Parteien bis heute in Parteinamen und -ideologien verwendet (Backes 2006: 17).

[16] Etymologisch bezeichnet der Begriff den Rückbezug auf die Wurzeln einer Sache (lat.: radix) und ist hier mit dem Begriff des Fundamentalismus verwandt.

Andere Differenzierungen sahen im Extremismus eine Abweichung auf der Werte-Dimension, d.h. hinsichtlich der Ziele der Demokratie, im Radikalismus dagegen eine Abweichung auf der Normdimension, also bezüglich der Mittel der Demokratie (Klingemann/Pappi 1972).[17] Ob sich diese Elemente trennen lassen, ist jedoch fraglich, zumal die Unterteilung von den Forschern selbst nicht konsequent eingehalten wurde (Arzheimer 2005a: 394). Letztendlich hat der Begriff Radikalismus seine Funktion in der Wissenschaft weitgehend verloren und dient heute lediglich als *catch-all-term* in der öffentlichen Diskussion (Jaschke 1994: 28; Koopmans/Rucht 1996: 271).

1.3.3.2 Extremismus

Der Extremismusbegriff dagegen erlebte im Zuge der oben dargestellten Unzulänglichkeiten des Radikalismusbegriffs einen Bedeutungsgewinn für die Forschung. Zunächst bezeichnete er politische Kräfte am rechten und linken Ende des politischen Spektrums, die als nicht etabliert galten, und zeigte darin eine große Übereinstimmung mit dem Radikalismusbegriff (Kailitz 2004: 15; Backes 2006: 234; Arzheimer 2006: 256). Erst in den 1970er Jahren führte eine tiefer gehende Diskussion zu einer Präzisierung und Differenzierung des Begriffs. Extremismus war fortan gleichbedeutend mit Antipluralismus, wobei der Schließung des politischen Marktes und der Abkehr von der freiheitlich-demokratischen Ordnung zentrale Bedeutung zukam. Extremistisches Denken beinhaltet zudem eine monistische Auffassung von Ideen und Interessen und steht für einfache politische Lösungen bis hin zu Verschwörungstheorien (Lipset/Raab 1971: 5ff.; siehe schon Lipset 1959). Aus diesen Annahmen lässt sich allerdings auch ein „Extremismus der Mitte" ableiten, wonach extremistische Einstellungen mit jedem Punkt auf der Links-Rechts-Achse vereinbar sind, also auch mit einer moderaten Position im politischen Spektrum (Lipset 1960: Kap. V; Lipset/Raab 1971: 19).[18] Gleichzeitig determiniert eine extrem linke oder rechte Position auf der Links-Rechts-Achse noch keineswegs Extremismus bzw. Antipluralismus, jedoch sind hier Deprivationserlebnisse bei Individuen häufiger anzutreffen, die

---

[17] Damit wäre die auf illegitime und illegale Mittel zurückgreifende Gleichheitsannahme der Individuen der Linken, die gleichzeitig die Demokratie bejaht, zwar radikal, aber keineswegs extremistisch. Auf der anderen Seite sind die antidemokratischen Überzeugungen der Rechten sowohl radikal als auch extremistisch (Möller 2001: 197).

[18] In den 1990er Jahren wurde der Begriff „Extremismus der Mitte" umgedeutet und nicht mehr im Sinne Lipsets verwendet. So wurde er gegen die wegen ihrer angeblich ausländerfeindlichen Politik in die Kritik geratene Regierung und politische Elite allgemein eingesetzt. So wurde die repräsentative Demokratie als Hauptgrund für die mangelhafte Demokratisierung der Gesellschaft und daher als extremistisch eingestuft (Narr 1993).

wiederum Ursache für extremistische Einstellungen sein können (Arzheimer 2005a: 395).

In der Bundesrepublik fand das Konzept des „Extremismus der Mitte" nur wenig Anklang, dagegen wurden die Überlegungen Lipsets zum Antipluralismus und zur Gefahr für die demokratische Ordnung als Konzept der „streitbaren Demokratie" in Teilen der Forschung und der Verfassungsschutzbehörden verwendet. Extremistisch können demgemäß Organisationen, Ideologien, Handlungen und Personen sein, die sich gegen die im Grundgesetz verankerte freiheitlich-demokratische Grundordnung richten und mithin an den Rändern einer gesellschafts- oder wirtschaftspolitischen Links-Rechts-Dimension angesiedelt sind. Der Rechtsextremismus negiert dabei die menschliche Fundamentalgleichheit, der Linksextremismus dehnt den Gleichheitsgrundsatz auf alle Lebensbereiche aus (Backes/Jesse 1996: 45).

Diese eng gefasste Definition wurde aufgrund ihres eingeschränkten normativen Bezugsrahmens auf das Grundgesetz der Bundesrepublik Deutschland kritisiert, da sie damit international vergleichende Studien verhindere, den Parteienraum auf Freund-Feind-Kategorien reduziere und die Entstehungsgründe extremistischer Einstellungen unbeachtet lasse (Jaschke 1991: 44; Leggewie/ Meier 1995; Arzheimer 2005a: 396). Zudem wurde die strukturelle Gleichsetzung von Links- und Rechtsextremismus kritisiert und damit einhergehend die Konzentration auf die Demokratie als normativen Maßstab für die Begriffsdefinition (Jaschke 1991: 33ff.). Trotz dieser Kritikpunkte hat sich der Extremismusbegriff vor allem in der bundesdeutschen, zunehmend aber auch in der internationalen Forschung etabliert (Ignazi 2003: 26ff.; Hainsworth 2000).

Neben Radikalismus und Extremismus haben sich weitere Begriffe in diesem Forschungsfeld herausgebildet, die jedoch eng mit speziellen Erklärungskonzepten verbunden sind. Der Autoritarismusansatz sieht extremistische oder radikale Einstellungen als generelle und langfristig stabile Orientierungen an, die hauptsächlich durch Persönlichkeitsmerkmale beeinflusst werden (Winkler 1996: 28ff.; Winkler 2005).[19] Autoritär erzogene Personen können demnach einen Persönlichkeitszug herausbilden, der sie für bestimmte politische Ideologien besonders anfällig werden lässt (Adorno et al. 1950: 228; Adorno 1973: 45ff.).[20] Kritik

---

19 Unter Einstellung wird in der Sozialwissenschaft die Empfänglichkeit beschrieben, auf ein bestimmtes Objekt in positiver oder negativer Weise zu reagieren (siehe Eagly/Chaiken 1993).

20 Das Autoritarismuskonzept spaltet sich in insgesamt neun Unterkategorien auf: Konventionalismus, autoritäre Unterwürfigkeit, Aggression, Anti-Intrazeption („Abwehr des Subjektiven, Phantasievollen, Sensiblen"), Aberglaube und Stereotypie, Machtstreben und Robustheit, Destruktivität und Zynismus, Projektivität (Tendenz, „an unsinnige und gefährliche Vorgänge in der Welt zu glauben; die Projektion unbewußter emotionaler Impulse nach außen") sowie ein „übertriebenes Interesse an sexuellen Vorgängen" (Adorno et al. 1950; Adorno 1973: 225ff., 81ff.).

an diesem Ansatz konzentrierte sich hauptsächlich auf die unpräzisen Messinstrumente und unklar definierten Analyseebenen, was eine exakte Grenzziehung zwischen einem „normalen“ und einem „autoritären“ Charakter erschwerte (Oesterreich 1996: 48f.). Des Weiteren wurde die einseitige Konzentration auf rechtsautoritäre Ideologien bemängelt (Altemeyer 1996: 216ff.).

Das Dogmatismuskonzept versuchte, diese Kritikpunkte aufzunehmen (Rokeach 1960). Dogmatische Personen zeichnen sich dabei durch ein Überzeugungssystem aus, das sich vor allem durch seine Geschlossenheit (*close-mindedness*) auszeichnet und sie nur widerstrebend neue Informationen aufnehmen und objektiv verarbeiten lässt. Diese Personen orientieren sich daher vornehmlich an von Autoritäten vorgegebenen Meinungen (Rokeach 1960: 57f.).21 Dem Anspruch, auch linksautoritäre Einstellungen identifizieren zu können, wird der Ansatz allerdings nicht gerecht, da die Indikatoren zur Messung des Dogmatismus ähnlich ideologiebeladen sind wie die des Autoritarismus (vgl. Oesterreich 1996: 39ff.). Auch Begriffe wie Ethnozentrismus, Xenophobie oder *tough-mindedness* werden nur selten für nicht-etablierte Parteien verwendet (Rieker 1997; Eysenck 1954; siehe aber Scheuch/Klingemann 1967).

1.3.3.3 Populismus

Im Gegensatz zu den oben dargestellten Begriffen ist der des Populismus relativ jung, hat aber in den letzten Jahren eine immer größere Verbreitung in der Wissenschaft erfahren (Betz 1990; Betz/Immerfall 1998; Taggart 1995), wird jedoch auch abwertend als „politikwissenschaftlicher (Mode-)Begriff“ bezeichnet (Lang 2006: 51). Dabei wird er äußerst heterogen verwendet (Canovan 1999: 3). Eine erste Definition bezeichnet soziale Bewegungen als populistisch, wenn sie sich zwar von extremistischen Bewegungen abgrenzen, aber dennoch Bruchstücke extremer Ideologie in abgeschwächter Form in ihren Programmen verwenden (Betz 2002: 252; Mudde 1996: 232). Eine zweite Definition stellt den sozialen Bewegungscharakter, die charismatischen Führungspersönlichkeiten, die radikal vereinfachten Politiklösungen und die Ausrichtung am Bürger in Opposition zur Elite als zentrale Merkmale des Populismus heraus (Taggart 2000: 4). Damit ist Populismus zunächst eine Frage der rhetorischen Mittel bzw. des politischen Stils. Zuletzt wird unter Populismus der Gegensatz zwischen negativ konnotierter Elite und homogenem Volk verstanden (Pfahl-Traughber 1994: 18f.). Die Merkmale der Abgrenzung zwischen Volk und Elite sind dabei höchst unter-

---

[21] Politische Einstellungen existieren in den Köpfen der Bürger nicht einfach nebeneinander her, sondern bilden ein wenn auch rudimentär strukturiertes und unter Umständen widersprüchliches System an Überzeugungen aus (Converse 1964; vgl. Arzheimer/Rudi 2007: 3ff.).

schiedlich, jedoch stehen grundsätzlich die etablierten Parteien bzw. politischen Eliten im Mittelpunkt der Kritik (Taggart 1995, 2000: 76f.).

Trotz interessanter Ansatzpunkte zum Verhalten politischer Akteure und zur Verdrossenheit in der Bevölkerung ist der Begriff Populismus problematisch (Arzheimer 2008a:40f.; Husbands 2002: 50f.). So bleiben die unterschiedlichen Dimensionen des Populismusbegriffs unklar, da Elemente des Extremismusbegriffs, des politischen Kommunikationsstils und des Gegensatzes zwischen Volk und Elite miteinander vermengt werden. So können auch moderate Parteien auf populistische Stilmittel zurückgreifen, ohne deshalb als populistisch zu gelten. Daher können zwar Gemeinsamkeiten populistischer Parteien beschrieben werden, kaum jedoch ideologische Unterschiede, auch weil „populistisch" zumeist mit „ideologisch rechts" synonym verwendet wird (Eatwell 2000: 412; Hartleb 2004: 25).

1.3.3.4 Extreme Parteien

Alle dargestellten Begriffe besitzen aufgrund ihres Inhaltes, ihrer Ausrichtung oder wegen ihrer unklaren Bestimmung Unzulänglichkeiten bei der Verortung der Linkspartei.PDS. Auch der Extremismusbegriff als der am weitesten verbreitete ist hierbei keine Ausnahme, da er, zumindest in der Bundesrepublik, stark an die normativen Setzungen der freiheitlich-demokratischen Grundordnung gebunden ist. Ob die Linkspartei.PDS in diesem Sinne als linksextremistisch bezeichnet werden kann, ist zumindest fraglich (Gessenharter 2002: 126; Neugebauer 2001, siehe aber Neu 2009: 13; Moreau 1998; Jesse/Lang 2008). Tatsächlich finden sich in den Wahl- und Parteiprogrammen, in Reden und internen Dokumenten der Linkspartei.PDS genauso wie bei extrem rechten Parteien so gut wie keine Hinweise auf eine Ablehnung der freiheitlich-demokratischen Grundordnung (Arzheimer 2005a: 412; Mudde 1995: 208). Gründe hierfür sind zum einen in den hohen Zustimmungswerten für die Idee der Demokratie in Deutschland (Gabriel 2005: 490)[22], zum anderen in der Möglichkeit eines Verbotes extremistischer Parteien durch das Bundesverfassungsgericht zu suchen (Michaelis 2000; siehe auch Fennema 2000). Zwar vertreten einige Gruppierungen innerhalb der Linkspartei.PDS ideologische Standpunkte wie Antikapitalismus, Antifaschismus, Antiglobalisierung, ob dies jedoch als Ablehnung der freiheitlich-demokratischen Grundordnung gewertet werden kann, erscheint proble-

[22] Demokratiezufriedenheit unterscheidet sich in der Bewertung der Demokratie als Ordnungsmodell und deren Umsetzung in einem bestimmten Land. Demokratiezufriedenheit in ihrer Umsetzung ist meist höheren Schwankungen ausgesetzt und erreicht ein niedrigeres Niveau. Die Bewertung der Idee der Demokratie als Ordnungsmodell ist deutlich stabiler und liegt auf einem höheren Niveau (Dalton 1994; Gabriel 2000; Rohrschneider 1999; Westle 1999b).

matisch (Pfahl-Traughber 2004: 112). Spätestens seit der Vereinigung der PDS mit der WASG haben einige Autoren ihre Thesen zur Linkspartei.PDS revidiert und bescheinigen ihr, „kein offen extremistisches Projekt“ mehr zu sein (Lang 2008: 39) oder lediglich „eine weiche Spielart des Extremismus“ zu verkörpern (Jesse 2008: 9).[23]

In der Rechtsextremismusforschung werden seit einiger Zeit eher Begriffe wie *extreme right* oder *far right* verwendet, um die heterogene Gruppe der Rechtsparteien zu typologisieren (Mudde 1996). Für Parteien am linken ideologischen Rand setzten sich die Begriffe *far left* (March 2008; Hough 2005, 2008; Schmitt/Thomassen 2005; Reutter 2006) oder *extreme left* (Knutsen 1998: 89; Harrison 2004; Saalfeld 2002) bzw. die deutsche Entsprechung „extreme Linke“ (Schmitt 2001: 634; Neu 2001; Jesse/Lang 2008) allerdings nur langsam durch – immer auch vor dem Hintergrund, dass diesem Parteientypus in der Forschung generell weniger Aufmerksamkeit zuteil wird.[24] Die Definition unterscheidet sich deutlich von dem des normativen Extremismusbegriffs in Deutschland, da sie weniger eng gefasst ist. Eine weiter gefasste Definition birgt jedoch auch Nachteile. So wird der Begriff „extreme Partei“ zum Teil für moderate Parteien mit kritischer Einstellung gegenüber den Werten der liberalen Demokratie, aber auch zur Beschreibung von Antisystem-Parteien verwendet (Voerman/Lucardie 1992: 36ff.). Problematisch bleibt hierbei sowohl die Definition des Inhalts demokratischer Werte als auch die Definition der Eigenschaften von Antisystem-Parteien. Antisystem-Parteien, also Parteien, die in radikaler Opposition zum bestehenden politischen System stehen, müssen nicht notwendigerweise anti-demokratisch bzw. extremistisch nach der Definition von Backes und Jesse sein (Backes/Jesse 1996; Arzheimer 2008a: 37f.).[25] Auch die Linkspartei.PDS wurde als Antisystem-Partei bezeichnet, da sie außerparlamentarische Opposition, eher direktdemokratische Entscheidungsfindung und ein alternatives Wirtschafts- und Sozialsystem befürwortet (Koch-Baumgarten 1997: 873; Moreau/Lang 1996: 169; Neu

---

[23] Auch die Verortung der Linkspartei.PDS als (post-)kommunistisch oder (post-)sozialistisch (Lucardie/Wasner 2000; Bleek 2003; Oswald 1996), als Milieupartei (Neugebauer/Stöss 1996; Probst 1997; Jesse 2002), als Regionalpartei (Bergmann 2002: 206ff.; Hough 2001), als Partei der Vereinigungsverlierer (Schultze 1995) oder als Protestpartei (Deinert 1998; Bortfeldt 1994) setzt zwar Schlaglichter, beleuchtet jedoch lediglich Teilbereiche.

[24] So ergibt die Suche in der Datenbank EBSCO für *extreme left* bzw. *far left* 139 Treffer, während sie für *extreme right* oder *far right* 694 Treffer findet (abgerufen am 13.12.2010).

[25] Mit *relational anti-systemness* wird eine Partei bezeichnet, die im Parteienraum weit von den anderen etablierten Parteien entfernt ist und damit als Koalitionspartner ausgeschlossen ist. Sie stellt die Legitimität des vorhandenen politischen Systems und der darin enthaltenen Parteien infrage. Eine *ideological anti-systemness* liegt hingegen dann vor, wenn die Ideologie einer Partei mindestens einem demokratischen Wert des politischen Systems ablehnend gegenübersteht (Capoccia 2002).

2004: 258; Brie et al. 1995; Everts 2000; Deinert 1997: 111).[26] Dies widerspricht allerdings der in der Forschung ebenfalls angenommenen Integrationsfunktion der Partei als Vermittler ostdeutscher Interessen und Identitäten (Arzheimer 2002c: 329; Abromeit 1992: 441ff; Neller/Thaidigsmann 2002: 423; Patton 2000: 146).

Die weiter gefasste Definition des Begriffs „extreme Linke" besitzt den entscheidenden Vorteil, dass hierbei die Randposition der Linkspartei.PDS im Parteiensystem klar dargestellt wird, ohne sie deshalb als extremistisch zu definieren (vgl. Arzheimer 2008a: 38). Mit den Erkenntnissen aus Kapitel 1.3.2 zur ideologischen Position der Partei wird die Linkspartei.PDS aus folgenden Gründen als extrem linke Partei definiert: Erstens vertritt sie vor allem wirtschaftspolitisch linke Positionen, wohingegen sie auf der gesellschaftspolitischen Achse eher eine moderate Position einnimmt. Zweitens nimmt sie im Parteiensystem der Bundesrepublik Deutschland eine Außenseiterposition ein. Drittens besitzt sie ein problematisches Verhältnis zur liberalen Demokratie bzw. deren Normen und Werten (vgl. Arzheimer 2008a: 39).

Zusammenfassend konnten in diesem Kapitel zwei Sachverhalte geklärt werden: Erstens wurde die Linkspartei.PDS ideologisch im Parteienraum verortet, zweitens wurde versucht, sie mithilfe der Begriffe der Extremismusforschung von den etablierten Parteien im bundesdeutschen Parteiensystems abzugrenzen. Die Einordnung der Linkspartei.PDS unter die klassischen Begriffe der Extremismusforschung bleibt umstritten, sodass die Definition „extreme Linke" aus der Rechtsextremismusforschung modifiziert übernommen wurde. So ist die Linkspartei.PDS sowohl in wirtschafts- als auch gesellschaftspolitischer Hinsicht als links einzustufen, wenngleich sie auf der zweiten Dimension nicht immer die Randposition besetzt. Zudem nimmt die Linkspartei.PDS im Parteiensystem eine Außenseiterposition ein und stellt Wertvorstellungen der liberalen Demokratie und politischen Eliten infrage, ohne im engeren Sinne als extremistische Partei eingeordnet werden zu können.

Die extrem linken ideologischen Positionen der Linkspartei.PDS auf der wirtschaftspolitischen Dimension, ihr problematisches Verhältnis zum liberalen Demokratiemodell der Bundesrepublik Deutschland und ihre Außenseiterposition im politischen System liefern zugleich Indizien, die eine Analyse mit den Ansätzen der Extremismusforschung rechtfertigen. Bevor jedoch diese Ansätze

[26] Grundlage für die Einschätzung waren: 1. eine personelle Kontinuität zur SED, 2. eine ungenügende programmatische und organisatorische Erneuerung, 3. eine mangelnde Vergangenheitsbewältigung, 4. die Mitgliedschaft ehemaliger Stasi-Mitarbeiter, 5. Mitglieder- und Wählerkreis aus den alten Verwaltungseliten der DDR bzw. den Vereinigungsverlieren und DDR-Nostalgikern, 6. zentralistische Organisation, 7. die Einbindung linksextremer Gruppierungen, 8. außerparlamentarische Politikformen und populistischer Politikstil, 9. Separatismus (Neller 2006: 107).

zum Gegenstand der Arbeit werden, sollen im folgenden Kapitel bisherige Erkenntnisse zum Wahlverhalten der Linkspartei.PDS mit Hinblick auf das eventuell in der Wählerschaft vorhandene extremistische Potenzial dargestellt werden.

1.3.4 Die Wählerschaft der Linkspartei.PDS

So heterogen sich die Gruppierungen innerhalb der Partei und ihrer programmatischen Diskussionen darstellen, so heterogen ist auch ihre Wählerschaft. Dabei wurde sie von politischen Kommentatoren und von Wissenschaftlern gleichermaßen analysiert, jedoch oftmals unterschiedlich bewertet. Einigkeit herrscht lediglich bei der beobachteten Diskrepanz zwischen den Inhalten der Parteiprogramme und den Orientierungen ihrer Wählerschaft (Brie 2004: 1081). Kommentatoren auf Seiten des politischen Gegners beschieden der Partei, alle Bürger ansprechen zu wollen, die gegen die bestehenden politischen Verhältnisse kämpfen, und ein Hort für Einheitsverlierer oder DDR-Nostalgiker zu sein (Lang/ Moreau 1994: 129; Moreau 2002). Dagegen sprachen ihr Sympathisanten zu, ostdeutsche Interessen und Identitäten zu vertreten und den demokratischen Sozialismus als alternatives Ordnungsmodell zum liberalen westdeutschen System zu bevorzugen (Brie 1995).

Die empirische Wahlforschung hat sich seit der Wiedervereinigung ebenfalls intensiv mit der Partei beschäftigt und konnte ein objektiveres Bild ihrer Wählerschaft liefern. Für Ostdeutschland wurden Untersuchungen seit der Wiedervereinigung 1990 durchgeführt. In Westdeutschland sind gesicherte Analysen aufgrund der geringen Fallzahlen erst ab der Bundestagswahl 2005 möglich (vgl. aber Arzheimer 2007: 71). Dennoch lassen sich grundsätzlich Unterschiede bei den Motiven der Wählerschaft in Ost- und Westdeutschland identifizieren.

In Ostdeutschland setzt sich die Wählerschaft aus formal hoch gebildeten, der DDR und der Idee des Sozialismus positiv gegenüberstehenden und sich nach der Wiedervereinigung sozial benachteiligt fühlenden Wählern zusammen. Gleichzeitig stehen sie dem politischen System, der gesellschaftlichen Ordnung und den wirtschaftlichen Verhältnissen der Bundesrepublik eher kritisch gegenüber (Eith 2005: 21; Falter/Klein 1994: 34). Während der Einfluss einer Kombination aus reiner und rationaler Protestwahl bestätigt wurde (siehe Kapitel 2.2.1), stellten sich Nostalgie und Verdrossenheit in komplexeren Untersuchungen nicht mehr als wirkungsmächtig heraus (Schumann 1997: 421; Arzheimer 2002c; Klein/Caballero 1996: 245; Arzheimer et al. 2001). Neben diesen Einstellungsmerkmalen wird in den Studien auch eine spezifisch soziodemographische Basis der Linkspartei.PDS beschrieben, die wie erwähnt, aus höher Gebildeten und aus den ehemaligen administrativen Eliten des DDR-Regimes besteht (Falter/Klein 1994, 1995). Immer wieder wird auch das extremistische Einstellungspotenzial von Sympathisanten und Wählern der Linkspartei.PDS untersucht. Auf der einen Seite kamen Untersuchungen zu dem Befund, dass die Wählerschaft sehr wohl extremistische Einstellungen besitze. Allerdings wurden Indikatoren verwendet, die nur bei einer sehr großzügigen Auslegung dem bundesdeutschen Extremismusbegriff entsprechen (Neu 2006b). Bei einer enger gefassten Definition lassen sich extremistische Einstellungen dagegen kaum mehr feststellen (Arzheimer 2007: 81), sondern lediglich eine kritische Einstellung gegenüber dem liberalen Typus der Demokratie nach westdeutschem Muster (Niedermayer 1998, 2006a; Pickel 1998).

Die Analyse der Wählermotive der Linkspartei.PDS in Westdeutschland bis 2005 ist aus oben genannten Gründen deutlich unsicherer. Politische Kommentatoren nahmen an, dass es sich sowohl um linke Sozialdemokraten, Gewerkschaftler und Intellektuelle, „Ökos und Alternative“ als auch um Kommunisten und Autonome handle (Falkner/Huber 1994: 239). Empirische Untersuchungen haben jedoch auch in Westdeutschland ähnliche Muster wie in Ostdeutschland festgestellt. So seien es auch hier formal besser gebildete, gegenüber der Idee des Sozialismus aufgeschlossene und der DDR eher positiv gegenüberstehende Personen, die mit dem bestehenden politischen System und dessen Akteuren eher unzufrieden sind (Arzheimer 2007: 71).

Ab 2005 veränderte sich im Zuge der Vereinigung von PDS und WASG die sozialstrukturelle Wählerbasis der neu entstandenen Partei (Schoen/Falter 2005: 35; Niedermayer 2006a). So wurde in beiden Landesteilen eine wachsende Verbindung zwischen der Arbeiterschaft, insbesondere der gewerkschaftsgebundenen, und der Linkspartei.PDS ausgemacht (Elff/Roßteutscher 2009: 320). Weiterhin gewann sie auch bei den Niedriggebildeten und Arbeitslosen, ehemals Kernklientel der SPD, Stimmen hinzu (Neu 2005: 28), was einige Forscher zu der Annahme veranlasste, dass Modernisierungsverlierer nunmehr auch im Westen der Linkspartei.PDS vermehrt zusprächen (Hartleb/Rode 2006: 174; Neller/Thaidigsmann 2007: 428). Im Zusammenhang mit dem Abschneiden der SPD wurde auch die Kernkompetenz der Partei in der Frage der sozialen Gerechtigkeit untersucht (Schoen/Falter 2005: 40). Inwieweit dieses Thema zur Wählerwanderung zwischen beiden Parteien beigetragen hat, ist fraglich, jedoch zeigen Untersuchungen, dass es sich bei den neu gewonnenen Wählern der Linkspartei.PDS zu einem Großteil um ehemalige SPD-Wähler handelte (Hofrichter/Kunert 2009: 233). Diese Wählergruppe besaß wiederum leicht unterschiedliche ideologische Positionen, was die Heterogenität der Wählerschaft weiter verstärkte (Schoen/Falter 2005: 36; Neller/Thaidigsmann 2007: 430).

So bleiben die oben dargestellten Analysen zu Wählermotiven auf bestimmte Teilaspekte reduziert, beleuchten nur wenige Untersuchungszeitpunkte oder untersuchen ost- und westdeutsche Wähler der Linkspartei.PDS getrennt voneinander. Sie können damit kein umfassendes Bild der Wählerschaft zeichnen, keine Veränderungen der Wahlmotive über die Zeit identifizieren oder analysieren nur die Wählerschaft in einem Landesteil.

Zusammenfassend lässt sich festhalten, dass erstens die Geschichte der Linkspartei.PDS von internen Auseinandersetzungen mit extremistischen Gruppierungen und Positionen sowie dem Konflikt um ihre Stellung im Parteiensystem bzw. mit dem politischen System der Bundesrepublik Deutschland durchzogen ist. Zweitens nimmt die Linkspartei.PDS auch im ideologischen Raum eine eher extreme Position ein. Deshalb kann drittens die Partei mit den Begrifflichkeiten der Extremismusforschung als „extrem links" bezeichnet werden. Dagegen lassen sich in den bisherigen Studien zur Wählerschaft der Linkspartei.PDS nur vereinzelt Hinweise auf ein extremistisches Potenzial finden. Dennoch weisen die Ergebnisse darauf hin, dass die klassischen Theorien des Wahlverhaltens für die Erklärung der Motive der Wählerschaft der Linkspartei.PDS an ihre Grenzen stoßen (Forschungsfrage 1). Somit besteht das Forschungsdesiderat, eine systematische und theoriebasierte Analyse der Wählermotive der Linkspartei.PDS durchzuführen, die die einzelnen Faktoren der Wahl in ein komplexes Erklärungsmodell überführt. Die Ansätze der Extremismusforschung können deshalb als Hintergrundtheorien über die Entstehung von politischen und sozialen Präferenzen gelten (Arzheimer 2008a: 78). Daher sollen im Folgenden die Theorien der Rechtsextremismusforschung diskutiert werden, bevor ihre Übertragbarkeit auf extrem linke Parteien in Europa und die Linkspartei.PDS überprüft wird.

2 Die Erklärungsansätze der Extremismusforschung

Eines der Ziele dieser Arbeit ist es, die Wahl einer extrem linken Partei mithilfe eines sparsamen, aber umfassenden Modells zu erklären und dabei kurz- und langfristige Faktoren auf der Angebots- sowie der Nachfrageseite, die für den Erfolg der Partei verantwortlich sind, zu identifizieren. Sowohl die Extremismus- als auch die Wahlverhaltensforschung haben eine Vielzahl an Ansätzen zur Erklärung von Einstellungen und Verhalten von Individuen hervorgebracht, die jedoch nicht ohne weiteres integriert werden können.

Erstens steht die Analyse extrem linker Parteien grundsätzlich vor dem Problem, dass nahezu alle vorhandenen Theorien und Begriffe aus der wissenschaftlichen Beschäftigung mit extrem rechten Parteien stammen (Arzheimer 2006: 253; Neu 2006b: 223; Neu 2009: 13). Zwar wurden Versuche unternommen, extremistische Einstellungen als Phänomen unabhängig von der ideologischen Position zu analysieren (siehe Kapitel 2.1 und 2.2). Allerdings wurden in der Praxis Annahmen und Indikatoren aus der Rechtsextremismusforschung oftmals ohne nähere Diskussion oder mit lediglich geringfügigen Modifikationen auf Parteien der extremen Linken übertragen, wobei Variablen und Konzepte verschiedenster Theoriestränge unreflektiert miteinander verbunden wurden (Winkler 1996: 36). Zweitens wurden zwar in jüngster Zeit zur Integration von Wahlverhaltensansätzen und solchen aus der Extremismusforschung Anstrengungen unternommen, jedoch beziehen sich auch diese vornehmlich auf die Parteienfamilie der extrem Rechten und wurden bislang nicht auf eine extrem linke Partei angewandt (Scheuch/Klingemann 1967; Arzheimer/Falter 2002; Arzheimer 2008a). Integrative Ansätze besitzen den Vorteil, ein detaillierteres Bild der Wählerschaft einer extremen Partei liefern zu können als einzelne spezialisierte Extremismusansätze für sich genommen. Das Hauptaugenmerk dieses Kapitels liegt daher zunächst auf der Diskussion der klassischen und integrativen Theorien der Extremismusforschung, bevor im nächsten Kapitel die Übertragbarkeit dieser Ansätze zur Analyse der Linkspartei.PDS-Wählerschaft überprüft wird, und aus denen im späteren Verlauf statistisch überprüfbare Hypothesen gezogen werden können.

2.1 Die klassischen Ansätze der Extremismusforschung

Während sich in der Wahlverhaltensforschung drei große klassische Theorien herausgebildet haben, zu denen der mikro- und makrosoziologische Ansatz (Lazarsfeld et al. 1944; Lipset/Rokkan 1967), der sozialpsychologische Ansatz (Campbell et al. 1960, Campbell et al. 1954) und der rationalistische oder ökonomische Ansatz (Downs 1957) gezählt werden,[27] hat sich in der Extremismusforschung eine nahezu unüberschaubare Anzahl an Erklärungsversuchen, Ansätzen, Konzepten und Hypothesen herausgebildet. Bei näherer Betrachtung können diese Ansätze in die vier Kategorien „Persönlichkeitsmerkmale und Wertorientierungen", „Desintegrationstheorien", „Gruppenkonflikte" sowie „politische Gelegenheitsstrukturen" zusammengefasst werden (Winkler 1996; Arzheimer 2008a).

Die Extremismusforschung hat sich parallel – und mit wechselseitigem Einfluss – zur Disziplin der Einstellungs- und Verhaltensforschung kurz nach dem Zweiten Weltkrieg entwickelt. Der Grund für das Forschungsinteresse an extremistischen Bewegungen und deren Wählern war der Erfolg nationalsozialistischer und faschistischer Bewegungen in den 1930er Jahren. Zunächst wurde die Mobilisierung von Bevölkerungsteilen durch die faschistischen und nationalsozialistischen Bewegungen auf der Persönlichkeitsebene untersucht, die Erkenntnisse wurden bald aber auch zur Erklärung des Kommunismus herangezogen (Parsons 1942b; Adorno et al. 1950; Shils 1954; Stone/Smith 1993). Diese Ansätze waren aufgrund der historischen Ereignisse stark auf europäische Verhältnisse zugeschnitten. Im Zuge des Behavioralismus wurden später mikrosoziologische und sozialpsychologische Ansätze entwickelt, die der Reduktion auf Persönlichkeitsmerkmale kritisch gegenüberstanden (Schumann 2001: 105). Sie sahen in den Erfolgen faschistischer Bewegungen eher eine Abnormität innerhalb der Gesellschaft, die systematisch analysiert und gesellschaftskritisch hinterfragt werden musste. In Folge wurden in der Psychologie, Soziologie, Politikwissenschaft etc. Ansätze entwickelt, die in eine Vielzahl unterschiedlicher Modelle, Begriffe und Definitionen mündeten (Arzheimer 2005a: 391).

Trotz der interdisziplinären Beschäftigung mit dem Phänomen Extremismus sind übergreifende Begriffsdefinitionen oder eine Integration der theoretischen Konstrukte zu einer allgemeinen Theorie zur Wahl extremer Parteien bislang

[27] Es ist hier nicht möglich, eine detaillierte Darstellung der klassischen Theorien der Wahlverhaltensforschung zu liefern, da dies erstens den Rahmen dieser Arbeit sprengen würde und sich zweitens der integrative Ansatz von Scheuch und Klingemann (Scheuch/Klingemann 1967) bzw. Arzheimer (Arzheimer 2008a) an den sozialpsychologischen Ansatz anlehnt. Daher werden die Grundannahmen dieses Ansatzes im Kapitel 2.3.2.1 weiter erläutert. Für einen umfassenden Überblick zu den soziologischen, sozialpsychologischen und Rational-Choice-Ansätzen siehe Schoen 2005; Schoen/Weins 2005; Arzheimer/Schmitt 2005.

nicht unternommen worden. Durch die Einteilung der Extremismusansätze in vier Erklärungsgruppen lässt sich diese Heterogenität zumindest reduzieren und bietet zudem die Möglichkeit, eine Verbindung zu Modellen der Wahlentscheidung zu legen (Winkler 1996, 2001; Arzheimer 2008a: 79).

2.1.1 Persönlichkeitsmerkmale und Wertorientierungen

Nach Winkler (Winkler 1996: 28ff.; siehe vertiefend Arzheimer 2008a: 79ff.) bilden die „Persönlichkeitsmerkmale und Wertorientierungen" eine erste Kategorie extremismustheoretischer Ansätze.[28] Hierbei ist der Autoritarismusansatz der älteste (Adorno et al. 1950; siehe bereits Fromm 1936; Reich 1933). Ausgangspunkt für die Entwicklung dieses Ansatzes war die Annahme, dass die materielle Verelendung insbesondere der Arbeiterschicht eher zu einem sozialistischen denn zu einem faschistischen Umsturz in den 1939er Jahren hätte führen müssen (Falter 1991: 198ff.). Zur Aufklärung dieses Widerspruchs entwickelten Forscher um Theodor W. Adorno einen persönlichkeitspsychologischen Ansatz, dessen Annahmen sie induktiv aus Befragungen der Bevölkerung gewannen (Oesterreich 1996: 46). So ergaben die Auswertungen, dass innerhalb des preußisch deutschen Gesellschaftssystems auffällige Charaktertypen existierten, die zu Unterordnung und Gehorsam erzogen worden waren (Adorno et al. 1950: 337).[29] Die aufkommenden nationalsozialistischen bzw. faschistischen Bewegungen befriedigten diese Nachfrage nach Unterordnung, was schließlich zu ihren Erfolgen beitrug (Oesterreich 2005: 243).[30] Die Forscher nahmen weiterhin an, dass autoritäre Charakterzüge innerhalb der deutschen Bevölkerung auch in der Bundesrepublik nachweisbar seien. Die autoritären Charaktereigenschaften wurden mittels der *Fascism-Scale* gemessen, die antidemokratische Tendenzen und das Faschismuspotenzial in der Bevölkerung aufdecken sollte. Zwar wurde keine direkte Verbindung zwischen autoritärem Charakter und Wahlentscheidung gezogen, jedoch sollten sich entsprechende Personen von Parteien und Bewe-

[28] Die konzeptionelle Trennung zwischen Wertorientierungen und Persönlichkeitsmerkmalen ist nicht unumstritten. Iser und Schmidt (Iser/Schmidt 2005) haben aber in einer Analyse des Fünf-Faktoren-Modells (FFM) oder der *Big-Five* (Thurstone 1934) und anhand einer Werteskala (Schwartz 1994) nachweisen können, dass eine getrennte Untersuchung beider Konstrukte durchaus sinnvoll ist.

[29] Dieser autoritäre Charakter wurde auch als eine Art „Syndrom" bezeichnet.

[30] Die Frage nach der freiwilligen Unterordnung ist nicht neu. Schon die Philosophie der Aufklärung widmete sich intensiv dieser Fragestellung. Kant war 1784 der erste, der auf psychische Faktoren für die freiwillige Unterwerfung unter Autoritären hinweist (Höffe 2007: 351). Seiner Ansicht nach ist die Akzeptanz der Herrschaft von Kirche und Fürsten bedingt durch die menschliche Unmündigkeit.

gungen, die Gehorsam und Unterordnung befürworten und sich gegen (ethnische) Fremdgruppen richten, angezogen fühlen (Arzheimer 2008a: 80).

Die Studie erlangte große Aufmerksamkeit, wurde in der Folge aber auch scharf kritisiert. So sind die Unterdimensionen und die Kausalbeziehungen des autoritären Syndroms unklar definiert und die Analyseebenen zu heterogen, um exakt zwischen einem autoritären und einem konservativen Charakter differenzieren zu können. Weiterhin wurde die Konzentration auf einen rechten Autoritarismus in der Theorie und bei der Wahl der Messinstrumente kritisiert sowie die Repräsentativität der Erhebung bemängelt (Altemeyer 1996: 216ff.; Oesterreich 1996: 43; Shils 1954; Ray 1976). Trotz dieser Kritikpunkte hat die Studie wichtige Impulse für die Extremismusforschung geliefert und fand auch Anwendung in der Erklärung sozialistischer Orientierungen (Greenberg/Jonas 2003; Jost et al. 2003; McFarland et al. 1992).

Aus dem Umfeld der Kritiker stammt das bereits in Kapitel 1.3.3 angesprochene Dogmatismuskonzept (Rokeach 1960; Schumann 2001).[31] Die mangelnde inhaltliche und strukturelle Präzisierung des Autoritarismusansatzes sollte durch ein ideologiefreies Konzept behoben werden, sodass auffällige Persönlichkeitsmuster in allen politischen und kulturellen Bereichen möglich wären (Rokeach 1960: 117f.). Als dogmatisch werden solche Personen beschrieben, die sich durch ein hohes Maß an Geschlossenheit (*closed-mindedness*) ihres inneren Überzeugungssystems (*belief-disbelief-system*)[32] auszeichnen und nur bedingt in der Lage sind, neue Informationen zu verarbeiten. Symptome sind undifferenzierte negative Einstellungen und Intoleranz gegenüber Fremdgruppen, ein pessimistisches Weltbild, Angst und Unsicherheit sowie ein gesteigertes Interesse an Machtfragen und der Glaube an die Obrigkeit. Daher dienen ihnen vorgefertigte Anschauungen der Autoritäten als Komplexitätsreduktion der sozialen und politischen Wirklichkeit (Rokeach 1960: 57f.).

Autoritarismus und Dogmatismus sind sich auf verschiedenen Ebenen des Verhaltens und von psychischen Vorgängen nicht unähnlich (Oesterreich 1996: 67). Jedoch basiert der Dogmatismusansatz im Gegensatz zum Autoritarismusansatz auf kognitionstheoretischen Annahmen der Persönlichkeitspsychologie

[31] Zum Dogmatismuskonzept siehe auch Ehrlich 1978; Vacchiano 1977; Roghmann 1966: 83ff.

[32] Das zentrale Element der *open-* und *closed-mindedness* bildet das *belief-disbelief-system*. Dieses System stellt ein Gefüge verbaler oder nonverbaler, impliziter oder expliziter Überzeugungen, Haltungen oder Erwartungen dar (Rokeach 1960: 32). Das *belief-system* beinhaltet alle Erwartungen und Haltungen, die eine Person als richtig erachtet, während das *disbelief-system* jene umfasst, die als falsch angesehen werden. Ein geschlossenes Überzeugungssystem entsteht durch die Notwendigkeit, sich über die Umwelt möglichst genau zu informieren, gleichzeitig aber durch das Bedürfnis, bedrohliche Teile der Realität, wie z.B. negative Informationen über die Eigengruppe, auszublenden. Zumeist sind jedoch beide Seiten des Überzeugungssystems in einer Person wirksam (Rokeach 1960: 68f.).

(Arzheimer 2008a: 81). Indem Sozialisationsfaktoren ausgeblendet werden, ergibt sich ein einfacher Zugang zur Informationsverarbeitung beim Menschen (Rokeach 1960: 347ff.). Im Mittelpunkt steht die Struktur von Überzeugungssystemen, mit deren Hilfe von konkreten Inhalten abstrahiert und eine Vereinfachung und Verallgemeinerung der Vorgänge erzielt werden soll. Jedoch, so wurde später festgestellt, kann auch hier keine ideologisch neutrale Einordnung erreicht werden, was auf eine teilweise unklare Begriffsdefinition zurückzuführen ist (Hartmann 1983: 75; Keiler/Stadler 1978). So wurden die Eindimensionalität und die Konzentration auf den „Neurozentrismus", d.h. die emotionale Labilität von Personen, der verwendeten D-Skala zur Messung von Dogmatismus kritisiert (Roghmann 1966: 196f.; Schumann 2001: 112f.).

Im sozialpsychologischen Ansatz der Wahlverhaltensforschung haben die oben erwähnten Überzeugungssysteme ebenfalls eine prominente Stellung inne (Converse 1964: 206), jedoch spielen Persönlichkeitsansätze (vgl. auch Eysenck 1954; Wilson 1973; Oesterreich 1993, 1996) in der Wahlforschung nur eine geringe Bedeutung (Altemeyer 1988: 239ff.; siehe aber Schumann 1990, 2001; Schumann/Schoen 2005). Allerdings kann eine Analyse von Persönlichkeitsfaktoren wichtige Informationen über die Herausbildung geschlossener Überzeugungssysteme bei der Wählerschaft extremer Partei liefern und wird daher in die spätere empirische Untersuchung mit einbezogen (Kapitel 3.2; siehe auch Winkler 2005: 239).

Gesellschaftliche Wertorientierungen sind, im Gegensatz zu Persönlichkeitsmerkmalen, in der klassischen Wahlforschung deutlich prominenter vertreten (Eith/Mielke 2010: 298). So nimmt die These der *silent counter revolution* an, dass eine soziale Reaktion auf den Wertewandel nach dem Zweiten Weltkrieg stattgefunden hat, die den Aufstieg rechtsautoritärer Parteien begünstigte (Ignazi 1992, 2003; vgl. Inglehart 1977). Demnach werden die Folgen der Veränderungen in der Gesellschaft von sozialen Randgruppen und traditionell orientierten Menschen mit eher geschlossenen kognitiven Überzeugungssystemen abgelehnt und gleichzeitig Fremdgruppen als Ursache dieses Wandels angesehen. Libertären Werten wie Selbstentfaltung und universale Bürgerrechte neuer sozialer, ökologischer Bewegungen und in zunehmendem Maße auch etablierter Parteien setzen neu entstandene rechtsautoritäre Parteien Pflichtgefühl, Gehorsam, Autorität, Disziplin und Ordnung entgegen (vgl. Schacht 1993).

Kritik an diesen Annahmen riefen die ungenügende Erklärung der kausalen Zusammenhänge sowie die vollständige Ausblendung der Individualebene hervor. Weiterhin seien die angesprochenen Wertorientierungen mit den vorhandenen Instrumenten der Einstellungsforschung nicht nachzuweisen, was die Annahmen der *silent counter revolution* nicht überprüfbar mache (Husbands 2002: 51f.; Arzheimer 2008a: 82f.).

Auch im räumlichen Modell der Parteienkonkurrenz finden Wertorientierungen Anwendung (Kitschelt 1994, 1995; siehe auch Kapitel 1.3.2). Das Modell beruht auf einer wirtschafts- und gesellschaftspolitischen Links-Rechts-Dimension des politischen Raums (vgl. Flanagan 1987).[33] Einen Zusammenhang mit extremistischen Positionen sieht Kitschelt dabei hauptsächlich auf der gesellschaftspolitischen Dimension. Eine autoritäre Position auf der Angebotsseite der Parteien beinhaltet die Forderung nach Schließung des politischen Marktes und der Repression kultureller und politischer Vielfalt (vgl. Lipset/Raab 1971: 6). Eine libertäre Position dagegen steht für ein hohes Maß an politischer Partizipation auf der unteren gesellschaftlichen Ebene sowie Dezentralisierung und Entbürokratisierung (Kitschelt/Hellemans 1990: 5). Auf der Ebene des Individuums besitzen autoritäre Positionen Ähnlichkeiten mit dogmatischen Einstellungen, einem rigiden Denkstil und autoritärer Persönlichkeit (Arzheimer 2005a: 402). Auch libertäre Forderungen stehen insofern im Konflikt mit der repräsentativen Demokratie, als politische Entscheidungsfindungen weg von Repräsentanten hin zum Bürger übertragen werden sollen (Kitschelt 1990: 179f). Folglich richten sich libertäre Orientierungen gegen hierarchische Strukturen im Staat (Flanagan/Lee 2003).[34]

Die Bildung wirtschafts- und gesellschaftspolitischer Orientierungen beim Individuum wird im Rahmen dieses Ansatzes mit den Erfahrungen im beruflichen Alltag erklärt (Kitschelt 1994: 8ff.; Kitschelt 1995: 4ff.). Vor dem Hintergrund von Modernisierungs- und Globalisierungsprozessen spielen Ausländer als Mitkonkurrenten um den Arbeitsplatz im öffentlichen Sektor eine geringere Rolle als im privaten Sektor. Daher werden Eingriffe des Staates in die Wirtschaft und umverteilende Maßnahmen von Beschäftigten im öffentlichen Sektor eher unterstützt, während Personen im privaten Sektor einer Umverteilung negativ gegenüberstehen, da dadurch negative Standortbedingungen für ihre Arbeitgeber geschaffen werden. Weiterhin spielen konkrete Arbeitsbedingungen für die Ausbildung wirtschaftspolitischer Wertorientierungen eine große Rolle. So führen ein hohes Maß an persönlicher Freiheit und kommunikative Arbeitsbedin-

---

[33] Bei Flanagan setzt sich der Konfliktraum aus drei Linien zusammen. Die erste Achse repräsentiert den Konflikt zwischen wohlfahrtsstaatlicher Umverteilung und freier Marktwirtschaft. Diese traditionelle Konfliktlinie wird bereits bei Lipset und Rokkan (1967) beschrieben und bildet die Hauptlinie des politischen Konflikts in vielen westlichen politischen Systemen. Die zweite Achse bezieht sich auf den Gegensatz zwischen ökonomisch-technologischem Wachstum und einer ökologischen Politik. Dahinter steht auch der Konflikt von postmaterialistischen versus materialistischen Orientierungen. Zu diesen zwei Dimensionen kommt bei Flanagan noch eine dritte Dimension, die er mit dem Gegensatz zwischen den libertären neuen Linken und den autoritären neuen Rechten kennzeichnet.

[34] Teilweise werden libertäre Einstellungen auch mit den Ansätzen zu „soziokulturellen Spezialisten“ in Verbindung gebracht (Müller 1998: 34f.; siehe auch Kriesi 1998: 173f).

gungen zu libertären Einstellungen, während eintönige, standardisierte und hierarchisch organisierte Arbeitsprozesse autoritäre Orientierungen auf der gesellschaftspolitischen Dimension begünstigen. Zuletzt tendieren Menschen mit einer hohen formalen Bildung aufgrund ihrer höheren kognitiven Fähigkeiten sowie Frauen aufgrund ihrer Sozialisationserfahrungen eher zu libertären Ansichten (Kitschelt 1994: 17).

Den Aufstieg extrem rechter Parteien in den 1980er Jahren erklärt Kitschelt somit als Folge von Globalisierungsprozessen und der Reaktion der Beschäftigten im privaten und öffentlichen Sektor. Erstere fühlten sich vom Wandel bedroht und entwickelten autoritäre und marktliberale Einstellungen, die nicht von den etablierten, sondern den rechtsautoritären Parteien erfüllt wurden.[35] Im Gegenzug wurde das Aufkommen von linkslibertären bzw. -sozialistischen Parteien mithilfe politischer Gelegenheitsstrukturen (*political opportunity structures*) erklärt, wonach sich aus der Spaltung sozialistischer und sozialdemokratischer Bewegungen die „alte“ und „neue“ Linke gebildet habe (Kitschelt 1988). Diese Bewegungen richten sich gegen ein autoritäres und bürokratisches Staatsverständnis und fordern ein partizipatorisches Demokratieverständnis, gepaart mit einem Ausbau des Wohlfahrtsstaates (Carter 2004: 108).

Zusammenfassend kombiniert das räumliche Modell des Parteienwettbewerbs die Angebotsseite der Parteien mit der Nachfrageseite der Bevölkerung zu einem umfassenden Makro-Mikro-Ansatz und stellt eine Verbindung zwischen Extremismus- und Wahlverhaltensansätzen dar (Kailitz 2006: 286). Kritisiert wurde allerdings die Konzentration auf die Makro-Ebene und damit die ungenaue Spezifikation der Entstehung politischer Präferenzen beim Individuum sowie die mangelhafte Begründung der Konzentration auf berufliche Erfahrungsprozesse (Arzheimer 2005a: 404). Darüber hinaus bestätigten sich einige theoretische Erwartungen zu den Eigenheiten extrem rechter Parteien in der empirischen Überprüfung nicht (Knigge 1998; Lubbers et al. 2002).[36]

---

[35] Es wurde auch auf Parallelen auf der gesellschafts- und wirtschaftspolitischen Achse zwischen Sozialismus/Kommunismus und Nationalsozialismus hingewiesen, die Kitschelt unter dem Begriff des *authoritarian socialism* zusammenfasst (siehe auch Arato 1991). Auf die strukturellen Ähnlichkeiten zwischen Nationalsozialismus und Stalinismus ist bereits in der Totalitarismusforschung hingewiesen worden. Hannah Arendt (Arendt 1951) spricht von „Variationen des gleichen Modells“. So führten die Nationalsozialen im Dritten Reich eine Art der „Staatsintervention ohne Verstaatlichung“ ein (Benz 2000: 102). Darin wurde durch staatliche Stellen zunächst das Außenhandelsmonopol eingeführt, die Löhne und Preise unter Kontrolle gebracht und die Verteilung von Gütern und Arbeitskräften gleichgeschaltet (Barkai 1977: 139ff.).

[36] So sind neben rechtsautoritären durchaus auch rechtslibertäre und linksautoritäre Parteien in Westeuropa vorstellbar, wenngleich in keinem westlichen Parteiensystem vorhanden (Betz 1999; Ivarsflaten 2002).

Beide Ansätze zu Wertewandelprozessen sehen sich folglich Kritik aus konzeptioneller Sicht und in der empirischen Überprüfung ausgesetzt. Dennoch können Wertorientierungen an sich – ohne die Einbettung in komplexe theoretische Annahmen – sehr wohl einen Einfluss auf die Bewertung von Parteien, Personen und Programmen und damit dem Wahlverhalten besitzen (Klein 2005: 443f.). So sind sie einerseits aufgrund ihrer gruppenspezifischen Sozialisationsprozesse von der sozialstrukturellen Position des Individuums abhängig, andererseits kurzfristigen Faktoren vorgelagert (Knutsen 1995; Kunz et al. 1993). Des Weiteren wurden gesellschaftlichen Wertorientierungen eine höhere Stabilität und damit eine vorgelagerte Stellung gegenüber der Parteiidentifikation beigemessen (Jagodzinski 1981: 175; siehe aber Miller/Shanks 1996: 192).

2.1.2 Soziale Desintegration

Eine zweite Gruppe von Ansätzen befasst sich mit der sozialen Desintegration von Personen und Gruppen (Winkler 1996: 37ff., siehe vertiefend Arzheimer 2008a: 86f.). Die Ursprünge gehen auf das Konzept der Anomie zurück. Hier wird durch die Auflösung religiöser Normen und Werte innerhalb der Gesellschaft und die zunehmende Arbeitsteilung im Berufsleben ein Ungleichgewicht in der sozialen Ordnung auf gesellschaftlicher Ebene sowie Angst und Unzufriedenheit auf der Individualebene verursacht (Durkheim 1973). Im Zuge der nationalsozialistischen bzw. faschistischen Bewegungen wurde dieses Konzept auf entsprechende Parteien übertragen (Parsons 1942b, a). So konnte die vorherrschende traditional-konservative, autoritär-militaristische und antidemokratische politische Kultur der 1920er und 1930er Jahre in Deutschland den rasanten Veränderungen in wirtschaftlichen und gesellschaftlichen Teilbereichen nicht folgen. Durch die Ungleichzeitigkeit der Veränderungen in verschiedenen Lebensbereichen entstanden beim Individuum Gefühle der Unsicherheit, denen es mit Passivität, Angst, zwanghaften Reaktionen oder rückwärtsgewandten Lebensweisen begegnete. Faschistische Parteien boten den Menschen rigide und autoritäre Ideologien mit klaren Regeln an, die als Lösungsweg aus der Verunsicherung erschienen (Parsons 1942b: 139f).

Kritisiert wurde an diesem Ansatz die Generalisierung der Vorgänge im faschistischen Deutschland.[37] So fanden in allen westlichen Gesellschaften dieser Zeit Modernisierungsprozesse innerhalb der Gesellschaft statt, wodurch anomi-

[37] Allerdings wandte Parsons eine ähnliche Argumentation an, um die politischen und gesellschaftlichen Vorgänge während der Ära McCarthy in den USA zu erklären. Auch hier seien es tief greifende gesellschaftliche Veränderungen und daraus folgend Ängste, Frustration und Aggression gewesen, die die Menschen für eine rückwärtsgewandte Politik begeisterten (Parsons 1964).

sche Bevölkerungsteile grundsätzlich überall vorhanden gewesen sein müssten. Faschistische Bewegungen waren jedoch nur in einigen Staaten erfolgreich, sodass offensichtlich weitere strukturelle und kulturelle Bedingungen notwendig sind, um faschistischen bzw. nationalsozialistischen Bewegungen zum Erfolg zu verhelfen (vgl. Black 1976).

Im Anschluss an Parsons wurden verschiedene Ansätze in diese Richtung weiterentwickelt (Husbands 2002: 46).[38] In der „Theorie der Massengesellschaft" führt der Verlust eines kohärenten und integrierten Überzeugungssystems (*belief-system*) zu Anomie und Entfremdung, die das soziale Gefüge auflösen. Ohne eine vermittelnde Schicht zwischen Elite und Masse und bei fehlenden Querschnittsverbindungen können Teile der enttäuschten Masse für extremes politisches Verhalten wie Faschismus und Kommunismus anfällig werden, speziell galt dies für die isolierte Arbeiterschaft der 1920er und 1930er Jahre (Kornhauser 1960; vgl. Kerr/Siegel 1954). Auch heute noch finden anomische Ansätze Verwendung, um rechtsextreme Orientierungen und Verhaltensweisen zu erklären (Terwey 2000; Kühnel/Schmidt 2002). So wird in einigen Studien zur Individualisierungshypothese die Ansicht vertreten, dass Rechtsextreme ein geringeres Selbstwertgefühl besitzen (vgl. Heitmeyer 1987). Empirisch lassen sich solche Tendenzen jedoch nur eingeschränkt bestätigen und nicht auf die gesamte rechtsextreme Wählerschaft verallgemeinern (Eckert et al. 1996).

Die Forschung zur sozialen Desintegration und Anomie besitzt somit eine lange Tradition und wurde auch in einigen Bereichen der Vorurteils- und Extremismusforschung erfolgreich angewandt (Herrmann 2001). Dagegen hat sie in der Wahlforschung bislang keine große Rolle gespielt, da ihre allgemeinen Annahmen nur schwer nutzbar zu machen sind und das Phänomen nicht direkt gemessen werden kann (vgl. Fuchs 2003). Daher werden oftmals soziodemographische Variablen als Proxy verwendet, die dann auf Ideologien bzw. Wertorientierungen sowie Einstellungen gegenüber sozialen Gruppen wirken (Arzheimer 2008a: 86f.). So wurde festgestellt, dass ein höherer Anteil an Anomie in der Bevölkerung nicht zwangsläufig mit dem Erfolg extremer Parteien einhergeht (Willems 1993; Wahl et al. 2001). Zudem werden soziodemographische Variablen als Indikatoren für soziale Desintegration zumeist nicht im Sinne des Anomie-Konzeptes interpretiert, sondern dienen lediglich als Kontrollvariablen. Weiterhin bleiben auch die kausalen Beziehungen zwischen sozialer Desintegration und Einstellungsvariablen unklar (Kühnel et al. 2009: 79). Die problemati-

[38] Von dem Konzept der Anomie ist das der Anomia zu unterscheiden, das auf der individuellen Einstellungsebene angesiedelt ist. Darunter wird das Empfinden des Wegbrechens der Einbindungen eines Individuums in die Gesellschaft verstanden (Srole 1956). Anomia kann damit als individuelle Ausprägung einer gesellschaftlichen Anomie angesehen werden, deren Merkmale Orientierungs- und Handlungsunsicherheit bzw. Bindungslosigkeit sind (Bohle et al. 1997).

sche Datenlage, die marginalen empirischen Beweise und unklare kausale Beziehungen erschweren daher die Anwendung der Desintegrationshypothese in der Wahlforschung (Winkler 1996).

2.1.3 Gruppenkonflikte und soziale Identität

Konflikte zwischen sozialen Gruppen bilden die dritte, heterogenste Gruppe von Ansätzen, unter die Begriffe wie Deprivation, Statuspolitik, Modernisierungsverlierer sowie Frustration und Aggression fallen (Winkler 1996: 333ff.; siehe vertiefend Arzheimer 2008a: 87ff.). Sie entstehen durch die soziale Lage der Gruppenmitglieder auf der einen und den Anspruch, den sie an sich und ihre Umwelt stellen, auf der anderen Seite. Dabei orientiert sich der Anspruch nicht an den objektiven, sondern an den subjektiv wahrgenommenen Positionen der eigenen und anderer sozialer Gruppen. Die unzähligen Ansätze innerhalb dieser Kategorie können in realistische bzw. rationale Gruppenkonflikte (*realistic group conflict*), Statuspolitik und symbolischer Rassismus, soziale Identität sowie Sündenbocktheorien eingeordnet werden (Rippl 2000: 21).

Beim *realistic group conflict*, also einer realistischen oder rationalen Bedrohungssituation, wird davon ausgegangen, dass der Wettkampf von Gruppenmitgliedern um eine zumindest subjektiv wahrgenommene knappe Ressource die Entstehung von Vorurteilen gegenüber den Mitgliedern von Fremdgruppen bedingt, da ein Interessenkonflikt der eigenen Gruppe mit der Fremdgruppe besteht (Sherif/Sherif 1953; Sherif et al. 1961; Campbell 1965; LeVine/Campbell 1972). Dieser Konflikt wird für den eigenen Selbstwert und die soziale Identität als bedrohlich eingestuft (siehe bereits Sumner 1906). Diese negative Bewertung von Fremdgruppen kann einerseits lediglich als Ausdruck negativer Gefühle, verschärft aber auch als Instrument der Diskriminierung des vermeintlichen oder tatsächlichen Konkurrenten angesehen werden (Esses et al. 1998: 704f.). Empirische Untersuchungen kommen dabei teilweise zu positiven Zusammenhängen zwischen Gruppenkonflikten und der Wahl extrem rechter Parteien, teilweise konnten jedoch auch negative festgestellt werden (Swank/Betz 2003; Golder 2003b; Dülmer/Klein 2005). Eine Untersuchung für extrem linke Parteien fand nur in geringem Umfang statt (siehe aber Kriesi et al. 2006).

Ähnlich geht die These der Statusverlierer davon aus, dass Individuen mit einem Status, der niedriger als der gewünschte oder erwartete ist, zu extremen Orientierungen neigen. Gleichzeitig müssen jedoch autoritäre bzw. rechtskonservative Persönlichkeitsmerkmale hinzutreten, um extreme Einstellungsmuster zu aktivieren (Hofstadter 2002b; Lipset 2002). Auf der Ebene der radikalen Bewegungen wurde zudem festgestellt, dass sie die wirtschaftlichen Interessen ihrer Trägerschicht nur während Zeiten wirtschaftlichen Wachstums vertreten. In Zeiten ökonomischer Krisen überwiegt dagegen klassen- bzw. interessenorientierte Politik (Hofstadter 2002b: 84f.). Vor allem Immigrationswellen und Verteilungskämpfe innerhalb der Gesellschaft bedrohen den sozialen Status einiger Gruppen und führen zu negativen Einstellungen gegenüber den Auslösern (Lipset 2002: 308f; Hofstadter 2002b: 86ff.).

Aufgrund der unklaren Begriffsbestimmung der Statuspolitik wurde die These Lipsets und Hofstadters um das Element der kulturellen Politik erweitert, indem Werte, Normen, Eigenschaften und Praktiken der sozialen Gruppe in das Konzept mit aufgenommen und gleichzeitig mit dem Ansatz der autoritären Persönlichkeit und der sozialen Identität verbunden wurden (Tajfel/Turner 1986; Gurr 1970). Ungleichgewichtszustände in Form von Statuspolitik bilden damit eine intervenierende Variable zwischen Umwelteinflüssen, Persönlichkeitsmerkmalen und extremem Verhalten (Hofstadter 2002a: 99).

Die Erweiterung des Konzeptes ist eng mit den Annahmen des symbolischen Rassismus verknüpft, wonach Rassismus heutzutage nicht mehr offen zutage trete, sondern in weitaus subtilerer Form in Verbindung mit traditionellen Werten und Normen (McConahay/Hough 1976; Kinder/Sears 1981). Unterschiede zwischen (ethnischen) Gruppen werden dabei durch divergierende Wertansichten definiert und nicht mehr aufgrund von Rassenmerkmalen. Allerdings wäre nach dieser Lesart jedes traditionell konservative moralische Urteil prinzipiell rassistisch. Jedoch können, so Kritiker dieses Ansatzes, moralische Urteile auch durch nicht-rassistische traditionelle Werte, Gerechtigkeits- und Ordnungsprinzipien motiviert sein (Hildebrandt 2005: 120; Walker 2001; Sniderman/ Tetlock 1986).

Ein dritter Ansatz bezieht sich auf die soziale Identität bzw. Selbst-Kategorisierung von Personen (siehe auch Kapitel 2.4.2). Im Mittelpunkt stehen die Standortbestimmung des Individuums in der Gesellschaft und die Abgrenzung zu anderen Personen und Gruppen, also die Bildung einer persönlichen und sozialen Identität (Tajfel/Turner 1986). Das Individuum strukturiert seine soziale Umwelt mithilfe sozialer Kategorisierung in positiv bewertete Eigen- und negativ konnotierte Fremdgruppen, da es an einem positiven Selbstbild interessiert ist (Tajfel 1982: 101).[39] Auch ohne objektiven Interessenkonflikt diskriminieren Personen die Fremdgruppe und nehmen dabei sogar materielle Verluste der Eigengruppe in Kauf (Tajfel/Turner 1986: 14). Das Abgrenzungsverhalten eines Individuums wurde als Prozess des Bedeutungsverlustes der personalen zugunsten der sozialen Identität interpretiert. Darüber hinaus verlieren auch die Mitglieder einer

[39] Sehen sich Personen hinsichtlich eines funktional bedeutsamen Merkmals als ähnlich an, ordnen sie sich in eine Eigengruppe ein. Werden dagegen Unterschiede festgestellt, weisen sie diese Personen einer Fremdgruppe zu.

Fremdgruppe ihre persönlichen Merkmale und werden stattdessen als reine Gruppenvertreter angesehen (Reynolds/Turner 2001: 163f.). Letztlich kann eine Abgrenzung einer sozialen Gruppe zu einer Diskriminierung derselben führen, wenn eine starke Eigenwahrnehmung des Individuums als Gruppenmitglied vorhanden ist, die Fremdgruppe bei einem strittigen Thema als Konkurrent angesehen wird und wenn das strittige Thema an sich relevant für den Vergleich beider Gruppen ist (Reynolds/Turner 2001; Arzheimer 2008a: 92).

Kann diese Einordnung in Eigen- und Fremdgruppen für den Fall der Linkspartei.PDS nach der Wiedervereinigung nachvollzogen werden (vgl. Westle 2004; Neller 2006; siehe auch 2.4.2), bereitet sie bei extrem rechten Parteien deutlich größere Probleme. So wurde festgestellt, dass Anhänger extremer Gruppierungen auch negative Einstellungen gegenüber sozial schlechter gestellten Gruppen entwickeln, zu denen kein materielles Konkurrenzverhältnis besteht. Die Sündenbocktheorie bzw. Frustrations-Aggressions-Hypothese nimmt daher an, dass Aggressionen zielgerichtete Aktionen sind, die auf Frustrationserlebnissen beruhen (Dollard et al. 1939: 87f.). Eine Fremdgruppe, auch wenn sie in keinem Konkurrenzverhältnis zur Eigengruppe steht, eignet sich besser als Objekt des Frustrationsabbaus, da innerhalb der eigenen Gruppe keine Aggressionen ausgelebt werden können, ohne dass dies von den Gruppenmitgliedern sanktioniert würde. In Experimenten konnte gezeigt werden, dass Frustration zu Aggression führen kann, jedoch nicht zwangsläufig muss (Barker et al. 1941).

Auch die Annahme zur sozialen Kreativität versucht, negative Einstellungen gegenüber sozial schlechter gestellten Gruppen zu erklären. Dabei vergleicht sich eine Gruppe mit niedrigem Status mit einer Gruppe mit noch niedrigerem Status, um sich selbst positiv hervorzuheben. Um dies zu erreichen, kann sie erstens die Vergleichsdimension so wählen, dass die Eigengruppe besser abschneidet als die Fremdgruppe. Sie kann zweitens die Attribute der Eigengruppe positiv umdeuten. Drittens kann die Vergleichsgruppe gewechselt und damit ein Vergleich zu einer statushöheren Gruppe vermieden werden (vgl. Lemaine 1974; Rosenberg/ Simmons 1972).

Die relative Deprivation bezieht neben der kognitiven Komponente, wie sie im Ansatz der sozialen Kreativität verwendet wird, verstärkt auch emotionale Faktoren von Gruppenkonflikten in die Überlegungen mit ein (Ellemers 2002; Pettigrew 2002; Walker/Smith 2002). Der Ansatz beruht auf Beobachtungen, dass es bei Personen zu Diskrepanzen zwischen ihrer objektiven Situation und der subjektiven Zufriedenheit kommen kann (Stouffer et al. 1949). Eine relative Deprivation liegt vor, wenn eine Person eine materielle oder immaterielle Ressource nicht besitzt, sie aber besitzen möchte bzw. glaubt, einen moralischen Anspruch darauf zu haben, und sie selbst oder andere Personen zumindest theoretisch auf die Ressource zugreifen können (Runciman 1966: 10; Taylor 2002: 14).

Allerdings waren in empirischen Untersuchungen die angenommenen Zusammenhänge zwischen relativer Deprivation und dem Aufkommen neuer sozialer Bewegungen weniger stark ausgeprägt als angenommen. Durch verbesserte Messinstrumente und der Unterscheidung zwischen einer egoistischen und einer fraternalistischen relativen Deprivation verbesserte sich jedoch die Qualität der Vorhersagen. Fraternalisitische Deprivation bezieht sich dabei auf die Benachteiligung einer Person im Vergleich zu anderen Personen ihrer Gruppe. Diese können nur dann entstehen, wenn eine Person ihre Umwelt in Bezug auf eine bestimmte Gruppenzugehörigkeit wahrnimmt und sich gleichzeitig mit ihr identifiziert (Ellemers 2002: 246f.). Bei einer egoistischen Deprivation fühlt sich eine Person benachteiligt, da sie von einer Benachteiligung der Eigengruppe im Vergleich zu einer Fremdgruppe ausgeht (Runciman 1966: 33f.).

Die Annahmen der relativen Deprivation wurde innerhalb der Forschung unter anderem zur Erklärung der Entstehung von Protestbewegungen angewandt (Smelser 1962). Dabei wird davon ausgegangen, dass Menschen zum Mittel des Protests greifen, sollte die Diskrepanz zwischen ihrem Anspruch und der Realität zu groß erscheinen (Gurr 1970). Empirisch konnten allerdings nur schwache, instabile Zusammenhänge nachgewiesen werden (McPhail 1971; Gurney/ Tierney 1982). Auch in Ostdeutschland wurden die Auswirkungen relativer Deprivationserfahrungen untersucht (Kessler et al. 1999; Neller 2006: 217). Die Ostdeutschen tendieren demnach dazu, ihre Statusunterlegenheit zu bewältigen, indem sie ihre ostdeutsche Identität hervorheben und Vergleichsdimensionen heranziehen, in denen sie sich überlegen fühlen (Schmitt et al. 1999, siehe auch Kapitel 2.4.2)

Zusammenfassend versuchen die dargestellten Ansätze zu klären, wie sich zwischen Gruppen, die in einem direkten oder wahrgenommenen materiellen oder immateriellen Konkurrenzverhältnis stehen, negative Einstellungen herausbilden können. In der Folge entstehen Vorurteile, negative Gefühle und diskriminierendes Verhalten gegenüber einer Fremdgruppe und führen schließlich zu Frustration, Protest oder zur Übernahme entsprechender politischer Konzepte. Vielen der Ansätze mangelt es aber an begrifflicher Präzision (Ganter 2003; Mäs 2005), an der klaren Definition kausaler Zusammenhänge (Skrobanek 2004: 104f.) oder an eindeutigen empirischen Nachweisen ihrer Annahmen. Fraglich bleibt zudem, ob sich eine Person nur mit einer Gruppe identifiziert oder ob multiple Zugehörigkeiten möglich sind (Otten/Matschke 2008). Für Deutschland konnte zwar eine „Ostidentität“ und eine Abgrenzung von den Westdeutschen für die 1990er Jahre empirisch nachgewiesen werden, die Konzepte wurden in der Folgezeit jedoch nur sporadisch untersucht, was nicht zuletzt an fehlenden Indikatoren liegt (Westle 1999b: 250f.; Neller 2006: 101).

2.1.4 Politische Kultur, Gelegenheitsstrukturen, strukturelle Randbedingungen und Kontexteinflüsse

In der letzten Gruppe der klassischen Extremismustheorien wurde die Wirkung von politischer Kultur und politischen Gelegenheitsstrukturen auf die Wahl extremer Parteien zusammengefasst (Tarrow 1996; Kriesi 1991; Kitschelt 1986; siehe vertiefend Arzheimer 2008a: 99ff.).[40] Winkler (1996: 41) geht dabei von drei Verbindungen zwischen der politischen Kultur einer Gesellschaft und der Herausbildung extremer Einstellungen aus. Sie besitzt erstens Einfluss auf die primären und sekundären Sozialisationsprozesse, zweitens auf Ungleichgewichtszustände und sie bildet drittens einen Teil der kulturellen Gelegenheitsstruktur. Grundsätzlich beschreibt die politische Kultur damit eine strukturierende, mittelfristig stabile Randbedingung und fördert oder hindert den Einfluss der Mechanismen von Persönlichkeitsmerkmalen bzw. Wertorientierungen, sozialer Desintegration sowie Gruppenkonflikten bzw. sozialer Identität (Arzheimer 2008a: 99). Die generellen Annahmen und Auswirkungen der politischen Kultur in Deutschland werden nochmals ausführlich in Kapitel 2.4.2.2 diskutiert und werden auch bei der Aufstellung der Hypothesen in Kapitel 2.6 berücksichtigt.

In der Extremismusforschung wurde zumeist nicht der Einfluss der politischen Kultur an sich untersucht, sondern die der politischen Gelegenheitsstrukturen (*political opportunity structures*) innerhalb eines politischen Systems (Lubbers et al. 2002; Dülmer/Klein 2005; Arzheimer/Carter 2006). Politische Gelegenheitsstrukturen können charakterisiert werden durch: die Offenheit bzw. Geschlossenheit eines politischen Systems, d.h. die Fähigkeit des Staates bei der Durchsetzung politischer Beschlüsse (Eisinger 1971: 17ff.; Kitschelt 1986: 58; siehe auch Meyer/Minkoff 2004), die Stabilität politischer Bindungsfähigkeit von politischen Parteien und Interessensgruppen (Kriesi 1991; Della Porta/Rucht 1995) und die Konflikte zwischen den oder innerhalb der politischen Eliten (Tarrow 1991). Damit wird der Begriff der politischen Gelegenheitsstruktur sehr heterogen verwendet und beinhaltet unterschiedlichste Annahmen, die oftmals konzeptionell nicht getrennt werden (Nachtwey/Spier 2007b; Backes 2008).

In der neueren Forschung wurde versucht, politische Gelegenheitsstrukturen für die empirische Analyse nutzbar zu machen, indem sie in institutionelle, politische, sozial-ökonomische, kulturelle und situative Faktoren eingeteilt wurden (Steglich 2010). Dagegen wurde eingewandt, dass das Konzept in seiner ursprünglichen Form nur den Einfluss exogener Faktoren auf die Mobilisierungs-

---

[40] Nach Almond und Verba (Almond/Verba 1963: 13) ist unter politischer Kultur die Einstellungsverteilung von Werten und Normen gegenüber politischen Objekten in einer Gesellschaft zu verstehen.

chancen bzw. -anreize politischer Akteure messen sollte (Tarrow 1996: 85; Meyer/Minkoff 2004: 1460). Diese exogenen Faktoren auf der Makro-Ebene werden zumeist in ein Mehr-Ebenen-Modell einbezogen, um Rückschlüsse auf die Mikro-Ebene ziehen zu können. Als Problem erweist sich dabei jedoch der Mangel an verwertbaren Indikatoren, da sich sozialwissenschaftliche Studien zumeist auf die Individualebene konzentrieren.

Weiter wurde vorgeschlagen, politische Gelegenheitsstrukturen in lang-, mittel- und kurzfristige Faktoren aufzuteilen und auf jene Faktoren zu beschränken, die einen exogenen Einfluss haben (Rucht 1990; siehe auch Arzheimer/ Carter 2003, 2006). Dabei können sie einen indirekten und direkten Einfluss auf das Wahlverhalten besitzen (Arzheimer 2009a: 265). Indirekt ist der Einfluss, da sich das Verhalten rational agierender politischer Akteure in Hochkostensituationen abspielt, d.h. dass ihre Entscheidungen für sie selbst und andere mit erheblichen Konsequenzen verbunden sind (Zintl 1989: 62; Arzheimer 2008a: 101). Direkte Wirkungen auf das Verhalten der Bürger können dagegen Veränderungen in den ideologischen Positionierungen der etablierten Parteien nach sich ziehen, da so Repräsentationslücken entstehen. Jedoch ist ein systematischer Einbezug derartiger Überlegungen für den einzelnen Wähler aufgrund der Niedrigkostensituation der Wahl eher unwahrscheinlich. Die Kosten, die damit verbunden wären, würden den Nutzen bei Weitem übersteigen (Mensch 2000; siehe aber Schoen 1999). Ob daher die Wähler eine Verschiebung der Positionen von Parteien erkennen und ihre eigene Position angleichen oder sich einer anderen Partei zuwenden, bleibt mehr als fraglich.

Als langfristiger Einflussfaktor auf der institutionellen Ebene kann erstens das Wahlsystem angesehen werden. Dabei verbessern sich die Chancen neuer politischer Akteure im Verhältniswahlsystem stark, da die Repräsentationsschranke für den Einzug in das Parlament im Vergleich zum Mehrheitswahlsystem deutlich geringer ist. Gleichzeitig sind sie für den Wähler attraktiver als im Mehrheitswahlsystem, da sie eine größere Chance besitzen, im Parlament repräsentiert zu sein (Duverger 1951; Blais/Carty 1987; Poier 2001). Extreme Parteien, mit geringen Stimmenanteilen und ohne Repräsentation im Parlament, sollten daher durch ein Verhältniswahlrecht Vorteile erlangen (Norris 2005: 256). Zweitens kann eine föderale Dezentralisierung Einfluss auf die Mobilisierungschancen besitzen, wobei zweierlei Wirkungsrichtungen denkbar sind. Auf der einen Seite wird argumentiert, dass ein hoher Grad an Dezentralisierung eines politischen Systems extreme Parteien bevorteilt, da Wähler eher bereit sind, kleine Parteien in Nebenwahlen zu unterstützen (Reif/Schmitt 1980; Eith/Zettl 2008). Auf der anderen Seite können Nebenwahlen aber auch als Mechanismus verstanden werden, in dem Bürger ihren politischen Unmut äußern, ohne allzu große Folgen für das nationale politische System zu verursachen (Faas/Wüst 2002: 5).

Mittelfristige Faktoren beinhalten Veränderungen auf der Ebene des Parteiensystems und sind in ihren Ausprägungen weniger konstant als die oben genannten, langfristigen Merkmale. Drei Einflussfaktoren werden genannt: Erstens sollte die ideologische Position des oder der Hauptkonkurrenten im politischen Wettbewerbsraum einen Einfluss auf die Erfolgschancen einer extremen Partei besitzen. Dabei kann eine extreme Position einer etablierten Partei in einem Politikfeld den freien politischen Raum für extreme Parteien einerseits einschränken, da letztere dadurch ihr Alleinstellungsmerkmal verlieren. Anderseits besteht die Möglichkeit, dass die Position der extremen Partei in einem Politikfeld durch die Stellung der etablierten Partei enttabuisiert wird.

Zweitens können auch zum Ausmaß der ideologischen Übereinstimmung zwischen den etablierten Parteien Hypothesen formuliert werden.[41] Eine Überschneidung der ideologischen und thematischen Positionen der großen etablierten Parteien kann für extreme Parteien günstig sein, indem sie sich als einzig wahre Alternative zu den etablierten Parteien profilieren (Kitschelt 1995: 17). Sollten die etablierten Parteien ideologisch weiter voneinander entfernt sein, so ist es für eine extreme Partei schwieriger, diese Strategie zu verfolgen. Gegen diese Annahme wird eingewandt, dass extreme Parteien auch unter der Bedingung einer ideologischen Diskrepanz zwischen den etablierten Parteien ihre Stimmenanteile verbessern können. So kann diese Diskrepanz ein Indikator für ein geringes Maß an Konsens innerhalb der politischen Elite sein (Zaller 1992: 8f.; siehe aber Gabel/Scheve 2007).

Drittens spielt die Art der Regierung im untersuchten politischen System eine Rolle. Eine „Große Koalition" verbessert die Wahlchancen einer extremen Partei, da die Wähler keine politischen Alternativen mehr erkennen, was zu Unzufriedenheit und letztlich zur Wahl einer extremen Partei führt. Zudem entfremden sich die Anhänger der etablierten Parteien von ihnen, wenn sie ihre präferierten Politikziele durch notwendige Koalitionsvereinbarungen nicht umgesetzt sehen (Kitschelt 1995: 17).

Den kurzfristigen Faktoren ist die Einwanderungs- und Arbeitslosenquote zuzuordnen (Jackman/Volpert 1996; Knigge 1998; Golder 2003a). Für extrem rechte Parteien wurde der Zusammenhang zwischen einer hohen Einwanderungs- bzw. Arbeitslosenquote und ihrer Wahl mehrfach nachgewiesen (Arzheimer/Carter 2003, 2006). Auf den ersten Blick ist fraglich, ob die Einwanderungsquote für die Wahl einer extrem linken Partei von Bedeutung ist, allerdings bilden Immigranten für die ostdeutsche Bevölkerung ebenfalls eine Konkurrenzgruppe

41 Es ist zu beachten, dass die Position der etablierten Parteien und die ideologische Übereinstimmung zwischen den beiden Volksparteien konzeptuell miteinander verbunden sind. Untersuchungen haben allerdings gezeigt, dass die Korrelation zwischen beiden Elementen vernachlässigbar klein ist (Arzheimer/Carter 2006).

auf dem Arbeitsmarkt. Aus den gleichen Überlegungen sollte auch die Arbeitslosenrate für die Wahl der Linkspartei.PDS einen signifikanten Einfluss darstellen (Nachtwey/Spier 2007a: 31f.). In beiden Fällen spielen sowohl die Höhe des Anteils als auch deren Veränderungsraten als Indikatoren eine Rolle.[42]

Analysen zur politischen Gelegenheitsstruktur wurden hauptsächlich in vergleichenden Studien zum Einfluss von Kontextfaktoren auf den Erfolg von extremen Parteien durchgeführt (Jackman/Volpert 1996; Scheepers et al. 2002). Jedoch bieten sich auch Untersuchungen der Einflüsse auf nationaler Ebene an. So beinhaltet die politische Gelegenheitsstruktur sowohl Kontextfaktoren, die sich zwischen einzelnen Ländern unterscheiden können, wie z.B. Wahlsystem, Arbeitslosenquote oder föderale Ausgestaltung, als auch Faktoren der Angebotsseite, also die oben dargestellten programmatischen Positionen extremer und etablierter Parteien (Arzheimer 2009b). Fraglich ist, wie die programmatischen Positionen der politischen Parteien gemessen werden sollen (siehe auch Kapitel 2.6.7 und 3.6). Auf der einen Seite bietet die Forschung die Möglichkeit, ideologische Standpunkte der Parteien aus ihren Parteiprogrammen direkt mittels quantitativer Auswertung zu gewinnen (Budge et al. 2001; Klingemann et al. 2006). Dabei ist allerdings nicht klar, ob die Wähler auf die Angebote der Parteien reagieren oder vice versa, d.h. ob sich die Veränderungen auf den verschiedenen Ebenen zeitlich versetzt manifestieren (Arzheimer 2009b). Andererseits kann auch die programmatische Positionierung der Parteien in der Wahrnehmung der Wähler direkt aus Datensätzen zu individuellen Einstellungen und Verhalten gewonnen werden. Hierbei ist fraglich, ob die Wähler die politischen Standpunkte der Parteien tatsächlich richtig einschätzen können (vgl. Klingemann 1972, 1995). Schließlich lassen sich Parteiposition auch mittels der Einschätzungen von Experten gewinnen. Allerdings sind diese Daten nur zu ausgewählten Zeitpunkten vorhanden (vgl. Castles/Mair 1984).

---

42 Einige Indikatoren, die ebenfalls unter dem Begriff der politischen Gelegenheitsstruktur verwendet werden, werden im Folgenden nicht beachtet, da diese eine sehr weite Definition des Begriffs verlangen. Zudem können die meisten von ihnen nicht als exogene Faktoren angesehen werden oder sind mit den bislang vorhandenen Indikatoren nicht zu messen (Arzheimer 2008a: 103). Auf die internen Vorgänge einer Partei zielen dabei ihre finanzielle Ressourcen (Nachtwey/Spier 2007a: 59), die Schlagkraft des Parteiapparates (Backes 2008: 35), die Existenz eines charismatischen Parteiführers (Haus/Stoiber 2008: 12) und ähnliches. Die Nichtbeachtung der Faktoren soll allerdings nichts über den tatsächlichen Einfluss der Indikatoren für die Erklärung des Wahlerfolges extremer Parteien aussagen.

2.2 Weitere Ansätze zur Erklärung extremen Wahlverhaltens

Neben diesen vier klassischen Erklärungsansätzen der Extremismusforschung wurde in Studien auch auf Erklärungsmerkmale bzw. -ansätze zurückgegriffen, die auf keinem konsistenten theoretischen Konstrukt basieren, sich aber durchaus als wirkungsmächtig bei der Erklärung von Wahlverhalten zugunsten extremer Parteien erwiesen haben. Darunter fallen Hypothesen zur Protestwahl und soziodemographische Hintergrundvariablen, die die Wahl einer extremen Partei positiv oder negativ beeinflussen können (Arzheimer 2008a: 109ff.).

2.2.1 Protestwahl

Aus Sicht der politischen Akteure erschließen sich die Wahlerfolge extremer Parteien nicht durch die komplexen theoretischen Ansätze aus Kapitel 2.1, sondern eher über kurzfristige Faktoren des Protests (Jörs 2006: 76; siehe vertiefend Arzheimer 2008a: 104ff.). Fraglich ist jedoch, ob eine der programmatischen Ausrichtung nach extreme Partei lediglich aus Protest gegenüber den etablierten Parteien, also losgelöst von ihrer Programmatik, gewählt wird, oder ob ihre ideologischen Positionen nicht doch eine Rolle spielen. Diese unterschiedlichen Annahmen haben großen Einfluss auf die Stellung der Partei im Parteiensystem und deren Dauerhaftigkeit, daher wurde die Wahl extremer Parteien auch unter dem Blickwinkel der Protestwahl untersucht (Falter/Klein 1994, 1995).

Folgt man den Annahmen der „reinen Protestwahl", so sind die Wahlerfolge extremer Parteien als „Bestrafung" der etablierten Parteien zu interpretieren. Damit ist implizit auch die Annahme verbunden, dass für einen „reinen" Protestwähler das tatsächliche Angebot der extremen Partei unwichtig erscheint. Stattdessen steht der Protest gegen bzw. die Verdrossenheit mit Politikern und etablierten Parteien im Vordergrund (Heath et al. 1985; Kang 2004). So stimmen die Wähler nicht für ihre eigentlich präferierte Partei, die aus inhaltlichen oder leistungsbasierten Gründen nicht mehr wählbar ist, gleichzeitig stehen aber auch die spezifischen Kernthemen extremer Parteien nicht im Mittelpunkt der Wahlentscheidung (Schumann 1997: 403; vgl. Stokes 1962: 72). Des Weiteren wurde ein Zusammenhang zwischen der reinen Protestwahl und emotionalen Gründen wie etwa der Frustrations-Aggressions-These angenommen, bislang jedoch nur unzureichend systematisiert (Schumann 1998: 572).

Während einige Studien nach der Wiedervereinigung zu dem Schluss kamen, dass es sich bei der Wählerschaft der Linkspartei.PDS um reine Protestwähler handele (Jung/Roth 1994: 15; Neu 1995: 173), zeigte sich empirisch, dass zwar politische Unzufriedenheit eine Rolle bei der Wahl einer extrem rechten oder linken Partei spielt, jedoch keineswegs als einziger Faktor. Weitaus wichtiger ist die Sympathie mit den ideologischen Standpunkten der extremen Partei (Falter 1994; Arzheimer et al. 2001; Liepelt 1967; Klein/Caballero 1996; Deinert 1998).

Andere Autoren sehen in der Protestwahl ein rationales Verhalten der Wähler, wobei im Rational-Choice-Ansatz die Wahl einer Protestpartei eigentlich nicht vorgesehen ist (Pappi 1990a, Grofman 1985). Denn der rationale Wähler stimmt entweder für seine präferierte Partei oder er enthält sich der Stimmabgabe. Das *discounting model* versucht dieses Paradox aufzulösen (Grofman 1985; ähnlich bereits Fiorina 1977). Zunächst wird davon ausgegangen, dass die Bewertung politischer Entscheidungen von einem Ausgangspunkt, dem status quo, aus getroffen wird, und dass das Wahlprogramm einer Partei niemals vollständig umgesetzt werden kann (siehe bereits Downs 1957: 39). Der Wähler richtet seine Wahlentscheidung also nicht direkt an den Positionen der Parteien aus, sondern überprüft sie zunächst auf ihre Durchsetzbarkeit gegenüber dem politischen status quo (Grofman 1985: 233).[43] Anhänger der etablierten Parteien können die Wahl einer extremen Partei in Betracht ziehen, obwohl deren Position weit entfernt von ihrer eigenen ist, da sie dadurch den status quo in ihrem Sinne zu beeinflussen trachten. Diesen Annahmen zufolge gibt es also durchaus Anreize, für eine extreme Partei zu stimmen (Merrill/Grofman 1999; Adams et al. 2005).

Ähnlich, wenngleich formal weniger ausgearbeitet, erklären andere Autoren die rationale Protestwahl (Pappi 1990b). Diese liegt demnach dann vor, wenn sich erstens die Regierungspartei bzw. -parteien zu weit von den präferierten Standpunkten der Wähler entfernt haben, und zweitens auch die Oppositionspartei bzw. -parteien keine Wahloption darstellen, da sie von den idealen Positionen der Protestwähler noch weiter entfernt liegen. Der Protestwähler versucht, die Politik einer etablierten Partei zu beeinflussen – vor dem Hintergrund, dass die Protestpartei nicht mehrheitsfähig ist (Pappi 1990a).

Kritik an den dargestellten Ansätzen einer rationalen Protestwahl wurde einerseits wegen der Ausblendung des affektiven Charakters von Protest geübt (Arzheimer 2002b: FN 105). Andererseits stehen die Thesen vor dem Problem, dass die Wahl eine Niedrigkostensituation darstellt, d.h. der Einfluss eines einzelnen Wählers verschwindend gering ist, und die Protestwahl deshalb schwerlich in Rational-Choice-Theorien eingebettet werden kann (Arzheimer 2008a: 106; siehe auch Kliemt 1986). Eine rationale Protestwahl ist auf Grundlage dieser Überlegungen kaum vertretbar und auch die reine Protestwahl lässt sich empirisch nicht nachweisen. So wurde in zahlreichen Untersuchungen festgestellt,

[43] Erweiterungen dieses Modells beinhalten Faktoren wie den Wunsch des Wählers, eine Partei im Parlament vertreten zu sehen (Kedar 2005), oder sieht die Interessen des Wählers eher darin, die Gesetzgebung beeinflussen zu können (Henning et al. 2007).

dass Formen des politischen Protests nur in Zusammenhang mit den programmatischen Angeboten der Parteien einen gewissen Einfluss auf die Wahlentscheidung haben (Liepelt 1967; Falter 1994: 147ff.). Inwiefern sich die Annahmen einer reinen oder rationalen Protestwahl oder einer Kombination mit ideologischen Positionen bestätigen, sollen die empirischen Analysen in Kapitel 3 zeigen.

2.2.2 Soziodemographische Hintergrundvariablen

Auch soziodemographische Merkmale werden in der Extremismusforschung als Indikatoren verwendet. Zumeist dienen sie dabei stellvertretend für komplexe gesellschaftliche und psychologische Vorgänge, die nicht direkt beobachtbar bzw. messbar sind (siehe Kapitel 2.1.2). Im Folgenden soll lediglich ein Überblick über die wichtigsten Befunde und Erklärungsfaktoren zu Geschlecht, Lebensalter, Bildung, Schicht bzw. Berufsgruppenzugehörigkeit sowie Gewerkschafts- und Kirchenbindung gegeben werden (siehe vertiefend Arzheimer 2008a: 109ff.).

Allgemein hat sich die soziale Erwünschtheit als nicht wirkungsmächtig zur Erklärung geschlechterspezifischen Wahlverhaltens zugunsten einer extremen Parteien erwiesen (Namislo et al. 2006: 232). Dagegen wurden in der Literatur stärker die Effekte der unterschiedlichen Sozialisation bzw. Interessenlage von Männern und Frauen betont (Givens 2004). In Untersuchungen konnte gezeigt werden, dass Frauen eher zu links-libertären Werthaltungen und Überzeugungen tendieren, jedoch lassen sich unter ihnen ebenso negative Einstellungen gegenüber Fremdgruppen wie bei Männern identifizieren (Kitschelt 1995: 7; Rippl et al. 1998; Birsl 1996; Falter 1994: 28).[44]

Speziell für die Wahl der Linkspartei.PDS ergeben sich weitere Faktoren, die durch den Transformationsprozess bedingt sind und das unterschiedliche Wahlverhalten von Männern und Frauen erklären können. Erstens haben sich in Ostdeutschland nach der Wiedervereinigung Erwerbsleben und soziale Lage für Frauen stärker verändert als für Männer. Unter Rückgriff auf Annahmen zur tatsächlichen oder wahrgenommenen Veränderung des sozialen Status sollten Frauen daher eher zur Linkspartei.PDS tendieren, da sie mit ihrem eigenen Status unzufrieden sind (siehe Kapitel 2.1.3; Jacobs 2004: 207; siehe aber

---

[44] Diese Annahme gilt jedoch nur solange, wie die Wahl einer entsprechenden extremen Partei auch wirklich als abweichendes Verhalten angesehen wird. Als Beispiel gilt hierbei die Wahl der Grünen während ihrer Gründungsjahre, als sie überwiegend von Männern unterstützt wurde. Heute jedoch sind es vor allem Frauen, die ihr ihre Wahlstimme geben.

Waschkuhn 1999: 84ff.).[45] Zweitens galt die Wahl der Partei in Ostdeutschland nie als abweichendes Verhalten, da sie von Beginn an eine große Stimmenanzahl auf sich vereinigen konnte – ganz im Gegensatz zu Westdeutschland, wo die Partei in Medien und Öffentlichkeit stigmatisiert wurde (Neu 2006b: FN 27). Zuletzt scheint die Programmatik der Linkspartei.PDS für Frauen aufgrund der ausführlichen Thematisierung von Gleichberechtigungsfragen durchaus ansprechend zu sein (siehe Kapitel 1.3.1). So treffen Elemente sozialer Benachteiligung, attraktiver Politikangebote und nicht deviantes Verhaltens aufeinander, welche die Linkspartei.PDS für Frauen in Ostdeutschland durchaus attraktiv erscheinen lässt. In bisherigen Analysen konnten im Westen wie auch im Osten Deutschlands allerdings keine signifikanten geschlechterspezifischen Unterschiede bei den Linkspartei.PDS-Anhängern festgestellt werden. Lediglich kurzfristig wird die Partei im Westen häufiger von Männern, im Osten öfters von Frauen gewählt (Arzheimer 2007: 75).

Auch das Alter einer Person kann Einfluss auf die Wahl einer extremen Partei haben. Während das Lebensalter häufig Gegenstand von Untersuchungen ist, wurden Kohorten bzw. Generationenfaktoren nur selten untersucht, obwohl diese in Krisenzeiten des politischen Systems durchaus relevant werden können (Ryder 1965).[46] Empirisch lassen sich für das Lebensalter divergierende Ergebnisse für die Wahl der Linkspartei.PDS finden. Einerseits wurde in Ostdeutschland ein U-förmiger Zusammenhang festgestellt. Sowohl junge als auch ältere Bürger tendieren demnach zu einer Wahl der Linkspartei.PDS (Brunner/Walz 1998). Andere Untersuchungen sehen nur bei jüngeren und mittleren Altersgruppen positive Zusammenhänge (Falter/Klein 1994; Wittich 1995). Zuletzt wurden positive Zusammenhänge lediglich bei der Altersgruppe der über 50-Jährigen festgestellt und eher negative Zusammenhänge bei jüngeren Personen. Im Westen war die Partei in den Anfangsjahren nach der Wiedervereinigung eher für jüngere Menschen attraktiv, jedoch hat sich dieser Effekt nicht als dauerhaft erwiesen (Arzheimer 2007: 75). Zusammengenommen zeigen die empirischen Ergebnisse kein eindeutiges Bild der Altersstruktur der Linkspartei.PDS-Wähler. Dieser Eindruck wird durch die generell schwachen Effekte noch verstärkt (Graf/Neu 2002: 19ff.).

---

[45] Allerdings ist hierbei kein zwangsläufiger Vorteil für die Linkspartei.PDS vorgeschrieben. So können zwar Zusammenhänge zwischen sozial benachteiligten Gruppen und der Wahl der Partei nachgewiesen werden (Neller/Thaidigsmann 2002: 436), jedoch neigen diese Personen in ähnlichem Ausmaß den anderen, etablierten Parteien zu (Pickel 1998: 102).

[46] Unter Lebenszyklus ist der Einfluss bestimmter Merkmale auf eine definierte Altersgruppe gemeint, z.B. auf junge oder alte Menschen. Dagegen sind Kohorten- bzw. Generationeneffekte auf eine Gruppe von Menschen bezogen, die zum gleichen Zeitpunkt geboren wurden, z.B. auf Menschen, die noch vor oder während des Zweiten Weltkrieges geboren worden sind.

Aus theoretischer Sicht lassen sich mehrere Annahmen zum Einfluss des Lebensalters auf die Wahl einer extremen Partei aufstellen. So sind Menschen mittleren Alters deutlich stärker in die Gesellschaft integriert und beteiligen sich aufgrund sozialer Kontrolle überdurchschnittlich an Wahlen. Dagegen sind jüngere und ältere Altersgruppen weniger sozial integriert und unterstehen in geringerem Maße sozialen Normen, was sich in einer geringeren Wahlbeteiligung bzw. in abweichendem Wahlverhalten äußern kann (Aldrich/Simon 1986: 284f.; Verba/Nie 1972: 138ff.). Des Weiteren wurde argumentiert, dass junge Wähler ein stabiles Wahlverhalten, infolge einer langfristigen Parteibindung, erst im Laufe des Lebens entwickeln können, was experimentelles Wählen eher begünstigt (Plutzer 2002). Auch einfache Verteilungskonflikte können zur Erklärung der unterschiedlichen Unterstützung extremer Parteien nach Altersgruppen dienen. Jüngere und ältere Personen sind auf wohlfahrtsstaatliche Zuwendungen überdurchschnittlich angewiesen und stehen ihrer Ansicht nach in Konkurrenz zu Fremdgruppen um knappe Ressourcen staatlicher Fürsorge (Arzheimer/Carter 2003: 12f.).

Sehr viel seltener als die Effekte des Lebensalters wurden Kohorteneffekte in der Verhaltensforschung untersucht. Sie postulieren generationsübergreifende Veränderungen und wurden auf Grundlage der These des *dealignment* mit der Wahl einer extremen Partei verknüpft (vgl. Dalton et al. 1984). So sei es in westlichen Industrieländern durch Modernisierungs- und Individualisierungstendenzen zu Auflösungsprozessen sozialer Bindungen zwischen der (jüngeren) Wählerschaft und etablierten Parteien gekommen (Franklin 1992; Gallagher et al. 1995). Jüngere Personen sollen dabei infolge der schwächer werdenden Bindungskraft sozialer Gruppen an Parteien eher für Politikinhalte neuer Parteien empfänglich sein (Edelstein 2005: 161). Allerdings soll sich dieser Effekt mit der Zeit durch das Nachrücken junger Kohorten wieder abmildern (Arzheimer 2008a: 112f.).

Auch die formale Bildung einer Person wird häufig im Erklärungszusammenhang der Wahl einer extremen Partei genannt, ohne in einen systematischen Theorierahmen eingebettet zu werden. Zumeist wird von einem negativen Zusammenhang zwischen einer hohen formalen Bildung und der Wahl einer extremen Partei ausgegangen, da bei niedrigen Bildungsschichten der Kampf um knappe Ressourcen und die Tendenz, sich mit einer Eigengruppe zu identifizieren, höher sind.[47] Demgegenüber sind in westlichen Bildungssystemen weiterführende Schulen eher auf die Vermittlung liberaler Wertorientierungen ausge-

[47] Wie oben beschrieben geht eine hohe formale Bildung mit einer geringeren Identifikationsbereitschaft einher. Allerdings wurde dabei angemerkt, dass höhere Bildungsschichten ihre wahren Ansichten gegenüber Fremdgruppen aufgrund sozialer Erwünschtheit nicht in dem Maße oder anders ausdrücken, als dies niedrigere Bildungsschichten tun (Hagendoorn 1999: 3, 16f.).

legt, die dem Wertekanon extremer Parteien widersprechen (Kriesi 1999: 402). Empirische Ergebnisse seit 1990 zeigen jedoch, dass die Linkspartei.PDS in Ostdeutschland zumeist von Personen mit höherer formaler Bildung gewählt wird (Deinert 1998: 437). Als Ursache wurde auf die Herkunft dieser Bildungsschicht als Privilegierte des politischen Systems der DDR verwiesen, die durch die Wiedervereinigung ihren sozialen Status einbüßten (Decker 2007: 27; Neu 1995: 175; Neugebauer/Stöss 1996: 251). Weiterhin ist zu beachten, dass das Bildungssystem in der DDR darauf ausgelegt war, eine sozialistische Persönlichkeit herauszubilden und die eigene politische und administrative Elite zu rekrutieren (Schroeder 1998: 249). Empirische Ergebnisse in Westdeutschland zeigen ebenfalls positive Zusammenhänge zwischen hoher formaler Bildung und der Wahl der Linkspartei.PDS (Arzheimer 2007: 75). Allerdings sind spätestens seit 2005 deutliche Einebnungseffekte in beiden Landesteilen aufgrund neu gewonnener Wählerschichten erkennbar (Neller/Thaidigsmann 2007: 432; Schoen/Falter 2005: 36ff.).

Weiter fand die soziale Schicht bzw. die Berufsgruppe, der sich eine Person subjektiv oder objektiv zugehörig fühlt, Beachtung bei der Analyse extremer Parteien. Dabei wurden soziale Bevölkerungsgruppen mit spezifischen Vertreterparteien in Verbindung gebracht (Ritter 1985).[48] Extrem rechte Parteien erzielen vor allem bei Arbeitern und leicht abgeschwächt im alten Mittelstand, der sich aus Selbstständigen und Landwirten zusammensetzt, überdurchschnittliche Stimmenanteile (Arzheimer/Carter 2003: 14; Erikson/Goldthorpe 1992: 38f.). Ähnlich wie bei der formalen Bildung werden zur Erklärung dieses gruppenspezifischen Verhaltens ökonomische Interessen, ihre während der Sozialisation erworbenen Wertorientierungen und Abgrenzungstendenzen innerhalb der Gesellschaft genannt (Arzheimer 2008a: 116).

Für die Linkspartei.PDS kommen die meisten Studien aus den 1990er Jahre zu dem Ergebnis, dass Arbeiter in Ostdeutschland nicht zu ihrer Stammwählerschaft zählten, sondern eher der CDU zugeneigt waren (Falter/Klein 1994). In Westdeutschland konnte eine Allianz zwischen der Arbeiterschaft und der Linkspartei.PDS lange Zeit ebenfalls nicht festgestellt werden (Arzheimer 2007: 75, vgl. aber Kaspar/Falter 2009: 217). Erst ab 2005, mit dem Zusammenschluss von PDS und WASG zur Linkspartei.PDS, lässt sich eine stärkere Bindung zwischen

[48] In den frühen Studien wurde lediglich zwischen Arbeitern und Mittelschicht, später, aufgrund des sozialen Wandels in westlichen Industrieländern, zusätzlich zwischen altem und neuem Mittelstand sowie zwischen Arbeitgebern, Selbstständigen und Arbeitnehmern oder auch hinsichtlich der Situation am Arbeitsplatz unterschieden (Goldthorpe 2001: 201). Diskutiert wurde auch, inwieweit subjektive und objektive Indikatoren besser geeignet sind, ob auch die berufliche Situation der Vergangenheit von Belang ist, oder wie Personen ohne klare Zuordnung klassifiziert werden können (Erikson/Goldthorpe 1992).

dieser sozialen Gruppe und der Partei nachweisen. Zumeist bleiben die Untersuchungen zur Schicht- bzw. Berufsgruppenzugehörigkeit bei der Wahl der Linkspartei.PDS auf die Gruppe der Arbeiterschaft beschränkt, da offenbar hauptsächlich die Konkurrenzsituation zur SPD für die Forschung von Interesse ist.

Zuletzt wurden in der Forschung auch Gewerkschaftsmitgliedschaft und kirchliche Bindung als Erklärungsfaktoren der Wahl extremer Parteien angeführt. Es wird davon ausgegangen, dass die erstgenannten sozialen Organisationen mit ihren universalistischen Werten und Normen den hierarchischen und autoritären Konzepten extremer Parteien entgegenstehen. Allerdings konnten differenziertere Analysen einen negativen Zusammenhang zwischen der Gewerkschaftsmitgliedschaft und der Wahl einer extremen Partei nicht bestätigen (Fichter et al. 2008: 427). Aus empirischer Sicht hängt die Gewerkschaftsmitgliedschaft in den Jahren nach der Wiedervereinigung nur schwach mit der Wahl der Linkspartei.PDS zusammen. Bei den letzten beiden Bundestagswahlen 2005 und 2009 wurde diese Allianz zwar stärker, dies muss jedoch nicht auf eine dauerhafte Entwicklung hindeuten (Arzheimer/Falter 1998, 2002; Schoen/Falter 2005).

Dagegen haben sich ähnliche positive Bindungen zu kirchlichen Organisationen bislang nicht eingestellt. Vielmehr zeigen sich die aus theoretischen Überlegungen zu erwartenden negativen Effekte. Im Osten der Bundesrepublik wählen sowohl Angehörige der katholischen als auch der evangelischen Kirche mehrheitlich die CDU (Falter/Schoen 1999: 464). Im Gegenzug gewinnt die Linkspartei.PDS vor allem unter der konfessionslosen Bevölkerung an Zustimmung (Graf/Neu 2002: 25; Neller/Thaidigsmann 2004: 211). Somit spielen religiöse Motive für die Wahl der Linkspartei.PDS eine ebenso große Rolle wie für extrem rechte Parteien.

In Kapitel 2.1 und 2.2 wurden die klassischen und erweiterten Ansätze der Extremismusforschung dargestellt. Die Heterogenität dieser Ansätze wurde in der Forschung vielfach bemängelt. Lediglich die in dieser Arbeit ebenfalls vorgenommene Einordnung in vier Gruppen durch Jürgen R. Winkler (1996) wurde bislang zur Komplexitätsreduktion vorgeschlagen. Damit bleiben die Ergebnisse einzelner Untersuchungen zumeist auf Schlaglichter begrenzt und beziehen sich nur selten auf etwaige Verbindungen zwischen den einzelnen Erklärungsansätzen.

2.3 Integrative Konzepte der Extremismusforschung

In der Literatur wurde allerdings immer wieder auf Gemeinsamkeiten und Verbindungen einzelner Ansätze und Konstrukte hingewiesen, ohne dass eine systematische Zusammenführung stattfand. Eine Ausnahme bildet die „Theorie des Rechtsradikalismus in westlichen Industriegesellschaften“ (Scheuch/Klingemann

1967). Dieser Ansatz bietet die Möglichkeit, einige der oben dargestellten Extremismusansätze zu verbinden. Aufbauend auf dieser Studie wurde in jüngster Zeit ein integratives, jedoch eher heuristisch zu verstehendes Modell aus Extremismus- und Wahlverhaltensforschung entwickelt, um die Erfolge extrem rechter Parteien in Westeuropa zu erklären (Arzheimer/Falter 2002; Arzheimer 2008a). Ob sich dieses Modell auch für die Übertragung auf extrem linke Parteien wie die Linkspartei.PDS eignet, wird in Kapitel 2.4 diskutiert werden. Im Folgenden sollen zunächst detailliert Struktur und Annahmen der „Theorie des Rechtsradikalismus in westlichen Industriegesellschaften" und ihre Weiterentwicklungen dargestellt werden.

2.3.1 Struktur und Erklärungsmuster der „Theorie des Rechtsradikalismus in westlichen Industriegesellschaften" von Scheuch und Klingemann

Die „Theorie des Rechtsradikalismus in westlichen Industriegesellschaften"[49] (Scheuch/Klingemann 1967) wurde in der wissenschaftlichen Forschung mit Interesse, wenngleich zumeist nur in verkürzter Form als „Modernisierungsverliererhypothese" aufgenommen (Hadler 2007: 124). Der Ansatz war dabei weniger als empirisch überprüfbares Modell, denn zur weitergehenden Ausarbeitung der skizzenhaften Annahmen gedacht (Schumann 2001: 129; Hadjar 2004: 119). Sein Vorteil liegt darin, dass unter Einbezug systemtheoretischer Überlegungen drei extremismustheoretische Ansätze – Persönlichkeitsmerkmale, Gruppenkonflikte bzw. Statusinkonsistenz und politische Gelegenheitsstrukturen (siehe Kapitel 2.1) – miteinander verbunden werden können (Scheuch/Klingemann 1967: 14; siehe auch Schumann 2001: 127; Mudde 2007: 1). Außerdem basiert der Ansatz auf einem Mehr-Ebenen-Modell, wobei Wahlerfolge radikaler Parteien durch gesellschaftliche Wandlungsprozesse auf der Makro-Ebene und Einstellungen und Verhalten des Individuums auf der Mikro-Ebene erklärt werden (siehe Kapitel 2.4.1; Arzheimer/Falter 2002: 88).

Den Reiz radikaler rechter Massenbewegungen sehen die Autoren darin, dass diese sowohl die Effizienz moderner Gesellschaften steigern wollen als auch die Geborgenheit der traditionellen nationalen Gemeinschaft mit ihren althergebrachten gesellschaftlichen Rollen wiederherzustellen suchen (Beichelt/Minkenberg 2002: 249). Aber auch extrem linke Bewegungen bemühen sich nach Ansicht der Autoren um Wiederherstellung vergangener Werte und bauen ihr gesellschaftliches Idealbild auf vergangenen Organisationsformen auf, die sich allerdings von denen radikal rechter Bewegungen unterscheiden:

---

[49] Die Begriffe Rechtsradikalismus und Rechtsextremismus sind bei Scheuch und Klingemann austauschbar (Arzheimer/Falter 2002: 87; Backes 2006: 217).

„'Links' nennen wir diese politischen Bewegungen, wenn die gegenwärtige Gesellschaft durch den Verweis auf eine zukünftige Idealsituation bekämpft wird, deren wesentliches Vollzugsorgan die Bewegung Gleichgesinnter bleiben soll. Ferner wird ein neuartiges Erklärungsschema für die Ursachen der gegenwärtigen Zustände angeboten (z.B. Ausbeutung durch Besitzer von Produktionsmitteln)" (Scheuch/ Klingemann 1967: 22). Als „rechts" bezeichnen die Autoren solche Bewegungen dann, „wenn sie die Gegenwart durch eine (verbesserte) Wiederherstellung vergangener Organisationsformen und Werte bekämpfen und Erklärungsschemata aus der Vergangenheit (z.B. biologistisches Denken) anbieten." (Scheuch/Klingemann 1967: 23)

In ihrer Erklärungsstruktur gehen Scheuch und Klingemann davon aus, dass es sich bei der Entstehung von Rechtsextremismus um eine „normale Pathologie" in westlichen Industriegesellschaften handelt (siehe Abbildung 2).[50] Als Grund machen sie den länderübergreifenden Wandlungsprozess von traditionellen zu modernen Gesellschaften aus, der zwangsläufig in allen Ländern zu internen Spannungen führt (Scheuch/Klingemann 1967: 17f.; siehe auch Swank/Betz 2003). Der Wandel macht sich durch funktionale Differenzierung auf gesellschaftlicher Ebene und Individualisierungstendenzen auf der Mikro-Ebene bemerkbar (Rucht 1994: 54). Spannungsverhältnisse können zwischen den Werten und Normen zweier unterschiedlicher sozialer Bezugsgruppen eines Individuums, zwischen unterschiedlichen Lebens- und Produktionsformen, zwischen Elite und Bevölkerung und durch die Unzulänglichkeit der Massenmedien entstehen. Durch fehlende Artikulationsmöglichkeiten gegenüber den politischen Eliten werden diese Spannungen weiter verstärkt. Eine Person reagiert aber erst dann mit einem Gefühl der Unsicherheit, wenn sie die gesellschaftlichen Spannungen als Problem wahrnimmt (Schumann 2001: 128). Individuen reagieren auf die Widersprüchlichkeiten mit der Herausbildung eines starren Werte- und Orientierungssystems, das Scheuch und Klingemann als „rigiden Denkstil" (1967: 18) bezeichnen und das dem des Autoritarismus bzw. Dogmatismus ähnelt (Winkler 2005: 226; vgl. Oesterreich 1996).

Eine rigide Persönlichkeit reagiert auf alltägliche politische Prozesse – speziell während politischer Krisen – mit Besorgnis und latenter Aggressivität. Ein hoher Bevölkerungsanteil mit rigidem Denkstil lässt allerdings noch keine Rückschlüsse auf den Wahlerfolg einer radikalen Partei zu, da dieser in allen Indust-

[50] Typische Charakteristika von rechtsradikalen Erscheinungsformen sind ihrer Meinung nach die Ablehnung eines demokratischen politischen Systems und seiner Spielregeln, Nationalismus und die Ablehnung von Fremdgruppen, das Vertreten von Verschwörungstheorien sowie die Vorliebe für konservative ökonomische und politische Ideologien. Damit ist vor allem die Abneigung gegen Großkonzerne und Gewerkschaften sowie Eingriffe des Staates in die wirtschaftlichen Vorgänge gemeint (Scheuch/Klingemann 1967: 13f.).

riegesellschaften durch gleichförmige Modernisierungsprozesse ähnlich hoch und über die Zeit relativ konstant bleibt. Unterscheiden sich Länder in der Geschwindigkeit und im Ausmaß des Wandels, können jedoch höhere Anteile entstehen (Scheuch/Klingemann 1967: 19). Viele Wissenschaftler reduzieren den Ansatz auf diese Annahmen zu Modernisierungsverlierern (Pfahl-Traughber 2000: 101; Ganter 2003: 25). Jedoch geht der Ansatz zur Erklärung rechtsextremer Wahlerfolge weit über dieses simple Erklärungsmuster hinaus (vgl. Heitmeyer 1987).

Abbildung 2: *Die „Theorie des Rechtsradikalismus in westlichen Industriegesellschaften"*

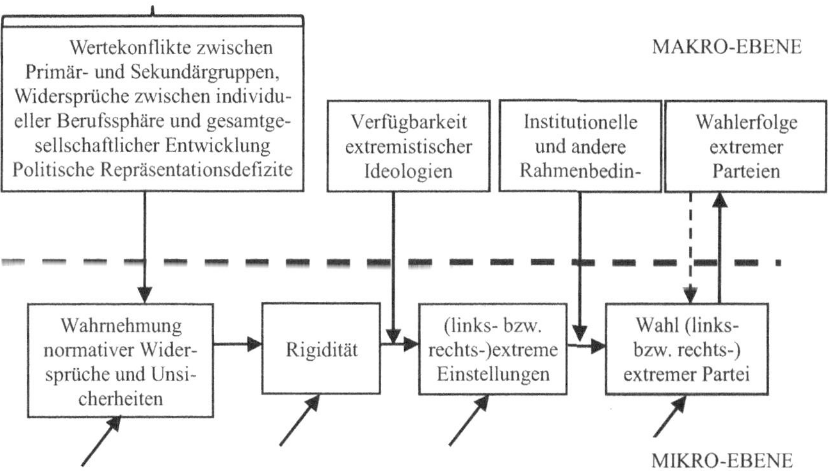

Quelle: Arzheimer und Falter (2002: 91).

Neben Bevölkerungsteilen mit rigidem Denkstil benötigen erfolgreiche radikale Parteien zudem eine bestimmte politische Ideologie, um für diese Wählerschicht attraktiv zu werden (Scheuch/Klingemann 1967: 20). Ideologie wird dabei verstanden als „*... a set of emotionally charged political beliefs [which] embrace central values and institutions ... rationalizations of interests (sometimes not his own) ... moral justifications for daily acts and beliefs*" (Lane 1962: 15-16). Sie werden demnach als unreflektierte und unterbewusste Überzeugungssysteme definiert, die nur mäßig kohärent sind (Freeden 2003: 39). Damit sind sie für politisch wenig versierte Personengruppen interessant, da die meisten Individuen von sich aus keine extremen Überzeugungen ausbilden. Erst durch die Verfügbarkeit von politischen Angeboten entwickeln sich auf der individuellen Ebene extreme bzw. radikale Einstellungen, die je nachdem ideologisch links oder rechts ausgestaltet sind und sich auf politisches Verhalten auswirken können (Scheuch/Klingemann 1967: 20).

Neben politischen Ideologien auf der Angebotsseite besitzt zudem die politische Kultur bzw. Gelegenheitsstruktur eines Landes Einfluss auf den Erfolg einer radikalen Partei. Darunter fallen Faktoren wie Anzahl und organisatorische Stärke radikaler Parteien, Beschränkungen innerhalb des Wahl- und Parteienrechts, Medienpräsenz und programmatische Ausrichtung der etablierten Parteien im Parteiensystem. Die so gewonnene Wählerschaft mit ihren extremen Einstellungen bildet die Stammwählerschaft einer extremen Partei (Scheuch/ Klingemann 1967: 22). Ihr langfristiger Erfolg im Parteiensystem resultiert zum einen aus der Akkumulation individuellen Wählerverhaltens, hängt aber auch von systemischen Hürden ab.

Nicht explizit von den Autoren ausgearbeitet, aber aufgrund des modellhaften Charakters des Ansatzes logisch nachzuvollziehen, ist die Annahme, dass extreme Einstellungen nur einen Faktor unter mehreren darstellen, die zur Wahl einer extremen Partei führen. Diese Annahme bildet die Basis für die Weiterentwicklung des Modells von Scheuch und Klingemann sowie für die Integration in die Ansätze der Wahlverhaltensforschung (Arzheimer 2008a: 120; siehe Kapitel 2.3.2).

Weiter bezeichnen Scheuch und Klingemann Parteien, die lediglich auf die Stimmen ihrer Stammwählerschaft vertrauen können, als politische „Sekten" (1967: 25), die aber für einen weitergehenden Erfolg an der Wahlurne, d.h. für die Repräsentation im Parlament zusätzliche Stimmen aus der Gesellschaft benötigen, da nur ein geringer Teil der Bevölkerung radikale Einstellungen besitzt. In anderen Teilen der Bevölkerung mischen sich dagegen demokratische und radikale Orientierungen. Durch ihr mangelhaftes Interesse an Politik sind sie eher an politischen Symbolen als Grundlage ihres politischen Verhaltens interessiert und aufgrund der simplen Erklärungsmuster radikaler Parteien bereit, für sie zu stimmen (Arzheimer 2005a: 407; Scheuch/Klingemann 1967: 25). Diese neu gewonnene Wählergruppe ist allerdings nur schwach an die Partei gebunden (Scheuch/Klingemann 1967: 27). Langfristige Erfolgschancen hat sie erst dann, wenn sie über mehrere Wahlen hinweg einen signifikanten Stimmenanteil in der Wählerschaft bzw. Sitze im Parlament auf sich vereinigen kann. Dabei „gewöhnt" sich das politische System an die radikalen Parteien, was sie für weitere Bevölkerungsgruppen attraktiv werden lässt (Scheuch/Klingemann 1967: 21).

Wie die Darstellung des Ansatzes (Abbildung 2) zeigt, bleiben viele Zusammenhänge skizzenhaft. Es handelt sich nicht um eine ausgearbeitete Theorie zur Erklärung (rechts-)radikaler Parteierfolge, sondern dient eher als Anstoß für weitere forschungstheoretische und -praktische Innovationen, macht damit jedoch eine empirische Überprüfung umso schwieriger (Schumann 2001: 129).

Verschiedentlich wurde auch die sprachliche Ungenauigkeit einiger Annahmen bemängelt (Arzheimer 2005a: 409). Insbesondere die speziellen Eigenschaften von rechts- bzw. linksradikalen Parteien werden nur unbefriedigend erklärt. Lange Zeit wurde der Ansatz daher zwar als innovativ erachtet, zumeist wurden aber nur einzelne Teile des Modells überprüft oder es wurde verkürzt dargestellt. Erst in jüngerer Zeit wurden die Annahmen des Modells wieder aufgenommen und weiterentwickelt (Arzheimer/Falter 2002; Arzheimer 2008a).

2.3.2 Die Weiterentwicklung des integrativen Modells durch Arzheimer

Ausgangspunkt der Weiterentwicklung der „Theorie des Rechtsradikalismus in westlichen Industriegesellschaften" stellt die Rekonstruktion der zentralen Annahmen und die empirische Überprüfung durch Arzheimer und Falter dar (Arzheimer/Falter 2002). Jedoch müssen sich die Autoren bei der empirischen Überprüfung auf die Mikro-Ebene beschränken, da keine geeigneten Daten auf der Makro-Ebene zur Verfügung stehen. Als Schwäche der Extremismusforschung identifizieren sie die geringe Aufmerksamkeit, die den Persönlichkeitsfaktoren zuteil wird, die aber im Ausgangsmodell von Scheuch und Klingemann (1967) eine zentrale Rolle einnehmen. In ihrer Untersuchung wurden die Effekte eines rigiden Denkstils mittels eines geeigneten Datensatzes untersucht. Im Ergebnis stimmen sie den Annahmen des Ursprungsmodells zwischen gesellschaftlichen Konflikten, Rigidität, rechtsextremen Einstellungen und der Wahl einer rechtsextremen Partei zu (Arzheimer/Falter 2002: 104).

Weitaus detaillierter ist die Untersuchung „Die Wähler der extremen Rechten, 1980-2002". Diese zieht weiter eine Verbindung zwischen Extremismus- und Wahlforschungsansätzen und zielt auf eine international vergleichende Ebene ab (Arzheimer 2008a). Zwar können auch hier nicht alle Vorgänge auf der Makro-Ebene vollständig untersucht werden, dennoch stellt sie die bislang umfangreichste Mehr-Ebenen-Untersuchung rechtsextremer Wahlerfolge im europäischen Vergleich dar. Zwei Ergebnisse können aus der empirischen Analyse festgehalten werden: Zum einen muss die These des unideologischen Protestwählers zurückgewiesen werden, wobei negative Einstellungen gegenüber Migranten neben sozialstrukturellen Merkmalen einen wichtigen Faktor darstellen (Arzheimer 2008a: 286f.). Zweitens bilden auch Kontextbedingungen wie Asylbewerber- und Arbeitslosenquote sowie die programmatischen Angebote der etablierten Parteien wichtige Einflussfaktoren (Arzheimer 2008a: 377). Weniger genau lassen sich die Unterschiede zwischen den einzelnen Ländern erklären, da geeignete Daten zur politischen Kultur, zum Elitenverhalten und zu den Medien fehlen (Decker 2009: 7).

2.3.2.1 Die Struktur des sozialpsychologischen Ansatzes

Um die Erfolge extrem rechter Parteien in Westeuropa erklären zu können, konstruiert Arzheimer ein Mehr-Ebenen-Modell, das die klassischen Extremismustheorien mittels des Scheuch-Klingemann-Ansatzes integriert und dieses wiederum mit dem sozialpsychologischen Modell des Wählerverhaltens verbindet.

Im Anschluss an Diskussionen zum individuellen Beteiligungs- und Entscheidungsprozess und zur individuellen Wahlbeteiligung wird der rekonstruierte sozialpsychologische Ansatz als allgemeines Wahlmodell, das sich zudem als kompatibel mit der „Theorie des Rechtsradikalismus in westlichen Industriegesellschaften“ erweist, begriffen (Arzheimer 2008a: 125). Das ursprüngliche sozialpsychologische Modell und seine Implikationen haben in der Forschung zu einer breiten Diskussion geführt und wurden in der Folge teilweise stark verkürzt angewandt (Dalton 2008; vgl. Campbell et al. 1960, Campbell et al. 1954). In den letzten Jahren haben jedoch Bestrebungen stattgefunden, das Modell stärker auf die ursprünglichen Annahmen des Ann-Arbor-Modells auszurichten, das bereits Faktoren wie Bindung an soziale Großgruppen, ideologische Orientierungen, Kontexteinflüsse und Persönlichkeitsmerkmale beinhaltete und daher Schnittstellen zu den Theorien der Extremismusforschung bietet (Falter 1973; Brettschneider 2001; Schoen/Weins 2005: 199f.). Dabei wird der Kausalitätstrichter (*funnel of causality*) eher als heuristisches Mittel zur Bestimmung relevanter Variablen verstanden (Arzheimer 2008a: 66ff.; siehe aber Budge et al. 1976: 6; Dalton 1988: 178). Für den Fortgang dieser Arbeit ist eine vertiefende Diskussion über die verschiedenen Rezeptionen des sozialpsychologischen Modells weder möglich noch nötig, jedoch sollen die einzelnen Kausalzusammenhänge deutlich gemacht werden (siehe Abbildung 3).

Als abhängige Variable gilt die Wahlentscheidung, die der Wahlabsicht direkt nachgelagert ist. Dieser wiederum ist die Bewertung der Kandidaten und der Parteien vorgelagert, welche sich jeweils in Themenkompetenz, Leadership-Qualität, Integrität und unpolitische Eigenschaften einteilen lassen (Brettschneider 2001). Davor stehen die Einstellungen zu politischen Themen (siehe aber Brettschneider 2001: 385) und die Einstellungen zu sozialen Gruppen, wobei diese die Wahlabsicht nur indirekt über die Bewertung von Parteien und Kandidaten beeinflussen, Erstere messen die Wichtigkeit von und die Position der Bürger gegenüber Sachthemen. Zweitere messen die Zugehörigkeit zu sozialen Gruppen und die Intensität des Zugehörigkeitsgefühls. Die Parteiidentifikation bildet den zentralen Erklärungsfaktor des sozialpsychologischen Modells und kann einerseits direkt über die Wahlabsicht und andererseits als Wahrnehmungsfilter (*perceptual screen*) für die Bewertung von Parteien, Kandidaten, Themen und sozialen Gruppen Einfluss auf die Wahlentscheidung besitzen (Campbell et al. 1960: 133). Wie aus der Abbildung hervorgeht, können exogene Faktoren wie das soziale Umfeld, wirtschaftliche und politische Umstände, Medien und Wahlkampf ebenfalls Einfluss auf die Mikro-Ebene gewinnen und ähneln den politischen Gelegenheitsstrukturen aus Kapitel 2.1.3 (Beck 1986: 269, 277). Stabiler als die Parteiidentifikation und ihr konzeptionell vorgelagert sind Persönlichkeitsmerkmale und ideologische bzw. Wertorientierungen eines Individuums (Mößner 2006: 78f.; Scarbrough 1984; Miller/Shanks 1996: 130f.; siehe aber Campbell et al. 1960: 188ff., 506f.). Beide haben Einfluss auf die Einstellungen des Individuums gegenüber politischen Themen und sozialen Gruppen. Als langfristig stabilste Faktoren werden soziodemographische Variablen wie Alter, Geschlecht, formale Bildung, Konfession, Schichtzugehörigkeit bzw. Beruf angesehen. Sie haben Einfluss auf politische Themen, Wertorientierungen und ideologische Grundorientierungen, soziale Bindungen sowie die Parteiidentifikation (Schoen/Weins 2005).

Die Überlegungen zum rekonstruierten sozialpsychologischen Modell der Wahlentscheidung lassen vermuten, dass sich Schnittstellen zwischen diesem Modell und den Ansätzen der Extremismusforschung finden lassen (Arzheimer 2008a: 125). Der Logik nach dient das Modell von Scheuch und Klingemann der Integration verschiedener Ansätze der Extremismusforschung und stellt eher einen direkten Bezug zwischen extrem rechten Einstellungen und der Wahl einer extremen Partei her. In der „Theorie des Rechtsradikalismus in Industriegesellschaften" lassen sich zu diesem Punkt jedoch keine definitiven Anhaltspunkte finden. Durch die Analyse der klassischen Theorien der Extremismusforschung kann Arzheimer jedoch zeigen, dass im rekonstruierten sozialpsychologischen Ansatz und im Ansatz von Scheuch und Klingemann mehrere gleiche Einflussfaktoren wie soziostrukturelle Merkmale, ideologische Grundorientierungen und Einstellungen gegenüber sozialen Gruppen konzeptionell eingebettet sind. Damit lässt sich das sozialpsychologische Modell der Wahlentscheidung an das Modell von Scheuch-Klingemann andocken, um dadurch eine breitere Erklärungsbasis der Wählermotive bzw. des Wahlerfolges einer extremen Partei zu erhalten (Arzheimer 2008a: 125).

Abbildung 3: Rekonstruiertes sozialpsychologisches Modell der Wahlentscheidung

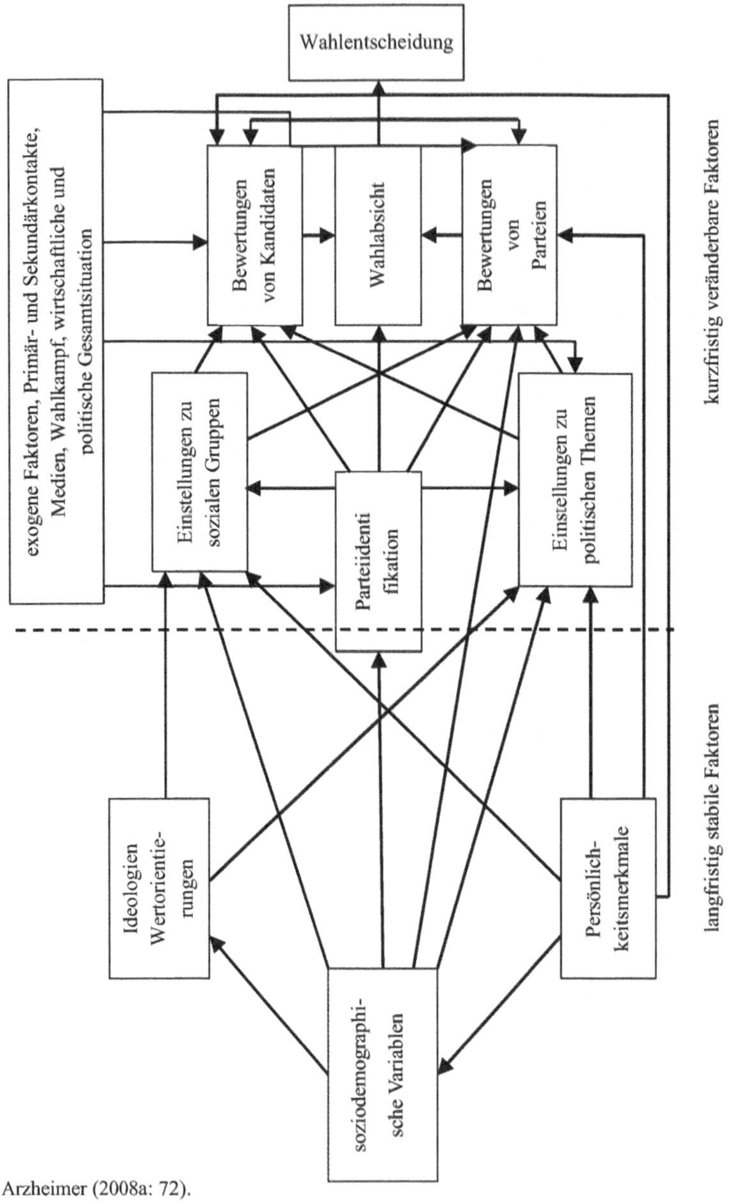

Quelle: Arzheimer (2008a: 72).

2.3.2.2 Modifikationen des Scheuch-Klingemann-Modells

Um eine Integration des Scheuch-Klingemann-Modells und der sozialpsychologischen Ansätze durchführen zu können, sind jedoch einige Modifikationen bzw. Erweiterungen notwendig (Arzheimer 2008a: 121ff.).

Eine erste Modifikation betrifft die Faktoren der Makro-Ebene, die auf die Mikro-Ebene Einfluss haben. Scheuch und Klingemann sehen hierbei lediglich normativ-kulturelle Spannungen als bestimmende Faktoren an (Scheuch/ Klingemann 1967: 18). Daneben können in moderne Gesellschaften auch weitere Verteilungskonflikte wie Arbeitslosigkeit oder ungleiche Ressourcenverteilung wirksam sein (Arzheimer 2008a: 122).

Zweitens wurde das Modell von Scheuch und Klingemann auf die Modernisierungsverliererhypothese verkürzt, die davon ausgeht, dass durch Modernisierungsprozesse bestimmte Gruppen in ihrem wirtschaftlichen und sozialen Status abgewertet werden. Diese Abwertung versuchen sie im Allgemeinen durch extreme und im Speziellen durch negative Einstellungen gegenüber Fremdgruppen zu kompensieren (Winkler 1996: 34). Im Scheuch-Klingemann-Modell ist lediglich von Wertekonflikten als zentralen Erklärungsmerkmalen die Rede. In Kapitel 2.1.3 wurde dargelegt, dass die Ansätze zu Gruppenkonflikten, die eine theoretische Verallgemeinerung der Modernisierungsverliererhypothese darstellen, äußerst heterogen sind, sie reduzieren sich auf die politische Nachfrageseite und sind in der Aussage über die Politisierung von Gruppenmitgliedschaften zu unpräzise und nur schwer operationalisierbar (Arzheimer 2008a: 123).

Drittens gehen Scheuch und Klingemann lediglich von einem indirekten Zusammenhang zwischen sozialen Modernisierungsprozessen und der Herausbildung extrem rechter Orientierungen aus, vermittelt über den Persönlichkeitsfaktor „rigide Denkweise". Allerdings ist die Messung von Modernisierungsprozessen nur über Proxy-Variablen möglich (vgl. Arzheimer/Falter 2002), auch werden Persönlichkeitsmerkmale in den Sozialwissenschaften eher selten gemessen. Arzheimer geht daher neben einem indirekten, auch von einem direkten Einfluss gesellschaftlicher Veränderungsprozesse auf die Herausbildung extremer Einstellungen aus (Arzheimer 2008a: 123ff.).

Mit seinem integrativen Modell zur Analyse extrem rechter Parteien in Westeuropa bietet Arzheimer die bislang umfassendste international vergleichende Analyse in diesem Forschungsfeld an. Dabei werden die entsprechenden Parteien nicht deterministisch aus dem Blickwinkel einer engen Definition von Extremismus betrachtet, sondern hauptsächlich werden Gemeinsamkeiten und Unterschiede zwischen verschiedenen Ländern herausgearbeitet. Kritisch kann an dem Modell angemerkt werden, dass die angesprochene Vielzahl theoretischer Ansätze und möglicher kausaler Pfade die Interpretation der Ergebnisse erschwert, da schon in den Ansätzen selbst verschiedene Möglichkeiten der Einflussnahme angenommen werden (King et al. 1994: 87f.). So können auch hier die empirischen Ergebnisse teilweise beliebig interpretiert werden. Weiterhin werden zwar mögliche Einflussfaktoren benannt, diese können jedoch aufgrund mangelnder Datenlage nicht untersucht werden, wodurch einige Erklärungszusammenhänge im Dunkeln bleiben. Dennoch bietet der Ansatz durch seine Konstruktion als Mehr-Ebenen-Modell die Möglichkeit, Ansätze aus der Extremismus- und der Wahlforschung auch für die Wahl einer extrem linken Partei fruchtbar zu machen. Eine Analyse der Linkspartei.PDS, die nach Wahlverhaltens- und Extremismusansätzen getrennt wäre, würde jeweils wichtige Erklärungsfaktoren der Wählermotive ausklammern (siehe Forschungsfrage 1).

2.4 Die Übertragbarkeit von (Rechts-)Extremismustheorien auf die Wählerschaft extrem linker Parteien

Bevor jedoch auf Basis der vorgestellten Modelle Hypothesen zur empirischen Überprüfung aufgestellt werden können, sind einige Vorüberlegungen notwendig. So wurde bereits darauf hingewiesen, dass es keine expliziten Ansätze zu Analyse einer extrem linken Partei gibt, da alle vorhandenen Theorien und Begriffe aus der Forschung zu extrem rechten Parteien stammen (Arzheimer 2006: 253; Neu 2006b: 223; Neu 2009: 13). Konkrete Versuche, Extremismus als Phänomen unabhängig von der ideologischen Positionierung zu konzipieren, sind bislang wenig erfolgreich geblieben. In der Praxis wurden Annahmen aus der Rechtsextremismusforschung oftmals ohne nähere Diskussion der Probleme auf Parteien der extremen Linken übertragen (vgl. Winkler 1996: 36). Jedoch bieten die Konzeption von Scheuch und Klingemann (1967) sowie das Mehr-Ebenen-Modell von Arzheimer (2008a) und zuletzt die Annahme, dass alle in Kapitel 2.1 und 2.2 vorgestellten Extremismustheorien negative Einstellungen der Bevölkerung gegenüber Fremdgruppen behandeln, die Möglichkeit einer Übertragung. Extremismustheorien dienen demnach nicht nur der Identifikation extremistischen Potenzials innerhalb der Bevölkerung, sondern können, unabhängig davon, ob die Wählerschaft einer Partei tatsächlich extremistisch ist, als „Hintergrundtheorien über die Entstehung von politischen und sozialen Präferenzen gelten" (Arzheimer 2008a: 78).

2.4.1 Mehr-Ebenen-Modelle

Die erste Möglichkeit einer Übertragung von Extremismusansätzen auf eine extrem linke Partei bietet sich durch die spezifische Struktur von Mehr-Ebenen-Modellen, wie sie bereits in Kapitel 2.3 angeklungen ist (vgl. Hummell/Opp

1971; Coleman 1994; Opp 2005; Esser 1996b). Dabei wird davon ausgegangen, dass sich kollektive Phänomene (z.B. der Wahlerfolg von Parteien) nicht ausschließlich durch kollektive Phänomene (z.B. gesellschaftliche Veränderungen) der Makro-Ebene erklären lassen, sondern auf Einstellungen und Handlungen von Akteuren auf der Miko-Ebene zurückgeführt werden müssen. Werden diese beiden Ebenen in Beziehung zueinander gesetzt, ergibt sich das so genannte „Badewannenmodell" (siehe Abbildung 4) mit den kausalen Verbindungen zwischen den Ebenen: 1. „Logik der Situation", 2. „Logik der Selektion" und 3. „Logik der Aggregation" (Esser 1996: 94ff.).[51] Eine Verbindung zwischen „sozialer Situation" und „kollektivem Phänomen" ist also nur über die Ebenen der Orientierungen und des Verhaltens von Akteuren möglich.

Die erste Logik verbindet die Makro-Ebene der sozialen Umwelt mit der Mikro-Ebene, nämlich der Wahrnehmung durch das Individuum (Esser 1999: 15). Mithilfe einer Brückenhypothese wird folglich auf die Bedingungen und objektiven Handlungsrestriktionen der sozialen Situation für den Akteur abgehoben, welche Alternativen sich ihm bieten und wie er diese bewertet (Esser 1996a). Die zweite Logik verbindet die beiden Elemente der Mikro-Ebene – Akteur und Handlung – miteinander. Die Selektion einer bestimmten Handlungsalternative wird durch die Erwartungen und Bewertungen der Handlungsfolgen durch die Akteure erklärt (Esser 1999: 340ff.). Die Logik der Aggregation setzt schließlich die Handlungen der Individuen auf der Mikro-Ebene auf kollektive Phänomene um.[52]

Zusammengefasst gehen Modelle in dieser Form davon aus, dass sich Veränderungen auf der Makro-Ebene nicht allein auf Veränderungen auf dieser Ebene zurückführen lassen, sondern auf Veränderungen aggregierter Handlungen der Mikro-Ebene basieren. Welche Gründe sprechen für diese Annahme? Erstens kann im Sinne eines ontologischen Individualismus davon ausgegangen werden, dass soziale Phänomene durch Individuen und ihre Beziehungen verursacht werden, daher müssen beide Ebenen bei der Erklärung von sozialen Phänomenen berücksichtigt werden. Soziale Phänomene sind nach diesen Überlegungen nicht selbst handlungsfähig, sondern benötigen individuelle Handlungen, um sich zu manifestieren (Udehn 2002). Zweitens wird angeführt, dass Erklärungen, die lediglich die Makro-Ebene beinhalten, rein probabel bleiben und erst über Be-

---

[51] Dabei muss jedoch beachtet werden, dass das ursprüngliche Mehr-Ebenen-Modell eher als Metatheorie zur Veranschaulichung einer Theorie und zur vergleichenden Argumentation diente. Erst Essers Erweiterungen (1996: 98ff.) transformierten Theorien auf der Meta-Ebene zu einer eigenständigen Sozialtheorie.

[52] Diese Aggregation kann durch einfache Aggregation, empirische Theoreme sowie normative Aggregation vollzogen werden. Des Weiteren lassen sich in dieses Modell beliebige Meso-Ebenen einfügen (Coleman 1994).

dingungen auf der Mikro-Ebene Gültigkeit erlangen. Weiter sind es weniger objektiv materielle Fakten, die Einfluss auf das Individuum ausüben, sondern vielmehr deren Wahrnehmung (Greve et al. 2008: 9f.). Zuletzt wurden auch statistische Gründe angeführt. So sind Ereignisse auf der Makro-Ebene selten, komplex und nur schwer quantifizierbar, wohingegen die Fallzahlen auf der Individualebene größer und Phänomene leichter zu messen sind (Coleman 1994: 3).

Abbildung 4: *Das Mehr-Ebenen-Erklärungsmodell in den Sozialwissenschaften*

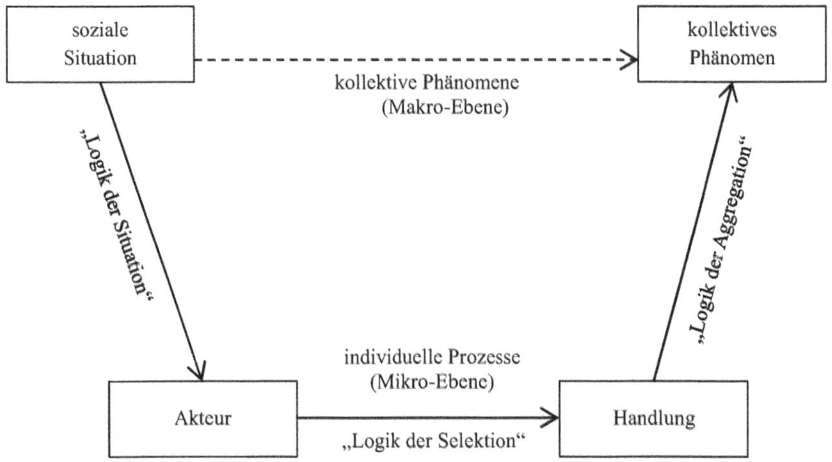

Quelle: Hummel und Opp (1971), Coleman (1994) und Esser (1996).

Bei der „Theorie des Rechtsradikalismus in westlichen Industriegesellschaften“ von Scheuch und Klingemann, die in der vorliegenden Arbeit für die Erklärung des Wahlverhaltens extrem linker Parteien nutzbar gemacht werden soll, handelt es sich um eben ein solches Mehr-Ebenen-Modell (Scheuch/Klingemann 1967; Arzheimer 2005a: 405ff.). Die auf der Makro-Ebene entstandenen Konflikte und Spannungen innerhalb der Gesellschaft werden auf der Mikro-Ebene durch das Individuum mit normativen Unsicherheiten und rigiden Persönlichkeitsmerkmalen beantwortet. Bis hierhin spielen die normativen Bezugspunkte des Links- bzw. Rechtsextremismus keine Rolle für die Ausprägung von Orientierungen auf der Individualebene (Scheuch/Klingemann 1967: 22). Erst durch die Verfügbarkeit entsprechender Ideologien über die Programmatik politischer Parteien auf der Makro-Ebene können sich rechts- bzw. linksextreme Einstellungen innerhalb der Bevölkerung ausbilden. Diese führen unter Berücksichtigung weiterer institutioneller Rahmenbedingungen zur Wahl einer extremen Partei und auf der Makro-Ebene zu deren Erfolg an der Wahlurne. Aufgrund dieser Annahmen zur Makro- und Mikro-Ebene sollte das Mehr-Ebenen-Modell nach Scheuch und Klingemann grundsätzlich auch für die Analyse einer extrem linken Partei wie der Linkspartei.PDS anwendbar sein (vgl. Scheuch/Klingemann 1967: 19, 22).

2.4.2 Fremdheitsgefühle in der Wählerschaft extrem linker Parteien

Zweitens kann eine Übertragbarkeit von Extremismustheorien auf eine extrem linke Partei gerechtfertigt werden, da Extremismustheorien nicht nur die Entstehung extremistischer Einstellungen im engeren Sinne – als Ablehnung der freiheitlich-demokratischen Grundordnung – beschreiben, sondern auch als Hintergrundtheorien zur Erklärung von politischen und sozialen Präferenzen dienen können. In der neueren Forschung zu extrem rechten Parteien wurde weiterhin festgestellt, dass alle Ansätze der Extremismusforschung mehr oder weniger dezidiert die Entstehung negativer Einstellungen gegenüber (ethnischen) Fremdgruppen bzw. die Identifikation mit der Eigengruppe beschreiben (Arzheimer 2008a: 78). Neben den Identitäten auf der Gruppenebene können sich derartige Einstellungen aber auch in der Ablehnung bestehender politischer Systeme bzw. in den Präferenzen alternativer Ordnungssysteme manifestieren (Pfahl-Traughber 2000: 18). Um diesen Sachverhalt zu überprüfen, wird im Folgenden versucht, Fremdgruppen zu identifizieren, die für die Wählerschaft extrem linker Parteien vornehmlich im europäischen Kontext als maßgeblich angesehen werden.

Darüber hinaus werden in Kapitel 2.4.2.2 Befunde zu Fremdheitsgefühlen innerhalb der ostdeutschen Bevölkerung diskutiert. Dies dient allerdings nicht dem Beweis einer Übertragbarkeit von Rechtsextremismustheorien auf die Wählerschaft einer extrem linken Partei, da sich hierbei ein tautologischer Schluss zwischen Fragestellung und Untersuchungsgegenstand ergeben würde. Vielmehr werden Erklärungsansätze zur Entstehung einer spezifisch ostdeutschen Identität dargestellt und eine Verbindung zur Wahl der Linkspartei.PDS gezogen. Die Annahmen, die daraus gezogen werden, dienen darüber hinaus der Aufstellung der Hypothesen in Kapitel 2.6.

2.4.2.1 Identitäten und Fremdgruppen in Europa

Die Analyse von Fremd- und Eigengruppen besitzt eine lange Tradition in der Sozialpsychologie. Deutlich seltener wurden Beziehungen zwischen der Entstehung dieser Gruppen und dem Verhalten von Individuen auf der politischen Ebene untersucht. Während sich für die Wählerschaft extrem rechter Parteien Zusammenhänge zwischen negativen Einstellungen gegenüber (ethnischen) Fremdgruppen und ihrem Wahlverhalten feststellen lassen (Swank/Betz 2003; Golder 2003a), wurde dies für extrem linke Parteien bislang nicht umfassend empirisch untersucht. So lassen sich im Folgenden lediglich Indizien für einen ähnlich gelagerten Zusammenhang sammeln.

Wie bereits angedeutet, identifiziert sich ein großer Teil der Wählerschaft der Linkspartei.PDS stark mit Ostdeutschland und grenzt sich von der westdeutschen Bevölkerung ab. Eine solche teilnationale Identität in Verbindung mit der Wahl einer extrem linken Partei lässt sich auch für andere europäische Staaten ausmachen. So konnten ähnliche Mechanismen für das katalonische Gebiet in Spanien und für Schottland als Teil Großbritanniens festgestellt werden. Ein großer Anteil derjenigen, die angeben, eher eine katalonische als eine spanische Identität zu besitzen, stufen sich als extrem links ein (Moreno/Arriba 1996). Ebenso wurde die Schottische Sozialistische Partei (SSP) 2003 von denjenigen Wählern unterstützt, die eine starke schottische Identität besaßen und einer Abspaltung von Großbritannien zugeneigt waren (March/Mudde 2005: 35).

Während die Ergebnisse zu teilnationalen Identitäten aus theoretisch fundierten Annahmen abgeleitet werden können (Tajfel 1982; Tajfel/Turner 1986), werden in der Extremismusforschung immer wieder auch Merkmale der Abgrenzung genannt, die nur wenig elaboriert oder trennscharf sind und zudem nicht übergreifend im Zusammenhang mit der Wahl einer extrem linken Partei in Europa genannt werden (Pfahl-Traughber 2003; March/Mudde 2005): Dazu gehören antisemitische bzw. antizionistische, antiamerikanische und antikapitalistische Einstellungen und eine Ablehnung von Globalisierungsprozessen.

Globalisierung steht grundsätzlich für den Bedeutungsverlust nationalstaatlicher Grenzen für gesellschaftliche Entwicklungen. Heutzutage reduziert sich der Begriff nahezu vollständig auf einen von sozialer Verantwortung losgelösten internationalen Kapitalismus. Dabei besteht eine enge Verbindung zwischen Globalisierungs- und Kapitalismuskritik, wobei allgemein die Folgen einer sich öffnenden Schere zwischen armen und reichen Bevölkerungsschichten in und zwischen den Nationalstaaten kritisiert werden (Pfahl-Traughber 2006: 215). Als Inkarnation dieser negativen Entwicklungen werden die Vereinigten Staaten von Amerika angesehen. Unter Antiamerikanismus wird daher nicht die Kritik der aktuellen Politik der US-Regierung verstanden, sondern die Ablehnung des gesellschaftlichen und politischen Systems der USA. Innerhalb der Wählerschaft der extremen Linken in Europa lassen sich Beispiele für Antiglobalisierungs- bzw. Antikapitalismustendenzen ausmachen. So stehen die Wähler der italienischen *Rifondazione Comunista* in enger Verbindung mit den Antikapitalismusbewegungen des Landes (Gilbert 2008: 89) und auch für die Wähler sozialistischer Parteien in Spanien und der kommunistischen Partei in Frankreich wurden solche Einstellungsmuster nachgewiesen (Montero/Torcal 1990: 124; Bell 2003: 30).

Auch Euroskeptizismus wird mit der Wahl einer extrem linken Partei in Verbindung gebracht (Hooghe et al. 2002). So pflegen die extremen Linken in Frankreich und Belgien eine ausgeprägte Abneigung gegen das ökonomische Ordnungssystem der Europäischen Union (Bornschier/Lachat 2009; Deschouwer/Van Assche 2008: 89). Jedoch werden nicht alle extrem linken Parteien in Europa aufgrund dieser negativen Einstellungen gegenüber der EU gewählt (Christensen 1996).

Des Weiteren lassen sich bei den Wählern der extremen Linken in Europa negative Einstellungen gegenüber einer Gruppe identifizieren, die zunächst eher mit der Wählerschaft extrem rechter Parteien in Verbindung gebracht wird: Semiten bzw. Zionisten. Darunter wird eine pauschale Israel-Kritik bis hin zur Leugnung des Existenzrechts des Staates verstanden (Pfahl-Traughber 2006: 215). Grundlage für diese Ressentiments bildet die Ansicht, dass Juden sowohl den Kommunismus als auch den Kapitalismus kontrollierten (Billig 1978). So wurde für die Wählerschaft der britischen extremen Linken festgestellt, dass sie starke antisemitische und antizionistische Einstellungen vertraten (Billig 1987).

Die hier dargestellten Einstellungen zu Fremdgruppen und Zusammenhänge mit der Wahl einer extrem linken Partei liefern lediglich Indizien, da sich die Forschung diesem Gebiet bisher nicht empirisch gewidmet hat. Alle Anzeichen deuten jedoch darauf hin, dass negative Einstellungen gegenüber bestimmten Gruppen als Abgrenzungsmerkmale extrem linker Wähler dienen. Allerdings ist nicht anzunehmen, dass die oben genannten Merkmale für alle Parteien am linken Rand gleichermaßen gelten. Auch besitzt keines der Merkmale eine derart prominente Stellung wie die Fremdheitsgefühle gegenüber ethnischen Minderheiten für die Wahl extrem rechter Parteien. Dennoch zeigen sich Ähnlichkeiten bei der Wählerschaft extrem linker Parteien in Europa bezüglich der Einstellungen gegenüber Fremdgruppen, die darauf hindeuten, dass eine Übertragbarkeit der Ansätze der Rechtsextremismusforschung auf die Wählerschaft extrem linker Parteien gerechtfertigt ist.

2.4.2.2 Fremdheitsgefühle als Aspekte ostdeutscher Identität

Auch für die Wählerschaft der Linkspartei.PDS lassen sich Abgrenzungselemente identifizieren (siehe auch Kapitel 1.3). Einerseits kann für Teile der ostdeutschen Bevölkerung eine starke Identifikation mit der Eigengruppe beobachtet werden. Hier verbindet sich eine positive Bewertung der ostdeutschen Mitbürger mit einer negativen Einstellung gegenüber ihren westdeutschen Mitbürgern. Zweitens lässt sich eine starke Affinität zu einem alternativen Modell der Wirtschafts- und Sozialordnung, dem des demokratischen Sozialismus, erkennen, das im Gegensatz zum liberalen Demokratiemodell der Bundesrepublik Deutschland steht. Die Bedeutung und die enge Verbindung dieser beiden Elemente einer ostdeutschen Identität wurde in zahlreichen Studien nachgewiesen (Neller 2006; 55; vgl. Ritter 1996; Westle 1999b, 2004).

Während theoretische Erklärungsversuche zu Fremdheitsgefühlen in der ostdeutschen Bevölkerung und der Wahl der Linkspartei.PDS durchaus plausibel erscheinen, kann davon in der westdeutschen Bevölkerung zunächst nicht ausgegangen werden. Zwar zeigen sich Fremdheitsgefühle gegenüber den Ostdeutschen und damit Anzeichen einer westdeutschen Teilidentität, jedoch zeigen Wahlergebnisse und empirische Studien auch, dass sich in Westdeutschland keine spezielle Vertreterorganisation für diese Interessen ausgebildet hat. Vor dem Hintergrund der unterschiedlichen Auswirkungen des Transformationsprozesses in beiden Bundesgebieten ist dieser Befund nicht allzu überraschend. In Teilen der westdeutschen Bevölkerung greifen somit zwar grundsätzlich Fremdheitsgefühle, die sich gegen eine bestimmte Teilbevölkerung richten, die sich aber, so ist anzunehmen, eher als eine Abgrenzung auf Grundlage bestimmter sozialer Konflikte verstehen lassen oder die sich gegen das bestehende politische System richten. Erst im Laufe der Zeit und durch die Repräsentationslücke, die die Agenda 2010-Politik der rot-grünen Bundesregierung hinterlassen hatte, konnte sich die Linkspartei.PDS auch in den westlichen Bundesländern etablieren. So muss der fehlende Zusammenhang zwischen Fremdheitsgefühlen und der Wahl der Linkspartei.PDS nicht bedeuten, dass Extremismusansätze für die westdeutsche Wählerschaft nicht anwendbar sind, sondern dass dieser sich anders manifestierte.

Zur Verbindung zwischen Fremdheitsgefühlen, bestehendem und alternativem politischem System und der Wahl der Linkspartei.PDS in Westdeutschland liegen nur wenige Erkenntnisse vor, da sich die Forschung zumeist auf die ostdeutsche Bevölkerung konzentrierte, um hier abweichende Einstellungen und Verhalten zu prognostizieren. Die folgende Darstellung konzentriert sich daher auf ostdeutsche Identitäten bzw. Fremdheitsgefühle gegenüber den Westdeutschen.

Zur Erklärung spezifischer teilnationaler Identitäten und der positiven Bewertung eines alternativen Ordnungssystems wurden in der Forschung Ansätze aus der politischen Kultur bzw. der politischen Unterstützung sowie der Sozialpsychologie verwendet, die teilweise eng mit den in Kapitel 2.1 vorgestellten Ansätzen der klassischen Extremismusforschung korrespondieren. Darüber hinaus lassen sich mittels der im Folgenden diskutierten Ansätze Besonderheiten bei den Motiven der Linkspartei.PDS-Wählerschaft identifizieren, die in die Hypothesen in Kapitel 2.6 einfließen.

Politische Kultur und politische Unterstützung

Unter politischer Kultur wird die Verteilung von Normen, Werten und politischen Orientierungen innerhalb einer politischen Gemeinschaft verstanden, die sich auf das Individuum als politischem Akteur, das politische System sowie auf die politische Input- und Output-Seite beziehen. Die zentrale Grundüberlegung lautet, dass die Stabilität eines politischen Systems von der Übereinstimmung der politischen Kultur und der politischen Struktur, d.h. dem Institutionengefüge, abhängt. Zudem wird zwischen kognitiven (Erkenntnis), affektiven (Emotion) und evaluativen (Bewertung) Orientierungen unterschieden (Almond/Verba 1963: 15). Als besonders wichtig für die Unterstützung der Demokratie wird dabei die affektive, also emotionale Bindung an das politische System hervorgehoben (Almond/Verba 1963: 62ff). Eine positive Bewertung der DDR kann als eine solche affektive Bindung angesehen werden und ist eng mit einer fehlenden bzw. negativen Bewertung des politischen Systems der Bundesrepublik Deutschland verbunden (Neller 2006: 59).[53]

Daneben wurde auch das Konzept der politischen Unterstützung zur Erklärung der DDR-Identität herangezogen (Easton 1965, 1975). Auch dieser Ansatz befasst sich vornehmlich mit der Stabilität politischer Systeme, wobei er zwischen drei Objekten der Unterstützung differenziert – politische Autoritäten, politisches Regime[54] und politische Gemeinschaft[55] – und zwei Arten von Unterstützungstypen – diffus, d.h. langfristig generalisiert, und spezifisch, d.h. eher leistungsbasiert – unterscheidet (vgl. Fuchs 1989: 18). Die Einstellungen der ostdeutschen Bevölkerung zur früheren DDR werden dabei den Orientierungen gegenüber der früheren politischen Gemeinschaft sowie dem früheren politischen Regime zugeordnet.[56] Die drei genannten Unterstützungsobjekte lassen sich weiterhin hierarchisch strukturieren. Auf der obersten Ebene stehen Orientierungen gegenüber der politischen Gemeinschaft (Mitglieder eines politischen Sys-

---

53 Das Konzept der politischen Kultur und die verwendeten Indikatoren haben in der wissenschaftlichen Forschung zu erheblichen Diskussionen geführt, auf die hier nicht eingegangen werden soll. Für die Kritik am Konzept siehe Kaase 1983; Fuchs 2002; Peters 1998.

54 Das politische Regime lässt sich zusätzlich in Teildimensionen einteilen: die normativen Prinzipien bzw. Regimeprinzipien, d.h. die grundlegenden Werte, weiter die implementierte Struktur des Regimes und die Regimeleistung, d.h. die Performanz des Regimes (Fuchs 1997: 83f.).

55 Die Orientierungen gegenüber der politischen Gemeinschaft umfassen zum einen eine territoriale vertikale Komponente, zum anderen eine personale horizontale Komponente (Westle 2004: 276; Fuchs 1989, 2002).

56 Orientierungen gegenüber den früheren politischen Autoritäten sind dabei nicht ausgeschlossen, werden aber in den Datensätzen zumeist nicht abgefragt. Studien zeigen aber, dass eine überwiegende Mehrheit der ostdeutschen Bevölkerung das politische Personal der DDR negativ bewertete (Neller 2006: 60).

tems und ihre zugrunde liegenden Wertmuster), darauf folgen Orientierungen gegenüber dem politischen Regime (Struktur der Institutionen) und zuletzt diejenigen gegenüber politischen Autoritäten (Easton 1965: 171ff.). Die affektive Bindung zur bzw. diffuse Unterstützung der politischen Gemeinschaft wird als die wichtigste für die Stabilität eines politischen Systems angesehen, jedoch führt eine geringe Unterstützung auf dieser Ebene nicht zwangsläufig und nur über einen längeren Zeitraum zur Destabilisierung (Easton 1965: 186ff.). Überträgt man diese Erkenntnisse auf Ostdeutschland kann festgehalten werden, dass eine Identifikation der ostdeutschen Bürger mit der politischen Gemeinschaft der Bundesrepublik Deutschland erst mittelfristig entstehen kann und zugleich die Bindung an das frühere politische Gemeinschaft nachlassen wird. Dauert die Identifikation mit der früheren politischen Gemeinschaft jedoch über einen längeren Zeitraum an, kann dies zur Destabilisierung des bundesdeutschen politischen Systems beitragen (Westle 1999b; Neller 2006: 62).

Die Annahmen aus der politischen Kultur- und Unterstützungsforschung zur Existenz bzw. Entwicklung einer spezifischen ostdeutschen Identität wurden nach der Wiedervereinigung mit der Frage nach einer gesamtdeutschen oder parallel existierenden west- und ostdeutschen politischen Kultur verbunden. Dabei spielt die Frage nach Erfolg oder Misserfolg der politischen Sozialisation in der DDR eine herausragende Rolle, die zu unterschiedlichen Erwartungen – als Sozialisations- bzw. Situationshypothese – hinsichtlich der Entwicklung politischer Einstellungen gegenüber der früheren DDR bzw. einer ostdeutschen Identität führten (Dalton 1994; Rohrschneider 1999).

Im Mittelpunkt der staatlichen Erziehung in der DDR stand die Vermittlung sozialistischer Werte und Lebensweisen sowie die Entwicklung einer sozialistischen Persönlichkeit (Wiezorek 2005: 74ff.; Rölle 2000). Der Erfolg dieser Erziehungsmaßnahmen bildet die Grundlage für die Überlegungen der Sozialisationshypothese, in der angenommen wird, dass Wertorientierungen, die während der frühen Sozialisation erworben wurden, die Beurteilung des Regimes auch in der Gegenwart maßgeblich beeinflussen (Arzheimer 2005b; Greiffenhagen/ Greiffenhagen 2002; Jacobs 2004: 21). Dabei lässt sich eine bestehende bzw. nicht mehr bestehende Identifikation mit der ehemaligen DDR auf verschiedene Arten erklären (Westle 2004: 265ff.):

Wird die Wiedervereinigung als kritisches Ereignis im Leben einer Person angesehen, dann sollten sozialistische Überzeugungen in der ostdeutschen Bevölkerung im Zuge des Transformationsprozesses verschwinden. Dabei wird davon ausgegangen, dass Sozialisationseffekte während des Bestehens der DDR durchaus wirksam waren; diesen wird jedoch kein langfristiger Einfluss auf das Individuum beschieden (Dalton 1994: 469ff). Zu ähnlichen Ergebnissen kommt eine andere These, die in den hohen Zustimmungsraten für Gesamtdeutschland kurz nach der Wende lediglich die Auswirkungen von sozialer Erwünschtheit ausmacht (Dalton 1994: 470ff.; Bürklin 1995: 11ff.).

Dagegen gehen andere Hypothesen von eher langfristigen Sozialisationseinflüssen aus, ohne allerdings eine vollständige Übernahme von Werten, Normen und Grundüberzeugungen des sozialistischen Regimes anzunehmen (Fuchs et al. 1997; Westle 1999b). Die Ideale des Sozialismus – unter Ausschluss der negativen Elemente des totalitären Regimes – gelten als mit den Idealen der Demokratie vereinbar und gleichzeitig denen der liberalen Demokratie westdeutscher Prägung überlegen (Westle 2004: 267). Dagegen wurden andere Elemente der DDR nicht übernommen, da neben den offiziellen Institutionen der Sozialisation weitere inoffizielle Sozialisationsakteure Einfluss auf das Individuum besaßen und der oktroyierte, real existierende Sozialismus nur wenig mit den Idealen des demokratischen Sozialismus gemein hatte (Westle 2004: 268; Greiffenhagen 2002: 410f.).

Ausmaß und Dauerhaftigkeit von Sozialisationseffekten hängen folglich von zwei gegensätzlichen Annahmen ab, nämlich, ob politische Überzeugungen lediglich durch die Primär- oder ob sie zusätzlich durch eine Sekundärsozialisation beeinflusst werden. Die erste Annahme lässt nur den Generationenwechsel als Möglichkeit für Veränderungen politischer Orientierungen zu (Eckstein 1988; Feist/Liepelt 1994), während bei der zweiten Erfahrungen und Ereignisse im späteren Lebensverlauf wirksam werden können (Bürklin et al. 1994: 582ff.). Daher ist fraglich, ob nur in der DDR sozialisierte Personen oder auch Personen der Wende- und Nachwendezeit eine DDR-Identität ausbilden können. Einerseits kann angenommen werden, dass letztere keine tief greifende emotionale Bindung an die DDR ausgebildet haben und die Folgen der Wiedervereinigung einfacher bewältigen konnten. Andererseits waren sie teilweise direkt von den staatlichen Sozialisationsmaßnahmen der DDR betroffen, haben die Wende- und Nachwendezeit als direkt oder indirekt vermitteltes einschneidendes Erlebnis erfahren oder wurden durch Sozialisationsagenten beeinflusst (Kleinert/Krüger 2000: 123; Pickel 2002: 229).

Ebenfalls zur Sozialisationshypothese zählen Annahmen, die von einer fehlgeschlagenen DDR-Sozialisation ausgehen. Eine „Gegenkultur" zur offiziellen DDR-Doktrin sei durch Einflüsse des Westfernsehens und Verwandtschaftskontakte entstanden und habe die Ausbildung demokratischer Orientierungen befördert (Dalton 1994: 470ff.; Westle 2004: 264f.). Allerdings, so der Einwand, folgt aus der Existenz einer Gegen- oder Nischenkultur noch keineswegs die Übernahme westdeutscher bzw. demokratischer Werte (Neller 2006: 68).

Während die Sozialisationshypothesen die Internalisation sozialer Normen als Erklärungsgegenstand ansehen, identifiziert die Situationshypothese eine andere Ursache für die Herausbildung einer ostdeutschen Identität, nämlich das Ungleichheitsempfinden zwischen Ost- und Westdeutschland, die subjektiv wahrgenommene Benachteiligung und die Herabsetzung ostdeutscher Leistungen und Errungenschaften nach der Wiedervereinigung (Brunner/Walz 1998; Diamond 1999; Ritter 1996). Dabei wird davon ausgegangen, dass es alltägliche Erfahrungen sind, die die Bewertung des bestehenden Regimes beeinflussen, wobei negative Erlebnisse mit dem aktuellen politischen Regime zu einer nostalgischen Verklärung des Vorgängerregimes führen (Jacobs 2004: 21; Meulemann 2004: 167). Damit stehen nicht mehr Sozialisationseffekte, sondern die negative Performanz des aktuellen Regimes und Erfahrungen während des Transformationsprozesses im Mittelpunkt (Jacobs 2004: 111).[57]

Die Situationshypothese wurde wegen des Negierens aller Sozialisationsfaktoren vor der Wende und der Konzentration auf reine situative Nachwendeerfahrungen kritisiert (Westle 2004: 265). Dagegen wurde den Anhängern der Sozialisationshypothese die Unterschlagung der Erfahrungen der (Nach-)Wendezeit vorgeworfen. In den letzten Jahren wurden vermehrt integrative Konzepte erarbeitet, die sowohl den Einfluss von durch Sozialisation vermittelten Wertorientierungen als auch von situativen Alltagserfahrungen auf politische Orientierungen zusammenführen (Zelle 1998a).

Sozialpsychologische Ansätze

Neben der politischen Kulturforschung wurden Gruppenidentitäten bzw. nationale Identitäten auch mithilfe sozialpsychologischer Ansätze erklärt. Dabei stellt die DDR-Identität eine so genannte teilnationale Identität dar und wird mit den Begriffen der Stereotypisierung, Fremdheit, Abgrenzungsidentität und Abwertung beschrieben (siehe Kapitel 2.1.3; Pollack 1998: 311; Ritter 1996: 143).[58] Hier wird grundlegend zwischen einer personalen und einer sozialen oder kollektiven Identitätsdimension unterschieden, die beide aus der Interaktion mit der sozialen Umwelt entstehen. Die Herstellung einer kollektiven Identität benötigt gemeinsame retrospektive, gegenwärtige und prospektive Erfahrungen, die der Bestätigung des eigenen Selbstbildes und der sozialen Bindung dienen. Diese wiederum gelten als Voraussetzung dafür, sich in der sozialen Umwelt zu orientieren (Goffman 1967; Erikson 1959).

Neben dieser internen Bindung bedarf es zusätzlich einer Abgrenzung nach außen. Dabei werden vermeintliche oder tatsächliche Unterschiede der Eigen- zur Fremdgruppe hervorgehoben und in Stereotypen umgewandelt (Kanning/Mummendey 1993; Tajfel 1981; Tajfel/Turner 1986). Die Unterstützung eines

[57] Es lassen sich dabei unterschiedliche Varianten der Situationshypothese unterscheiden, die z.B. ökonomische oder sozialstrukturelle Merkmale akzentuieren (Pickel 2002: 57ff.; Walz/Brunner 1997).

[58] Grundlegend zur Sozialpsychologie siehe unter anderem Aronson et al. 2004.

politischen Systems wiederum ist stark mit den Ansichten über bestimmte soziale Gruppen verbunden (Hobsbawm 1983: 2ff.). Fremdheitsgefühle der Ostdeutschen gegenüber den Westdeutschen, als traditionellen Repräsentanten der neuen politischen Gemeinschaft bzw. des neuen politischen Regimes, hätten demnach negative Auswirkungen auf Orientierungen gegenüber Gesamtdeutschland zufolge. Gleichzeitig führen sie zu positiven Orientierungen gegenüber bestimmten Aspekten der DDR und damit zur Herausbildung einer teilnationalen Identität (Ritter 1996: 143).

Insbesondere in Krisenzeiten oder Transformationsphasen wird die Frage nach einer kollektiven Identität zu einem wichtigen Thema (Westle 1994b). Einige Autoren sehen eine ostdeutsche Abgrenzungsidentität sogar als Notwendigkeit zur Selbstbehauptung (Pollack 1997: 47f.) und zur Wiederherstellung oder Stabilisierung des Selbstwertgefühls an (Zelle 1997). Aber auch in Westdeutschland konnte man sich nach dem Ende des DDR-Regimes nicht mehr auf eine systemische Überlegenheit berufen, um die eigene soziale Identität zu definieren. In der westdeutschen Bevölkerung wurden daher bestimmte leistungsbezogene Persönlichkeits- und Kompetenzmerkmale hervorgehoben. In der ostdeutschen Bevölkerung wurde dieses Leistungsdenken hingegen moralisch abgewertet, und die Identifikation mit dem sozialistischen Ideal der ehemaligen DDR als Unterscheidungsmerkmal nahm an Bedeutung zu (Gensicke 1998: 198; Neller 2006: 78).[59]

Die theoretische Diskussion hat gezeigt, dass es durchaus berechtigte Annahmen für die Existenz einer ostdeutschen Identität und für Fremdheitsgefühle gegenüber der westdeutschen Bevölkerung gibt. Dabei wurde hauptsächlich der Einfluss von Orientierungen der ostdeutschen Bevölkerung gegenüber dem DDR-Regime auf das bestehende bundesdeutsche politische System untersucht. Eine Identifikation mit dem früheren Regime kann einerseits als Legitimitäts- und Effektivitätsdefizit gedeutet werden, andererseits besteht die Möglichkeit, dass es sich lediglich um eine lokale Identität handelt, wie sie auch in einzelnen Bundesländern vorherrscht (Neller 2006: 80). In der Wahlforschung wird das Modell einer ostdeutschen Identität bisher vor allem zur Erklärung der Wahl der Linkspartei.PDS in Ostdeutschland angewandt und damit zusammenhängend die Möglichkeit eines neuen Ost-West-Cleavages diskutiert. Dabei werden die Erfolge der Linkspartei.PDS positiv als Kristallisationspunkt ostdeutscher Interes-

---

[59] Daran anknüpfend wurde untersucht, ob es sich beim Phänomen der DDR-Identität um ein Überzeugungssystem handelt, also ein System an Ideen und Einstellungen, das durch verschiedene Bedingungen zusammengehalten und von sozialen oder politischen Bedingungen strukturiert wird (Ajzen/Fishbein 1980; Conover 1984). Die Einordnung einer teilnationalen Identität als Überzeugungssystem ist jedoch auf Grundlage ihrer komplexen Struktur eher unwahrscheinlich, vielmehr kann sie als ein Einstellungssyndrom beschrieben werden, das verschiedene Dimensionen miteinander verknüpft (Neller 2006: 79).

sen und Nostalgie gedeutet. Negativ werden jedoch ihre destabilisierende Wirkung auf das bestehende politische System der Bundesrepublik hervorgehoben (Neller/Thaidigsmann 2002, 2004; Arzheimer 2002a).

Empirische Befunde zur ostdeutschen Identität

Empirisch wurden die oben beschriebenen Ansätze zwar in einer Vielzahl an Studien untersucht, jedoch meist unsystematisch und ohne Einbettung in einen theoretischen Rahmen (Neller 2006). In diesem Unterkapitel sollen die wichtigsten Ergebnisse dieser Studien dargelegt werden, um am Ende die Frage nach der Existenz einer ostdeutschen Identität beantworten zu können.

Auf die Frage, ob den Befragten die Bürger des jeweils anderen Teils Deutschlands fremd seien, antwortete 1991 rund ein Viertel mit voll oder eher zustimmend. Einerseits wurde dieser Anteil als erstaunlich gering erachtet (Westle 2004: 282), andererseits verringerte sich die gegenseitige Fremdheit im Laufe der Zeit nicht (Neller 2006, 2009). Gleichzeitig wurde bei den jüngeren Altersgruppen ein erstaunlich hohes Maß an Fremdheitsgefühl konstatiert, das über den Untersuchungszeitraum von 1991 bis 2000 zudem noch anwuchs (Pickel 2002: 219).

Andere Studien konzentrierten sich auf die Messung von Stereotypen und unterschieden zwischen speziellen Persönlichkeits- bzw. Charaktermerkmalen und generalisierten Urteilen gegenüber Fremdgruppen (Niedermayer 2001: 108). Stereotypen können nur als einflussreich gelten, wenn die jeweilige Fremdgruppe auch als wichtige Referenzkategorie erachtet wird (Westle 1999a: 249). Analysen für die 1990er Jahre zeigen, dass dies im Fall der Ost- und Westdeutschen zutrifft (Mummendey/Kessler 2000: 290f.). Allerdings lassen sich Studien auf Basis von Stereotypen nur schwer miteinander vergleichen, da zumeist unterschiedliche Operationalisierungen bzw. Messinstrumente mit geringer Validität verwendet werden (Westle 1999a: 250). Ergebnisse aus diesem Forschungsfeld zeigen, dass sich die Westdeutschen selbst hohe Werte in wirtschaftlichen Kompetenzfragen zuschreiben, den Ostdeutschen dagegen eher sozial-moralische Qualitäten. Die Ostdeutschen sehen sich in letzterem Punkt ebenfalls überlegen, beurteilen ihre eigenen Kompetenzwerte jedoch deutlich höher. Im Zeitverlauf treten die positiven Bewertungen der Ostdeutschen durch die ostdeutsche Bevölkerung deutlicher hervor, wohingegen sich die positiven Kompetenzwerte für die Westdeutschen abschwächten (Doll et al. 1994). Andere Studien ergeben, dass sich westdeutsche Geschäftstüchtigkeit und generelle Überlegenheit ostdeutscher Bescheidenheit und Unselbstständigkeit gegenüberstehen (Neller 2000: 587ff). Detailliertere Instrumente lassen die Westdeutschen ihre ostdeutschen Mitbürger als unzufrieden, misstrauisch, freundlich, kritisch und ängstlich bewerten. Die

Ostdeutschen charakterisieren die Westdeutschen als materialistisch, selbstbewusst, ehrgeizig, bürokratisch und ordentlich. Auch in Studien, die Stereotypen in Charakter-, Moral- und Leistungsdimensionen aufteilen, bleibt das Bild der Abgrenzung bestehen. Auf der Leistungs- und Charakterebene stufen sich West- bzw. Ostdeutsche jeweils selbst besser ein als die andere Bevölkerungsgruppe. Auf der sozial-moralischen Dimension werden die Ostdeutschen von beiden Bevölkerungsteilen deutlich positiver beurteilt (Schmitt et al. 1999). Werden Kompetenzmerkmale und soziale Moral als zentrale Abgrenzungsmerkmale gedeutet, so sehen einige Forscher dies als Kompensation der Ostdeutschen für ihre wahrgenommene Statusunterlegenheit an (Blanz u.a. 1998: 254), gleichzeitig versuchen die Ostdeutschen allerdings, sich an das Kompetenzprofil der Westdeutschen anzupassen (Kanning/Mummendey 1993; Gensicke 1998).

Nur wenige der genannten Studien der 1990er Jahre lassen den Schluss zu, dass sich die Kluft zwischen den beiden Bevölkerungsgruppen verkleinert, sie konstatieren bestenfalls gleichbleibende Einstellungsmuster (Kaase/Bauer-Kaase 1998). Aus ostdeutscher Sicht wird von den Westdeutschen mehr Opferbereitschaft angemahnt, die ihren Einsatz wiederum als ausreichend erachten. Auf der anderen Seite verlangen die Westdeutschen mehr Geduld und Leistungsbereitschaft von den Ostdeutschen (Westle 1999a, 2004). Zu späteren Zeitpunkten wurden diese Fragen in den vorhandenen sozialwissenschaftlichen Datensätzen nicht mehr abgefragt. Damit kann nicht mit Sicherheit eine dauerhafte Ost-West-Stereotypisierung angenommen werden, doch deuten die geringen Veränderungsquoten darauf hin, dass sich an den Einstellungsmustern der 1990er Jahre bis heute nur wenig geändert hat (Neller 2009: 84).

In diesem Kapitel wurde die Möglichkeit einer Anwendung von Extremismustheorien auf eine extrem linke Partei diskutiert. Erstens wurde die Übertragung auf Grundlage eines Mehr-Ebenen-Modells herausgearbeitet. Die „Theorie des Rechtsextremismus in westlichen Industriegesellschaften“ von Scheuch und Klingemann stellt ein solches Mehr-Ebenen-Modell dar. Damit können Wahlerfolge extremer Parteien durch die Wirkung gesamtgesellschaftlicher Veränderungen auf das Individuum erklärt werden. Unter Annahme der Aussagen dieses Modells sollte sich daher nicht nur extrem rechtes, sondern auch extrem linkes Wahlverhalten erklären lassen.

Zweitens wurde in diesem Kapitel der Nutzen von Extremismustheorien zur Erklärung extremen Wahlverhaltens über die klassischen Ansätze des Wahlverhaltens hinaus dargelegt. So dienen Extremismusansätze als Hintergrundtheorien zur Erklärung politischer und sozialer Präferenzen, unabhängig davon, wie viele der Wähler tatsächlich extremistische Einstellungen besitzen. Dabei diskutieren die meisten Theorien der Extremismusforschung das Entstehen von Fremdheitsgefühlen gegenüber bestimmten (ethnischen) Bevölkerungsgruppen. In Kapitel 2.2 wurde daher untersucht, ob sich auch auf Seiten der Wählerschaft der extrem

Linken in Europa vergleichbare Fremdheitsgefühle identifizieren lassen. Sowohl theoretisch als auch empirisch lässt sich zudem die Existenz einer spezifisch ostdeutschen Identität im Zuge des Transformationsprozesses nach der Wiedervereinigung nachweisen. Hinzu tritt eine negative Beurteilung der westdeutschen Bevölkerung, die sich auch in der Ablehnung des gegenwärtigen politischen Systems manifestiert. Zuletzt wurde als einzige Vertreterorganisation, die eine ostdeutsche Identität auf institutioneller Ebene vertritt, die Linkspartei.PDS identifiziert.

2.4.3 Zwischenfazit

Wie die vorangegangenen Kapitel gezeigt haben, lassen sich die Ansätze der Extremismusforschung zumindest ansatzweise in vier Kategorien einordnen. Wie bereits Arzheimer und Falter (2002) sowie Arzheimer (2008a) unter Rückgriff auf die „Theorie des Rechtsradikalismus in westlichen Industriegesellschaften" von Scheuch und Klingemann (1967) gezeigt haben, können diese Kategorien zudem zu einem integrativen Modell verbunden werden. Weiter hat Arzheimer (2008a) nachgewiesen, dass das Modell von Scheuch und Klingemann, verknüpft mit dem sozialpsychologischen Modell der Wahlentscheidung, die Möglichkeit bietet, ein allgemeines Erklärungsmodell der Wahl extremer Parteien zu konzipieren. Aufgrund der Mehr-Ebenen-Konzeption lässt sich das Modell zudem nicht nur auf extrem rechte Parteien anwenden, sondern auch auf eine extrem linke Partei, wie Kapitel 2.4.1 gezeigt hat. Des Weiteren wurde dargelegt, dass die Ansätze der Extremismusforschung grundsätzlich Aussagen über negative Einstellungen gegenüber Fremdgruppen machen. Im Falle der Rechtsextremismusforschung wurde immer wieder auf die ethnischen Grundlagen der Stereotypisierung hingewiesen. Dass ähnliche Muster auch für die Wählerschaft extrem linker Parteien in Europa und im Speziellen für die der Linkspartei.PDS zutreffen, wurde in Kapitel 2.4.2 analysiert.

Problematisch am Modell von Scheuch und Klingemann (1967) und der Erweiterung durch Arzheimer (2008a) ist die Umsetzbarkeit in ein empirisch testbares Modell. Eine Lösung, die in den empirischen Sozialwissenschaften immer häufiger Anwendung findet, ist die Bildung von empirisch überprüfbaren Hypothesen für bestimmte Einzelphänomene anhand der theoretischen Überlegungen. Das Modell wird also nicht in seiner Gesamtheit getestet, sondern die Überprüfung einzelner Hypothesen trägt in kleinen Schritten zur Beantwortung der Fragestellung bei. Diese Vorgehensweise bietet zudem die Möglichkeit der Verfeinerung von komplexen Theorien.

2.5 Datenbasis und Operationalisierung

Das Modell von Scheuch und Klingemann (1967) sowie Arzheimer (2008a) ist aufgrund seiner Konstruktion als Mehr-Ebenen-Modell und unter der Annahme, dass Extremismusansätze als Hintergrundtheorien sozialer Prozesse dienen, besser geeignet, die Motive von Linkspartei.PDS-Wählern zu erklären, als reine Wahlverhaltensmodelle. Wie in Kapitel 2.3.2 aufgezeigt, handelt es sich hierbei um ein komplexes kausales Modell, das nur eingeschränkt als Ganzes untersucht werden kann. In dieser Arbeit soll die Diskussion der Möglichkeiten und Grenzen eines kausalen Erklärungsmodells nicht aufgegriffen werden, da sie auf alle empirischen Untersuchungen in den Sozialwissenschaften gleichermaßen zutreffen (vgl. Schnell et al. 2008: 49ff.; Arzheimer 2008a: 127ff.). Relevanter erscheint eine Diskussion und Problematisierung der verwendeten Indikatoren zur Messung des Modells.

2.5.1 Die Datenbasis

Die vorliegende Untersuchung stützt sich auf Querschnittsdaten, die im Rahmen des DFG-Projekts „Politische Einstellungen, politische Partizipation und Wählerverhalten im vereinigten Deutschland" im Zeitraum 1994 bis 2002 unter der Leitung von Jürgen W. Falter, Oscar W. Gabriel und Hans Rattinger (ZA-Nr. 3064, 3066, 3861) erhoben wurden, sowie auf dem Datensatz für die Bundestagswahl 2005 „Bürger und Parteien in einer veränderten Welt" unter der Leitung von Steffen Kühnel, Oskar Niedermayer und Bettina Westle (ZA-Nr. 4332) und der „*German Longitudinal Election Study 2009*" (ZA-Nr. 5302).[60] Für die Bundestagswahlen 1994 bis 2002 und 2009 wurden die Befragungen sowohl jeweils einige Wochen vor der Wahl als auch nach der Wahl durchgeführt. Im Jahr 2005 wurden die ausgewählten Bürger ausschließlich nach der Bundestagswahl befragt. Zusätzlich wurden für den letzten Teil der Untersuchung Daten des *Comparative Manifestos Project (CMP)* und des *Manifesto Research of Political Representation (MARPOR)* herangezogen.[61] Darin werden auf Grundlage quantitativer Methoden die programmatischen Inhalte von Partei- und Regierungsprogrammen ausgewertet (Budge et al. 2001; Klingemann et al. 2006).

[60] An dieser Stelle möchte ich der GESIS für die Bereitstellung der Daten für wissenschaftliche Zwecke danken.

[61] Für die kollegiale und unkomplizierte Überlassung der Daten möchte ich Andrea Volkens und Onawa Promise Lacewell herzlichst danken.

2.5.2 Beschränkung in der Datenanalyse

Die Indikatoren des Modells aus Kapitel 2.3.2 lassen sich grundsätzlich in Mikro- und Makro-Faktoren einteilen. Die Datenlage auf der Mikro-Ebene ist in den empirischen Sozialwissenschaften im Allgemeinen gut, sodass viele der in Kapitel 2.1 und 2.2 angesprochenen theoretischen Zusammenhänge untersucht werden können. Schwieriger ist die Analyse von Makro-Phänomenen. Die zeitgenössische Forschung teilt Makro-Faktoren zur Untersuchung extremer Parteien und Wähler in zwei Klassen ein: Die Angebotsseite beinhaltet Informationen zu Parteiprogrammen, Parteiführung, Kampagnen oder zum parlamentarischen Auftreten. Unter Kontextfaktoren werden dagegen Arbeitslosen- und Einwanderungsraten, die Ausgestaltung des politischen Systems und die Medienaufmerksamkeit gefasst (Arzheimer/Carter 2006). Sowohl in konzeptioneller als auch in datentechnischer Hinsicht ergeben sich bei den Makro-Faktoren Probleme, die eine weitgehende Konzentration der vorliegenden Arbeit auf die Mikro-Ebene notwendig machen:

Erstens ist in den Sozialwissenschaften eine klare Tendenz zu Theorien und Modellen auf der Mikro-Ebene erkennbar. Daher werden bei Datenerhebungen nur selten Informationen auf der Meso- oder Makro-Ebene erhoben. Dieser Umstand lässt sich mit der relativ einfachen Erhebung und Auswertung individueller Einstellungen und individuellen Verhaltens begründen. Daten zum sozialen Umfeld von Individuen oder zu gesamtgesellschaftlichen Veränderungsprozessen hingegen sind meistens nur durch Proxy-Variablen auf der Individualebene messbar. Folglich zwingt die Datenlage mehr noch als theoretische Überlegungen zu einer Konzentration auf die Mikro-Ebene.

Zweitens kommen bei vorliegender Arbeit weitere Einschränkungen hinsichtlich der Überprüfbarkeit und Analyse der Makro-Indikatoren hinzu. Diese hängen mit der Konzeption vieler Indikatoren auf der Makro-Ebene als explizite Kontextfaktoren zusammen (Hox 2002: 2; Lazarsfeld/Menzel 1961). Als Kontext wird allgemein die Umwelt, in der sich das Individuum befindet und verhält, bezeichnet. Eine Kontextanalyse behandelt somit exogene Einflüsse der Umwelt auf das Verhalten von Individuen (Sprague 1982; Achen/Shively 1995). Dabei lassen sich soziale, institutionelle und zeitliche Kontexte unterscheiden, wobei in der Wissenschaft keine Einigkeit über deren genaue Ausgestaltung herrscht (Franklin 2004: 44). Soziale Kontexte sind jedoch im Allgemeinen nur schwer zu analysieren, da für jeden Befragten jeweils ein ganzes Netzwerk an sozialen Kontexten erhoben werden müsste. Zum anderen sind viele der Faktoren auf der Makro-Ebene nur im internationalen Vergleich anwendbar. Da sich die vorliegende Untersuchung in einem nationalen Kontext bewegt, scheiden viele institutionelle Variablen aus der Analyse der Kontextfaktoren aus (vgl. Marsh 2002). So wird für die Messung langfristiger Faktoren unter anderem das Wahlsystem oder die Dezentralisierung genannt. Diese Faktoren unterscheiden sich zwar im Kontext verschiedener politischer Systeme, bleiben jedoch innerhalb eines einzelnen Landes meist stabil. Ein Einfluss dieser Faktoren würde sich daher erst bei einer international vergleichenden Studie verschiedener politischer Systeme auf die Wahl extrem linker Parteien ergeben (Nohlen 2000: 357).

Auch für kurzfristige Faktoren wie Arbeitslosen- bzw. Einwanderungsquote bzw. deren Veränderungen können hier keine Einflüsse berechnet werden. Zwar ändern sich deren Anteile von Befragungszeitpunkt zu Befragungszeitpunkt, allerdings wirken diese Faktoren auf alle Individuen eines Landes gleichzeitig. Ein Einfluss wäre nur im vergleichenden Kontext mit anderen Ländern oder über die Zeit messbar. Letzteres ist aufgrund der geringen Zahl an Bundestagswahlen, an der die Linkspartei.PDS bislang teilgenommen hat, nur bedingt erfolgsversprechend. So sind bei Zeitreihenanalysen mindestens zwei Faktoren entscheidend für eine hohe Aussagekraft: die Länge des Zeitraumes der Messungen und die Dichte der Messpunkte über diesen Zeitverlauf. Diese Faktoren haben Einfluss auf die Verallgemeinerung und auf die Stichprobengenauigkeit der Untersuchung. Aussagekräftige Zeitreihenuntersuchungen sollten daher einen möglichst langen Zeitraum beobachten und eine große Anzahl an Befragungen beinhalten (Arzheimer 2002b: 79). Beides ist im Falle der vorliegenden Arbeit nicht gegeben, sodass von einer Zeitreihenanalyse in der empirischen Untersuchung Abstand genommen wird.

Die Angebotsseite der Parteien bietet jedoch die Möglichkeit, einige Makro-Faktoren in die Analyse mit aufzunehmen. Die Analyse politischer Positionen von Parteien erfreut sich in den letzten Jahren eines stetig wachsenden Interesses in wissenschaftlichen Untersuchungen (Arzheimer 2009b: 2). So werden sowohl die programmatischen Positionen der extremen Parteien als auch die der etablierten Parteien in bestimmten Politikfeldern zur Erklärung des Erfolges extremer Parteien herangezogen.

Drei Arten an Daten zu programmatischen Positionen von Parteien und deren Einfluss auf das Individuum stehen hierbei zur Verfügung: erstens eine computergestützte quantitative Auswertung von Parteiprogrammen, zweitens Expertenbefragungen und drittens die Wahrnehmung der Parteipositionen durch die Individuen. Während Expertenbefragungen in den letzten Jahren an Stellenwert verloren haben,[62] werden in der zeitgenössischen Forschung computergestützte Verfahren verstärkt eingesetzt. Das bekannteste ist das *Comparative Manifestos*

[62] Expertenurteile stützen sich nicht nur auf offizielle Dokumente, sondern auch Wahlwerbung, Reden von Politikern und nicht-öffentliche Wahlveranstaltungen (Lubbers et al. 2002). Probleme liegen in der Subjektivität der Einordnung der Wahlprogramme durch den jeweiligen Forscher und damit in einer geringen Reliabilität und Validität. Zudem liegen Expertendaten nur für einige wenige Länder zu bestimmten Zeitpunkten vor (Laver/Garry 2000).

Project (CMP), welches programmatische Positionen direkt aus den Partei- und Wahlprogrammen ziehen kann (Budge et al. 2001; Klingemann et al. 2006).[63] An den Daten des CMP wurden Probleme bei der Einordnung von Positionen in Politikfelder (Hansen 2008), die Methodik (Pelizzo 2003) und die Erfassung von Veränderungen innerhalb der Politikfelder kritisiert (Benoit/Laver 2007; Laver/Garry 2000). Besonders problematisch erscheint die Analyse der Programmpositionen bei extremen Parteien zu sein. Wie extrem rechte Parteien so würde auch die Linkspartei.PDS, verträte sie extreme ideologische Positionen, diese wohl nicht in ihre Programme aufnehmen, da sie dadurch ihre Chance bei einer eher moderaten Wählerschaft schmälern würde. Trotz dieser Probleme hat sich die inhaltliche Auswertung über CMP als überaus wertvoll für die Analyse von Parteipositionen in Politikfeldern, auch im internationalen Vergleich, gezeigt (vgl. z.B. Franzmann/Kaiser 2006).

Jedoch stellt sich die Frage nach der Relevanz der mittels des CMP objektiv gewonnenen Positionen aus Parteiprogrammen auf das Wahlverhalten von Bürgern. Diese Frage gewinnt vor dem Hintergrund des geringen Interesses an Parteiprogrammen in der Bevölkerung weiter an Relevanz (Rölle 2001: 34f.). Verschiedene Untersuchungen haben jedoch gezeigt, dass die Wähler sowohl sich selbst als auch die politischen Parteien in ein generelles Links-Rechts-Schema einordnen können. Weiterhin decken sich diese Einordnungen weitgehend mit den objektiv gewonnenen Positionen aus den Parteiprogrammen (Klingemann 1995; Klingemann et al. 2006). Ideologische Positionen von Parteien und die Bewertungen der Wähler hierzu scheinen demnach miteinander zusammenzuhängen. Jedoch bleiben die genauen Einflussmechanismen unzureichend erforscht (siehe aber Schlipphak 2011). So stellt sich die Frage, ob die Wähler Einfluss auf die Parteien und damit deren Parteiprogramme haben oder umgekehrt (Kleinnijenhuis/Pennings 2000), und ob der gegenseitige Einfluss zeitnah oder zeitversetzt stattfindet (Arzheimer 2009b). In die empirische Analyse dieser Arbeit fließen daher sowohl Parteipositionen aus dem CMP als auch Bewertungen durch das Individuum mit ein. Welche Daten letztendlich geeigneter sind, werden daher erst die Untersuchungen in Kapitel 3.6 beantworten können. In den Individualdatensätzen wurden sowohl die eigene Position als auch die Positionen der Parteien auf einer Links-Rechts-Achse abgefragt. Die Daten des CMP stehen für den gesamten Untersuchungszeitraum zur Verfügung, die Selbstpositionierung der Befragten und die Einordnung der Parteien erst ab 1998.

---

[63] Daneben haben sich auch computergestützte Verfahren wie *wordscore* und *wordfish* zur Analyse durchgesetzt (siehe hierzu Laver et al. 2003). Es wird dabei davon ausgegangen, dass politische Akteure ideologische Signale aussenden, die durch Auszählung bestimmter Wörtern in Parteiprogrammen ausgewertet werden können (Pappi/Shikano 2004).

Zusätzlich zu den Faktoren auf der Makro- und Mikro-Ebene haben vermutlich auch diejenigen der Meso-Ebene einen Einfluss auf den Erfolg der Linkspartei.PDS. Dabei sind zum Beispiel die Einflüsse von Medienwirkung bzw. -berichterstattung, Einflüsse politischer Institutionen und Organisationen diskutierbar. Allerdings stehen Daten über individuelle Seh-, Hör- und Lesegewohnheiten sowie das Verhalten von Institutionen nur in sehr eingeschränktem Maße zur Verfügung und fließen daher nicht in die Analyse mit ein. Damit beschränkt sich die empirische Analyse auf die Mikro-Ebene und kann nur eingeschränkt Faktoren der Makro-Ebene berücksichtigen. Um ein vollständiges Bild der Einflussfaktoren zu gewinnen, wäre eine länderübergreifende Studie zu extrem linken Parteien wünschenswert.

2.5.3 Die Qualität der verwendeten Indikatoren

Nicht nur auf der Makro-Ebene, sondern auch auf der Mikro-Ebene ist die Qualität der verwendeten Indikatoren zum Teil problematisch. Bei der abhängigen Variablen – der prospektiven Wahlabsicht bzw. der tatsächlichen Wahl der Linkspartei.PDS – sollten sich allerdings geringere Probleme ergeben als bei der Abfrage der Wahl einer extrem rechten Partei. Bei extrem rechten Parteien spielt die soziale Erwünschtheit eine deutlich größere Rolle, da sich Personen mit einer entsprechenden Präferenz oftmals nicht als solche zu erkennen geben wollen (Mummendey 1981: 199). Zwar dürfte in Westdeutschland die soziale Erwünschtheit bei der Frage nach der Wahl der Linkspartei.PDS eine gewisse Rolle spielen, jedoch nicht im selben Ausmaß wie bei der Wahlentscheidung für eine extrem rechte Partei (Neu 2006b: 229).[64] In Ostdeutschland ist mit einem noch geringeren Effekt zu rechnen, da die Wahl der Linkspartei.PDS hier zu keinem Zeitpunkt als sozial unerwünscht galt. Gleiches lässt sich auch für Fragen nach der Parteiidentifikation oder der Übereinstimmung der eigenen ideologischen Positionen mit der einer extremen Partei annehmen. Daher ist auch die Verwendung anderer, weicherer Indikatoren wie etwa Parteisympathie, die zudem das tatsächliche Wählerpotenzial überschätzen würden, nicht notwendig.

Auf Seiten der unabhängigen Variablen ist zumeist keine vollständige Verfügbarkeit der Daten über den gesamten Untersuchungszeitraum gewährleistet

---

[64] Als soziale Erwünschtheit wird hierbei der Grund bezeichnet, weshalb Befragte Antworten geben, die aus ihrer Sicht eher auf Zustimmung stoßen als ihre eigentliche Antwort, die auf soziale Ablehnung stoßen könnte. Hier lassen sich die kulturelle (z.B. Einbindung in traditionelle Geschlechterrollen) und die situationale (Interviewsituation) soziale Erwünschtheit unterscheiden (Esser 1986: 332f.). Dieses Verhalten wurde bisher vor allem bei Befragten beobachtet, die einer extrem rechten Partei zuneigen (Neu/Zelle 1992: 3ff.).

bzw. sind die verfügbaren Indikatoren mit weiteren Problemen behaftet. So wurden Persönlichkeitsmerkmale von Individuen mittels des so genannten *Big-Five*-Ansatzes (Allport/Odbert 1936; McCrae/Costa 1986) sowie mittels der „Affinität zu einem stabilen kognitiven Orientierungssystem" (ASKO) (vgl. Schumann 1990) gemessen. Die *Big-Five*-Indikatoren sind stark generalisierte Persönlichkeitseigenschaften und daher nicht in der Lage, spezielles Verhalten zu prognostizieren (Schumann/Schoen 2005: 390). Die Persönlichkeitsmerkmale des ASKO sind dagegen weniger generalisiert und eng an die Autoritarismus- bzw. Dogmatismusforschung gekoppelt (Adorno et al. 1950; Rokeach 1960). Sie eignen sich besser, um individuelles Verhalten zu erklären. Beide Persönlichkeitskonzepte wurden jedoch nur 2002 abgefragt. Im Jahr 2009 wurden dagegen Merkmale der Persönlichkeit über die Bedürfnisse nach Meinungsbildung, Wahrnehmung und Abschluss im Wissenserwerb abgefragt, die sich substantiell von dem *Big-Five*- und ASKO-Ansatz unterscheiden.

Bei den Konzepten zu Wertorientierungen ist die Datenlage hingegen besser, allerdings ist auch hier keine lückenlose Analyse möglich. Indikatoren für das theoretisch wie methodisch kritisierte Wertewandelkonzept stehen lediglich für die Jahre 1994 bis 2002 zur Verfügung (Inglehart 1977). Daneben wurde für den gesamten Zeitraum die allgemeine Links-Rechts-Selbsteinstufung des Individuums sowie ab 1998 zusätzlich die Einschätzung des Befragten zu den Positionen der Parteien gemessen. Über den Inhalt dieser Dimension wurde in der wissenschaftlichen Forschung ausführlich diskutiert (vgl. Arzheimer 2008a), dennoch hat sich gezeigt, dass sie einen wesentlichen Einfluss auf die Wahrnehmung und das Verhalten ausübt (Klingemann 1979; Conover/Feldman 1981). Lediglich für die Bundestagswahl 2009 steht ein Indikator für gesellschaftspolitische Wertorientierungen, der die Pole libertär vs. autoritär umspannt, zur Verfügung, allerdings beschränkt auf die Frage nach den Zuzugsmöglichkeiten für Ausländer. Wie in Kapitel 1.3.2 gezeigt, beinhaltet diese Dimension jedoch weitaus mehr Unterdimensionen. Auch die Frage nach der Idee des Sozialismus bzw. der DDR kann im weiteren Sinne unter den Begriff der Wertorientierungen gefasst werden. Der Inhalt dieses Indikators ist ebenfalls umstritten: Einerseits wird darin der Ausdruck eines eigenen Ost-West-Cleavages vermutet (Winter 1996), andererseits liegt die Vermutung nahe, dass es sich hierbei um einen Indikator handelt, der sowohl gesellschafts- als auch wirtschaftspolitische Elemente enthält (Fuchs 1997). Diese Variable, die sich in der Forschung als äußerst erklärungsmächtig für die Wahl der Linkspartei.PDS herausgestellt hat, wurde jedoch lediglich für die Wahlen 1994 bis 2002 abgefragt.

Bei den Einstellungen zu sozialen Gruppen bzw. zu sozialer Integration und Identität bieten sich mehrere Variablen als Indikatoren zur Messung an. Soziale Integration kann dabei lediglich mittels zweier Proxy-Variablen, der Haushaltsgröße und des Vorhandenseins einer Partnerbeziehung, gemessen werden, da die

Datensätze keine direkte Frage nach diesen sozialen Sachverhalten enthalten. Für die Bindung an soziale Großgruppen stehen lediglich die Fragen nach einer Gewerkschafts- und Konfessionsmitgliedschaft zur Verfügung. Weitaus seltener, jedoch theoretisch ebenso plausibel, wurde das Vorhandensein einer Parteibindung als Indiz für die Bindung an eine soziale Großgruppe betrachtet (Campbell et al. 1954; siehe schon Merton 1949). Alle drei Indikatoren sind zu den fünf untersuchten Zeitpunkten in den Datensätzen vorhanden.

Für die Analyse der Identität mit der Eigen- bzw. der Abgrenzung zur Fremdgruppe stehen nur bis 2002 ungenügende und darüber hinaus über die Zeit divergierende Indikatoren zur Verfügung. So werden lediglich 1994 direkte Einstellungen zur ost- bzw. westdeutschen Bevölkerung abgefragt. In den Jahren 1998 und 2002 dagegen lässt sich die Identität mit der Eigengruppe bzw. die Abgrenzung zur Fremdgruppe nur operationalisieren, indem die Verbundenheit mit der DDR der Verbundenheit mit der Bundesrepublik Deutschland gegenüber gestellt wird. Ähnlich eingeschränkt ist die Datenlage für Einstellungen gegenüber der Idee des Sozialismus und der DDR, die nur von 1994 bis 2002 abgefragt werden. Einstellungen gegenüber einzelnen Merkmalen der DDR-Gesellschaft werden lediglich 1998 abgefragt.

Angaben zu den Einstellungen bei politischen Sachfragen sind zwar in allen Umfragedatensätzen vorhanden, jedoch zumeist nicht über den gesamten Untersuchungszeitraum. So wurden Einstellungen gegenüber der europäischen Einheit, zur Einwanderungspolitik und zur Atompolitik nur bei bestimmten Bundestagswahlen abgefragt. Ob sich diese Sachthemen generell als erklärungsmächtig für die Wahl einer extrem linken Partei erweisen, erscheint fraglich. Aber auch Fragen zur sozialen Gerechtigkeit in der Bundesrepublik Deutschland bzw. dem Gefühl, zu einer benachteiligten Gruppe zu gehören, wurden nur 1994 und 1998 in die Befragung mit aufgenommen.

In Zusammenhang mit der Protestwahlhypothese sollte versucht werden, mehrere Ebenen der Annahmen zu überprüfen. Allerdings waren auch hier nicht zu allen Zeitpunkten die notwendigen Indikatoren vorhanden. Für 1994 bis 2002 ließe sich dabei ein Modell berechnen, das Elemente wie die Unzufriedenheit mit der Demokratie in Deutschland, Verdrossenheit mit Parteien, Politikern und Institutionen sowie Responsivität beinhaltet. Letztere kann auch für das Jahr 2005 berechnet werden. Für 2009 steht nur der Indikator zur Demokratiezufriedenheit in Deutschland zur Verfügung. In den Datensätzen von 1994 bis 2002 wurde darüber hinaus auch die Affinität gegenüber einer Diktatur abgefragt, die einen Eindruck über das Ausmaß extremistischer Einstellungen innerhalb der Wählerschaft liefert.

Die geringsten Probleme bereiten Indikatoren, die sozio-demographische Eigenschaften von Individuen beschreiben. So wurden Geschlecht, Alter, formale Bildung, Klassen- bzw. Berufsgruppenzugehörigkeit und individuelle Arbeitslosigkeit über den gesamten Untersuchungszeitraum abgefragt. Auch die Einschätzung der allgemeinen wirtschaftlichen Lage und der finanziellen Situation ist in allen Befragungen außer für die Bundestagswahl 2005 abgedeckt worden.

2.5.4 Die verwendete Analysemethode und Fallzahlprobleme

Nach der Operationalisierung der verwendeten Indikatoren wird in diesem Kapitel die Frage nach einer geeigneten Analysemethode der empirischen Untersuchungen geklärt. Für die empirische Untersuchung bietet sich die binäre logistische Regression an. Wie bei der multiplen Regression sollen auch hier statistische Hypothesen getestet, die abhängige Variable möglichst gut statistisch erklärt und die Stärke der Effekte der unabhängigen Variablen berechnet werden. Dabei stellt die logistische Regression eine nichtlineare Regression zwischen einer dichotomen abhängigen Variable und den unabhängigen Variablen dar. Die jeweiligen Ausprägungen werden dabei nicht als geordnet, sondern als Kategorien einer nominal skalierten Variable interpretiert (Andreß et al. 1997). Kritiker haben jedoch angemerkt, dass diese Analysemethode zu verzerrten Ergebnissen führen kann (Van der Eijk et al. 2006; Van der Brug et al. 2007). Dennoch hat sich in den letzten Jahren die logistische Regression als Standardinstrument der Einstellungs- und Verhaltensforschung durchgesetzt. Um logistische Regressionsanalysen durchführen zu können, werden gewisse Anforderungen an den Stichprobenumfang gestellt, die hier nicht genau spezifiziert werden können (Long 1997: 52f). Für die Analyse der Linkspartei.PDS-Wähler in Ostdeutschland ist dies jedoch unproblematisch, da in den Datensätzen für Ostdeutschland ausreichend Linkspartei.PDS-Wähler vorhanden sind (siehe Tabelle 1).

Tabelle 1: Anzahl der Linkspartei.PDS-Wähler in den Stichproben der Umfragedatensätze, 1994-2009

	Westdeutschland	**Ostdeutschland**
1994	16	291
1998	24	164
2002	27	126
2005	64	177
2009	203	246

Quelle: Individualdatensätze zu den Bundestagswahlen 1994-2009.

Dagegen erlaubt die geringe Fallzahl in Westdeutschland für die Jahre 1994 bis einschließlich 2002 keine Berechnung des logistischen Modells, da die abhängige Variable in einigen Gruppen nicht variiert. So liegen für Westdeutschland erst ab der Bundestagswahl 2005 gesicherte Ergebnisse vor.

Zusammenfassend kann für dieses Unterkapitel festgehalten werden, dass sich die vorliegende Studie aufgrund ihrer Konzeption als Einzelfallstudie hauptsächlich auf die Mikro-Ebene der individuellen Einstellungen und des individuellen Verhaltens konzentrieren muss. Viele Faktoren auf der Makro-Ebene wie z.B. politische Kontextfaktoren führen erst bei international vergleichenden Studien oder über einen längeren Zeitraum hinweg mit einer hinreichenden Zahl an Messpunkten zu einer ausreichenden Varianz in der abhängigen Variablen. Jedoch erlauben es Faktoren der Angebotsseite der Parteien, einige Untersuchungen auf der Makro-Ebene durchzuführen. Weiterhin wurde festgestellt, dass auch auf der Mikro-Ebene Einschränkungen aufgrund der Datenlage hingenommen werden müssen: So lassen sich soziale Phänomene teilweise nur über Proxy-Variablen indirekt messen. Diese Unzulänglichkeiten treten jedoch bei allen empirischen Untersuchungen in den Sozialwissenschaften auf. Schließlich sind einige der Variablen nur für einen eingeschränkten Zeitraum in den Datensätzen vorhanden, und die geringen Fallzahlen der Linkspartei.PDS-Wähler für Westdeutschland lassen statistisch gesicherte Aussagen nur für die Jahre 2005 und 2009 zu, sodass sich kein Gesamtmodell des Wahlverhaltens zugunsten der Linkspartei.PDS über den gesamten Zeitraum modellieren lässt.

2.6 Hypothesen

Im theoretischen Hauptteil dieser Arbeit wurde gezeigt, dass sich die Vielzahl der Ansätze in der Extremismusforschung auf vier Erklärungsgruppen reduzieren lässt. Insbesondere die integrativen Ansätze von Scheuch und Klingemann (1967) und von Arzheimer (2008) bieten sich an, um Theorien der Extremismusforschung mit denen der Wahlforschung zu verbinden. Arzheimer konnte darlegen, dass sich der sozialpsychologische Ansatz des Wählerverhaltens von Campbell et al. (1954, 1960) logisch mit der „Theorie des Rechtsradikalismus in westlichen Industriegesellschaften“ verbinden lässt, da viele der erklärenden Merkmale in beiden Theorien vorhanden sind. Für die vorliegende Arbeit war die Frage nach der Übertragbarkeit eines solchen Modells auf die Wählerschaft einer extrem linken Partei wie die Linkspartei.PDS von zentraler Bedeutung. Da es sich bei dem vorliegenden Erklärungsansatz um ein Mehr-Ebenen-Modell handelt und in der Wählerschaft extrem linker Parteien in Europa negative Einstellungen gegenüber Fremdgruppen existieren, wurde argumentiert, dass eine Anwendung grundsätzlich auch auf Wähler der Linkspartei.PDS möglich ist.

Allerdings kann dieses komplexe Modell zur Erklärung der Wählermotive zugunsten der Linkspartei.PDS nicht als Ganzes untersucht werden. Es ist daher vor der empirischen Untersuchung notwendig, statistisch überprüfbare Hypothesen zu den erwarteten Effekten der verschiedenen Merkmale aufzustellen. Hypothesen stellen dabei vorläufige, empirisch noch nicht überprüfte logische Annahmen über den Zusammenhang realer Phänomene dar. Dabei müssen sie die Kriterien der Testbarkeit, der Widerspruchsfreiheit und Kritisierbarkeit erfüllen und sich aus theoretischen Überlegungen heraus ergeben (Kerlinger 1975: 38). Im Folgenden werden Hypothesen aufgestellt, die in Kapitel 3 getestet werden.

2.6.1 Hypothesen zur Sozialstruktur der Linkspartei.PDS-Wählerschaft

Studien der Rechtsextremismusforschung legen nahe, dass extreme Parteien überdurchschnittlich häufig von Männern gewählt werden. Für diesen Umstand werden mehrere Gründe genannt: So sind Frauen erstens seltener in Berufen beschäftigt, in denen sie in direkter Konkurrenz mit einer (ethnischen) Fremdgruppe stehen. Zweitens verinnerlichen Frauen in ihrer Sozialisationsphase eher liberalere Wertorientierungen als Männer. Drittens neigen Frauen weniger zu unangepasstem Verhalten als Männer und viertens ist die Rolle der Frau in der Programmatik extrem rechter Parteien eher traditionell beschrieben, was Teile der weiblichen Bevölkerung als rückständig ansehen. Diesen Annahmen stehen Befunde für die Linkspartei.PDS gegenüber, die eine Modifikation der Hypothese, extreme Parteien seien Männerparteien, notwendig machen. In Kapitel 2.2.2 wurde festgestellt, dass ein Einfluss des Geschlechts zugunsten der Wahl der Linkspartei.PDS nur in geringem Umfang wahrscheinlich ist. Am ehesten lässt sich ein positiver Einfluss des weiblichen Geschlechts in Ostdeutschland aufgrund des Statusverlustes im Zuge der Wiedervereinigung, aufgrund der programmatischen Nähe der Linkspartei.PDS zu den Anliegen der Frauen und des nicht-devianten Verhaltens bei der Wahl der Partei in Ostdeutschland erklären. In Westdeutschland sollten dagegen eher Männer für die Linkspartei.PDS stimmen, da hier die soziale Akzeptanz der Wahl einer extrem linken Partei deutlich geringer erscheint.[65] Daraus lassen sich für das geschlechtsspezifische Wahlverhalten folgende Hypothesen aufstellen:

---

[65] Grundsätzlich stellt sich die Frage, ob die Wahl der Linkspartei.PDS als eine Art des abweichenden Verhaltens wahrgenommen wird und dadurch das Geschlecht die Entscheidung beeinflusst. Dieser *gender gap* dürfte sich für Ostdeutschland nicht einstellen. Einen direkten Indikator für die Messung der sozialen Akzeptanz einer Partei lässt sich in keinem der vorgestellten Datensätze finden, sodass dieser Effekt in der vorliegenden Arbeit nicht untersucht werden kann. Zwar eignet sich der aktuelle Stimmenanteil einer Partei als Indikator für die Akzeptanz potenzieller Wähler

Hypothese 1.1: Ostdeutsche Frauen unterstützen die Linkspartei.PDS geringfügig mehr, als dies Männer tun. In Westdeutschland sollte sie eher von Männern gewählt werden.

Hypothese 1.2: Wird das Geschlecht auf die Berufsgruppenzugehörigkeit kontrolliert, dann sinkt dessen Einfluss auf die Wahl der Linkspartei.PDS.

Hypothese 1.3: Werden Wertorientierungen und Links-Rechts-Selbsteinstufung als kontrollierende Variablen in die Untersuchung mit aufgenommen, schwächt sich der Einfluss des Geschlechts weiter ab.

Die Datenlage für die geschlechterspezifische Untersuchung ist wie für alle soziodemographischen Variablen gut, sodass Untersuchungen über den gesamten Zeitraum 1994 bis 2009 durchgeführt werden können. Ebenso kann die Kontrolle der allgemeinen Links-Rechts-Dimension zu allen Zeitpunkten durchgeführt werden. Weniger gut ist die Datenlage dagegen für die Analysen materialistischer vs. postmaterialistischer und libertärer vs. autoritärer Wertorientierungen, die im ersten Fall nur von 1994 bis 2002, im zweiten nur 2009 durchgeführt werden können.

In Kapitel 2.2.2 wurde auch auf die Einflussmöglichkeiten des Alters bzw. der Geburtenkohorten auf das Wahlverhalten einer extremen Partei eingegangen. In der Forschung wurden dabei mehrere Zusammenhangsmuster aufgedeckt, die jedoch im Fall der Linkspartei.PDS für Ost- und Westdeutschland modifiziert werden müssen.

Studien haben für extrem rechte Parteien einen U-förmigen, teilweise invers J-förmigen Zusammenhang zwischen dem Alter und der Wahl extrem rechter Parteien festgestellt, wonach überwiegend jüngere und zum Teil auch ältere Personen eher zu extremen Partei tendieren als Menschen mittleren Alters. Als Ursachen wurden die geringere soziale Integration, die schwächere Bindung an soziale Großgruppen und Verteilungskonflikte angeführt. Diese Annahmen aus der Extremismusforschung sollten eher für die Wahl der Linkspartei.PDS in Westdeutschland zutreffend sein. Dagegen müssen in Ostdeutschland neben Lebenszykluseffekten auch Sozialisationseinflüsse während des DDR-Regimes mit in die Überlegungen einbezogen werden. Demnach sind Personen, die nach dem Zweiten Weltkrieg bzw. nach der Gründung der DDR geboren wurden, stärker durch die Sozialisation des DDR-Regimes geprägt worden als andere Personen. Damit sollte in Ostdeutschland weniger das Lebensalter als vielmehr

(früherer Wahlerfolg x Geschlecht), jedoch ergeben sich hier Probleme bei der Schätzung der Interaktionen (siehe Kapitel 2.5; Arzheimer 2008: 120, 181).

das Geburtsjahr eine Rolle bei der Wahl der Linkspartei.PDS spielen. Bisherige empirische Untersuchungen haben jedoch keinen eindeutigen Zusammenhang zwischen dem Alter bzw. der Geburtenkohorte und der Wahl der Linkspartei.PDS in Ostdeutschland feststellen können, sodass eher davon ausgegangen werden kann, dass in Ostdeutschland nur geringe Effekte auftreten (Neller 2006: 170).

Hypothese 2.1: Jüngere (18 bis 29 Jahre) und ältere Personen (ab 65 Jahre) unterstützen die Linkspartei.PDS in Westdeutschland mit einer größeren Wahrscheinlichkeit als Personen mittleren Alters. In Ostdeutschland hingegen sollten sich eher in den jüngeren und mittleren Altersgruppen (30 bis 64 Jahre) positive, aber schwache, Effekte einstellen.

Hypothese 2.2: Soziale Integration (Haushaltsgröße und Zusammenleben mit einem Partner) korreliert mit dem Lebensalter und schwächt dessen Effekt ab.

Hypothese 2.3: In Ostdeutschland dürften Personen, die vor 1945 geboren worden sind, die Linkspartei.PDS in geringerem Maße unterstützen. Zudem sollte sich der Einfluss des Alters unter Kontrolle der Geburtenkohorten verringern.

Hypothese 2.4: Die Kontrolle der formalen Bildung und der Berufstätigkeit sollte in Ost- und Westdeutschland zu einer Abschwächung der Alterseffekte führen.

Die Abfrage des Lebensalters einer Person zählt zu den Standardinstrumenten bei Bevölkerungsumfragen, sodass die Hypothesen 2.1 bis 2.4 zu allen Zeitpunkten untersucht werden können. Ebenso wurden die formale Bildung und die Indikatoren zur sozialen Integration zu allen Zeitpunkten abgefragt.

Weiterhin wurde in Kapitel 2.2.2 auch der Einfluss der Berufs- bzw. Schichtgruppenzugehörigkeit diskutiert. Für extrem rechte Parteien ließen sich hierbei positive Effekte für Arbeiter und die untere Mittelklasse (*petty bourgeoisie*) nachweisen. Ob sich diese Zusammenhänge auch für die Linkspartei.PDS finden lassen, ist zumindest fraglich, da Klassenkonflikte innerhalb des DDR-Regimes unterdrückt wurden und sich somit kein Bündnis zwischen einer spezifischen Schicht und der sozialistischen Einheitspartei formieren konnte (Niedermayer 1998: 29).

Bei den objektiven Merkmalen der Berufsgruppenzugehörigkeit in Ostdeutschland wurde festgestellt, dass sich ein großer Teil der Linkspartei.PDS-Wählerschaft aus den ehemaligen Verwaltungseliten der DDR zusammensetzt (Elff/Roßteutscher 2009: 316). Nach der Wende verlor diese Berufsgruppe ihren sozialen und teilweise auch wirtschaftlichen Status. Aufgrund des wahrgenommenen Statusverlustes nach der Wiedervereinigung sowie wegen gruppenspezifischer Interessen und Wertorientierungen sollte diese Gruppe eng an die Linkspartei.PDS gebunden sein.[66] Dagegen sind in Westdeutschland für die Berufsgruppe der Angestellten im öffentlichen Dienst keine positiven Effekte zu erwarten, da diese Gruppe eher mit den etablierten Parteien Westdeutschlands verbunden ist. Aus diesen Überlegungen heraus können folgende Hypothesen zur Erklärung des Einflusses berufs- und schichtspezifischer Merkmale aufgestellt werden:

Hypothese 3.1: In Ostdeutschland sollten Angestellte des öffentlichen Dienstes die Linkspartei.PDS in höherem Maße unterstützen als andere Berufsgruppen. In Westdeutschland sollte sich dagegen ein schwach negativer Zusammenhang nachweisen lassen.

Hypothese 3.2: Die Kontrolle der formalen Bildung und der Wertorientierungen sollten den Einfluss der Berufs- und Schichtgruppenzugehörigkeit mindern, da diese eng mit der Berufsgruppe in Beziehung stehen.

Für die Aufstellung der Hypothesen zur Arbeiterschaft muss zwischen der objektiven Einstufung in eine bestimmte Berufsgruppe und der subjektiven Schichteinstufung unterschieden werden. So definierte sich die DDR zwar als Arbeiter- und Bauernstaat, in dem es lediglich eine soziale Klasse gab, allerdings gab es in der Realität zumindest bestimmte Berufsgruppen, die eher von diesem politischen System profitierten als andere. Zudem sollte auch das originäre Bündnis zwischen Arbeiterschaft und Linksparteien in Betracht gezogen werden.

Die subjektive Schichteinstufung bzw. die objektive Berufsgruppenzugehörigkeit zur Arbeiterschaft dürften in unterschiedlichem Maße Einfluss auf die Wahl der Linkspartei.PDS besitzen. So stellt die Arbeiterschaft seit jeher die Stammwählerschaft sozialdemokratischer, sozialistischer und (post-)kommunistischer Parteien in Westeuropa dar. Ähnliche Muster konnten zunächst für die Arbeiterschaft in Ostdeutschland nicht nachgewiesen werden. So ging diese in den Jahren nach der Wende kein Bündnis mit der SPD oder der Linkspartei.PDS ein, sondern mit der CDU (Eith 2000: 211; Dalton/Bürklin 1995: 85ff.). Wird allerdings zwischen der objektiven Berufs- und der subjektiven Schichtgruppenzugehörigkeit unterschieden, ergeben sich divergierende Ergebnisse. Zwar können bei der objektiven Einordnung in die Arbeiterschaft negative Zu-

[66] Ebenso scheint die Frage nach einem früher ausgeübten Beruf bzw. den Berufen der Eltern aufgrund des Einflusses der Sozialisation wichtig zu sein. Sie wurde aber in den vorhandenen Datensätzen nicht abgefragt.

sammenhänge vor allem für die Jahre nach der Wiedervereinigung festgestellt werden (Jörs 2006: 119), allerdings haben Untersuchungen auch durchweg positive Einflüsse der subjektiven Schichtzugehörigkeit auf die Wahl der Linkspartei.PDS festgestellt (Arzheimer 2007: 75). Ein Grund für diese teilweise entgegengesetzten Einflussrichtungen kann der ideologische Grundsatz der DDR, man sei ein Arbeiter- und Bauerstaat, sein. Die Leugnung ideologischer Klassengegensätze führte allerdings vor allem in der oben beschrieben Verwaltungselite der DDR zum Erfolg, die sich zur Arbeiterschicht zählte. Auch nach der Wiedervereinigung behielt diese ehemalige Dienstklasse ihre wahrgenommene Arbeiterschichtzugehörigkeit bei (Neller/Thaidigsmann 2007: 425). Daher dürften sich lediglich für die Jahre nach der Wiedervereinigung unterschiedliche Effekte der subjektiven und objektiven Einordnung als Arbeiter auf die Wahl der Linkspartei.PDS in Ostdeutschland ergeben.

Demgegenüber lassen sich solche Annahmen zum Einfluss subjektiver Schichtzugehörigkeit und objektiver Berufsgruppen für die Wahl der Linkspartei.PDS in Westdeutschland nicht treffen. Während vor 2005 noch von keinem Bündnis der Arbeiterschaft und der Partei ausgegangen werden kann, sollte sich ab 2005 ein positiver Effekt eingestellt haben, da sich Teile der Arbeiterschaft im Zuge der Agenda 2010-Politik von der SPD abgewendet haben und der Zusammenschluss der WASG und der PDS die Möglichkeit eines neuen Bündnisses mit einer Linkspartei bot.

Hypothese 3.3: Die objektive Zugehörigkeit zur Arbeiterschaft müsste in den ersten Jahren nach der Wiedervereinigung in Ostdeutschland einen negativen Effekt erzielt haben. Dieser sollte sich im Zeitverlauf abschwächen bzw. in einen positiven wandeln und gleichermaßen auch in Westdeutschland vorhanden sein. Die subjektive Einordnung sollte dagegen einen gleichmäßig positiven Effekt in beiden Landesteilen aufweisen.

Sowohl die objektive Berufsgruppenzugehörigkeit als auch die subjektive Schichtgruppenzugehörigkeit sind in den Umfragedatensätzen 1994 bis 2009 vorhanden und können somit im gesamten Zeitraum untersucht werden.

Auch für die formale Bildung lässt sich ein Einfluss auf die Wahl zugunsten der Linkspartei.PDS annehmen. Aus theoretischer Sicht wurde darauf hingewiesen, dass eine höhere formale Bildung für extreme Parteien im Normalfall einen hemmenden Faktor darstellt, da in höheren Bildungseinrichtungen eher liberale Wertorientierungen vermittelt werden, wohingegen sich Niedriggebildete in einem Konkurrenzverhältnis zu Immigranten befinden. Da extreme Parteien oftmals Fremdgruppen als Ursache für wirtschaftliche und gesellschaftliche Probleme des Einzelnen und der Gesellschaft identifizieren, fühlen sich Personen mit niedriger formaler Bildung eher von diesen Politikprogrammen angezogen.

Für die Wahl der Linkspartei.PDS in Ostdeutschland lassen sich dagegen divergierende Mechanismen vermuten, die eher von einem positiven Effekt einer hohen formalen Bildung ausgehen. So wurde, ähnlich dem Einfluss der Berufsgruppenzugehörigkeit, angenommen, dass Personen mit einer höheren formalen Bildung in Ostdeutschland die ehemalige politische und administrative Elite des DDR-Staatsapparates darstellten, die durch den Wiedervereinigungsprozess ihren sozialen Status verloren. Zugleich wurden sie stärker durch das Bildungssystem der DDR geprägt und haben daher Werte und Normen des Sozialismus verinnerlicht und eine stärkere ostdeutsche Identität ausgebildet (Westle 1999b: 170). Diese Prozesse in Verbindung mit der Annahme, dass die Linkspartei.PDS die einzige Vertreterin dieser Werte und Interessen darstellt, sollten zu einem positiven Effekt einer höheren formalen Bildung in Ostdeutschland führen.

Für Westdeutschland wiederum können positive Zusammenhangshypothesen sowohl für niedrige als auch für hohe Bildungsschichten angenommen werden. Zum einen besteht die Möglichkeit, dass die Partei von niedrigen Bildungsschichten als Vertreterin sozialer Gerechtigkeit wahrgenommen wird, die ihnen eine Verbesserung der Einkommenssituation und ein gerechteres Gesellschaftssystem anbietet. Andererseits besteht die Möglichkeit, dass sich der Erwerb liberaler Wertorientierungen in höheren Bildungseinrichtungen positiv bei der Wahlentscheidung zugunsten der Linkspartei.PDS auswirkt. Diese parallelen Einflussstränge sollten in Westdeutschland dazu führen, dass die Effekte der formalen Bildung geringer sind als in Ostdeutschland.

Hypothese 4.1: Eine höhere formale Bildung besitzt einen positiven Einfluss auf die Wahl der Linkspartei.PDS in Ostdeutschland. In Westdeutschland sollten sich nur geringe Einflüsse der formalen Bildung beobachten lassen.

Hypothese 4.2: Der Einfluss des Bildungsfaktors sollte sich unter Berücksichtigung von Wertorientierungen abschwächen.

Die formale Bildung wurde in allen Umfragen 1994 bis 2009 abgefragt, wodurch sich Hypothese 4.1 für den ganzen Zeitraum untersuchen lässt. Wertorientierungen bzw. ideologische Positionen dagegen wurden nicht immer in die Untersuchungsdesigns aufgenommen. Während die generelle Links-Rechts-Dimension noch zu allen Zeitpunkten abgefragt wurde, so sind Daten zu den postmaterialistischen vs. materialistischen Orientierungen nur für den Zeitraum 1994 bis 2002 verfügbar. Noch schlechter ist die Datenlage für spezielle ökonomische bzw. gesellschaftspolitische Wertorientierungen. Diese wurden lediglich für die Bundestagswahl 2009 abgefragt.

Die individuelle Arbeitslosigkeit als letztes soziodemographisches Merkmal kann im Sinne der Modernisierungs- bzw. Vereinigungsverliererthese interpretiert werden, die eng mit den aus der Extremismusforschung bekannten Radikalisierungs- und Resignationsthesen verbunden ist (Jahoda et al. 1933). Die These der Radikalisierung geht dabei davon aus, dass durch individuelle Arbeitslosigkeit Deprivationserfahrungen entstehen können, die wiederum radikale Einstellungen und radikales Verhalten im Sinne der Aufwertung der Eigengruppe und Abwertung der Fremdgruppe zur Folge haben können (Steinkamp/Meyer 1996: 321f.). Eine politisierte individuelle Arbeitslosigkeit führt somit zu Einstellungsveränderungen und schließlich zur Wahl einer extremen Partei, die die Lösung derartiger Konflikte verspricht. Der Resignationsthese folgend führt andauernde Arbeitslosigkeit dagegen zu abnehmendem Interesse am politischen Prozess, was letztlich eine Wahlenthaltung zur Folge hat. Das Phänomen der Resignation von Arbeitslosen konnte dabei empirisch nachgewiesen werden (Eisenberg/ Lazarsfeld 1938; vgl. auch Frey/Greif 1997), nicht jedoch der Zusammenhang mit einer Radikalisierung der Arbeitslosen (Wagner 1976; vgl. auch Falter 1991: 313; Gallas 2003).

Im Fall der Linkspartei.PDS-Wahl zeigen Untersuchungen in den 1990er Jahren in Ostdeutschland schwache positive Zusammenhänge mit der individuellen Arbeitslosigkeit (Neller/Thaidigsmann 2002: 432; Jörs 2006:120). Im Sinne der Modernisierungsverliererthese und der Radikalisierungshypothese war jedoch ein deutlich positiverer Einfluss erwartet worden, da Arbeitslosigkeit in der DDR offiziell nicht existierte und erst durch den Wiedervereinigungsprozess entstanden war (Nachtwey/Spier 2007a: 31). Ein Bündnis zwischen Arbeitslosen und Linkspartei.PDS fand jedoch nicht statt, sodass bis 2002 eher davon ausgegangen werden kann, dass die Resignationsthese zutrifft. Ab 2005 wurden jedoch stärkere Zusammenhänge festgestellt; einige Autoren sahen darin sogar das Ende der Linkspartei.PDS als Elitenpartei und die Bildung einer neuen sozialen Wählerbasis kommen (Schoen/Falter 2005: 38; Niedermayer 2006a). Ähnliche Effekte der individuellen Arbeitslosigkeit als Indikator für die Modernisierungsverlierer- bzw. Radikalisierungshypothese sollten sich auch in Westdeutschland eingestellt haben. Grundsätzlich scheint eine Synthese der Resignations- und der Radikalisierungsthese einleuchtend, wobei individuelle Arbeitslosigkeit generell zu Resignation und Nichtwahl führt. Bei denjenigen, die sich dennoch an der Wahl beteiligen, können sich Radikalisierungstendenzen ergeben (Arzheimer 2008: 188f.).

Hypothese 5.1: Individuelle Arbeitslosigkeit besitzt grundsätzlich einen positiven Einfluss auf die Wahl der Linkspartei.PDS und sollte in Westdeutschland stärker zutage treten.

Hypothese 5.2: Soziodemographische Kontrollvariablen reduzieren den Einfluss der individuellen Arbeitslosigkeit auf die Wahl der Linkspartei.PDS.

Die Hypothesen 5.1 und 5.2 können über den gesamten Untersuchungszeitraum hinweg analysiert werden. Von der Operationalisierung einer früheren Arbeitslosigkeit und ihrer Dauer wird dabei abgesehen, um das Modell nicht zu überfrachten.[67]

2.6.2 Hypothesen zu Persönlichkeitsmerkmalen der Linkspartei.PDS-Wählerschaft

Persönlichkeitsmerkmale stellen einen weiteren Komplex an langfristig stabilen Einflussfaktoren der Linkspartei.PDS-Wahl dar, die in die Untersuchung mit einfließen. Diesen Faktoren wurde in der empirischen Sozialforschung allgemein nur eine geringe Aufmerksamkeit zuteil (Winkler 2005: 221). Allerdings wurden in Kapitel 2.1.1 entsprechende Beziehungen zwischen Autoritarismus, Dogmatismus, rigider Denkweise etc. und extrem rechten Parteien ausführlich dargestellt. Auch für die Linkspartei.PDS-Wählerschaft wurde die These vertreten, dass autoritäre Orientierungen einer Person stark mit ihrer Wahlentscheidung zugunsten der Partei zusammenhängen (Neu 2006b: 233; Funke 2003: 267). Dabei wurde vermutet, dass der bürokratisch-autoritäre Sozialismus der DDR in allen Lebensbereichen Einfluss auf die Bevölkerung hatte. Andere Studien konstatieren dagegen einen negativen Zusammenhang zwischen Autoritarismus und der Linkspartei.PDS-Wahl, der zudem in Ostdeutschland deutlich stärker auftritt als im Westen (Oesterreich 2005: 248ff.). Diese geringe Affinität der Wählerschaft für autoritäre Politikziele deckt sich mit den Ergebnissen aus Kapitel 1.3, in dem die programmatischen Inhalte der Linkspartei.PDS als eher libertär beschrieben wurden. Wenngleich die Wirkungsrichtung erst durch die empirische Analyse geklärt werden kann, so kann insgesamt davon ausgegangen werden, dass Persönlichkeitsmerkmale nur einen geringen Effekt auf die Wahlentscheidung aufweisen.

Hypothese 6: Personen mit autoritären bzw. rigiden Persönlichkeitsmerkmalen sollten schwach negativ mit der Wahl der Linkspartei.PDS korrelieren.

Aufgrund der wenig prominenten Stellung von Persönlichkeitsmerkmalen in der Wahlforschung wurden entsprechende Indikatoren nur in den Datensätzen 2002 und 2009 abgefragt und können somit nur für diese Zeitpunkte in die Ana-

[67] Grundsätzlich wäre es von Interesse, neben der aktuellen individuellen Arbeitslosigkeit zusätzlich individuelle Arbeitslosigkeit in der Vergangenheit und deren Dauer zu operationalisieren. Um das Analysemodell jedoch nicht zu überfrachten, wird auf die Modellierung dieser Einflussfaktoren verzichtet (siehe Neller 2006: 217).

lyse einfließen. Allerdings unterscheiden sich die Indikatoren der Persönlichkeitsmerkmale zu beiden Befragungszeitpunkten substanziell voneinander, sodass ein direkter Vergleich erschwert wird (siehe auch Kapitel 3.2).

2.6.3 Hypothesen zu individuellen und sozialen Bindungen der Linkspartei.PDS-Wählerschaft

Neben soziodemographischen und persönlichkeitsbasierten Faktoren können auch Bindungen an soziale Großgruppen sowie die soziale Integration des Individuums Einfluss auf die Wahlentscheidung besitzen. Für Bindungen auf privater Ebene ist dabei von keinem großen eigenständigen Effekt auf die Wahl der Linkspartei.PDS auszugehen. Daher werden keine expliziten Hypothesen formuliert und es wird lediglich auf Hypothese 2.2 verwiesen, in der die Indikatoren für soziale Integration – Haushaltsgröße und Partnerbeziehung – als Kontrollvariablen dienen.

Dagegen werden Bindungen an soziale Großgruppen häufig in Zusammenhang mit der Wahl extremer, aber auch etablierter Parteien genannt. Bestimmte soziale Gruppen bilden dabei die Kernwählerschaft vieler politischer Parteien, die sich in einer starken Parteiidentifikation manifestiert (Dalton et al. 1984: 11f.). Zwei gesellschaftliche Gruppen, die in der Extremismusforschung immer wieder als Erklärungsfaktoren herangezogen werden, sind Personen, die sich einer Religionsgemeinschaft zugehörig fühlen, und Gewerkschaftsmitglieder. Dabei wurde einerseits ein negativer Einfluss der Mitgliedschaft in einer dieser sozialer Großgruppen auf die Wahl extrem rechter Parteien festgestellt, da die vermittelten universellen Werte in Kirchen und Gewerkschaften nicht mit den restriktiven Wertvorstellungen extremer Parteien vereinbar sind. Andererseits wird die Wahlentscheidung der Mitglieder dieser Großgruppen stark durch interne Verhaltensnormen determiniert. So ist die Zugehörigkeit zu einer Religionsgemeinschaft eng mit der Wahl einer christlichen Partei verbunden, während sozialdemokratische bzw. sozialistische Parteien überdurchschnittlich von Gewerkschaftsmitgliedern unterstützt werden. Damit scheinen aber konträre Einflussrichtungen für die Zugehörigkeit zu sozialen Großgruppen auf die Wahl der Linkspartei.PDS möglich.

Empirisch wurde festgestellt, dass eine kirchliche Bindung negativ auf die Wahl der Linkspartei.PDS einwirkt (Jacobs 2000: 176). Als Grund hierfür wurde die Stellung der Kirchen in der DDR genannt, die zwar die einzige staatsunabhängige Großorganisation waren, vom Regime jedoch als bürgerliches Relikt angesehen wurden, das der Entwicklung des Sozialismus entgegenstand (Silomon 2009: 37). Der durch die Primär- und Sekundärsozialisation vermittelte historische Materialismus beinhaltete eine radikal säkulare Weltanschauung und stand christlichen Werten und Normen kritisch gegenüber (Meulemann 2000: 223). Die geringen Mitgliederzahlen der christlichen Kirchen nach der Wiedervereinigung gelten dabei als Indiz für den Erfolg dieser Sozialisationsbemühungen des DDR-Staates (Pollack 2003: 80ff.).

Die Entwicklung der Beziehung zwischen der Linkspartei.PDS und den Gewerkschaften wurde in verschiedenen Studien kontrovers diskutiert. Eine Gewerkschaftsmitgliedschaft wurde dabei sowohl als hemmender als auch als fördernder Faktor für die Wahl dieser Partei beschrieben (Falter/Klein 1994; Neu 1994b; Brunner/Walz 1998). Zum einen sind die politischen Ziele der Gewerkschaften bezüglich sozialer Gerechtigkeit und Umverteilung des Vermögens denen der Linkspartei.PDS nicht unähnlich, zum anderen waren Gewerkschaften in der DDR Organisationen des sozialistischen Regimes und somit in Teilen der Bevölkerung negativ konnotiert (Kleinfeld 1999: 767). Somit lassen sich in Ostdeutschland divergierende Einflüsse der Gewerkschaftsbindung auf die Wahl der Linkspartei.PDS annehmen, die sich gegenseitig abschwächen. Spätestens seit dem Zusammenschluss der Linkspartei.PDS mit der WASG lässt sich dagegen ein stärkerer Zusammenhang auch in Westdeutschland vermuten.

Für die Bindung an soziale Großgruppen lassen sich demnach folgende Hypothesen aufstellen:

Hypothese 7.1: Die Zugehörigkeit zu einer christlichen Kirche reduziert die Wahrscheinlichkeit, dass ein Bürger die Linkspartei.PDS wählt, lediglich in Ostdeutschland.

Hypothese 7.2: Dagegen erhöht eine Gewerkschaftsmitgliedschaft die Wahrscheinlichkeit, dass ein Bürger die Linkspartei.PDS wählt. Dieser Effekt sollte sich aber erst verstärkt in den Jahren nach dem Zusammenschluss der WASG und PDS manifestieren.

Analysen zur Bindung an eine soziale Großgruppe können für alle Untersuchungszeitpunkte durchgeführt werden.

Die Parteibindung kann sowohl als Bindung an eine soziale Großgruppe, nämlich eine politische Partei, als auch als zentrales Element des sozialpsychologischen Modells zur Erklärung von Wählerverhalten interpretiert werden. Ihr dominierender Einfluss auf das Verhalten der Wählerschaft wurde für Westdeutschland seit dem Ende des Zweiten Weltkrieges mehrfach bestätigt, wobei seit den späten 1970er Jahren ein langsames Schwinden der Bevölkerungsanteile mit einer Parteiidentifikation zu verzeichnen ist (Dalton/Rohrschneider 1990; Falter/Schoen 1999: 465f.; Gabriel/Keil 2004: 607f.). Als Gründe werden immer wieder die Erosion sozialer Milieus, aber auch politische Skandale und steigende politische Unzufriedenheit bzw. Verdrossenheit genannt (Zelle 1998b).

In den neuen Bundesländern lassen sich, im Vergleich zu den weitgehend stabilen Parteipräferenzen in Westdeutschland, instabilere Werte erwarten. Gründe dafür sind im DDR-Regime zu suchen, das mit seiner Einparteienherrschaft jahrzehntelang Einfluss auf die politischen Einstellungen der Bevölkerung ausgeübt hat (Roth 1990). Daher konnten sich – im Gegensatz zu Westdeutschland – in der Nachkriegszeit keine sozialen Milieus bilden und festigen, die als Kernwählerschaft politischer Parteien gelten. Im Gegenzug wurde jedoch auf die Existenz einer Quasi-Parteibindung in der ostdeutschen Bevölkerung hingewiesen, die sich stark an das westdeutsche Parteiensystem anlehnt (Bluck/ Kreikenbom 1991, 1993). Während empirische Untersuchungen das generell niedrigere Niveau der Parteibindung in Ostdeutschland bestätigten, konnte die Linkspartei.PDS als Nachfolgepartei der SED auf Bindungen in Teilen der Bevölkerung zurückgreifen und sich auf eine Art soziales Milieu stützen (Lang et al. 1995: 178).

Für Westdeutschland gelten andere Voraussetzungen: Hier hat sich nach der Wiedervereinigung nur in einem kleinen Teil der Bevölkerung eine nennenswerte Parteibindung an die Linkspartei.PDS herausgebildet (Neller/Thaidigsmann 2007: 441). Jedoch sollten Personen mit einer Bindung an die Partei überdurchschnittlich häufig für sie stimmen.

Neben der Parteibindung für die Linkspartei.PDS lassen sich weitere Annahmen bezüglich der Identifikation mit einer Partei treffen. So kann für beide Landesteile angenommen werden, dass die SPD durch ihre Agenda 2010-Politik unter der Regierung Schröder Teile ihrer Wählerschaft demobilisierte, und diese sich entweder der Stimme enthielten oder zu anderen Parteien abwanderten (Schoen/Falter 2005: 33f.). Aufgrund des langfristig stabilen Charakters der Parteibindung ist zu erwarten, dass diese Wählergruppen ihre Parteibindung zugunsten der SPD noch nicht vollständig aufgegeben haben, jedoch aus Enttäuschung ihre Stimme einer anderen Partei wie der Linkspartei.PDS gegeben haben. Des Weiteren besteht die Möglichkeit, dass sich auch Personen ohne Parteibindung für eine extreme Partei entscheiden. Wie oben bereits beschrieben, weisen immer weniger Personen eine Parteibindung auf. Während der Einfluss der Abwesenheit einer Parteibindung auf die Nichtwahl relativ gut ausgearbeitet ist, wurde ein Zusammenhang zur Wahl einer extremen Partei nur selten operationalisiert.

Hypothese 7.3: Die Identifikation mit der Linkspartei.PDS hat einen stark positiven Einfluss auf die Wahl dieser Partei.

Hypothese 7.4: Die Identifikation mit der SPD sollte einen gering positiven Einfluss auf die Wahl der Linkspartei.PDS besitzen.

Hypothese 7.5: Personen ohne Parteibindung stimmen nur geringfügig häufiger für die Linkspartei.PDS als Personen mit einer Parteibindung.

Hypothese 7.3 bis 7.5 lassen sich mithilfe der Datensätze für 1994 bis 2009 überprüfen. Dabei wurde sowohl das generelle Vorhandensein als auch die Richtung der Parteibindung abgefragt.

2.6.4 Hypothesen zu Wertorientierungen und ideologischen Positionen der Linkspartei.PDS-Wählerschaft

Der Einfluss ideologischer Orientierungen auf das Wahlverhalten wird in der Forschung häufig über die Links-Rechts-Selbsteinstufung einer Person gemessen (Arzheimer 2005b: 299). Dabei wurde lange Zeit ein linearer Zusammenhang zwischen der Links-Rechts-Selbsteinstufung und Extremismus angenommen, d.h. je weiter sich eine Person an einen Pol orientiere, desto eher stimme sie für eine extreme Partei (Backes/Jesse 2006: 11). Nach dieser Lesart würde die Linkspartei.PDS von denjenigen Personen gewählt werden, die sich im ideologischen Raum sehr weit links einordnen. Aufgrund von Annahmen der Rational-Choice-Theorie muss an diesem linearen Zusammenhang jedoch gezweifelt werden. Erstens ist umstritten, ob die inhaltliche Bedeutung der Links-Rechts-Dimension für alle Bürger eines Landes auch über die Zeit hinweg gleich ist (Rudi 2010: 171; Stolz 2000: 168f.).[68] Zweitens müssen in die Überlegungen die Positionen der etablierten Linken und die Position der extremen Linken mit aufgenommen werden, da der Wähler nur mit diesen Informationen das Parteiendifferential berechnen kann (vgl. Downs 1957). Grundsätzlich wird die Linkspartei.PDS von der Bevölkerung in Ostdeutschland anders eingeordnet als in Westdeutschland, was Auswirkungen auf die Berechnung des Parteiendifferentials hat (Arzheimer/Klein 1997). Im Westen wird die Linkspartei.PDS dabei sehr viel weiter links verortet als im Osten (Arzheimer 2008a: 103f.). Auch ordnen sich die Bürger in Ostdeutschland in ihrer Selbstpositionierung generell weiter links ein als ihre westlichen Mitbürger (Rosar/Ohr 2005: 106). Die folgenden Hypothesen beinhalten jedoch zunächst nur den Einfluss der Links-Rechts-Selbsteinstufung des Individuums auf die Wahl der Linkspartei.PDS. In Kapitel 2.6.7 wird ausführlich auf die Einflussmechanismen von Parteipositionen auf den Wähler eingegangen.

[68] Zudem wurde angebracht, dass die Links-Rechts-Achse in Transformationsgesellschaften nicht anwendbar sei (Jacobs 2004: 237). Andere Autoren haben jedoch darauf hingewiesen, dass dieses Konzept u.a. in Ostdeutschland als Indikator für linke sozialistische Werte und Normen dienen kann (Klein/Caballero 1996: 232ff.).

Neben dem direkten Einfluss ideologischer Orientierungen auf die Wahlentscheidung strukturieren sie auch viele andere Merkmale der Wahlentscheidung vor. Zum einen sind nach Downs (1957) ideologische Einstellungen als *superissues* aufzufassen, die politische Themen oder Sachfragen ordnen. Zum anderen sollten ideologische Orientierungen auch einen Einfluss auf die Beurteilung sozialer Gruppen besitzen (Arzheimer 2008b: 85; Jagodzinski/Kühnel 1994, 1997). Dabei werden bestimmte gesellschaftliche Gruppen mit den ideologischen Positionen „links“ oder „rechts“ assoziiert. Um den reinen Effekt der Links-Rechts-Dimension messen zu können, muss daher auf die Effekte der Parteiidentifikation und der Gruppenzugehörigkeit kontrolliert werden. Daraus lassen sich folgende Hypothesen ableiten:

Hypothese 8.1: Eine linke Selbsteinstufung auf der allgemeinen Links-Rechts-Dimension besitzt einen positiven Effekt auf die Linkspartei.PDS-Wahl in beiden Landesteilen.

Hypothese 8.2: Die Einflussstärke wird geringer, wenn auf Gruppenmitgliedschaft und Parteibindung kontrolliert wird.

Die aufgestellten Hypothesen können mittels der zur Verfügung stehenden Individualdatensätze 1994 bis 2009 untersucht werden.

Neben der ideologischen Links-Rechts-Dimension wurden in der Forschung weitere Wertorientierungen unterschieden: religiös vs. säkular,[69] links-materialistisch vs. rechts-materialistisch,[70] autoritär vs. libertär und materialistisch vs. postmaterialistisch (Klein 2005: 434ff.). Allerdings sind in den Datensätzen für die ersten beiden Wertorientierungspaare außer für 2009 keine entsprechenden

---

[69] Der Gegensatz „religiös vs. säkular“ hat seinen Ursprung in der Mobilisierung des politischen Katholizismus im Zuge des Kulturkampfes im deutschen Kaiserreich, wandelte sich jedoch später von einem eher konfessionellen Konflikt zu einem zwischen religiösen und nicht-religiösen Einstellungen. Er beinhaltet vor allem die Frage nach religiösen Moralvorstellungen und deren Stellenwert in der Gesellschaft. Der Stellenwert dieses Konfliktes hat im Zuge der Säkularisierungsprozesse an Bedeutung verloren (Dobbelaere/Jagodzinski 1995).

[70] Der Gegensatz zwischen links-materialistischen und rechts-materialistischen Wertorientierungen lässt sich auf den Klassengegensatz zwischen abhängig Beschäftigten und selbständigen Unternehmern zurückführen. Hier steht die Vorstellung nach dem Modus der Verteilung gesellschaftlichen Wohlstandes im Mittelpunkt (Knutsen 1995). Links-Materialisten stellen dabei eher egalitäre Werte in den Fokus, d.h. die gerechte Umverteilung des Wohlstandes auch durch Einfluss des Staates, wohingegen Rechts-Materialisten das Leistungsprinzip befürworten, das dem Markt die Regulierung der Verteilung der Produktionsmittel zuspricht. Grundsätzlich wurde der Konflikt auch als Gegensatz zwischen Markt- und Planwirtschaft interpretiert (Klein 2005: 435). Trotz des Bedeutungsverlustes des ursprünglichen Klassenkonfliktes für die heutige Gesellschaft bleibt diese Wertorientierung ungebrochen relevant.

Daten vorhanden, sodass sie in der empirischen Untersuchung nicht berücksichtigt werden können.

Wie in Kapitel 1.3.2 dargestellt, bildet der Gegensatz zwischen libertären und autoritären Werten eine von zwei Dimensionen zur Verortung des Parteiensystems und bezieht sich auf gesellschaftspolitische Themen. Autoritäre Wertorientierungen werden dabei zumeist mit der Anhängerschaft extrem rechter Parteien in Verbindung gebracht (Klein/Arzheimer 1999), jedoch wurde auch angenommen, dass die Anhänger extrem linker Parteien die Wertvorstellungen eines *authoritarian socialism* vertreten (Kitschelt 1994: 12). Die Entstehung links-autoritärer Orientierungen wurde dabei zunächst durch berufliche Alltagserfahrungen erklärt, die in den Teilen des industriellen und des öffentlichen Sektors, die vor Globalisierungstendenzen geschützt sind, entstehen. Gegen diese Annahmen wurden auf theoretischer Ebene Kritik angebracht, und auch die historischen Entwicklungen zeigen, dass neben links-autoritären Wertorientierungen auch links-libertäre entstehen können, die ihre Entsprechungen im Parteiensystem finden (Carter 2004). Diese neuen Bewegungen verbinden ökonomische und originär linke Forderungen mit denen nach universellen Bürgerrechten, Unabhängigkeit, Selbstentfaltung und Emanzipation (Flanagan 1982, 1987).[71]

Für die Linkspartei.PDS-Wähler können somit sowohl Annahmen zu autoritären als auch zu libertären Einstellungen aufgestellt werden. Einerseits lassen sich autoritäre Wertorientierungen der Wählerschaft auf ihre Vergangenheit im sozialistischen Regime und die Unterstützung der SED zurückführen (Adam 2007: 118). Andererseits enthalten die Parteiprogramme der Linkspartei.PDS durchweg auch libertäre Elemente, durch die sich die Bürger angesprochen fühlen könnten (Prinz 2010: 149; Gerth 2003). Bisherige Analysen lassen jedoch lediglich einen geringen Einfluss gesellschaftspolitischer Wertorientierungen auf die Wahlentscheidung erwarten (siehe auch Kapitel 1.3.2).

Hypothese 8.3: Libertäre Wertorientierungen erhöhen die Wahrscheinlichkeit, die Linkspartei.PDS zu wählen, in beiden Landesteilen nur geringfügig.

In den verwendeten Datensätzen wurden lediglich 2009 Indikatoren zur Messung libertärer bzw. autoritärer Wertorientierungen abgefragt. Dabei wird die libertär-autoritäre Dimension auf die Frage nach dem Zuzug von Ausländern nach Deutschland begrenzt und dadurch stark vereinfacht. Ob mit dieser Fragestellung eine gesellschaftspolitische Dimension gemessen werden kann, ist frag-

---

[71] Nach Flanagan (1982: 429) stehen diese Wertorientierungen nicht im Zusammenhang mit einer gesellschaftlichen Konfliktlinie, sondern sind Reaktionen auf veränderte soziale Rahmenbedingungen.

lich. Wertorientierungen bilden eher langfristig stabile Orientierungen ab und bestehen zudem aus mehreren Facetten. Es ist eher anzunehmen, dass der Indikator Zuzug von Ausländern eine kurzfristige politische Einstellung bzw. politisches *Issue* misst. In Ermangelung von Alternativen wird eine empirische Analyse trotz dieser Unzulänglichkeiten durchgeführt.

Im Sinne des Wertewandels in postindustriellen Gesellschaften lassen sich außerdem Einflüsse von postmaterialistischen Wertorientierungen auf die Wahl der Linkspartei.PDS nachvollziehen (Arzheimer/Rudi 2007: 173). Dabei wurde aber auch auf die inhaltliche Nähe dieses Konzeptes mit den oben genannten gesellschaftspolitischen Wertorientierungen hingewiesen (Welzel 2009: 124). In der Extremismusforschung werden postmaterialistische Wertorientierungen als hemmender Faktor für die Wahl einer extrem rechten Partei gesehen, führen jedoch in ihrer Gegenreaktion zum Aufkommen neuer extrem rechter Parteien, die sich gegen diese Strömungen richten (Ignazi 1992). Postmaterialistische Wertorientierungen, die sich nach Inglehart (1977) im Zuge lang anhaltender wirtschaftlicher Prosperität nach dem Zweiten Weltkrieg ausgebildet haben, beinhalten verstärkt den Wunsch nach Gleichberechtigung, Selbstbestimmung, Dezentralisierung und Umweltschutz. Sie sind damit eher mit neuen sozialen Bewegungen und grünen Parteien verbunden (Knutsen 1996). Allerdings könnte die Schwäche von Bündnis90/Die Grünen in den ostdeutschen Bundesländern einen leicht positiven Einfluss auf die Wahl der Linkspartei.PDS haben, wobei postmaterialistische Wertorientierungen in der ostdeutschen Bevölkerung grundsätzlich schwächer ausgeprägt sind (Gensicke 2002: 294f.; Arzheimer/Rudi 2007: 173). Dagegen ist ein ähnlicher Effekt für Westdeutschland nicht anzunehmen, da Postmaterialisten die Kernwählerschaft von Bündnis90/Die Grünen bilden. Daraus folgt:

Hypothese 8.4: Postmaterialistische Wertorientierungen besitzen nur einen geringen Einfluss auf die Wahl der Linkspartei.PDS in beiden Landesteilen.

Hypothese 8.4 lässt sich zu drei Zeitpunkten – 1994, 1998 und 2002 – untersuchen. Im Datensatz von 2005 und 2009 sind keine Indikatoren für materialistische vs. postmaterialistische Wertorientierungen enthalten.

2.6.5 Hypothesen zur sozialen Deprivation, Protestwahl und zu politischen sowie extremen Einstellungen der Linkspartei.PDS-Wählerschaft

Die Frage nach der Ablehnung des demokratischen Systems in der Bevölkerung ist eines der Kernthemen der Extremismusforschung. Dabei wurden sowohl negative Einstellungen gegenüber der Demokratie als Staatsform als auch gegen deren liberale Ausformung in Westeuropa nachgewiesen. Letzteres galt sogar als Definitionskriterium für Extremismus (Backes 1989). Allerdings wurde diese Grenzziehung in der Wissenschaft oftmals als willkürlich kritisiert (Jaschke 1991: 53).

Auch für die Linkspartei.PDS und deren Wähler wurde das Verhältnis zur demokratischen Ordnung als Kriterium für die Einordnung als extremistische Partei herangezogen. Wie in Kapitel 1.3 dargestellt besitzt die Linkspartei.PDS zwar teilweise ein problematisches Verhältnis zur Demokratie, allerdings ist diese Ablehnung eher gegen deren liberale Ausformung in der Bundesrepublik Deutschland gerichtet als gegen die demokratische Idee an sich und damit eher Element der politischen Unzufriedenheit als ein Kriterium für extremistische Einstellungen. Negative Bewertungen durch die Linkspartei.PDS-Wählerschaft sollten sich daher gegen die Demokratie nach westdeutschem Muster und darüber hinaus auch gegen deren wirtschaftliche Ausgestaltung, politische Institutionen und Akteure richten (Hoffmann-Lange 2003: 215).

Die Frage nach der Idee der Demokratie an sich wurde nur 1998 in die Datensätze mit aufgenommen und kann daher nicht umfassend untersucht werden. Hingegen steht für die generelle Form politischer Unzufriedenheit die Frage nach der Zufriedenheit mit dem Funktionieren der Demokratie in der Bundesrepublik Deutschland zwischen 1994 und 2009 zur Verfügung. Diese stellt ein stärker leistungsabhängiges bzw. an die spezifischere Regimeunterstützung gebundenes Merkmal dar. Ist dieses Merkmal nicht gegeben, ist die Stabilität der Demokratie nach Lesart der politischen Kulturforschung gefährdet (siehe Kapitel 2.4.2.2; Gabriel 2000: 41ff.). Generell wurde in Ostdeutschland eine höhere Unzufriedenheit mit dem Funktionieren der Demokratie festgestellt als in Westdeutschland (Eith 2000: 214), die unter den Wählern der Linkspartei.PDS noch deutlicher ausgeprägt ist (Neller/Thaidigsmann 2004: 207). Ob diese generelle Unzufriedenheit jedoch im Sinne der „reinen“ Protestwahlhypothese zu interpretieren ist, muss in weiteren Analysen untersucht werden, da neben der Demokratieunzufriedenheit auch ideologische Einstellungen im Wählerverhalten wirksam bleiben könnten.

Hypothese 9.1: Unzufriedenheit mit dem Funktionieren der Demokratie in der Bundesrepublik Deutschland erhöht die Wahrscheinlichkeit zu einer Wahl der Linkspartei.PDS.

Die Frage nach der Zufriedenheit mit der Demokratie in Deutschland wurde in allen Individualdatensätzen abgefragt und kann somit zu jedem Zeitpunkt in die Analyse mit einfließen.

Nicht nur das Verhältnis zur Demokratie kann als Indikator für politische Unzufriedenheit angesehen werden. Auch negative Einstellungen gegenüber

Parteien, politischen Eliten und Institutionen sowie negative finanzielle bzw. wirtschaftliche Entwicklungen auf gesellschaftlicher oder individueller Ebene können zur Unzufriedenheit beitragen. Mit den Begriffen „Politikverdrossenheit" bzw. „Parteienverdrossenheit" wurden sowohl die Erfolge von extrem rechten Parteien als auch die der Linkspartei.PDS zu erklären versucht (Klein/Caballero 1996: 245; Deinert 1998: 430ff.; Schumann 1997: 421).[72] Grundsätzlich wird darunter eine negative Einstellung verstanden, d.h. Enttäuschung, Unzufriedenheit bzw. Misstrauen oder ein Mangel an subjektiver politischer Kompetenz und Wirksamkeit gegenüber politischen Objekten, also Parteien, politischen Eliten und Institutionen (Arzheimer 2002b: 129ff.). Als Ursachen werden Medieneffekte, moralisches Fehlverhalten von Politikern, der Wertewandel in der Gesellschaft, programmatische Selbstdarstellung bzw. Inkompetenz der politischen Akteure sowie die Auflösung der traditionellen Milieus genannt (Arzheimer 2002b: 148f.).[73] Wie in Kapitel 2.4.2 dargestellt, können negative Einstellungen gegenüber politischen Objekten großen Einfluss auf die Stabilität des demokratischen Systems besitzen. Das komplexe Konstrukt „Politikverdrossenheit" kann nicht in seiner Gesamtheit untersucht werden, jedoch sollen einige Hypothesen aufgestellt und mittels der Datensätze überprüft werden:

Hypothese 9.2: Eine negative Bewertung politischer Parteien führt zu einer steigenden Chance, für die Linkspartei.PDS zu stimmen.

Hypothese 9.3: Eine negative Bewertung von Politikern erhöht die Chancen einer Linkspartei.PDS-Wahl.

Hypothese 9.4: Eine negative Bewertung politischer Institutionen erhöht die Wahrscheinlichkeit einer Wahl der Linkspartei.PDS.

In den Datensätzen 1994 bis 2002 sind voneinander abweichende Indikatoren zur Messung der Unzufriedenheit mit den politischen Parteien, politischen Eliten und Institutionen vorhanden und können somit für diese Zeiträume untersucht werden. Im Datensatz zur Bundestagswahl 2005 werden dagegen nur Indikatoren zur *external* und *internal efficacy*, d.h. zur Bewertung der Responsivität

---

[72] Zudem wird Verdrossenheit auch als Ursache einer ganzen Reihe politischer Probleme und Entwicklungen genannt. So wurde mit diesen Begriffen eine sinkende Wahlbeteiligung (Armingeon 1994) und der sinkende Anteil parteigebundener Wähler, Mitgliederverluste der etablierten Parteien (Weßels/Klingemann 1997: 606) sowie schwächer werdendes Institutionenvertrauen erklärt (Gabriel 1993: 3; Rattinger 1993: 24).

[73] Weitaus seltener werden psychologische (Johnson 1977; Roegele 1977) oder persönlichkeitsspezifische Gründe (Ringel 1993) angeführt.

des politischen Systems und zur Bewertung der eigenen Fähigkeiten zur Einflussnahme auf das politische System, abgefragt. Im Datensatz 2009 findet sich keiner der oben genannten Indikatoren wieder.

Zuletzt soll im Zuge der Untersuchung politischer Unzufriedenheit die Hypothese getestet werden, ob sich neben negativen Einstellungen gegenüber der Demokratie in der BRD bzw. gegenüber den politischen Objekten auch der Wunsch nach einem anderen politischen System – sprich: einer Diktatur – in der Wählerschaft der Linkspartei.PDS identifizieren lässt. Dieses Merkmal wurde in zahlreichen Studien als schwach positiv auf die Wahl einer extrem rechten Partei wirkend identifiziert (vgl. Arzheimer/Klein 1997; Stöss 1998). Für eine extrem linke Partei wie der Linkspartei.PDS ist jedoch kein positiver Einfluss auf die Wahlentscheidung anzunehmen. Zum einen besitzt die Demokratie als Idee in Ost- und Westdeutschland allgemein einen überaus hohen Stellenwert (Gabriel 2005: 491). Des Weiteren wurde der Sozialismus von vielen DDR-Bürgern und insbesondere den Eliten nicht als Diktatur erachtet, sondern als demokratisches System, womit sich etwaige nostalgische Gefühle gegenüber der DDR nicht als anti-demokratisch äußern sollten. Ob sich diese geringen Zusammenhänge auch für Westdeutschland ergeben würden, lässt sich aufgrund der geringen Fallzahl für 1994 bis 2002 nicht feststellen. Ab 2005 wird der Indikator nicht mehr abgefragt.

Hypothese 9.5: Positive Einstellungen gegenüber einer Diktatur sollten sich negativ auf die Wahl der Linkspartei.PDS in Ostdeutschland auswirken.

Neben der Unzufriedenheit mit politischen Objekten kann auch die Frustration über die (wahrgenommene) wirtschaftliche bzw. finanzielle Situation der Gesellschaft, aber auch des privaten Haushalts Einfluss auf die Wahlentscheidung ausüben. In der Literatur werden dabei zwei mögliche Einflussrichtungen des *economic voting*, d.h. des ökonomisch motivierten Wählens, auf die Chancen des Amtsinhabers bei einer Wahl diskutiert (Lewis-Beck 1992: 34). Die Antiregierungshypothese geht dabei vom Nutzen wirtschaftlicher Krisen für die Wahlchancen oppositioneller Parteien aus. Dagegen spricht die Klientelhypothese derjenigen Partei den größten Nutzen einer Krise zu, der von den Wählern die größte Problemlösungskompetenz beschieden wird.[74] Die Klientelhypothese würde daher für die Linkspartei.PDS nur dann greifen, wenn sie auch als wirtschaftlich kompetente Partei wahrgenommen würde.

---

[74] Die beiden Hypothesen stehen dabei einer Variante des ökonomischen Wählens nach Downs nahe. Ein nach ökonomischen Gesichtspunkten entscheidender Wähler sollte sich dabei an *valence issues* orientieren und beurteilt dabei vordergründig die Kompetenz von Regierung und Opposition und zieht den „Trendfaktor“ und das *performance rating* zu Rate (Downs 1957: 39f.).

Auch bei Anwendung der Modernisierungs- bzw. Wiedervereinigungsverliererthese muss angenommen werden, dass die Wähler der Linkspartei.PDS eine höhere Unzufriedenheit mit der allgemeinen wirtschaftlichen Lage aufweisen als andere Bürger (Neu 1994a: 4). So kann sich der Unmut über die Folgen der Wiedervereinigung für Ost-, aber auch für Westdeutschland in der Wahl einer Partei niederschlagen, die dem Transformationsprozess in Deutschland grundsätzlich kritisch gegenübersteht. Zur negativen Einschätzung der Wiedervereinigung kommt dabei eine allgemeine Unzufriedenheit mit der wirtschaftlichen Entwicklung Deutschlands in Zeiten der Globalisierung, die sich auf die Bevölkerung in beiden Landesteilen gleichermaßen auswirken dürfte (Hartleb 2004: 305).

Hypothese 10.1: Eine negative Einschätzung der allgemeinen wirtschaftlichen Lage ist ein signifikant positiver Indikator für die Wahl der Linkspartei.PDS in beiden Landesteilen.

Im Gegensatz zur Bewertung der allgemein wirtschaftlichen Lage sollte die Finanzsituation des einzelnen Bürgers nur einen geringen Einfluss auf die Wahl zugunsten der Linkspartei.PDS besitzen. Grund hierfür ist die sozialstrukturelle Verankerung der Linkspartei.PDS-Wähler, die eine höhere formale Bildung und eine bessere berufliche Stellung besitzen als der Durchschnitt der Ostdeutschen (Neller/Thaidigsmann 2002: 206f.; Arzheimer/Klein 1997). Innerhalb der durchschnittlich weniger gebildeten und beruflich niedriger gestellten westdeutschen Linkspartei-PDS-Klientel sollten sich deutlich positivere Effekte zeigen.

Hypothese 10.2: Die eigene finanzielle Lage hat nur einen schwach positiven Einfluss auf die Wahl zugunsten der Linkspartei.PDS in Ostdeutschland. In Westdeutschland fällt dieser Effekt stärker aus.

Fragen nach der individuellen und allgemeinen Wirtschaftslage sind Bestandteil der Umfragen 1994 bis 2002 und 2009.[75]

Neben allgemeiner und individueller wirtschaftlicher Bewertung kann auch die generelle Zufriedenheit mit dem eigenen Leben als Indikator für die Performanz des politischen Systems angesehen werden, allerdings nur dann, wenn ein Zusammenhang zwischen politischer Lage und der Lebenszufriedenheit hergestellt wird. Dieser Indikator wurde in den vorliegenden Datensätzen nicht abgefragt, jedoch ist die allgemeine Lebenszufriedenheit eng mit Gefühlen der Be-

[75] Fragen nach der allgemeinen und individuellen Wirtschaftslage können weiter in aktuelle, retrospektive und prospektive Bewertungen unterteilt werden. Um das Analysemodell einfach zu halten, wird lediglich auf die aktuelle Bewertung zurückgegriffen.

nachteiligung verbunden, die in Kapitel 2.1.3 unter dem Begriff der relativen Deprivation vorgestellt wurden. Diese wiederum sollten eng mit der Wahl extremer Parteien zusammenhängen (Deinert 1997: 30ff.; Neller 2000: 592f., 2006: 156). Zum Gefühl der relativen fraternalistischen Deprivation kann auch die Frage nach der Gerechtigkeit des Gesellschaftssystems gezählt werden (Arzheimer 2002c: 328). Allerdings ist hier eher die Position der Eigengruppe relativ zur Gesellschaft von Bedeutung. Diese wurde in den Umfragen nicht abgefragt, sodass auf die Bewertung der Gerechtigkeit der Gesellschaftsordnung im Allgemeinen zurückgegriffen werden muss.

Aus den Überlegungen zur relativen Deprivation ergibt sich folgende Hypothese:

Hypothese 11: Ein verstärktes Gefühl, in einem ungerechten Gesellschaftssystem zu leben, wirkt sich positiv auf die Wahl der Linkspartei.PDS aus.

Die Indikatoren zu den relativen Deprivationsgefühlen wurden lediglich in den Bundestagswahlbefragungen 1994 bis 2002 abgefragt.

Auch die Einstellungen gegenüber den Spitzenpolitikern der jeweiligen Parteien gelten als gewichtiger Einflussfaktor (Brettschneider 2002). In der Extremismusforschung wurde immer wieder auf den Einfluss eines charismatischen Parteiführers für den Erfolg einer extrem rechten Partei hingewiesen. Auch für die Linkspartei.PDS wurde dieser Zusammenhang angenommen (vgl. Lösche 2005: 360; Schulze 2004: 366ff.), bislang aber nur selten empirisch überprüft (siehe aber Kellermann/Rattinger 2005). In den Umfragedatensätzen werden allerdings nur die Bewertungen für die Spitzenpolitiker der beiden Volksparteien CDU und SPD abgefragt. Zudem geht es hier nur um die allgemeine Bewertung des Kandidaten und nicht um sein charismatisches Auftreten. Als Indikatoren sind diese Variablen daher ungeeignet und werden in den empirischen Untersuchungen nicht weiter überprüft.

2.6.6 Hypothesen zur Identität und Nostalgie der Linkspartei.PDS-Wählerschaft

In der Extremismusforschung wurde der Zusammenhang zwischen den negativen Einstellungen zu (ethnischen) Fremdgruppen und der Wahl einer extrem rechten Partei oftmals problematisiert und empirisch überprüft. In den Deprivationstheorien wurde dieser Zusammenhang durch materielle oder immaterielle Verlustängste sozialer Großgruppen begründet, die durch Modernisierungsprozesse verursacht werden. Diese Ängste können nicht innerhalb der Eigengruppe kanalisiert werden. Stattdessen richten sie sich gegen Fremdgruppen, die als

Verursacher dieser Prozesse ausgemacht werden. In Kapitel 2.4.2 wurde die Annahme diskutiert, dass auch in Teilen der ostdeutschen Bevölkerung eine gewisse Affinität zur DDR besteht und diese sich in einer eigenen DDR-Identität bzw. -Nostalgie und in der Abgrenzung zur Fremdgruppe der Westdeutschen äußert. Teile dieser ostdeutschen Identität spiegeln sich auch in der Programmatik der Linkspartei.PDS wider (Arzheimer/Rudi 2007: 173; Prinz 2010: 267). Für die westdeutschen Wähler der Linkspartei.PDS sollte dies allerdings keines der Hauptmotive sein, da sie, im Vergleich zu Teilen der ostdeutschen Bevölkerung im Wiedervereinigungsprozess, ihren sozialen Status weniger stark einbüßten. Für die westdeutschen Wähler könnte jedoch eine andere soziale Gruppe als „Sündenbock" für Verlustängste fungieren: Ausländer bzw. ethnische Fremdgruppen. Allerdings sind nur geringe positive Zusammenhänge zu erwarten, da Personen mit negativen Einstellungen zu ethnischen Fremdgruppen eher zu extrem rechten Parteien tendieren. Daraus ergibt sich:

Hypothese 12.1: Positive Einstellungen gegenüber der Bevölkerung in Ostdeutschland bzw. negative gegenüber den Westdeutschen erhöhen die Chance, dass eine Person ihre Stimme der Linkspartei.PDS gibt.

In den verwendeten Datensätzen zu den Bundestagswahlen 1994 bis 2009 finden sich nur für die Bundestagswahl 1994 Indikatoren, mit deren Hilfe sich Hypothese 12.1 überprüfen lässt. Hierbei wird nach dem Selbstbild sowie dem Fremdbild der Ostdeutschen bzw. Westdeutschen zur jeweils anderen Bevölkerungsgruppe gefragt. Elemente dieses Selbst- bzw. Fremdbildes sind die Gegensätze bescheiden/überheblich; unsicher/selbstbewusst; selbständig/unselbständig; provinziell/selbstoffen; flexibel/starr; nicht geschäftstüchtig/geschäftstüchtig.

Insgesamt gesehen konzentriert sich die Forschung zu nostalgischen Einstellungen in der ostdeutschen Bevölkerung jedoch eher auf die positiven Orientierungen der Ostdeutschen gegenüber dem ehemaligen politischen System bzw. der politischen Gemeinschaft. In diesem Zusammenhang wird davon ausgegangen, dass eine andauernde Identifikation mit dem früheren Regime auf Legitimationsdefizite im bestehenden System hindeuten und sich dies wiederum negativ auf die Unterstützung der Demokratie auf verschiedenen Ebenen auswirken kann (Westle 1994b: 455). Es ist jedoch davon auszugehen, dass sich die positive Einstellung zur DDR eher aus einer generellen Bewertung des ehemaligen Regimes ergibt, während Teilaspekte der DDR durchaus negativ gesehen werden (Neller 2006: 171). Auf der Ebene der politischen Gemeinschaft befindet sich die Bewertung der Idee des Sozialismus, die von der ostdeutschen Bevölkerung abgekoppelt vom real existierenden Sozialismus der DDR betrachtet wird (Jacobs 2004; Pollack/Pickel 1998). Für dieses Konstrukt wird ein großer Einfluss auf die Wahl der Linkspartei.PDS erwartet, unter anderem deshalb, weil das von den Ostdeutschen präferierte Modell des demokratischen Sozialismus nicht mit dem etablierten Modell der liberalen Demokratie übereinstimmt. Es besteht demnach keine Kongruenz zwischen politischer Struktur und Kultur. Da die Linkspartei.PDS die einzige Partei im bundesdeutschen Parteiensystem ist, die ein entsprechendes Ordnungsmodell vertritt, ist sie erste Wahl für unzufriedene Bürger mit entsprechenden Einstellungen.

Die Hypothesen, die sich daraus bilden lassen, lauten folgendermaßen:

Hypothese 12.2: Positive Einstellungen gegenüber dem Sozialismus haben einen signifikant positiven Effekt auf die Wahl der Linkspartei.PDS.

Hypothese 12.3: Positive Einstellungen gegenüber dem Regime der DDR haben einen stark positiven Einfluss auf die Wahl der Linkspartei.PDS.

Hypothese 12.4: Nicht alle Teilaspekte der Einstellungen gegenüber der DDR besitzen einen positiven Effekt auf die Wahl der Linkspartei.PDS.

Indikatoren für die Hypothesen 12.2 und 12.3 sind nur in den Datensätzen 1994 bis 2002 vorhanden und lassen sich somit nur für die Wählerschaft in Ostdeutschland überprüfen. Indikatoren für die Hypothese 12.4 sind lediglich für 1998 vorhanden.

2.6.7 Hypothesen zur politischen Gelegenheitsstruktur und zur Angebotsseite der Linkspartei.PDS

Angebots- bzw. Kontextfaktoren, die die Wahl der Linkspartei.PDS beeinflussen können, wurden in Kapitel 2.1.4 beschrieben und diskutiert. Diese Merkmale können in lang-, mittel-, und kurzfristige Faktoren unterteilt werden (Arzheimer/ Carter 2003, 2006). Allerdings können jene Faktoren nicht untersucht werden, die sich hauptsächlich auf Beobachtungen über Systemgrenzen hinweg konzentrieren und damit konstant bleiben (Hox 2002: 2; Lazarsfeld/Menzel 1961). So bleiben das Wahlsystem ebenso wie die Zentralisierung bzw. Dezentralisierung langfristig stabil und können nicht als erklärende Komponenten für die Wahl einer Partei innerhalb eines politischen Systems herangezogen werden. In diesem Zusammenhang wären länderübergreifende Untersuchungen zum Erfolg und zur Wählerschaft extrem linker Parteien notwendig. Mittel- und kurzfristige Faktoren unterliegen dagegen größeren Schwankungen innerhalb eines politischen Systems und sind daher für die vorliegende Untersuchung interessanter (Arzheimer/Carter 2003; 2006). Allerdings können auch hier nur diejenigen Faktoren berücksichtigt werden, zu denen auch auf der Individualebene Daten vorhanden sind. So können in der Analyse keine Effekte zu Einwanderungs- bzw. Arbeitslosenquoten überprüft werden. Dagegen bieten die Struktur des Parteienwettbewerbs und insbesondere die (wahrgenommenen) Positionen der etablierten Parteien im Verhältnis zueinander und zur extrem linken Partei die Möglichkeit zur empirischen Analyse.

Aus den Überlegungen zu den (wahrgenommenen) programmatischen Positionen von Parteien lassen sich zwei mögliche Konsequenzen für die Wahlchancen der Linkspartei.PDS ableiten: Einerseits kann eine extrem linke Position der etablierten linken Parteien in bestimmten Sachfragen zu einem Hemmnis für die Linkspartei.PDS werden, da sie nicht mehr das Alleinstellungsmerkmal bezüglich dieses Themas besitzt. Andererseits kann aber auch die Hypothese aufgestellt werden, dass eine extrem linke Positionierung der etablierten Parteien eine Signalwirkung für die Wähler darstellt. Forderungen nach einer radikalen Veränderung der wirtschaftlichen und gesellschaftlichen Ordnung werden von einem Teil der politischen Eliten legitimiert und erhöhen die Chancen einer extrem linken Partei bei Wahlen.

Für beide Annahmen stellt sich die Frage nach dem Inhalt der politischen Positionen, die zu einem Konkurrenzverhältnis etablierter und extremer Parteien führen können. Für extrem rechte Parteien wurde das Thema Immigration als zentrales politisches Thema genannt. Für extrem linke Parteien hat sich in der Forschung bislang keine prominente politische Sachfrage herauskristallisiert. Im Zusammenhang mit diesen Parteien werden zwar oftmals ihre Vergangenheit als sozialistische bzw. (post-)kommunistische Einheitsbewegungen und dementsprechende ideologische Komponenten angeführt. Ob diese Themen aber dasselbe Konfliktpotenzial besitzen wie das Immigrationsthema für extrem rechte Parteien ist fraglich. Zudem können zwar Positionen zu verschiedenen Sachfragen oder ideologischen Positionen der Parteien mittels des *Comparative Manifestos Project* (CMP) modelliert werden, jedoch fehlen entsprechende Indikatoren auf der Individualebene. Zur Messung des Einflusses von Parteipositionen und deren Einfluss auf die Wahlentscheidung bleibt daher lediglich die Modellierung über die allgemeine Links-Rechts-Dimension, die sowohl im CMP als auch in den individuellen Datensätzen abgefragt wurde.

Hypothese 13.1: Ein geringer Abstand der (wahrgenommenen) Positionen der extrem linken und der etablierten linken Parteien auf der allgemeinen Links-Rechts-Dimension reduziert die Chance der Linkspartei.PDS, gewählt zu werden.

Neben der Annäherung der etablierten linken Parteien und der extrem linken Partei wurde als Ursache für die Wahl einer extremen Partei auch die geringe ideologische Distanz der etablierten Parteien genannt (Kitschelt 1995: 25;

Rydgren 2005: 422). Diese ideologische Übereinstimmung kann allgemein zu einem Gefühl der Unzufriedenheit mit den etablierten politischen Parteien führen und schließlich zur Wahl einer extremen Partei.[76]

Hypothese 13.2: Je geringer die (wahrgenommene) ideologische Distanz im Parteienraum zwischen den etablierten Parteien der Linken und Rechten ist, desto größer ist die Wahrscheinlichkeit für die Wahl der Linkspartei.PDS.

Auch das wahrgenommene Verhältnis der politischen Eliten zur Linkspartei.PDS, die Medienberichterstattung und die grundsätzliche Legitimität der Wahl der Partei wären mögliche Erklärungsfaktoren, die der politischen Gelegenheitsstruktur zuzurechnen sind. Allerdings stehen auf Individualebene keine derartigen Daten zu Verfügung. Zusammengenommen bleiben auf der Ebene der politischen Gelegenheitsstrukturen nur wenige Möglichkeiten zur Analyse der Linkspartei.PDS und deren Wählerschaft, da die Anzahl der Indikatoren auf der Individualebene sehr gering ist und sich die Einflussfaktoren der politischen Gelegenheitsstruktur auf Kontextfaktoren unterschiedlicher politischer Systeme konzentrieren. Da sich die vorliegende Studie auf Deutschland und zudem auf den Zeitraum von 1994 bis 2009 konzentriert, können Faktoren auf der Makro-Ebene nicht in die Analyse mit einbezogen werden.

[76] Arzheimer (2008: 195) stellt fest, dass zwischen den Maßen der Politikfelder der etablierten Rechten und Linken ein enger Zusammenhang besteht. So sieht er einen analytischen Vergleich der Policy-Positionen der etablierten Parteien mit denen einer extremen Partei als mit zu großen Multikollinearitätsproblemen verbunden. Daher sieht er von einer Operationalisierung der Indikatoren ab.

3 Empirische Ergebnisse

3.1 Soziodemographische Merkmale und die Wahl der Linkspartei.PDS

Um die Forschungsfragen zu den Motiven der Wählerschaft und zum Angebot der Parteien zu beantworten, werden die in Kapitel 2.6 aufgestellten Hypothesen mithilfe der Datensätze zu den Bundestagswahlen 1994 bis 2009 überprüft. Soziodemographische Einflussvariablen stehen dabei am Anfang der Kausalkette zur Erklärung der Wahl der Linkspartei.PDS im Kausalitätstrichter (siehe Kapitel 2.3.2.1). Sie dienen in der Einstellungs- und Verhaltensforschung darüber hinaus als Kontrollvariablen, um Verzerrungen der Einflüsse von Variablen auf der individuellen Ebene zu minimieren. Weiterhin wurde in einigen der oben aufgestellten Hypothesen vermutet, dass sich der Einfluss soziodemographischer Variablen verringert, sobald Faktoren der Einstellungsebene in einem multivariaten Modell parallel analysiert werden. Zur Bestätigung dieser Sachverhalte ist zunächst eine Schritt-für-Schritt-Analyse der soziodemographischen Einflussgrößen notwendig. Als erstes soll der Einfluss des Geschlechts auf die Wahl der Linkspartei.PDS analysiert werden.

In Tabelle 2 sind die Ergebnisse der logistischen Regression, die als einzige unabhängige Variable das Geschlecht beinhaltet, aufgeführt. Für Westdeutschland zeigen sich für die Umfragen zur Bundestagswahl 2005 und 2009 negative statistisch signifikante Zusammenhänge zwischen dem weiblichen Geschlecht und der Wahl der Linkspartei.PDS. Für weibliche Befragte sinkt dementsprechend die Wahrscheinlichkeit, für die Partei zu stimmen, zu beiden Befragungszeitpunkten, was im Gegenzug die Wahrscheinlichkeit, dass ein Mann die Linkspartei.PDS wählt, deutlich erhöht. Für diesen Zeitraum lässt sich also eine deutliche geschlechtsspezifische Mobilisierung zugunsten einer extrem linken Partei erkennen. Damit zeigt die Linkspartei.PDS in Westdeutschland 2005 und 2009 Züge einer männlich dominierten Partei, wie sie auch für extrem rechte Parteien beschrieben wurden (siehe Kapitel 2.2.2).

Im Gegensatz dazu sind signifikante geschlechtsspezifische Zusammenhänge in Ostdeutschland lediglich für 1994 zu beobachten, wo zudem, entgegen den Annahmen aus Hypothese 1.1, ein negativer Zusammenhang zwischen dem weiblichen Geschlecht und der Wahl der Linkspartei.PDS besteht. Zwar besitzen die geschlechterspezifischen Zusammenhänge zwischen 1998 und 2009, mit

Ausnahme von 2002, dieselbe Wirkungsrichtung, erfüllen allerdings nicht das Kriterium der statistischen Signifikanz. Damit ist im Gegensatz zu Westdeutschland in den neuen Bundesländern keine geschlechtsspezifische Mobilisierung zugunsten der Linkspartei.PDS erkennbar.

Tabelle 2: Die Wirkung des Geschlechts auf die Wahl der Linkspartei.PDS in Ost- und Westdeutschland, 1994-2009 (logistische Regression, robuste Standardfehler in Klammern)

Ostdeutschland	**1994**	**1998**	**2002**	**2005**	**2009**
Weiblich	-0.31a (0.13)	-0.03ns (0.17)	0.22ns (0.19)	-0.19ns (0.17)	-0.20ns (0.15)
Konstante	-1.42c	1.44c	-1.85c	-1.16c	-1.02c
N	1706	870	862	800	1000
Nagelkerkes R^2	0.005	0.000	0.002	0.002	0.003
Westdeutschland					
Weiblich				-0.64a (0.27)	-0.51c (0.15)
Konstante				-2.87c	-1.96c
N				1548	2010
Nagelkerkes R^2				0.013	0.012

Eigene Berechnung auf Grundlage der Individualdatensätze zu den Bundestagswahlen 1994-2009. Signifikanzniveaus: a: $p<0.05$; b: $p<0.01$; c: $p<0.001$; ns: nicht signifikant.

Hypothese 1.1, die eine geringfügig höhere Wahrscheinlichkeit für Frauen in Ostdeutschland prognostizierte, die Linkspartei.PDS zu wählen, kann nach den vorgenommenen Berechnungen nicht bestätigt werden. Trotz der prominenten Stellung von Gleichberechtigungsfragen in der Programmatik der Linkspartei.PDS und der weit reichenden Folgen der deutschen Wiedervereinigung insbesondere für ostdeutsche Frauen lassen sich keine geschlechterspezifischen Effekte feststellen. Das Ergebnis ist ein erster Hinweis darauf, dass sich die Wählerschaft der Partei in Ostdeutschland weniger durch ihre soziodemographischen Merkmale vom Rest der Bevölkerung unterscheidet als vielmehr in ihren politischen Einstellungen bzw. ideologischen Orientierungen. Deutlicher manifestiert sich eine geschlechterspezifische Fundierung der Linkspartei.PDS-Wahl in Westdeutschland, wobei sie hier überdurchschnittlich von Männern gewählt wird. Hier fällt die Diskrepanz zwischen programmatischen Inhalten der Partei und Motiven der Wählerschaft noch deutlicher aus als in Ostdeutschland. Welche Gründe für die männerdominierte Wählerschaft der Partei sprechen, lässt sich mit den zur Verfügung stehenden Daten nicht abschließend klären. Zieht man Erkenntnisse aus der Extremismusforschung heran, so scheinen in Westdeutschland eher Effekte sozialer Angepasstheit zu greifen als in Ostdeutschland. Demnach geben Frauen ihre Stimme eher moderaten Parteien, wohingegen Männer eher zu unangepasstem Verhalten neigen. Damit zeigt die Wählerschaft der Linkspartei.PDS in Westdeutschland Züge einer extremen Partei mit einer männerdominierten Klientel, wohingegen sich dies in Ostdeutschland nicht annehmen lässt.

Aufgrund der geringen Effekte des Geschlechts auf die Wahl der Linkspartei.PDS in Ostdeutschland kann auch für die Hypothesen 1.2 bis 1.3 nur von geringfügigen Änderungen der Effektstärke ausgegangen werden. Dagegen sollten sich in Westdeutschland stärkere Veränderungen ergeben. Das Geschlecht wird unabhängig von der Effektgröße als Kontrollvariable in die weiteren Analysen mit aufgenommen.

Im nächsten Schritt wird ein Modell getestet, das nur die Effekte des Lebensalters in die Analyse aufnimmt (Tabelle 3).[77] Als Referenzkategorie dienen hierbei die Befragten über 65 Jahre.[78] Des Weiteren wurden die Befragten in die Kategorien 18- bis 29-Jährige, 30- bis 44-Jährige und 45- bis 64-Jährige aufgeteilt, um die verschiedenen Lebensabschnitte adäquat untersuchen zu können.

Für Westdeutschland sind es 2005 und 2009 die mittleren Altersgruppen, bei denen die Linkspartei.PDS überdurchschnittlichen Zuspruch findet. 2009 besitzt die Partei zudem unter den Jüngeren eine überdurchschnittliche Chance, gewählt zu werden. Dies deckt sich auch mit dem betont jugendlichen Auftreten der Partei bei den beiden letzten untersuchten Bundestagswahlen (Hofrichter/Kunert 2009: 232; Plehwe 2006: 238). Dagegen wird die Partei in der Referenzgruppe der über 65-Jährigen nur unterdurchschnittlich gewählt.

In Ostdeutschland ist keine klare Altersstruktur der Linkspartei.PDS-Wählerschaft erkennbar. 1994 und 1998 wird die Partei eher von mittleren Altersgruppen unterstützt. Allerdings ist dieser Trend 2002 und 2005 nicht mehr erkennbar, ja kehrt sich teilweise, wenn auch statistisch nicht signifikant, um. Im Jahr 2009 treten diese Veränderungen mit dem negativen Effekt in der Altersgruppe der 30- bis 44-Jährigen am deutlichsten zutage. Auch bei den 18- bis 29-Jährigen lässt sich zunächst ein positiver, nicht signifikanter Effekt feststellen, der sich allerdings ab der Bundestagswahl 2005 ins Negative verkehrt und 2009 als statistisch signifikante Einflussgröße auftritt. Insgesamt betrachtet wird die

[77] Das in Lebensjahren gemessene Lebensalter als Variable beinhaltet die Problematik, dass nicht jeder Bürger politische Erfahrungen, die zu einem bestimmten Stimmverhalten führen können, zum gleichen Zeitpunkt im Leben macht. Individualisierungstendenzen verstärken diese Ungleichzeitigkeit weiter. Daher sind genaue Zuordnungen zu bestimmten Altersgruppen schwierig zu treffen. Als praktikable Altersgruppen haben sich die Jungwähler zwischen 18 und 29 Jahren, die mittleren Altersgruppen der 30- bis 44-Jährigen und der 45- bis 64-Jährigen sowie die Gruppe der über 65-Jährigen herausgestellt.

[78] Die Referenzgruppe der über 65-Jährigen hat sich in der empirischen Überprüfung als die praktikablere erwiesen und bietet zudem die Möglichkeit, die stärkeren Veränderungen in den mittleren Alterskategorien darzustellen.

Partei in Ostdeutschland nicht durchgängig von einer bestimmten Altersgruppe präferiert, sondern kurz nach der Wiedervereinigung eher von mittleren Altersgruppen, während sie ab 2002 noch bei älteren Wählern Zustimmung findet.

Für Ostdeutschland lässt sich aufgrund dieser Ergebnisse Hypothese 2.1 nur eingeschränkt bestätigen. So unterstützen Personen mittleren Alters die Linkspartei.PDS zeitweise in höherem Maße, wobei sich dieser Trend in den folgenden Jahren umkehrt. Weiter scheint die Partei im Laufe des Untersuchungszeitraumes für jüngere Altersgruppen immer unattraktiver zu werden. Dagegen findet sie bei Personen über 65 Jahren bei den letzten drei Bundestagswahlen ihren größten Rückhalt. Zusammengefasst haben sich seit der Wiedervereinigung bezüglich der Altersgruppen deutliche Veränderungen in der Wählerschaft der Linkspartei.PDS ergeben, die eine konsistente Bestätigung oder Ablehnung von Hypothese 2.1 nicht zulassen. Diese Veränderungen der Alterseffekte lassen vermuten, dass weniger das Alter eine Rolle bei der Wahl der Partei spielt, sondern eher Generationen- bzw. Kohorteneffekte.

In Westdeutschland zeigen sich zunächst die in Hypothese 2.1 prognostizierten Effekte der überdurchschnittlichen Unterstützung durch jüngere Wählerschichten, da diese sozial weniger integriert sind und eher zu abweichendem Verhalten tendieren als mittlere Altersgruppen. Aus diesen Überlegungen heraus wären allerdings keine positiven Effekte für die Altersgruppen der 30- bis 44-Jährigen und 45- bis 64-Jährigen zu erwarten gewesen. Gleichzeitig besitzt auch die Altersgruppe der über 65-Jährigen keinen positiven Effekt auf die Wahl der Linkspartei.PDS; sie wählt im Gegenteil die Partei unterdurchschnittlich oft. Grund für die unerwartet starken Zusammenhänge zwischen mittleren Altersgruppen und der Chance, die Linkspartei.PDS zu wählen, könnte in der Wählerschaft der WASG liegen, die überdurchschnittlich häufig von Personen mittleren Alters gewählt wurde (Neller/Thaidigsmann 2007: 434). Als Indiz können Ergebnisse für die Bundestagswahlen 1998 und 2002 in Westdeutschland dienen, die allerdings aufgrund der geringen Fallzahlen nur eingeschränkt interpretierbar sind (Daten nicht ausgewiesen). Hierbei lässt sich lediglich ein schwacher Effekt mittlerer Altersgruppen auf die Wahl der Linkspartei.PDS feststellen. Damit zeigt die Wählerschaft der Partei im Westen zwar deutlich jugendlichere Strukturen, was zunächst auf einen aus der Extremismusforschung bekannten U- bzw. invers J-förmigen Zusammenhang hinweisen würde. Allerdings widersprechen diesen Annahmen die positiven Effekte mittlerer und die negativen Effekte älterer Altersgruppen, sodass Hypothese 2.1 nicht bestätigt werden kann.

Tabelle 3: Die Wirkung des Alters auf die Wahl der Linkspartei.PDS, 1994-2009 (logistische Regression, robuste Standardfehler in Klammern)

Ostdeutschland	**1994**	**1998**	**2002**	**2005**	**2009**
Alter					
18-29	0.07ns (0.24)	0.39ns (0.31)	-0.03ns (0.28)	-0.55ns (0.30)	-0.61a (0.26)
30-44	0.24ns (0.20)	0.55a (0.27)	-0.44ns (0.29)	-0.07ns (0.25)	-0.58b (0.22)
45-64	0.42a (0.19)	0.57a (0.26)	-0.14ns (0.25)	0.13ns (0.22)	-0.10ns (0.22)
Konstante	-1.82c	-1.89c	-1.62c	-1.20c	-0.91c
N	1697	865	856	785	1000
Nagelkerkes R^2	0.006	0.011	0.006	0.012	0.017
Westdeutschland					
Alter					
18-29				0.85ns (0.59)	1.22c (0.26)
30-44				1.30a (0.51)	0.99c (0.24)
45-64				1.58c (0.48	0.90c (0.23)
Konstante				-4.29c	-2.98c
N				1523	2010
Nagelkerkes R^2				0.035	0.030

Eigene Berechnung auf Grundlage der Individualdatensätze zu den Bundestagswahlen 1994-2009.
Signifikanzniveaus: a: $p<0.05$; b: $p<0.01$; c: $p<0.001$; ns: nicht signifikant.

Die inkonsistenten Effekte des Lebensalters in Ostdeutschland legen die Vermutung nahe, dass weniger die Zugehörigkeit zu einer bestimmten Altersgruppe als die Zugehörigkeit zu einem bestimmten Geburtenjahrgang bzw. zu einer bestimmten Generation die Wahl der Linkspartei.PDS beeinflusst. Dabei wird angenommen, dass Einstellungen und Verhaltensweisen von Bürgern hauptsächlich durch den Zeitpunkt ihrer Geburt und nicht durch Lebensabschnitte beeinflusst werden. Damit können einschneidende kurzfristige Erlebnisse wie Kriege oder Krisen, aber auch langfristige Erfahrungen in einem politischen System Wertorientierungen, Einstellungs- und Verhaltensmuster bestimmter Geburtenjahrgänge verändern und sie dauerhaft von anderen Generationen unterscheiden. Werden diese Erfahrungen während der formativen Phase zwischen Kindheit und frühem Erwachsenenalter gemacht, bleiben sie langfristig stabil und verändern sich in späteren Phasen des Lebens nur noch geringfügig. Aus der in Kapitel 2.4.2 dargelegten Situations- und Sozialisationshypothese lassen sich durchaus Annahmen für eine lang anhaltende Wirkung staatlicher Sozialisationseffekte des DDR-Regimes und auch für situative Effekte des Transformationsprozesses auf verschiedene Generationen ableiten. Die neuere Forschung sieht dabei eher ein Zusammenspiel der Sozialisations- und Situationseffekte als einen einseitigen Einfluss (Grix 2000).

Hypothese 2.3 vermutet, dass neben Alters- auch Generationeneffekte wirken können, was den steigenden positiven Effekt der Altersgruppen über 65 Jahren auf die Wahl der Linkspartei.PDS erklären könnte. Unter Kontrolle der Altersgruppen soll nun festgestellt werden, ob diese Veränderungen auf Kohorteneffekte zurückzuführen sind. Zur Überprüfung dieser Hypothese werden in das obere Modell verschiedene Geburtenkohorten eingespielt.[79] Dabei handelt es sich um Personen, die vor 1945 geboren sind (diese Gruppe dient gleichzeitig als Referenzkategorie), Personen, die zwischen 1946 und 1963, sowie jene, die später als 1964 geboren worden sind.

In Tabelle 4 sind die Ergebnisse der Analyse von Alters- und Kohorteneffekten dargestellt. Die Kontrolle der Kohorteneffekte führt in Ostdeutschland zu einer Verstärkung der Alterseffekte, wobei ihr eigenständiger Einfluss an sich jeweils statistisch insignifikant bleibt. In Westdeutschland dagegen verringern die Kohorteneffekte die Einflussstärke der Altersgruppen, sodass nur noch die Altersgruppe der 45- bis 64-Jährigen 2005 als statistisch signifikante Einflussgröße auftritt.

Die Ergebnisse für Ostdeutschland geben keine Anhaltspunkte für eine signifikante Abschwächung der Effekte der Alterskategorien durch die Hinzunahme der Kohorteneffekte, sondern bewirken im Gegenteil deren Verstärkung. Damit kann Hypothese 2.3 für die neuen Bundesländer als widerlegt gelten. Mittels der Analyse lassen sich zudem keine Hinweise auf den Erfolg der Sozialisation während des DDR-Regimes erbringen. Demnach sollten Personen, die nach 1945 geboren wurden, eine stärkere Affinität gegenüber der Nachfolgeorganisation der SED haben, da sie stärker von staatlichen Sozialisationsbemühungen betroffen waren. Für Westdeutschland lassen sich im Gegensatz zu Ostdeutschland deutlichere Abschwächungstendenzen für mittlere aber auch für jüngere Altersgruppen unter Kontrolle der Geburtenkohorten erkennen. Für die jüngeren Altersgruppen, die 2009 deutlich überdurchschnittlich die Linkspartei.PDS wählten, bedeutet dies, dass es vor allem die nicht-parteigebundene junge Generation war, die diesen positiven Effekt auslöste. Allerdings lassen sich auch hier keine statistisch signifikanten Effekte ausmachen. Aufgrund des geringeren direkten Einflusses der Kohorteneffekte auf die Wahl der Partei und der angesprochenen Multikolli-

[79] Solche Modelle bergen allerdings große Schwierigkeiten, da die beiden unabhängigen Variablen direkt voneinander abhängen. Aufgrund der perfekten Multikollinearität zwischen den unabhängigen Variablen ist eine Schätzung der Regressionsgleichung unmöglich. Wünschenswert wäre es, nicht das Geburtsjahr als Indikator für die Generationeneffekte heranzuziehen, sondern ihn durch Sozialisationserfahrungen zu ersetzen. Diese stehen jedoch in den vorhandenen Datensätzen nicht zur Verfügung. In der Praxis wird daher davon ausgegangen, dass Personen aufeinanderfolgender Geburtenjahrgänge in gleicher Weise sozialisiert worden sind und damit eine „politische Generation" bilden.

nearitätsprobleme (siehe Fußnote 78), wird auf ihre Aufnahme in die folgenden Analysen verzichtet.

Tabelle 4: Die Wirkung des Lebensalters und Kohorteneffekte auf die Wahl der Linkspartei.PDS, 1994-2009 (logistische Regression, robuste Standardfehler in Klammern)

Ostdeutschland	**1994**	**1998**	**2002**	**2005**	**2009**
Alter					
18-29	0.13ns (0.57)	0.61ns (0.56)	0.82ns (0.63)	-0.12ns (0.58)	-1.94a (0.91)
30-44	0.50ns (0.37)	0.97a (0.44)	0.18ns (0.50)	0.20ns (0.48)	-1.90a (0.90)
45-64	0.45a (0.19)	0.72a (0.28)	0.01ns (0.29)	0.08ns (0.32)	-0.01ns (0.60)
Geburtsjahr					
1946-1963	-0.27ns (0.31)	-0.51ns (0.33)	-0.31ns (0.33)	0.06ns (0.31)	-0.15ns (0.61)
1964-	-0.06ns (0.52)	-0.22ns (0.47)	-0.85ns (0.56)	-0.43ns (0.50)	1.32ns (0.88)
Konstante	-1.82c	-1.89c	-1.62c	-1.20c	-0.91c
N	1697	865	856	785	1000
Nagelkerkes R^2	0.007	0.017	0.010	0.015	0.024
Westdeutschland					
Alter					
18-29				-0.51ns (1.00)	0.67ns (0.82)
30-44				0.08ns (0.89)	0.44ns (0.82)
45-64				0.98c (0.13)	0.82ns (0.64)
Geburtsjahr					
1946-1963				0.74ns (0.49)	0.06ns (0.62)
1964-				1.36ns (0.09)	0.55ns (0.62)
Konstante				-4.29c	-2.98c
N				1523	2010
Nagelkerkes R^2				0.043	0.031

Eigene Berechnung auf Grundlage der Individualdatensätze zu den Bundestagswahlen 1994-2009.
Signifikanzniveaus: a: $p<0.05$; b: $p<0.01$; c: $p<0.001$; ns: nicht signifikant.

Zur Analyse der Einflüsse von Berufsgruppen- und Schichtzugehörigkeit sowie der Berufstätigkeit wird im Folgenden ein weiteres Modell geschätzt (siehe Tabelle 5). Bei den Berufsgruppen werden die objektiven Angaben „Angestellter im öffentlichen Dienst" und „Arbeiter" miteinbezogen. Für die Schichtzugehörigkeit wird die subjektive Einordnung als Angehöriger der Arbeiterschaft in die Analyse mit aufgenommen und für die Kategorie Berufstätigkeit werden arbeitslose Personen berücksichtigt.[80]

Aus Tabelle 5 lassen sich die Effekte der einzelnen Gruppen ablesen. Für Westdeutschland ergeben sich insgesamt nur wenige statistisch signifikante Faktoren, die die Wahlchance zugunsten der Linkspartei.PDS erhöhen. So bleiben die Beschäftigung im öffentlichen Dienst und die objektive Einordnung als Arbeiter ohne statistisch signifikanten Einfluss. Zumindest letzter Befund überrascht, da in den letzten Jahren angenommen wurde, dass durch den Zusammenschluss von WASG und PDS die Partei für die Arbeiterschaft attraktiver wurde (Neller/Thaidigsmann 2007: 433f.). Kann diese Annahme für die objektive Einordnung als Arbeiter nicht bestätigt werden, so zeigen sich deutlichere Zusammenhänge für die subjektive Schichtzugehörigkeit zur Arbeiterschaft. Tritt er bei der Bundestagswahl 2005 noch nicht statistisch signifikant auf, so besitzt er 2009 einen positiven signifikanten Effekt. Deutlich stärker tritt die individuelle Arbeitslosigkeit bei der Wahl der Linkspartei.PDS für 2005 und 2009 zutage. Damit setzt sich die Wählerschaft der Partei in Westdeutschland überdurchschnittlich aus arbeitslosen Arbeitern zusammen.

In Ostdeutschland besitzt eine Beschäftigung im öffentlichen Dienst zwar eine durchgängig positive Einflussrichtung auf die Wahl der Linkspartei.PDS, bleibt jedoch statistisch insignifikant. Deutlich tritt die Abneigung der Berufsgruppe der Arbeiter gegenüber der Partei bis einschließlich 1998 zutage, die sich jedoch in der Folgezeit abschwächt. Im Vergleich dazu besitzt die subjektive Schichtzugehörigkeit zur Arbeiterschaft zwar durchgehend positive Effekte auf die Wahl der Linkspartei.PDS, diese sind jedoch, mit Ausnahme von 1998, gering und statistisch insignifikant. Im Gegensatz zu den unterschiedlichen Effekten bezüglich der Berufsgruppe der Arbeiter in Ost- und Westdeutschland, zeigt sich bei der individuellen Arbeitslosigkeit eine gewisse Ähnlichkeit der beiden Elektorate. Dies darf jedoch nicht darüber hinwegtäuschen, dass individuelle Arbeitslosigkeit in Ostdeutschland lediglich zu zwei von sechs Untersuchungszeitpunkten einen statistisch signifikanten Effekt auf die Wahl der Linkspartei.PDS besitzt.

Die aus der Analyse gewonnenen Ergebnisse können die Hypothese 3.1, wonach Angestellte im öffentlichen Dienst in Ostdeutschland eher zur Wahl der Linkspartei.PDS neigen, zwar grundsätzlich unterstützen, jedoch nicht in dem

[80] Bei der gleichzeitigen Aufnahme der Kategorie Arbeiter als objektive Berufsgruppenzugehörigkeit und als subjektive Schichteinstufung ist auf etwaige Multikollinearitätseffekte zu achten, da beide Merkmale zunächst eng verwandt erscheinen. Eine Überprüfung mittels Korrelationstabellen für 1994 bis 2009 ergibt jedoch, dass beide Indikatoren zwar zusammenhängen, jedoch nicht in einem Maße, das eine Berechnung der Regressionskoeffizienten nicht mehr möglich machen würde (eigene Berechnungen, nicht ausgewiesen).

Maße, wie erwartet. Wird davon ausgegangen, dass es sich bei dieser Berufsgruppe um die alten Verwaltungseliten des DDR-Regimes handelt, die durch die Wiedervereinigung ihre soziale Position verloren haben, so erscheint die Unterstützung in dieser Gruppe nicht so groß, wie in Untersuchungen zu Wiedervereinigungsverlierern bislang angenommen (Neu 2006a: 27). Im Westen, wo ein negativer Zusammenhang angenommen wurde, zeigen sich ebenfalls keine signifikanten Effekte, die zudem geringer als im Osten sind.

Tabelle 5: Die Wirkung von Berufs- und Schichtgruppenzugehörigkeit auf die Wahl der Linkspartei.PDS, 1994-2009 (logistische Regression, robuste Standardfehler in Klammern)

Ostdeutschland	**1994**	**1998**	**2002**	**2005**	**2009**
Beruf					
Öffentlicher Dienst	0.58ns (0.31)	0.15ns (0.48)	0.45ns (0.59)	0.75ns (0.64)	0.08ns (0.34)
Arbeiter (objektiv)	-0.69c (0.16)	0.15ns (0.48)	0.45ns (0.59)	0.75ns (0.64)	0.08ns (0.34)
Arbeiter (subjektiv)	0.22ns (0.16)	0.49a (0.21)	0.02ns (0.27)	0.15ns (0.18)	0.08ns (0.16)
arbeitslos	0.66c (0.19)	0.31ns (0.26)	0.51ns (0.32)	0.07ns (0.27)	0.78b (0.26)
Konstante	-1.51c	-1.51c	-1.80c	-1.33c	-1.52c
N	1415	746	680	780	946
Nagelkerkes R^2	0.041	0.019	0.017	0.004	0.030
Westdeutschland					
Beruf					
Öffentlicher Dienst				0.14ns (0.62)	-0.16ns (0.37)
Arbeiter (objektiv)				0.57ns (0.39)	0.24ns (0.24)
Arbeiter (subjektiv)				0.36ns (0.30)	0.48b (0.17)
arbeitslos				0.81a (0.40)	0.96c (0.25)
Konstante				-3.26c	-2.17c
N				1499	1944
Nagelkerkes R^2				0.045	0.053

Eigene Berechnung auf Grundlage der Individualdatensätze zu den Bundestagswahlen 1994-2009.
Signifikanzniveaus: a: p<0.05; b: p<0.01; c: p<0.001; ns: nicht signifikant.

Für die objektive Berufsgruppenzugehörigkeit zur Arbeiterschaft in Ostdeutschland wurde prognostiziert, dass sich negative Effekte auf die Wahl der Linkspartei.PDS nach der Wiedervereinigung beobachten lassen, die sich im Zeitverlauf allerdings deutlich abschwächen bzw. ins Positive verkehren sollten. Weiterhin wird davon ausgegangen, dass sich die subjektive Schichtzugehörigkeit von der objektiven Berufsgruppenzugehörigkeit substantiell unterscheiden sollte (siehe Hypothese 3.3). Diese Annahmen lassen sich mit den Daten bestätigen. Die anfängliche Ablehnung der ostdeutschen Arbeiterschaft, die nicht dem

Bild eines Bündnisses zwischen dieser sozialen Großgruppe und einer sozialistischen Partei entsprach (Dalton/Bürklin 1996: 185), wurde mit den speziellen Umständen der Wiedervereinigung erklärt. Die deutliche Abschwächung der negativen Effekte deutet auf einen schwächer werdenden Einfluss dieser speziellen Umstände hin, ohne jedoch von einem Realignment der Berufsgruppe der Arbeiter an die Linkspartei.PDS in Ostdeutschland sprechen zu können. Diese Annahme wird durch die geringen Effekte der subjektiven Schichtzugehörigkeit unterstrichen.

Auch in Westdeutschland ist im Allgemeinen kein neues Bündnis der Linkspartei.PDS mit der Arbeiterschaft erkennbar. Lediglich der positive Effekt der subjektiven Einordnung in die Arbeiterschaft bei der Bundestagswahl 2009 kann als Anzeichen hierfür interpretiert werden. Bereits von einer langfristigen neuen Bindung einer soziodemographischen Gruppe an die Linkspartei.PDS bzw. im Umkehrschluss von der Abwendung der Arbeiterschaft von der SPD zu sprechen, erscheint jedoch verfrüht, da sich zudem für die objektive Einordnung als Arbeiter keine derartigen Effekte beobachten lassen (siehe auch Schoen/Zettl 2010: 131f.).

Bezüglich der in der Forschung zu extrem rechten Parteien kolportierten Verbindung zwischen Teilen der Arbeiterschaft und extremen Parteien lassen sich für die Wählerschaft der Linkspartei.PDS somit keine Zusammenhänge finden (Arzheimer/Carter 2003: 14). Damit können weder die komplexen Darlegungen von Kitschelt (1995) über die Erfahrungen der Arbeiterschaft im Berufsalltag noch die Bedrohung der Arbeiterschaft durch soziale oder wirtschaftliche Modernisierungsprozesse als Gründe für die Wahl einer extrem linken Partei bestätigt werden.

Dagegen spielen diese Prozesse für Personen in Arbeitslosigkeit offensichtlich eine stärkere Rolle (siehe Hypothese 5.1). Allerdings sind diese Effekte in Ostdeutschland in deutlich abgeschwächter Form zu beobachten als in Westdeutschland. Hier scheinen zwei unterschiedliche Mechanismen zu wirken, die bereits in Kapitel 2.6.1 unter dem Namen Resignations- und Radikalisierungshypothese eingeführt wurden: So haben arbeitslose Personen in den Jahren 1994 und 2009 überdurchschnittlich häufig für die Linkspartei.PDS gestimmt, haben sich also radikalisiert, während sie zu den übrigen Untersuchungszeitpunkten eher resigniert waren, nämlich der Wahl ferngeblieben sind. In Westdeutschland zeigen sich dagegen bislang keine Anzeichen der Resignationshypothese, sondern eine klare Bindung der Arbeitslosen an die selbsternannte Partei der sozialen Gerechtigkeit.

Damit zeichnet sich ein ambivalentes Bild der Linkspartei.PDS-Wählerschaft hinsichtlich ihrer Motive ab. So können die Erkenntnisse aus der Extremismusforschung, wonach extreme Parteien überdurchschnittlich häufig von der Arbeiterschaft unterstützt werden, die durch Modernisierungsprozesse ihre Arbeitsplätze gefährdet sehen, nicht bestätigt werden. Deutlichere Effekte können dagegen hinsichtlich individueller Arbeitslosigkeit gezogen werden. Im Sinne der Modernisierungs- bzw. Vereinigungsverliererhypothese entstehen durch individuelle Arbeitslosigkeit Deprivationserfahrungen, die letztendlich zur Wahl einer extremen Partei führen.

Bevor in einem letzten Schritt ein allgemeines Modell zur Analyse soziodemographischer Merkmale präsentiert wird (siehe Tabelle 7), soll der Einfluss der formalen Bildung auf die Wahl der Linkspartei.PDS überprüft werden. Als Gruppen wurden hierbei Hauptschüler als Repräsentanten einer niedrigen formalen Bildung und die Absolventen einer Hochschule als Repräsentanten einer hohen formalen Bildung operationalisiert. Als Referenzgruppe dienen Personen mit mittlerer formaler Bildung.

Die Ergebnisse dieser Analyse sind in Tabelle 6 dargestellt. In Westdeutschland besitzt eine hohe formale Bildung nahezu keinen Effekt auf die Wahl der Linkspartei.PDS. Während Personen mit einer niedrigen formalen Bildung bei der Bundestagswahl 2005 die Partei mit einer geringeren Wahrscheinlichkeit wählen, wird diese Einflussrichtung 2009 nicht bestätigt.[81] In Ostdeutschland dagegen sind die in der Literatur vielfach beschriebenen Muster einer hohen formalen Bildung unter den Linkspartei.PDS-Wählern bis 2009 deutlich erkennbar. Zur letzten Bundestagswahl verändert sich dieser Zusammenhang in gravierender Weise, sodass nunmehr eine hohe formale Bildung einen negativen, wenngleich statistisch nicht signifikanten Effekt aufweist.

Mit diesen Ergebnissen lässt sich Hypothese 4.1 für Ostdeutschland für nahezu alle Untersuchungszeitpunkte bestätigen: Eine höhere formale Bildung führt zu einer höheren Wahrscheinlichkeit, für die Linkspartei.PDS zu stimmen. Als Erklärung wurde angeführt, dass es sich bei Personen mit hoher formaler Bildung um die alte politische und administrative Elite der DDR handelt, die an den staatlichen Universitäten ausgebildet wurde. Der Wiedervereinigungsprozess ging mit dem wahrgenommenen Verlust des sozialen Status dieser Eliten einher. In Folge wandten sie sich der einzigen Vertreterin ostdeutscher Interessen im deutschen Parteiensystem zu, der Linkspartei.PDS. Jedoch lassen sich für die Bundestagswahl 2009 deutliche Verschiebungen innerhalb dieser Bildungsgruppe erkennen, die auf eine dauerhafte Auflösung dieses Bündnisses hindeuten

---

[81] Eine Erklärung für diesen plötzlichen Wechsel der Einflussrichtung ist ein verändertes Instrument zur Messung der formalen Bildung bei den Befragungen 2005 und 2009. Wurde 2005 auch ein Hochschulabschluss in die allgemeine Frage nach dem Schulabschluss aufgenommen, so wurde diese 2009 getrennt unter der Fragestellung nach der beruflichen Ausbildung gefasst. Jedoch dürfte der Wechsel in der Fragestellung keine derart deutliche Verschiebung des Einflussfaktors ergeben. Es ist daher anzunehmen, dass die Linkspartei.PDS bei der Bundestagswahl 2009 einen Teil der formal niedrig gebildeten Wählerschaft an sich binden konnte.

könnten. Ein Wandel in Bezug auf die Wählerschaft hin zu einer „Unterschichtpartei" (Schoen/Falter 2005: 38) ist aber aufgrund der fehlenden Unterstützung niedriger Bildungsschichten bislang nicht erkennbar.

Tabelle 6: Die Wirkung der formalen Bildung auf die Wahl der Linkspartei.PDS, 1994-2009 (logistische Regression, robuste Standardfehler in Klammern)

Ostdeutschland	**1994**	**1998**	**2002**	**2005**	**2009**
Bildung					
Hauptschule	-0.37b (0.15)	-0.86c (0.23)	0.13ns (0.22)	-0.12ns (0.21)	0.15ns (0.17)
Hochschule	1.06c (0.18)	0.68b (0.24)	0.70b (0.26)	0.52a (0.22)	-0.29ns (0.28)
Konstante	-1.50c	-1.26c	-1.80c	-1.33c	-2.89c
N	1541	812	785	799	995
Nagelkerkes R^2	0.059	0.066	0.015	0.014	0.004
Westdeutschland					
Bildung					
Hauptschule				-0.70a (0.30)	0.17ns (0.17)
Hochschule				-0.07ns (0.37)	-0.09ns (0.17)
Konstante				-2.89c	-2.20c
N				1542	1988
Nagelkerkes R^2				0.014	0.002

Eigene Berechnung auf Grundlage der Individualdatensätze zu den Bundestagswahlen 1994-2009.
Signifikanzniveaus: a: p<0.05; b: p<0.01; c: p<0.001; ns: nicht signifikant.

Spezifische Erfahrungen der formal höher Gebildeten in Ostdeutschland während des DDR-Regimes, können für westdeutsche Wähler der Partei keine Rolle spielen. Daher zeigen die Ergebnisse auch nur einen sehr schwachen und zudem leicht negativen Zusammenhang zwischen diesem Merkmal und der Wahl der Linkspartei.PDS (Hypothese 4.1). Eine klare Wählerstruktur bezüglich der Bildungsgruppen ist in Westdeutschland jedoch nicht zu beobachten, wobei die Richtungsänderung der Effekte einer niedrigen formalen Bildung zwischen der Bundestagswahl 2005 und 2009 auf eine neue Wählerschicht der Linkspartei.PDS hindeuten könnte.

Die Wirkungszusammenhänge niedriger und hoher formaler Bildung auf die Wähler der Linkspartei.PDS widersprechen damit den Annahmen aus der Extremismusforschung, wonach eher Personen ohne Schul- oder mit Hauptschulabschluss extremen Parteien zuneigen. Begründet wurde diese Annahme mit den vermittelten Wertvorstellungen, die in höheren Bildungseinrichtungen deutlich liberaler seien und die den Politikvorstellungen extremer Parteien entgegenstünden. Zugleich befänden sich niedrig Gebildete in einem ungleich stärkeren Konkurrenzverhältnis mit Fremdgruppen um Arbeitsplätze. Die Ergebnisse aus

Tabelle 6 lassen an derartigen Mechanismen für die Wählerschaft der Linkspartei.PDS in beiden Landesteilen zweifeln, obgleich sich sowohl in Ost- als auch in Westdeutschland eine langsame Veränderung der Effekte andeutet. Deutlich ist demgegenüber der lang anhaltende Einfluss der Elitenausbildung in der DDR auf die Wahl der Linkspartei.PDS in Ostdeutschland nach der Wiedervereinigung erkennbar.

Als letzter Schritt werden alle in diesem Kapitel verwendeten Variablen in ein soziodemographisches Modell aufgenommen. Die Ergebnisse sind in Tabelle 7 abgetragen. Sie bestätigen einerseits weitgehend die Ergebnisse der Einzelanalysen unter multivariater Kontrolle. Andererseits üben einige der soziodemographischen Variablen durchaus Einfluss aufeinander aus, sodass Veränderungen in der Effektstärke auftreten und sich das Bild der soziodemographischen Basis der Linkspartei.PDS-Wähler verändert.

In Westdeutschland bleiben die statistisch signifikanten Einflüsse des Geschlechts unter Kontrolle der anderen Variablen weitgehend erhalten, es lässt sich jedoch für die Bundestagswahl 2009 eine Abschwächung der Effektstärke beobachten. Damit kann Hypothese 1.2 für Westdeutschland lediglich für einen Untersuchungszeitpunkt bestätigt werden, wonach die Kontrolle der Berufsgruppenzugehörigkeit den Einfluss des Geschlechts verringert. In Ostdeutschland verändert sich der Einfluss des Geschlechts durch die Kontrolle der Drittvariable lediglich geringfügig und nicht nur in abschwächender Form, wodurch von einer Bestätigung der Hypothese 1.2 abgesehen werden muss. Somit kann lediglich für Westdeutschland bei der Bundestagswahl 2009 davon ausgegangen werden, dass sich geschlechterspezifische Unterschiede bei der Unterstützung der Linkspartei.PDS teilweise auf Effekte der Berufsgruppenzugehörigkeit zurückführen lassen. Insgesamt besitzt damit das Geschlecht lediglich in Westdeutschland einen signifikanten Einfluss auf die Wahl der Partei, wohingegen in Ostdeutschland derartige Unterschiede nur für 1994 festzustellen sind. Damit ist der oftmals beobachtete Zusammenhang zwischen männlichem Geschlecht und der Wahl einer extremen Partei lediglich in Westdeutschland zu beobachten und besitzt in Ostdeutschland nahezu keine Erklärungskraft für die Wahl der Linkspartei.PDS.

In den Alterskategorien ergeben sich durch die Kontrolle der anderen sozialstrukturellen Variablen erhebliche Veränderungen und Verschiebungen der bivariaten Effekte. In Westdeutschland schwächen sich die positiven Effekte zu beiden Untersuchungszeitpunkten in den jüngeren und mittleren Alterskategorien deutlich ab und treten darüber hinaus statistisch nicht mehr signifikant auf. Diese Erkenntnisse stützen die in Hypothese 2.4 aufgeworfenen Annahmen, wonach die Kontrolle der formalen Bildung und der Berufstätigkeit die Effekte des Alters stark abschwächt. Ähnlich gravierende Veränderungen sind in Ostdeutschland nicht zu beobachten, da für die formale Bildung schon in bivariater Sicht keine starken Effekte beobachtbar waren bzw. sich keine spezifische Altersstruktur der

Tabelle 7: Die Wirkung sozialstruktureller Merkmale auf die Wahl der Linkspartei.PDS, 1994-2009 (logistische Regression, robuste Standardfehler in Klammern)

Ostdeutschland	**1994**	**1998**	**2002**	**2005**	**2009**
Weiblich	-0.40b (0.15)	0.06ns (0.19)	0.36ns (0.22)	-0.20ns (0.18)	-0.18ns (0.16)
Alter					
18-29	-0.03ns (0.35)	0.58ns (0.46)	0.53ns (0.50)	-0.74ns (0.44)	-0.08ns (0.45)
30-44	0.11ns (0.31)	0.53ns (0.41)	-0.11ns (0.44)	-0.32ns (0.40)	-0.25ns (0.40)
45-64	0.09ns (0.24)	0.63a (0.33)	-0.01ns (0.32)	-0.13ns (0.35)	0.09ns (0.31)
Beruf					
Öffentlicher Dienst	0.53ns (0.32)	-0.19ns (0.49)	0.33ns (0.60)	0.44ns (0.66)	0.06ns (0.37)
Arbeiter (objektiv)	-0.35a (0.17)	0.29ns (0.23)	-0.14ns (0.26)	-0.07ns (0.31)	0.04ns (0.18)
Arbeiter (subjektiv)	0.42a (0.17)	0.83c (0.23)	0.23ns (0.27)	0.36ns (0.20)	0.04ns (0.18)
arbeitslos	0.97c (0.20)	0.61ns (0.26)	0.64ns (0.32)	0.21ns (0.27)	0.71b (0.27)
Bildung					
Hauptschule	-0.51a (0.20)	-1.13c (0.28)	-0.06ns (0.29)	-0.23ns (0.24)	-0.10ns (0.20)
Hochschule	0.91c (0.20)	0.81c (0.26)	0.84b (0.31)	0.35ns (0.24)	-0.30ns (0.32)
Konstante	-1.49c	-2.16c	-2.35c	-0.90a	-1.29c
N	1389	737	674	767	876
Nagelkerkes R^2	0.100	0.094	0.045	0.027	0.041
Westdeutschland					
Weiblich				-0.64a (0.29)	-0.36a (0.18)
Alter					
18-29				-0.42ns (0.78)	0.23ns (0.47)
30-44				0.43ns (0.67)	0.08ns (0.43)
45-64				0.90ns (0.62)	0.05ns (0.38)
Beruf					
Öffentlicher Dienst				-0.25ns (0.64)	-0.25ns (0.34)
Arbeiter (objektiv)				0.58ns (0.38)	0.31ns (0.21)
Arbeiter (subjektiv)				0.88a (0.34)	0.48a (0.20)
arbeitslos				0.94a (0.39)	0.87a (0.28)
Bildung					
Hauptschule				-0.88a (0.34)	0.31ns (0.20)
Hochschule				-0.05ns (0.39)	0.25ns (0.32)
Konstante				-3.18c	-2.18c
N				1475	1640
Nagelkerkes R^2				0.092	0.068

Eigene Berechnung auf Grundlage der Individualdatensätze zu den Bundestagswahlen 1994-2009. Signifikanzniveaus: a: $p<0.05$; b: $p<0.01$; c: $p<0.001$; ns: nicht signifikant.

Wählerschaft nachweisen lassen konnte. In beiden Landesteilen kann damit kein U- bzw. invers J-förmiger Zusammenhang, der oftmals für die Wahl einer extrem rechten Partei beobachtet wurde, nachgewiesen werden. Die Partei scheint in allen Altersgruppen auf ähnlich große Zustimmung zu stoßen.

Eine Analyse der Berufstätigkeit sowie der Berufsgruppen- bzw. Schichtzugehörigkeit im multivariaten Modell ergibt teilweise beachtliche Veränderungen im Vergleich zu den Ergebnissen der bivariaten Analyse. So verstärkt sich der Effekt der subjektiven Einordnung in die Arbeiterschicht sowie der individuellen Arbeitslosigkeit für die Bundestagswahl 2005 in Westdeutschland, während sie 2009 nahezu unverändert bleiben. Nach Hypothese 3.2 wäre jedoch eine Verringerung der Effektstärken zu erwarten gewesen, sodass diese mit den vorhandenen Daten nicht bestätigt werden kann. Auch in Ostdeutschland werden Verschiebungen sichtbar. Zu nahezu allen Untersuchungszeitpunkten schwächt sich der phasen weise signifikant negative Einfluss der objektiven Zugehörigkeit zur Arbeiterschaft ab. Ähnliche Veränderungen gelten auch für die (nicht signifikanten) Effekte der Berufsgruppe öffentlicher Dienst. Dagegen verstärkt sich der Einfluss des Merkmals individuelle Arbeitslosigkeit im soziodemographischen Modell teilweise, was den Annahmen aus Hypothese 5.2, der Effekt werde geringer, widerspricht.

Somit zählen Arbeitslose – als Stellvertreter für Modernisierungsverlierer – hauptsächlich in Westdeutschland zur Kernklientel der Partei. Hier lässt sich zudem eine Affinität der Arbeiterschicht zugunsten der Linkspartei.PDS erkennen. Inwieweit diese jedoch ebenfalls als Verlierer von Modernisierungsprozessen oder eher als natürliche Stammwählerschaft einer Linkspartei angesehen werden kann, ist mit den vorhandenen Daten nicht zu klären. Dagegen zeigen sich in Ostdeutschland nur phasenweise positive Effekte für bestimmte Gruppen an Verlierern der Wiedervereinigung.

Zuletzt bleiben im multivariaten Modell die Einflussmuster der formalen Bildung auf die Wahl der Linkspartei.PDS im Allgemeinen bestehen. 2005 sind in Westdeutschland die niedrigen Bildungsschichten der Linkspartei.PDS eher abgeneigt, jedoch kann gleichzeitig keine deutliche Unterstützung formal Höhergebildeter festgestellt werden. Im Gegensatz dazu kann bis 2005 für Ostdeutschland die aus der Literatur bekannten Einflüsse, dass sich eine hohe formale Bildung positiv, eine niedrige dagegen negativ auf die Wahl der Linkspartei.PDS auswirkt, auch unter Kontrolle der übrigen soziodemographischen Variablen bestätigt werden. Spätestens ab 2005 deutet sich eine klare Verschiebung dieser Muster an. So sind es nur mehr in sehr eingeschränktem Maße die Hochgebildeten, die zur Wählerschaft der Partei zählen, jedoch wird sie ebenso wenig von den niedrig Gebildeten unterstützt. Über den gesamten Untersuchungszeitraum gesehen können bezüglich der formalen Bildung weder in West- noch in Ostdeutschland typische Merkmale einer extremen Partei festgestellt werden, d.h.

eine Kernwählerschaft, die sich aus eher formal niedrig gebildeten Personen zusammensetzt.

Zusammenfassend für dieses Kapitel lassen sich folgende Ergebnisse festhalten: Für Westdeutschland bleibt die Erkenntnis, dass die Wählerschaft der Linkspartei.PDS eindeutig männlich dominiert ist, während dieses Muster in Ostdeutschland nicht erkennbar ist. Jedoch stimmen auch weibliche Personen nicht überdurchschnittlich häufig für die Partei und das, obwohl sich in den Parteiprogrammen der Linkspartei.PDS eindeutige Positionen für die Gleichberechtigung der Geschlechter finden lassen. Grund hierfür scheint nicht etwa die mangelnde Anziehungskraft der Programmatik zu sein, sondern eher die gleichmäßige Verteilung der Wählerschaft der Partei in der ostdeutschen Gesellschaft. Die Abneigung der Frauen in Westdeutschland lässt sich dagegen eher mit den Theorien der Extremismusforschung erklären. So wird die männliche Dominanz in der Wählerschaft extremer Parteien oftmals mit unterschiedlichen Erfahrungen während der Sozialisation erklärt. Frauen sind in ihrem Abstimmungsverhalten eher konsensorientiert, wodurch eine Partei am Rande des politischen Spektrums weniger attraktiv erscheint. Erst der relative Erfolg einer entsprechenden Partei über einen gewissen Zeitraum kann diese Mechanismen abschwächen. Ob sich eine derartige Tendenz für Westdeutschland bestätigen wird, können erst zukünftige Wahlen zeigen, vorausgesetzt der Erfolg der Linkspartei.PDS an den Wahlurnen setzt sich auch in Westdeutschland fort. Dagegen kann in Ostdeutschland bei der Wahl der Linkspartei.PDS nicht von einem devianten Verhalten ausgegangen werden, da die Akzeptanz der Partei hier deutlich höher liegt als in Westdeutschland. Daher sind die geringfügigen Unterschiede des Wahlverhaltens zwischen Männern und Frauen wenig überraschend.

Für das Lebensalter ergeben sich in beiden Landesteilen keine eindeutigen Strukturen. Während sich in Westdeutschland zunächst eher jüngere und mittlere Altersgruppen für die Partei entscheiden, verschwinden diese Zusammenhänge bei Kontrolle der übrigen soziodemographischen Variablen. In Ostdeutschland zeigt sich im gesamten Untersuchungszeitraum keine klare Tendenz bezüglich der Altersgruppen. Damit lassen sich für beide Landesteile keine Mechanismen einer geringeren sozialen Integration von jüngeren und älteren Menschen und ihrer Neigung zur Wahl einer extremen Partei nachweisen. Den Annahmen zufolge sollten beide Altersgruppen geringeren sozialen Zwängen unterworfen sein und zudem eher von extremen Ideologien profitieren, da sie in das bestehende gesellschaftliche System nur peripher eingebunden sind und somit durch eine Veränderung des status quo wenig zu verlieren hätten. Gegen diese Annahmen stehen zumindest in Ostdeutschland die unterschiedlichen Sozialisationserfahrungen der jüngeren und mittleren Altersgruppen im DDR-Regime, die Effekte der Altersgruppen eingeebnet haben könnten. Letztendlich bleibt die Wählerschaft der Linkspartei.PDS in Ost- und Westdeutschland bezüglich der Altersgruppen gleichermaßen verankert.

Die Akzeptanz der Linkspartei.PDS in allen Bevölkerungsschichten in Ostdeutschland zeigt sich auch bei der Analyse der Berufs- bzw. Beschäftigungsgruppen. Während eine besondere Affinität bei den Beschäftigten im öffentlichen Dienst gar nicht, bei der Arbeiterschaft nur zu Beginn des Untersuchungszeitraumes und zusätzlich 2009 bei den Arbeitslosen erkennbar ist, bilden die Arbeitslosen und die Arbeiterschicht die Kernklientel der Wählerschaft in Westdeutschland. Es ist anzunehmen, dass Arbeitslose weniger stark sozial integriert sind und daher tendenziell extremen Parteien zuneigen, da sie sich durch eine veränderte gesellschaftliche bzw. politische Ordnung Vorteile versprechen – hier würde das gleiche Argumentationsmuster greifen wie bei der Frage nach dem Lebensalter.

In Hinblick auf die formale Bildung lässt sich in der ostdeutschen Wählerschaft der Linkspartei.PDS eine deutliche Verschiebung im Zeitverlauf feststellen, während im Westen kein klares Muster erkennbar ist. Für die ersten Jahre nach der Wiedervereinigung wurde die Partei von Wählerschichten mit hohem Bildungsgrad überdurchschnittlich häufig gewählt, während sie bei niedrig Gebildeten keine große Unterstützung fand. Im Laufe des Untersuchungszeitraumes lassen sich jedoch klare Veränderungen dieser Muster erkennen. So wird die Partei schließlich eher von mittleren Bildungsschichten präferiert, während sie in den höheren an Unterstützung verloren hat und die Abneigung der niedrig Gebildeten gleichzeitig abgenommen hat. In Untersuchungen wurde die massive Unterstützung der höher Gebildeten zu Beginn der 1990er Jahre mit der durchdringenden sozialistischen Sozialisation in höheren Bildungseinrichtungen der DDR erklärt (Arzheimer 2005b: 303). Personen, die eine längere Zeit im Bildungssystem der DDR verbracht haben, sind damit in weitaus stärkerem Maße mit den Normen und Werten des demokratischen Sozialismus konfrontiert worden als niedrigere Bildungsschichten. Die Veränderungen bei den höheren Bildungsschichten im Zeitverlauf zeigt jedoch, dass diese Mechanismen immer weniger zu greifen scheinen. In Westdeutschland konnte sich eine derartige Unterstützung durch die höheren Bildungsschichten erst gar nicht ausbilden, jedoch ist auch hier keine typische Unterstützung seitens niedriger Bildungsschichten, wie etwa bei extrem rechten Parteien, erkennbar.

Betrachtet man das Gesamtbild des Einflusses soziodemographischer Merkmale auf die Wahl der Linkspartei.PDS kann für Westdeutschland von einer Männerpartei gesprochen werden, die ihre Unterstützung aus der arbeitslosen Bevölkerung, aber auch der Arbeiterschaft zieht. Diese beiden sozialen Gruppen bildeten lange Zeit die Kernwählerschaft der SPD. Die Ergebnisse deuten darauf hin, dass sich diese Gruppen in der Linkspartei.PDS allmählich eine neue Bündnispartei suchen, die ihre Interessen, wie verbesserter wirtschaftlicher bzw. sozialer Status, vertritt. Jedoch kann noch von keinem dauerhaften Bündnis gesprochen werden, erst weitere Analysen werden die Richtigkeit dieser These bestätigen können. Im Osten unterstützten Arbeitslose lediglich 1994 und 2009 die Linkspartei.PDS in überdurchschnittlichem Maße. Zudem fehlen hier Merkmale einer Männerpartei oder die Unterstützung durch große Teile der Arbeiterschaft. Wie in der Forschung bereits festgestellt wurde, ist die Linkspartei.PDS im Osten weniger eine Partei bestimmter sozialdemographischer Gruppen, sondern fest in der Mitte der Gesellschaft verankert (Kaspar/Falter 2009: 224).

Mit der Erkenntnis, dass soziodemographische Merkmale lediglich zu einem Teil die Wahl der Partei erklären können, rücken andere Erklärungsfaktoren in den Mittelpunkt des Interesses. Ein Blick auf die Erklärungskraft des soziodemographischen Modells bestätigt diese Annahme. So liegt Nagelkerkes R^2, als Indikator für die Güte eines logistischen Modells, in Ostdeutschland im besten Fall bei 10 Prozent und 2005 bei lediglich 2,5 Prozent. In Westdeutschland stellt sich die Erklärungskraft mit ca. 9 Prozent bzw. 7 Prozent nicht besser dar. Damit scheint klar, dass neben soziodemographischen Faktoren auch soziale Bindungen, Persönlichkeitsmerkmale und politische Einstellungen die Wahlentscheidung für diese Partei beeinflussen. Das soziodemographische Modell dieses Kapitels dient trotz seiner eingeschränkten Erklärungskraft als Basis für die weitere Analyse individueller Einstellungsmerkmale.

3.2 Persönlichkeitsmerkmale und die Wahl der Linkspartei.PDS

Bei den frühen Ansätzen zur Erklärung extremistischer Einstellungen in der Bevölkerung nahmen Persönlichkeitsmerkmale eine prominente Stellung ein. Auch bei Scheuch und Klingemann stellen sie in der Kausalkette einen entscheidenden Faktor zur Herausbildung extremer Orientierungen dar (1967: 12f.). Jedoch wurde an vielen dieser Ansätze bemängelt, dass sie durch ihre inhaltliche und strukturelle Konzeption lediglich die Entstehung extrem rechter Einstellungen erklären können. Wie in Kapitel 2.3.1 dargestellt, wird die Ausbildung von Persönlichkeitsmerkmalen durch Modernisierungsprozesse auf der Makro-Ebene ausgelöst und die Erklärungsansätze sollten damit auch für den Wiedervereinigungsprozess in Deutschland und die Wahl einer extrem linken Partei anwendbar sein.

Allerdings sind Indikatoren zu Persönlichkeitsmerkmalen nur selten in Bevölkerungsumfragen vorhanden. Lediglich 2002 und 2009 stehen geeignete, jedoch nicht einheitliche Messinstrumente zur Operationalisierung von Persönlichkeitsmerkmalen zur Verfügung. So wurden erstens 2002 zunächst neun Fragen bezüglich der Charaktereigenschaften einer Person gestellt, die jeweils aus Gegensatzpaaren bestehen.[82] Für die Analyse wurden die einzelnen Aussagen zu einem Index, der so genannten „Affinität zu einem stabilen kognitiven Orientierungssystem“ (ASKO), zusammengefasst. Zweitens wurde 2002 eine weitere Methode zur Messung von Persönlichkeitsmerkmalen in die Analyse mit aufgenommen. Beim so genannten *Big-Five-* bzw. dem Fünf-Faktoren-Modell handelt es sich um ein Modell aus der Persönlichkeitspsychologie (Allport/Odbert 1936). Dabei wird davon ausgegangen, dass sich die menschliche Psyche mittels fünf Hauptdimensionen einordnen lässt: Neurotizismus, Extraversion, Offenheit für Erfahrung, Verträglichkeit sowie Rigidität/Gewissenhaftigkeit.[83] Drittens wurde 2009 eine veränderte Batterie unter dem Namen *„Need to Evaluate, for Cognition and for Cognitive Closure“*, die ebenfalls Persönlichkeitsmerkmale messen soll, abgefragt (Jarvis/Petty 1996; Cacioppo/Petty 1982; Kruglanski et al. 1993). Dabei wurden allerdings keine Gegensatzpaare abgefragt, sondern Zustimmung bzw. Ablehnung zu verschiedenen Charaktereigenschaften auf einer 8er-Skala zwischen „trifft überhaupt nicht zu“ und „trifft voll und ganz zu“.[84]

Mit diesen durchaus unterschiedlichen Indikatoren soll eine Persönlichkeitsstruktur messbar sein, die stark den Konzepten des Autoritarismus, Dogmatismus bzw. der Rigidität im Denken ähnelt. Dabei wird angenommen, dass diese Personen in Schwarz-Weiß-Kategorien denken, einfache und stabile Strukturen der Informationsverarbeitung und Orientierungssicherheit in unsicheren Zeiten suchen und sich dabei extremen Parteien zuwenden (Winkler 2005: 224f.). Allerdings macht die Vielfalt der Messinstrumente klar, dass kein Konsens über die Messung von Persönlichkeitsmerkmalen herrscht. Eine weiterführende Kritik

---

[82] 1. Stetiger Wandel vs. festgefügte Verhältnisse, 2. neue Ideen vs. altbewährte Anschauungen, 3. überraschende Situationen vs. klare eindeutige Verhältnisse, 4. Ruhe und Ordnung vs. Bewegung und Neuerung, 5. Einordnung und Unterordnung vs. Aufbegehren, 6. Veränderungsfreudigkeit vs. Traditionsverbundenheit, 7. feste Regeln vs. Improvisation, 8. neue, bisher unbekannte Dinge vs. bekannte Dinge, 9. Erhaltung des Althergebrachten vs. Reformen.

[83] Allport und Odbert (1936) nahmen an, dass sich Persönlichkeitsmerkmale auch in der Sprache niederschlagen. Mittels einer Faktorenanalyse gelang es ihnen aus einer Batterie von 10.000 Adjektiven fünf stabile, unabhängige und von kulturellen Einflüssen robuste Dimensionen der Persönlichkeit, die *Big-Five*, zu extrahieren. Kritik wurde vor allem an der Reduktion der komplexen menschlichen Persönlichkeit auf gerade einmal fünf Faktoren geübt. So wurde von einigen Forschern das Fehlen bestimmter Merkmale bemängelt (McAdams 1995). Daran anknüpfend stellt sich die Frage, ob aus methodologischer Sicht die Reduktion auf fünf Dimensionen überhaupt zu rechtfertigen ist. Zuletzt wurde auch der fehlende theoretische Unterbau des *Big-Five*-Modells bemängelt. Obgleich empirische Ergebnisse das Vorhandensein der fünf Faktoren bestätigen, so fehlt doch das Wissen über die gemeinsamen Ursachen.

[84] 1. Zurückhaltend, reserviert, 2. leicht Vertrauen schenken, an das Gute im Menschen glauben, 3. Aufgaben gründlich erledigen, 4. aktive Vorstellungskraft, 5. nervös und unsicher, 6. eigene Meinung bilden, 7. keine Befriedigung im Nachdenken, 8. Entscheidungen schnell und sicher treffen.

schließlich zweifelt an der grundsätzlichen Möglichkeit, Persönlichkeitsmerkmale mittels standardisierter Fragen zu messen (Block 2010).

Die Ergebnisse der Analyse von Persönlichkeitsmerkmalen unter Kontrolle soziodemographischer Variablen sind in Tabelle 8 zusammengefasst. Der Einfluss des ASKO-Persönlichkeitsindexes auf die Wahl der Linkspartei.PDS im Jahr 2002 ist dabei marginal und statistisch nicht signifikant. Auch die Variablen der *Big-Five*-Persönlichkeitsbatterie beeinflussen die Wahrscheinlichkeit der Parteiwahl nur in einem Fall in statistisch signifikantem Maße. Personen, die auf andere Personen eher zugehen, also sozial verträglich sind, wählen die Linkspartei.PDS mit einer höheren Wahrscheinlichkeit als Personen, die eher auf ihre Durchsetzungsfähigkeit bei zwischenmenschlichen Beziehungen setzen. Für 2009, mit unterschiedlichen Indikatoren, ergeben sich keine statistisch signifikanten Zusammenhänge in Ostdeutschland. Ähnlich stellt sich dieser Sachverhalt auch in den alten Bundesländern dar. Einzig der negative Einfluss einer zurückhaltenden bzw. reservierten Persönlichkeit zeigt sich statistisch signifikant. Personen, die eher offen und gesprächig sind, besitzen somit eine deutlich höhere Wahrscheinlichkeit, die Linkspartei.PDS zu wählen.

Die in Kapitel 2.6.2 entwickelte Hypothese 6 zur Persönlichkeitsstruktur lässt sich anhand der Daten zur Bundestagswahl 2002 in Ostdeutschland also nicht bestätigen. Der ASKO-Index zeigt keinen statistisch signifikanten Effekt auf die Wahrscheinlichkeit, die Linkspartei.PDS zu wählen. Auch innerhalb der *Big-Five*-Indikatoren hat lediglich ein Faktor, die Verträglichkeit mit anderen Personen, einen statistisch signifikanten Effekt (siehe auch Neller 2006: 128). Im Jahr 2009 besitzt lediglich eine zurückhaltende, reservierte Charaktereigenschaft einen negativen Effekt: Personen, die offen gegenüber anderen sind, wählen die Linkspartei.PDS mit einer höheren Wahrscheinlichkeit.

Insgesamt scheint die Erklärungskraft von Persönlichkeitsmerkmalen für die Wahl der Linkspartei.PDS, auch mit unterschiedlichen Messinstrumenten, sehr begrenzt zu sein. Daraus muss jedoch nicht zwangsläufig folgen, dass die Annahmen Scheuchs und Klingemanns (1967) bezüglich der Anwendbarkeit ihrer Theorie auf extrem linke Parteien falsch sind. Erstens kann angenommen werden, dass Persönlichkeitsmerkmale sowohl direkt als auch indirekt über extreme Einstellungen auf die Wahl einer entsprechenden Partei wirken, wobei in Analysen zu extrem rechten Parteien festgestellt wurde, dass hier ein direkter Zusammenhang besteht (Winkler 2005: 240). Zweitens wurde darauf hingewiesen, dass die bekannten Instrumente zur Messung von Persönlichkeitsmerkmalen ideologisch einseitig konstruiert wurden. So besteht die Möglichkeit, dass Modernisierungsprozesse im Zuge der Wiedervereinigung mit den üblichen Indikatoren nicht messbar sind (Winkler 2005: 226). Drittens haben bereits Scheuch und Klingemann (1967) erkannt, dass sich zwar ein großer Teil der Bevölkerung durch Modernisierungsprozesse desintegriert fühlen mag, diesen jedoch nur eine

Tabelle 8: Die Wirkung sozialstruktureller Merkmale und Persönlichkeitsmerkmale auf die Wahl der Linkspartei.PDS, 2002 und 2009 (logistische Regression, robuste Standardfehler in Klammern)

Ostdeutschland	**2002**	**2009**	**Westdeutschland 2009**
Weiblich	0.39ns (0.26)	-0.16ns (0.18)	-0.33ns (0.18)
Alter			
18-29	0.07ns (0.61)	-0.07ns (0.46)	0.09ns (0.51)
30-44	-0.14ns (0.50)	-0.36ns (0.41)	-0.01ns (0.46)
45-64	-0.08ns (0.35)	0.04ns (0.32)	0.10ns (0.41)
Beruf			
Öffentlicher Dienst	0.25ns (0.69)	0.12ns (0.84)	-0.28ns (0.44)
Arbeiter (objektiv)	0.22ns (0.30)	0.02ns (0.18)	0.65b (0.21)
Arbeiter (subjektiv)	0.46ns (0.38)	0.02ns (0.18)	0.65b (0.21)
arbeitslos	0.46ns (0.38)	0.75b (0.29)	0.90b (0.29)
Bildung			
Hauptschule	-0.02ns (0.33)	-0.02ns (0.21)	0.34ns (0.21)
Hochschule	0.85a (0.37)	-0.63ns (0.32)	0.20ns (0.32)
ASKO	-0.04ns (0.57)		
Big-Five			
zurückhaltend/reserviert	-0.43ns (0.39)		
offen für Erfahrung	0.06ns (0.27)		
Neurotizismus	-0.36ns (0.30)		
Gewissenhaftigkeit	0.30ns (0.31)		
Verträglichkeit	0.85a (0.37)		
Evaluate, Cognition and Cognitive Closure			
zurückhaltend/reserviert		-0.05ns (0.09)	-0.28b (0.09)
vertrauenswürdig		-0.14ns (0.10)	0.00ns (0.09)
gründlich		0.03ns (0.14)	-0.14ns (0.12)
phantasievoll		0.10ns (0.10)	-0.14ns (0.12)
unsicher		-0.00ns (0.10)	-0.08ns (0.10)
bilde mir Meinung		0.08ns (0.11)	-0.06ns (0.11)
Nachdenken befriedigt nicht		-0.10ns (0.07)	0.08ns (0.09)
entscheidungsfreudig		-0.10ns (0.11)	-0.06ns (0.11)
Konstante	-1.91b	-0.76ns	-1.14ns
N	589	828	1454
Nagelkerkes R^2	0.067	0.058	0.094

Eigene Berechnung auf Grundlage der Individualdatensätze zu den Bundestagswahlen 2002 und 2009. Signifikanzniveaus: a: p<0.05; b: p<0.01; c: p<0.001; ns: nicht signifikant.

kleine Bevölkerungsgruppe mit geschlossenen Überzeugungssystemen bzw. rigiden Denkweisen gegenübersteht.

Aufgrund der Tatsache, dass Persönlichkeitsmerkmale nur einen geringen Effekt auf die Wahl der Linkspartei.PDS aufweisen, und die Datenlage Analysen über einen längeren Zeitraum nicht zulässt, werden sie in den folgenden Analysen nicht mehr als Erklärungsfaktoren aufgenommen. Dies bedeutet jedoch nicht, dass Persönlichkeitsmerkmale keine praktische Relevanz für die Stimmabgabe einer extrem linken Partei haben. Jedoch kann mit den vorhandenen Messinstrumenten weder ein direkter noch ein indirekter Zusammenhang nachgewiesen werden. Ebenso wie für extrem rechte Parteien gilt auch für die Wahl einer extrem linken Partei, dass die Forschung zum Einfluss rigider Denkstile und Persönlichkeitsmerkmale erst am Anfang steht (Winkler 2005: 240).

3.3 Soziale Bindungen, Bindungen an soziale Großgruppen und die Wahl der Linkspartei.PDS

In Kapitel 2.6 wurden neben Hypothesen zu sozialstrukturellen Einflüssen und Persönlichkeitsmerkmalen auch Annahmen zur Wirkungsweise sozialer Bindungen auf das Wahlverhalten zugunsten der Linkspartei.PDS aufgestellt. Wie in den vorangegangenen Kapiteln soll schrittweise vorgegangen werden, um Einzeleffekte besser analysieren zu können, wobei das soziodemographische Modell wiederum als Ausgangspunkt dient. Unter sozialen Bindungen wurde in Kapitel 2.6.3 neben Parteibindungen, Konfessionszugehörigkeit, Gewerkschaftsmitgliedschaft auch die soziale Integration – Partnerbindung[85] und Haushaltsgröße – verstanden.

Tabelle 9 stellt das soziodemographische Modell mit den Indikatoren zur sozialen Integration – Partnerbeziehung und Haushaltsgröße – dar. Der Indikator Partnerbeziehung bezieht sich auf die Frage, ob der Befragte in einer Partnerschaft lebt oder nicht, während die Frage nach der Haushaltsgröße zwischen Personen, die in einem Ein- oder in einem Mehrpersonenhaushalte leben, unterscheidet.

[85] Dabei ist die Verwendung des Merkmals einer Partnerbeziehung mit der Schwierigkeit verknüpft, dass über 55 Prozent der Respondenten der Umfrage zur Bundestagswahl 2005 die Option „trifft nicht zu" wählten. Folglich sinkt die Fallzahl für diesen Befragungszeitpunkt drastisch, was einen Vergleich nur eingeschränkt möglich macht. Daher wird dieser Indikator für die Bundestagswahl 2005 aus der Analyse ausgeschlossen.

Tabelle 9: *Die Wirkung sozialstruktureller Merkmale und der sozialen Integration auf die Wahl der Linkspartei.PDS, 1994-2009 (logistische Regression, robuste Standardfehler in Klammern)*

Ostdeutschland	**1994**	**1998**	**2002**	**2005**	**2009**
Weiblich	-0.41b (0.15)	0.05ns (0.19)	0.30ns (0.23)	-0.23ns (0.18)	-0.16ns (0.17)
Alter					
18-29	0.06ns (0.35)	0.61ns (0.47)	0.35ns (0.50)	-0.78ns (0.45)	-0.06ns (0.46)
30-44	-0.01ns (0.35)	0.62ns (0.41)	-0.26ns (0.45)	-0.47ns (0.42)	-0.28ns (0.40)
45-64	0.16ns (0.24)	0.71a (0.33)	-0.05ns (0.32)	-0.27ns (0.35)	0.07ns (0.31)
Beruf					
Öffentlicher Dienst	0.56ns (0.32)	-0.18ns (0.49)	0.36ns (0.61)	0.51ns (0.66)	0.08ns (0.38)
Arbeiter (subjektiv)	0.41a (0.17)	0.88c (0.23)	0.23ns (0.28)	0.35ns (0.22)	0.05ns (0.18)
arbeitslos	0.98c (0.20)	0.50a (0.28)	0.54ns (0.32)	0.17ns (0.27)	0.73b (0.27)
Bildung					
Hauptschule	-0.52a (0.20)	-1.19c (0.28	-0.11ns (0.29)	-0.29ns (0.25)	-0.06ns (0.20)
Hochschule	0.93c (0.20)	0.81c (0.26)	0.84b (0.31)	0.40ns (0.26)	-0.52ns (0.32)
Soziale Integration					
Einpersonenhaushalt	0.65a (0.33)	0.82a (0.39)	-0.22ns (0.39)	-0.16ns (0.21)	-0.14ns (0.32)
kein Partner	-0.36ns (0.31	0.46ns (0.36)	0.31ns (0.37)	-	0.11ns (0.31)
Konstante	-1.52c	-2.26c	-2.21c	-0.86a	-1.26ns
N	1389	737	669	767	749
Nagelkerkes R^2	0.104	0.128	0.047	0.031	0.076
Westdeutschland					
Weiblich				-0.93a (0.29)	-0.37a (0.18)
Alter					
18-29				-0.11ns (0.79)	-0.21ns (0.49)
30-44				0.53ns (0.69)	0.11ns (0.44)
45-64				0.90ns (0.68)	0.09ns (0.40)
Beruf					
Öffentlicher Dienst				-0.24ns (0.64)	0.24ns (0.35)
Arbeiter (subjektiv)				0.59ns (0.36)	0.43a (0.21)
arbeitslos				0.70ns (0.42)	0.87b (0.28)
Bildung					
Hauptschule				-0.99b (0.34)	0.33ns (0.20)
Hochschule				0.10ns (0.40)	0.26ns (0.32)
Soziale Integration					
Einpersonenhaushalt				0.59a (0.29)	0.43a (0.18)
kein Partner				-	0.40ns (0.30)
Konstante				-3.50c	-2.35c
N				1474	1419
Nagelkerkes R^2				0.110	0.076

Eigene Berechnung auf Grundlage der Individualdatensätze zu den Bundestagswahlen 1994-2009.
Signifikanzniveaus: a: p<0.05; b: p<0.01; c: p<0.001; ns: nicht signifikant.

In beiden Landesteilen besitzt der Indikator für Partnerbeziehung keinen statistisch signifikanten Effekt auf die Wahl der Linkspartei.PDS; er ließe sich auch inhaltlich nur schwer interpretieren. Dagegen besitzt die Größe des Haushaltes einen deutlich stärkeren Effekt. Für Westdeutschland ergeben sich statistisch signifikante positive Zusammenhänge auf die Wahl der Linkspartei.PDS, d.h. Personen, die in einem Einpersonenhaushalt leben, wählen die Partei mit einer höheren Wahrscheinlichkeit als Personen, die mit mehreren Personen zusammenleben. Dieses Ergebnis deutet auf eine Wählerschaft der Linkspartei.PDS in Westdeutschland hin, die eher schwach sozial integriert ist. In Ostdeutschland wiederum stellen sich nur für die Jahre nach der Wiedervereinigung positive Effekte für Einpersonenhaushalte ein. Zu den übrigen Zeitpunkten bleiben die Effekte statistisch nicht signifikant.

Neben den direkten Effekten auf das Wahlverhalten sollten die Indikatoren der sozialen Integration auch Einfluss auf einige der soziodemographischen Faktoren aus Kapitel 3.1 besitzen. Nach Hypothese 2.2 führt die Kontrolle der sozialen Integration zu einer Abschwächung des Einfluss des Lebensalters auf die Wahl der Linkspartei.PDS. Aufgrund des sehr geringen Einflusses des Alters auf die Wahl der Linkspartei.PDS in beiden Landesteilen ergeben sich jedoch kaum Veränderungen in beiden Landesteilen, die zudem nicht immer auf eine Abschwächung hindeuten. Daher kann Hypothese 2.2 mit den Daten nicht bestätigt werden.

Häufiger als die Integration einer Person ins persönliche Umfeld wurde in der Literatur ihre Bindung an eine soziale Großgruppe als einflussreicher Faktor bei der Wahl extremer Parteien untersucht. Dabei wird angenommen, dass eine fehlende Bindung an eine solche Gruppe die Extremwahl begünstigt (siehe Kapitel 2.6.3). Zunächst soll der Einfluss der Kirchenbindung in das sozialstrukturelle Modell inklusive der Indikatoren zur sozialen Integration aufgenommen werden. Die Kirchenbindung wurde hier lediglich als dichotome Variable operationalisiert, die zwischen der Mitgliedschaft und Nicht-Mitgliedschaft unterscheidet, da sich die Stärke der Bindung – gemessen an der Kirchgangshäufigkeit – ebenso wie die Konfessionszugehörigkeit in der Forschung als weniger erklärungsmächtig herausgestellt hat. In Tabelle 10 sind die Ergebnisse dieser Untersuchung dargestellt.

Für Westdeutschland ergibt sich lediglich für die Bundestagswahl 2009, dass Personen ohne Bindung an eine Religionsgemeinschaft häufiger für die Linkspartei.PDS stimmen als Personen, die einer Konfession angehören. Allerdings sind auch schon 2005 positive, wenn auch nicht im statistischen Sinne signifikante Effekte zu beobachten. Damit scheint die Partei auch hier in eine ehemals der SPD zugeneigte Wählerschicht eingedrungen zu sein (Elff/ Roßteutscher 2009: 316).

In Ostdeutschland tritt der erwartete Effekt einer fehlenden Kirchenbindung auf die Wahl der Linkspartei.PDS deutlicher zutage als im Westen (Hypothese 7.1). Ob hinter diesem Effekt eher Annahmen aus der Extremismusforschung stehen, nach denen die Wertvorstellungen der Kirche denen extremer Parteien entgegenstehen, oder ob hier eher Sozialisationserfahrungen durch das DDR-Regime eine Rolle spielen, kann anhand der Daten nicht abschließend geklärt werden. Jedoch ist unbestritten, dass die Säkularisierung der Gesellschaft ein primäres Ziel des DDR-Regimes darstellte. Dass diese Zwangssäkularisierung teilweise erfolgreich war, kann durch die vorliegenden Ergebnisse zumindest ansatzweise bestätigt werden (vgl. Meulemann 2001).

Zur Überprüfung von Hypothese 7.2, nach der die Bindung an eine Gewerkschaft einen positiven Einfluss auf die Wahrscheinlichkeit hat, für die Linkspartei.PDS zu stimmen, wird die Kirchenbindung durch einen entsprechen-

Tabelle 10: Die Wirkung sozialstruktureller Merkmale, sozialer Integration und Kirchenbindung auf die Wahl der Linkspartei.PDS, 1994-2009 (logistische Regression, robuste Standardfehler in Klammern)

Ostdeutschland	**1994**	**1998**	**2002**	**2005**	**2009**
Weiblich	-0.28ns (0.16)	0.20ns (0.20)	0.42ns (0.23)	-0.11ns (0.18)	-0.04ns (0.17)
Alter					
18-29	-0.27ns (0.36)	0.33ns (0.48)	0.23ns (0.52)	-0.97a (0.45)	-0.08ns (0.46)
30-44	-0.36ns (0.32)	0.35ns (0.43)	-0.41ns (0.47)	-0.57ns (0.42)	-0.41ns (0.41)
45-64	-0.02ns (0.25)	0.50ns (0.34)	-0.13ns (0.34)	-0.36ns (0.35)	0.03ns (0.33)
Beruf					
Öffentlicher Dienst	0.53ns (0.33)	-0.30ns (0.51)	0.34ns (0.62)	0.51ns (0.68)	0.12ns (0.36)
Arbeiter (subjektiv)	0.36a (0.18)	0.88c (0.24)	0.04ns (0.28)	0.32ns (0.20)	0.08ns (0.18)
arbeitslos	0.86c (0.20)	0.37ns (0.27)	0.54ns (0.32)	0.09ns (0.28)	0.74b (0.28)
Bildung					
Hauptschule	-0.46a (0.21)	-1.07c (0.29)	0.04ns (0.30)	-0.22ns (0.25)	-0.04ns (0.21)
Hochschule	0.91c (0.21)	0.84b (0.27)	0.80b (0.32)	0.45ns (0.26)	-0.42ns (0.33)
Soziale Integration					
Einpersonenhaushalt	0.65a (0.34)	0.98b (0.41)	0.14ns (0.42)	-0.20ns (0.21)	-0.28ns (0.31)
kein Partner	-0.43ns (0.31)	-0.59ns (0.38)	-0.06ns (0.41)	-	-0.04ns (0.30)
Bindung an Großgruppe					
keine Kirchenbind.	1.71c (0.22)	1.47c (0.27)	1.40c (0.28)	1.28c (0.27)	1.11c (0.20)
Konstante	-2.66c	-3.24c	-3.20c	-1.75c	-2.12c
N	1372	728	661	764	867
Nagelkerkes R^2	0.187	0.171	0.121	0.082	0.105

Westdeutschland		
Weiblich	-0.48ns (0.30)	-0.37a (0.18)
Alter		
18-29	-0.41ns (0.79)	0.21ns (0.49)
30-44	0.51ns (0.69)	0.11ns (0.44)
45-64	0.87ns (0.63)	0.09ns (0.40)
Beruf		
Öffentlicher Dienst	-0.16ns (0.65)	-0.24ns (0.35)
Arbeiter (subjektiv)	0.63ns (0.34)	0.43a (0.21)
arbeitslos	0.69ns (0.43)	0.87b (0.28)
Bildung		
Hauptschule	-0.91b (0.34)	0.33ns (0.20)
Hochschule	0.16ns (0.41)	0.26ns (0.32)
Soziale Integration		
Einpersonenhaushalt	0.51ns (0.29)	0.43a (0.18)
kein Partner	-	0.40ns (0.30)
Bindung an Großgruppe		
keine Kirchenbind.	0.47ns (0.30)	0.48a (0.23)
Konstante	-3.72c	-2.59c
N	1460	1628
Nagelkerkes R^2	0.115	0.079

Eigene Berechnung auf Grundlage der Individualdatensätze zu den Bundestagswahlen 1994-2009.
Signifikanzniveaus: a: p<0.05; b: p<0.01; c: p<0.001; ns: nicht signifikant.

den Indikator ersetzt. Wie aus Tabelle 11 ersichtlich kann die Hypothese für Ost- und Westdeutschland bestätigt werden. Diese Ergebnisse widersprechen Annahmen aus der Forschung, nach denen Gewerkschaften universelle Werte vertreten und die Zugehörigkeit zu einer Gewerkschaft damit der Wahl einer extremen Partei entgegensteht. Bezieht man jedoch die ideologischen Positionen der Linkspartei.PDS sowohl auf der wirtschafts- als auch der gesellschaftspolitischen Dimension in die Überlegungen mit ein, dann überraschen die Ergebnisse keineswegs. Wie in Kapitel 1.3.2 bereits dargestellt, vertritt die Linkspartei.PDS dezidiert linke Positionen in Bereichen wie soziale Gerechtigkeit und gesellschaftliche Umverteilung, die sich mit denen der Gewerkschaften zum Teil decken. Die Verbindung zwischen Gewerkschaften und Linkspartei.PDS besteht im Osten seit der Wiedervereinigung und tritt spätestens ab 2005 auch in Westdeutschland zutage. Geht es um die Mitgliedschaft in der gesellschaftlichen Großgruppe der Gewerkschaften wirken die aus der Extremismusforschung bekannten Mechanismen offenbar nicht. Stattdessen scheint die Übereinstimmung der politischen Ziele von Partei und gesellschaftlicher Großgruppe den deutlicheren Effekt auf das Wahlverhalten der Bürger zu besitzen.

In einem letzten Schritt wird zusätzlich zur Bindung an eine Kirche oder Gewerkschaft das Fehlen einer Bindung an eine politische Partei in das soziodemographische Modell mit aufgenommen. Dabei wurde die Existenz einer Parteibindung an eine beliebige politische Partei dem Fehlen einer solchen entgegengesetzt. Im Mittelpunkt der folgenden Analyse steht demnach nicht der Einfluss der Parteibindung auf die Wahl der Linkspartei.PDS, sondern die Frage nach dem Effekt einer Bindungslosigkeit der Wählerschaft an politische Parteien als soziale Großgruppe.

Tabelle 11: *Die Wirkung sozialstruktureller Merkmale, sozialer Integration und Gewerkschaftsbindung auf die Wahl der Linkspartei.PDS, 1994-2009 (logistische Regression, robuste Standardfehler in Klammern)*

Ostdeutschland	1994	1998	2002	2005	2009
Weiblich	-0.36a (0.15)	0.03ns (0.20)	0.32ns (0.23)	-0.21ns (0.18)	-0.15ns (0.17)
Alter					
18-29	0.10ns (0.36)	0.62ns (0.48)	0.32ns (0.51)	-0.77ns (0.45)	0.01ns (0.45)
30-44	0.01ns (0.31)	0.61ns (0.42)	-0.34ns (0.45)	-0.46ns (0.42)	-0.23ns (0.40)
45-64	0.11ns (0.24)	0.64a (0.34)	-0.14ns (0.33)	-0.28ns (0.35)	0.10ns (0.31)
Beruf					
Öffentlicher Dienst	0.52ns (0.33)	-0.17ns (0.49)	0.27ns (0.61)	0.43ns (0.66)	0.14ns (0.37)
Arbeiter (subjektiv)	0.43a (0.17)	0.84c (0.24)	0.20ns (0.28)	0.36ns (0.20)	0.04ns (0.18)
arbeitslos	1.01c (0.20)	0.77a (0.27)	0.58ns (0.34)	0.17ns (0.28)	0.84b (0.28)
Bildung					
Hauptschule	-0.54b (0.21)	-1.17c (0.28)	-0.09ns (0.29)	-0.28ns (0.25)	-0.10ns (0.20)
Hochschule	0.91c (0.21)	0.80b (0.26)	0.84b (0.31)	0.41ns (0.26)	-0.43ns (0.32)
Soziale Integration					
Einpersonenhaushalt	0.66a (0.33)	0.96a (0.40)	-0.23ns (0.39)	-0.16ns (0.21)	-0.16b (0.18)
kein Partner	-0.36ns (0.31)	-0.62ns (0.38)	0.30ns (0.38)	-	-0.06ns (0.30)
Bindung an Großgruppe					
Gewerkschaft	0.68c (0.22)	0.73b (0.26)	0.58a (0.28)	0.29ns (0.32)	0.80b (0.25)
Konstante	-1.77c	-2.38c	-2.26c	-0.89a	-1.45c
N	1374	733	666	766	875
Nagelkerkes R^2	0.120	0.122	0.057	0.032	0.057

Westdeutschland		
Weiblich	-0.52ns (0.30)	-0.31a (0.18)
Alter		
18-29	-0.45ns (0.80)	0.55ns (0.47)
30-44	0.47ns (0.69)	0.28ns (0.43)
45-64	0.88ns (0.63)	0.14ns (0.39)
Beruf		
Öffentlicher Dienst	-0.42ns (0.66)	-0.21ns (0.36)
Arbeiter (subjektiv)	0.62ns (0.34)	0.33ns (0.20)
arbeitslos	0.76ns (0.42)	1.04c (0.28)
Bildung		
Hauptschule	-0.99b (0.34)	0.28ns (0.20)
Hochschule	0.13ns (0.41)	0.07ns (0.32)
Soziale Integration		
Einpersonenhaushalt	0.64a (0.29)	0.45b (0.17)
kein Partner	-	0.48ns (0.29)
Bindung an Großgruppe		
Gewerkschaft	0.85b (0.32)	0.67c (0.20)
Konstante	-3.68c	-2.68c
N	1473	1636
Nagelkerkes R^2	0.125	0.087

Eigene Berechnung auf Grundlage der Individualdatensätze zu den Bundestagswahlen 1994-2009.
Signifikanzniveaus: a: $p<0.05$; b: $p<0.01$; c: $p<0.001$; ns: nicht signifikant.

Der Blick auf Westdeutschland in Tabelle 12 bestätigt zunächst die Ergebnisse, die sich schon bei den Einzelanalysen zu sozialen Bindungen an Großgruppen in diesem Kapitel angedeutet haben. So bleiben die Einflüsse der Mitgliedschaft in Kirche oder Gewerkschaft weitestgehend bestehen. Weiterhin erhöht das Fehlen einer Parteibindung die Wahrscheinlichkeit, die Linkspartei.PDS zu wählen, grundsätzlich zu beiden Befragungszeitpunkten, jedoch sind diese Ergebnisse nur für 2009 statistisch signifikant. Mit aller statistischen Vorsicht unterstützen diese Ergebnisse die Annahmen aus der Extremismusforschung, dass Personen ohne konkrete Bindung an eine politische Partei eher gewillt sind, ihre Stimme einer extremen Partei zu geben, als Personen mit Parteibindung. So zeichnet sich im Westen das Bild einer eher volatilen Wählerschaft der Linkspartei.PDS ab. Nach der sozialpsychologischen Theorie des Wählerverhaltens treffen Bindungslose ihre Wahlentscheidung eher anhand kurzfristiger Faktoren, da ihnen ein stabilisierender Faktor der Wahlentscheidung fehlt (Budge/Farlie 1977: 39). Sollte die Linkspartei.PDS bei zukünftigen Wahlen weiterhin Erfolge an den Urnen feiern, liegt hier durchaus Potenzial für eine langfristige Stammwählerschaft, jedoch kann sich diese Gruppe ebenso schnell einer anderen Partei zuwenden.

Dagegen zeigt sich für Ostdeutschland, dass das Fehlen einer Bindung an eine politische Partei die Chancen für die Wahl zugunsten der Linkspartei.PDS eher verringert, wenngleich die Werte nur 2005 statistisch signifikant auftreten.

Hier besteht die Wählerschaft der Linkspartei.PDS weniger aus bindungslosen Personen als aus solchen, die sich einer bestimmten politischen Partei verbunden fühlen. Damit lässt sich für Ostdeutschland Hypothese 7.5 nicht bestätigen, nach der zur Wählerschaft einer extremen Partei unter anderem auch bindungslose Personen zählen. Dabei ist auffällig, dass der Effekt über den Untersuchungszeit raum konstant bleibt, was bedeutet, dass die Wählerschaft in der Linkspartei.PDS in Ostdeutschland auch Anfang der 1990er Jahre eine Bindung

Tabelle 12: *Die Wirkung sozialstruktureller Merkmale, sozialer Integration, Kirchen- und Gewerkschaftsbindung und Parteibindungen für die Linkspartei.PDS und SPD auf die Wahl der Linkspartei.PDS, 1994-2009 (logistische Regression, robuste Standardfehler in Klammern)*

Ostdeutschland	**1994**	**1998**	**2002**	**2005**	**2009**
Weiblich	-0.23ns (0.16)	0.17ns (0.21)	0.38ns (0.24)	-0.03ns (0.19)	0.03ns (0.17)
Alter					
18-29	-0.22ns (0.37)	0.35ns (0.50)	0.36ns (0.53)	-0.94a (0.47)	-0.11ns (0.47)
30-44	-0.33ns (0.33)	0.32ns (0.44)	-0.28ns (0.48)	-0.66ns (0.44)	-0.36ns (0.43)
45-64	-0.01ns (0.25)	0.41ns (0.35)	-0.13ns (0.35)	-0.49ns (0.37)	0.01ns (0.40)
Beruf					
Öffentlicher Dienst	0.53ns (0.35)	-0.33ns (0.51)	0.25ns (0.62)	0.47ns (0.69)	0.11ns (0.39)
Arbeiter (subjektiv)	0.41a (0.18)	0.81c (0.25)	0.17ns (0.29)	0.39ns (0.21)	0.05ns (0.18)
arbeitslos	0.99c (0.21)	0.67ns (0.28)	0.60ns (0.34)	0.16ns (0.28)	0.87b (0.29)
Bildung					
Hauptschule	-0.45b (0.22)	-1.02c (0.30)	0.06ns (0.30)	-0.17ns (0.26)	-0.00ns (0.21)
Hochschule	0.85c (0.22)	0.81b (0.27)	0.79a (0.33)	0.49ns (0.27)	-0.40ns (0.33)
Soziale Integration					
Einpersonenhaushalt	0.70a (0.35)	1.08b (0.42)	0.18ns (0.45)	-0.19ns (0.22)	-0.25ns (0.19)
kein Partner	-0.44ns (0.32)	-0.29ns (0.23)	-0.02ns (0.41)	-	-0.10ns (0.33)
Bindung an Großgruppe					
keine Kirchenbind.	1.73c (0.23)	1.45c (0.27)	1.34c (0.28)	1.36c (0.33)	1.83c (0.20)
Gewerkschaft	0.67c (0.18)	0.71b (0.26)	0.52a (0.29)	0.36ns (0.33)	0.93b (0.26)
keine Parteibindung	-0.27ns (0.17)	-0.29ns (0.23)	-0.16ns (0.26)	-0.56a (0.23)	0.09ns (0.19)
Konstante	-2.85c	-3.25c	-3.29c	-1.83a	-1.27b
N	1345	713	641	751	874
Nagelkerkes R^2	0.201	0.186	0.126	0.101	0.120

Westdeutschland		
Weiblich	-0.46ns (0.31)	-0.26ns (0.18)
Alter		
18-29	-0.68ns (0.81)	0.73ns (0.48)
30-44	0.21ns (0.70)	0.36ns (0.45)
45-64	0.55ns (0.65)	0.26ns (0.41)
Beruf		
Öffentlicher Dienst	-0.36ns (0.66)	0.16ns (0.37)
Arbeiter (subjektiv)	0.69a (0.34)	0.37ns (0.20)
arbeitslos	0.72ns (0.43)	0.99c (0.29)
Bildung		
Hauptschule	-0.87a (0.35)	0.24ns (0.20)
Hochschule	0.23ns (0.41)	0.12ns (0.33)
Soziale Integration		
Einpersonenhaushalt	0.56ns (0.29)	0.35ns (0.18)
kein Partner	-	0.38ns (0.32)
Bindung an Großgruppe		
keine Kirchenbind.	0.51ns (0.31)	0.35ns (0.18)
Gewerkschaft	0.93b (0.32)	0.71c (0.21)
keine Parteibindung	0.38ns (0.32)	0.49a (0.20)
Konstante	-3.73c	-2.36c
N	1443	1631
Nagelkerkes R^2	0.136	0.101

Eigene Berechnung auf Grundlage der Individualdatensätze zu den Bundestagswahlen 1994-2009.
Signifikanzniveaus: a: $p<0.05$; b: $p<0.01$; c: $p<0.001$; ns: nicht signifikant.

an eine bestimmte politische Partei besaß. Zumindest für die Wählerschaft dieser Partei kann die These einer fehlenden Parteibindung nach der Wiedervereinigung in Ostdeutschland nicht bestätigt werden (vgl. Roth 1990: 371).

Da eine fehlende Parteibindung lediglich einen geringen Einfluss auf die Wahl der Linkspartei.PDS ausübt, wird im Folgenden der Effekt der Bindung an eine bestimmte Partei auf die Wahl der Linkspartei.PDS in die Untersuchung mit einbezogen. Dabei scheinen die Effekte der Parteibindung für die Linkspartei.PDS sowie für die SPD von größtem Interesse zu sein. So soll zum einen geklärt werden, ob sich eine Bindung an die Partei in beiden Landesteilen nachweisen lässt, und wenn ja, ob diese seit der Wiedervereinigung bestand. Zum anderen kann aber auch eine Parteibindung für eine andere Partei die Wahlentscheidung erklären. So wurde immer wieder darauf hingewiesen, dass sich ein Teil der Wählerschaft der Linkspartei.PDS aus ehemaligen SPD-Wählern zusammensetzt (vgl. Neller/Thaidigsmann 2007: 441). Die Analyse der Parteibindung an die SPD dient der Überprüfung dieser Annahme.

Der Einfluss dieser Faktoren wirft zudem ein Licht auf die Dauerhaftigkeit des Erfolges der Linkspartei.PDS. Während in Ostdeutschland die Möglichkeit bestand, dass sich eine tief greifende Bindung an die Linkspartei.PDS schon über die Vorgängerpartei SED entwickelte und nach der Wende verfestigte, sind solche Mechanismen in Westdeutschland in geringerem Ausmaß zu erwarten. Andererseits sollten die Effekte einer SPD-Parteibindung auf die Wahl der Linkspartei.PDS in Westdeutschland größer sein als in Ostdeutschland, da hier die Abwanderung der SPD-Wählerschaft hin zur Linkspartei.PDS durch den Zusammenschluss der WASG und PDS größer war (Neller/Thaidigsmann 2007). So bestanden Teile der WASG-Sympathisanten aus enttäuschten SPD-Wählern, die, mutmaßlich aufgrund der Agenda 2010-Politik, ihren Unmut auszudrücken suchten (Kaspar/Falter 2009: 217). Dabei sollte diese Wählergruppe ihre langfristig stabile Bindung an die SPD trotz divergierender Stimmabgabe für eine andere Partei behalten haben.

Die Ergebnisse der logistischen Regressionsanalyse, die in Tabelle 13 dargestellt sind, bestätigen die aufgeworfenen Vermutungen aus Hypothese 7.3, nach der die Identifikation mit der Linkspartei.PDS einen entscheidenden Effekt auf die Wahlentscheidung für die Partei darstellte. Zu allen Untersuchungszeitpunkten geht von ihr in beiden Landesteilen der stärkste Effekt aus. Da diese Bindungen bereits kurz nach der Wiedervereinigung auftreten, bestätigt sich zudem die Annahme, dass Teile der ostdeutschen Bevölkerung bereits kurz nach der Wiedervereinigung eine Parteibindung an die Nachfolgepartei der SED ausgebildet hatten.

Parallel dazu besitzt eine SPD-Parteibindung in Westdeutschland für das Bundestagswahljahr 2009 einen statistisch signifikanten positiven Einfluss auf die Wahl der Linkspartei.PDS, während er im Jahre 2005 nicht signifikant auftritt. In Ostdeutschland wirkt die Identifikation mit der SPD über den gesamten Befragungszeitraum positiv auf die Wahlentscheidung ein. Damit kann für beide Landesteile eine enge Beziehung von SPD-Bindung und Linkspartei.PDS-Wahl angenommen und Hypothese 7.4 bestätigt werden. Dabei scheint sich dieser Zusammenhang in Westdeutschland erst nach dem Zusammenschluss von WASG und PDS als signifikanter Faktor herausgebildet zu haben. Ein Überprüfung mittels der unsicheren Ergebnisse von 1994 bis 2002 in Westdeutschland bestätigen diese Annahme (Ergebnisse nicht ausgewiesen). Wie stabil das Bündnis zwischen SPD-Anhängern und der Linkspartei.PDS bleiben wird, können erst Untersuchungen zu zukünftigen Bundestagswahlen zeigen. Jedoch wird durch die Ergebnisse deutlich, dass ein nicht unerheblicher Teil des Erfolges der Linkspartei.PDS in West- und Ostdeutschland an Personen mit SPD-Bindungen hängt.

Bleiben diese bestehen, sind langfristige Erfolge der Linkspartei.PDS immer auch von der Performanz der SPD abhängig.

Für dieses Unterkapitel kann festgehalten werden, dass soziale Integration und Bindungen an eine Großgruppe unterschiedliche Effekte auf die Wahl der Linkspartei.PDS besitzen. Indikatoren der sozialen Integration, gemessen am Fehlen bzw. Vorhandensein einer Partnerschaft und der Größe des Haushaltes, besitzen zwar generell Einflüsse auf das Wahlverhalten, sie fallen jedoch in Ost- und Westdeutschland unterschiedlich aus und schwächen sich nach Kontrolle von Bindungen an Großgruppen ab. Während im Osten das Leben in einem

Tabelle 13: Die Wirkung sozialstruktureller Merkmale, sozialer Integration, Kirchen- und Gewerkschaftsbindung und Parteibindung auf die Wahl der Linkspartei.PDS, 1994-2009 (logistische Regression, robuste Standardfehler in Klammern)

Ostdeutschland	**1994**	**1998**	**2002**	**2005**	**2009**
Weiblich	0.29ns (0.25)	-0.07ns (0.28)	0.07ns (0.32)	-0.30ns (0.27)	-0.34ns. (0.25)
Alter					
18-29	-0.44ns (0.43)	0.99ns (0.68)	0.64ns (0.37)	-1.55a (0.70)	1.10ns (0.62)
30-44	-0.67ns (0.51)	0.59ns (0.62)	-0.22ns (0.65)	-0.29ns (0.63)	0.87ns (0.57)
45-64	-0.22ns (0.39)	0.63ns (0.50)	-0.04ns (0.48)	-0.52ns (0.54)	0.64ns (0.49)
Beruf					
Öffentlicher Dienst	0.27ns (0.69)	-0.65ns (0.79)	0.75ns (0.77)	0.79ns (0.88)	-0.31ns (0.43)
Arbeiter (subjektiv)	0.39ns (0.23)	0.74ns (0.35)	0.17ns (0.39)	0.29ns (0.29)	0.18ns (0.29)
arbeitslos	0.69ns (0.37)	0.28ns (0.39)	0.49ns (0.46)	0.46ns (0.40)	0.79a (0.44)
Bildung					
Hauptschule	-0.44ns (0.33)	-0.54ns (0.41)	0.12ns (0.42)	-0.06ns (0.36)	0.38ns (0.27)
Hochschule	0.74a (0.36)	0.80a (0.40)	0.49ns (0.48)	0.16ns (0.39)	-0.33ns (0.51)
Soziale Integration					
Einpersonenhaushalt	0.58ns (0.51)	0.94ns (0.58)	0.61ns (0.62)	0.13ns (0.31)	-0.25ns (0.19)
kein Partner	-0.25ns (0.48)	-0.73ns (0.54)	-0.70ns (0.61)	-	-0.16ns (0.39)
Bindung an Großgruppe					
keine Kirchenbind.	0.91b (0.30)	0.92a (0.37)	0.98b (0.36)	0.44ns (0.36)	0.45ns (0.32)
Gewerkschaft	0.90b (0.29)	0.37ns (0.39)	0.55ns (0.39)	0.48ns (0.47)	0.66ns (0.28)
keine Parteibindung	2.00c (0.28)	1.62c (0.32)	1.48c (0.36)	2.07c (0.51)	1.70c (0.24)
PDS-Parteibindung	6.12c (0.38)	6.39c (0.40)	5.03c (0.75)	5.57c (0.54)	5.65c (0.40)
SPD -Parteibindung	0.99a (0.51)	1.24a (0.60)	1.68a (0.78)	1.11a (0.53)	1.64b (0.49)
Konstante	-4.67c	-4.69c	-4.41c	-3.25c	-4.11ns
N	1345	713	641	751	874
Nagelkerkes R^2	0.687	0.616	0.553	0.597	0.616

Westdeutschland		
Weiblich	-0.76ns (0.39)	-0.22ns (0.25)
Alter		
18-29	-1.69ns (0.96)	-1.13ns (0.63)
30-44	-0.20ns (0.81)	0.31ns (0.59)
45-64	0.13ns (0.47)	0.17ns (0.46)
Beruf		
Öffentlicher Dienst	-0.44ns (0.83)	0.29ns (0.47
Arbeiter (subjektiv)	0.39ns (0.40)	0.04ns (0.25)
arbeitslos	-0.51ns (0.61)	0.84a (0.38)
Bildung		
Hauptschule	-1.24b (0.43)	0.33ns (0.30)
Hochschule	-0.38ns (0.53)	-0.58ns (0.53)
Soziale Integration		
Einpersonenhaushalt	0.63ns (0.36)	0.47a (0.28)
kein Partner	-	0.38ns (0.32)
Bindung an Großgruppe		
keine Kirchenbind.	0.29ns (0.39)	0.52ns (0.29)
Gewerkschaft	0.75ns (0.40)	0.52b (0.38)
keine Parteibindung	1.63c (0.48)	2.52c (0.32)
PDS-Parteibindung	5.72c (0.64)	5.74c (0.42)
SPD -Parteibindung	0.54ns (0.50)	0.88b (0.34)
Konstante	-3.88c	-4.21ns
N	1443	1631
Nagelkerkes R^2	0.417	0.513

Eigene Berechnung auf Grundlage der Individualdatensätze zu den Bundestagswahlen 1994-2009. Signifikanzniveaus: a: $p<0.05$; b: $p<0.01$; c: $p<0.001$; ns: nicht signifikant.

Einpersonenhaushalt die Wahrscheinlichkeit, die Linkspartei.PDS zu wählen, zunächst positiv beeinflusst, können diese Zusammenhänge in Westdeutschland nur für die Bundestagswahl 2009 beobachtet werden. Nach Kontrolle der Bindungen an soziale Großgruppen treten sie im Westen schließlich überhaupt nicht mehr statistisch signifikant auf. Damit besitzen private Lebensverhältnisse nur einen eingeschränkten Effekt auf die Wahl der Linkspartei.PDS.

Dagegen sollte, der sozialpsychologischen Theorie des Wählerverhaltens folgend, eine Parteibindung einen dominanten Einfluss auf die Wahlentscheidung besitzen. Innerhalb der Untersuchungen dieses Kapitels überlagert sie viele der bislang untersuchten Einflussfaktoren. Für die Annahmen aus der Extremismusforschung ist weniger die Bindung an die Linkspartei.PDS interessant als deren Abwesenheit und ihr Einfluss auf die Wahlentscheidung. Wird die Bindungslosigkeit in die Analyse mit einbezogen, so ergeben sich nahezu keine Effekte auf die Wahl der Partei. Erst durch die zusätzliche Trennung in Parteigebundene der SPD, der Linkspartei.PDS und Personen ohne Bindung ergeben sich durchgängig stark positive Zusammenhänge für Personen ohne Parteibindung in beiden Landesteilen. Damit scheint die Linkspartei.PDS sowohl für Parteiidentifizierer der Linkspartei.PDS als auch für bindungslose Wähler attraktiv zu sein. Sie besitzt folglich zwar eine starke Kernwählerschaft, muss sich bei ihren Wahlen jedoch auch auf Personen ohne langfristige Bindung an die eigene Partei stützen, was ihre Wahlerfolge volatil macht.

Der Eindruck der Volatilität erhöht sich zudem unter Berücksichtigung des Einflusses einer SPD-Bindung. Diese besitzt in Ostdeutschland über den gesamten Untersuchungszeitraum einen positiven Einfluss sowie in Westdeutschland für die Bundestagswahl 2009. Also scheint die Verbindung zwischen der Wählerschaft der SPD und der Linkspartei.PDS in Ostdeutschland schon seit der Wiedervereinigung bestanden zu haben, während in Westdeutschland erst der Zusammenschluss von WASG und PDS zu einem solchen Bündnis führte. Für die Linkspartei.PDS besteht dabei einerseits die Möglichkeit, neue Wählerschichten zu gewinnen, andererseits zeigen die Ergebnisse in Ostdeutschland, dass viele Wähler der Partei eine SPD-Parteibindung besitzen. Infolgedessen hängt jedoch ihr Stimmverhalten zugunsten der Linkspartei.PDS zu einem nicht unerheblichen Teil von der Performanz der SPD ab.

Neben den Bindungen an eine Partei können auch Bindungen an weitere soziale Großgruppen einen Einfluss auf die Wahl einer extremen Partei besitzen. Dabei wird grundsätzlich davon ausgegangen, dass diese Bindungen einer extremen Wahlentscheidung eher entgegenstehen. Während sich bezüglich der Kirchenbindungen derartige Zusammenhänge nachweisen lassen, besitzt die Gewerkschaftsmitgliedschaft einen grundsätzlich positiven, wenngleich statistisch nicht immer signifikanten Effekt auf die Wahl der Linkspartei.PDS. Letztere Ergebnisse sind einerseits aus der Übereinstimmung in verschiedenen Politikfeldern bei Gewerkschaften und Linkspartei.PDS ableitbar, zusätzlich haben neuere Ergebnisse der Extremismusforschung durchaus einen positiven Zusammenhang zwischen der Mitgliedschaft in einer Gewerkschaft und der Wahl extrem rechter Parteien aufgezeigt (vgl. Fichter et al. 2008). Die negativen Zusammenhänge einer vorhandenen Kirchenbindung auf die Wahl der Linkspartei.PDS lassen sich dagegen eher mit Sozialisationsbedingungen während des DDR-Regimes erklären. Eines der vorrangigen Ziele des politischen Regimes war es, die Gesellschaft zu säkularisieren und mit dem historischen Materialismus eine Alternative zur christlichen Kirche zu bieten. Dass dieser gesteuerte Prozess zumindest in Teilen der ostdeutschen Bevölkerung Erfolg hatte, zeigen die geringen Mitgliederzahlen der christlichen Kirchen um 1990, die mit ca. 30 Prozent deutlich niedriger lagen als in Westdeutschland (Pollack 2003: 95f.). Zudem weist auch die enge Verbindung zwischen Kirchenungebundenen und der Nachfolgepartei der SED auf immer noch bestehende Sozialisationseffekte hin.

3.4 Politische Einstellungen, ideologische Positionen, Wertorientierungen und die Wahl der Linkspartei.PDS

Im vorangegangenen Kapitel konnten geringe Effekte der sozialen Integration und deutlich stärkere Effekte einer Bindung an eine soziale Großgruppe auf die Wahl der Linkspartei.PDS festgestellt werden. Für die in diesem Kapitel vorgenommenen Analysen wird das soziodemographische Modell wiederum schrittweise mit verschiedenen Wertorientierungsindikatoren und Einstellungsvariablen ergänzt. Wertorientierungen und ideologische Positionen bilden dabei den Bindungen an soziale Großgruppen und konkreten politischen Einstellungen vorgelagerte Einflussfaktoren. Unter Wertorientierungen bzw. ideologischen Positionen von Wählern fallen die materialistische versus postmaterialistische Dimension, die generelle Links-Rechts-Selbsteinstufung sowie libertäre versus autoritäre Orientierungen. Zudem werden in diesem Kapitel die Unzufriedenheit mit dem demokratischen System, politische Verdrossenheit und antidemokratische Einstellungen untersucht. Die erste Analyse nimmt neben den soziodemographischen Variablen materialistische bzw. postmaterialistische Wertorientierungen auf und kann lediglich für den Befragungszeitraum 1994 bis 2002 durchgeführt werden. Dies schließt Westdeutschland aufgrund der Fallzahlenproblematik aus (siehe Kapitel 2.5.2).

Über die Effekte postmaterialistischer bzw. materialistischer Wertorientierungen auf die Wahl der Linkspartei.PDS lassen sich unterschiedliche Annahmen aufstellen (siehe Kapitel 2.6.4). Innerhalb der Extremismusforschung wurden postmaterialistische Wertorientierungen als hemmender Faktor für die Wahl einer extrem rechten Partei angesehen, da postmaterialistische Ziele, wie Gleichberechtigung und allgemeine Bürgerrechte, deren eigenen politischen Zielen entgegenstehen. Gleichzeitig wurde angenommen, dass sich extrem rechte Parteien als Gegenbewegungen gegen postmaterialistische Strömungen gebildet hatten. Dagegen sind in den Parteiprogrammen der Linkspartei.PDS eindeutig postmaterialistische Positionen zu finden, die eher positive Wirkungen erwarten lassen. Grundsätzlich sind postmaterialistische Orientierungen in Ostdeutschland eher geringer verbreitet als im Westen. Doch fehlt Personen mit Neigungen zum Postmaterialismus im Osten der Republik eine Stellvertreterpartei, weil Bündnis90/Die Grünen in den neuen Bundesländern deutlich schwächer sind als in den alten Ländern. Aufgrund dieser gegensätzlichen Einflussfaktoren ist von einem eher geringen Einfluss materialistischer bzw. postmaterialistischer Wertorientierungen auf die Wahl der Linkspartei.PDS auszugehen.

Tabelle 14 beinhaltet die Ergebnisse der Analyse für materialistische und postmaterialistische Einflussfaktoren in Ostdeutschland, wobei Mischtypen, die zwischen den beiden Gruppen liegen, die Referenzgruppe bilden. Für die Jahre 1994 bis 2002 ergeben sich durchweg negative Zusammenhänge für postmaterialistische und positive für materialistische Orientierungen auf die Wahl der Linkspartei.PDS, welche jedoch alle statistisch nicht signifikant sind. Insgesamt besitzen damit materialistische bzw. postmaterialistische Orientierungen nur geringe Effekte.

Tabelle 14: Die Wirkung sozialstruktureller Merkmale und Materialismus/Postmaterialismus auf die Wahl der Linkspartei.PDS, 1994-2002 (logistische Regression, robuste Standardfehler in Klammern)

Ostdeutschland	1994	1998	2002
Weiblich	-0.44b (0.15)	0.01ns (0.20)	0.31ns (0.23)
Alter			
18-29	0.02ns (0.36)	0.63ns (0.46)	0.45ns (0.51)
30-44	-0.09ns (0.31)	0.52ns (0.41)	-0.09ns (0.44)
45-64	0.08ns (0.24)	0.62ns (0.33)	-0.05ns (0.32)
Beruf			
Öffentlicher Dienst	0.63ns (0.33)	-0.20ns (0.49)	0.35ns (0.60)
Arbeiter (subjektiv)	0.42a (0.23)	0.82b (0.30)	0.37ns (0.33)
arbeitslos	0.96a (0.20)	0.66ns (0.27)	0.65ns (0.33)
Bildung			
Hauptschule	-0.48b (0.20)	-1.12c (0.28)	-0.07ns (0.29)
Hochschule	0.93a (0.20)	0.81b (0.26)	0.91b (0.31)
Wertorientierungen			
Materialismus	0.15ns (0.22)	0.36ns (0.19)	0.08ns (0.30)
Postmaterialismus	-0.16ns (0.51)	-0.95ns (0.77)	-0.28ns (0.31)
Konstante	-1.48c	-2.25c	-2.21c
N	1367	735	661
Nagelkerkes R^2	0.102	0.106	0.052

Eigene Berechnung auf Grundlage der Individualdatensätze zu den Bundestagswahlen 1994-2002.
Signifikanzniveaus: a: p<0.05; b: p<0.01; c: p<0.001; ns: nicht signifikant.

Damit kann Hypothese 8.4, die von einem eher geringen Einfluss materialistischer bzw. postmaterialistischer Orientierungen auf die Wahl der Linkspartei.PDS ausgeht, bestätigt werden. Allerdings ist der leichte Effekt postmaterialistischer Orientierungen nicht positiv, sondern im Gegenteil negativ. Trotz ihrer postmaterialistischen Programmatik wird die Linkspartei.PDS demnach mit einer geringeren Wahrscheinlichkeit von Personen mit postmaterialistischen Werten gewählt. Wie schon bei der Frage nach dem Einfluss des Geschlechts in Kapitel 3.1 zeigt sich auch hier eine Diskrepanz zwischen den programmatischen Inhalten der Partei und der Nachfrage der Wählerschaft. Die geringen Einflüsse der bzw. die gegensätzlichen Positionen von Partei und Wählerschaft sind jedoch kaum überraschend, da die Konfliktlinie materialistisch vs. postmaterialistisch für Ostdeutschland von nur geringer Bedeutung ist (Klein 2005). Deutlichere Effekte sollten sich auf der gesellschaftspolitischen Dimension finden lassen, auf der sich libertäre und autoritäre Werte gegenüberstehen, sowie für die generelle Links-Rechts-Dimension, bei der sich die Positionen der Marktfreiheit versus die Befürwortung staatlicher Eingriffe in den Markt gegenüberstehen.

Im Gegensatz zur Untersuchung postmaterialistischer versus materialistischer Wertorientierungen ergeben sich für die Analyse der generellen Links-Rechts-Dimension keine Einschränkungen im Untersuchungszeitraum. Wiederum wird auf Grundlage des sozialstrukturellen Modells ein neues Modell geschätzt, das zusätzlich die Links-Rechts-Selbsteinstufung der befragten Personen beinhaltet.

In den Extremismustheorien wird davon ausgegangen, dass eine extreme Position auf der Links-Rechts-Dimension die Wahl einer extremen Partei begünstigt. Annahmen aus der Rational-Choice-Theorie gehen jedoch davon aus, dass neben der Position des Wählers auch die der Parteien eine Rolle spielt und erst der Vergleich der ideologischen Distanzen zu anderen Parteien die Wahlentscheidung beeinflusst. Die folgende Analyse konzentriert sich zunächst auf die Nachfrageseite des Wählers. Die Positionen der Parteien bzw. Parteiendifferentiale werden in Kapitel 3.6 wieder aufgegriffen.

Die Selbstpositionierung auf der ideologischen Dimension ist für das Individuum dabei alles andere als unkompliziert, da sie eine gewisse Kenntnis und Vertrautheit mit dem Konzept und dessen Inhalten voraussetzt. Einerseits wurde angenommen, dass für die ersten Jahre nach der Wende der Einfluss ideologischer Positionen auf die Wahlentscheidung in der ostdeutschen Bevölkerung geringer sein sollte, da die Bevölkerung mit der Links-Rechts-Dimension nicht vertraut war. Demgegenüber steht die Ansicht, dass das bundesdeutsche Parteiensystem im Kern schon vor dem Zweiten Weltkrieg entstand und der Klassenkonflikt zwischen linker und rechter ideologischer Position ein Kernthema der DDR-Doktrin darstellte, sodass die ostdeutsche Bevölkerung zum Zeitpunkt der Wiedervereinigung in der Lage war, sich selbst und auch die politischen Parteien einzuordnen (Arzheimer 2008b).

Empirisch konnte festgestellt werden, dass sich ostdeutsche Wähler grundsätzlich weiter links auf dieser ideologischen Achse positionieren als ihre westdeutschen Mitbürger und die Linkspartei.PDS zudem als deutlich moderater eingestuft wird als im Westen (Arzheimer 2005b: 299f.). Ob damit jedoch ein größerer Einfluss der Links-Rechts-Dimension auf die Wahlentscheidung zu erwarten ist als in Westdeutschland, erscheint fraglich und muss durch die empirischen Analysen bestätigt werden. Unabhängig von diesen Annahmen ist davon auszugehen, dass in beiden Landesteilen eine linke Positionierung auf der ideologischen Links-Rechts-Dimension die Wahl der Linkspartei.PDS deutlich wahrscheinlicher werden lässt.

Tabelle 15 zeigt die Ergebnisse der logistischen Regression für die ideologische Links-Rechts-Dimension. Die Selbsteinstufung erhöht die Wahrscheinlichkeit der Wahl der Linkspartei.PDS in beiden Landesteilen deutlich. Je weiter links sich eine Person auf dieser ideologischen Achse einstuft, desto wahrscheinlicher wird die Wahl der Partei. Dieser Zusammenhang stellt bei nahezu allen Untersuchungszeitpunkten den stärksten Einflussfaktor dar. In Westdeutschland verstärkt sich der Effekt zwischen 2005 und 2009 deutlich, während er in Ostdeutschland 1994 und 2009 am deutlichsten auftritt, aber auch zu den anderen Befragungszeitpunkten einen stark positiven, statistisch signifikanten Effekt auf die Wahl zugunsten der Linkspartei.PDS ausübt. Damit kann Hypothese 8.1 als bestätigt angesehen werden, nach der sich eine linke Selbsteinstufung in beiden Landesteilen ähnlich stark positiv auf die Wahl der Partei auswirkt, wobei die Effekte in Ostdeutschland leicht über denen im Westen liegen.

Mit diesem Ergebnis und den bisherigen Befunden zum eher geringen Einfluss sozio-demographischer Variablen vor allem in Ostdeutschland muss die Wahl der Partei in erster Linie als ideologisch motiviert angesehen werden. Über den Inhalt der Links-Rechts-Dimension wurde in der Forschung lange Zeit diskutiert. So konstituiert sie sich sowohl aus ökonomischen als auch moralischen Gegensätzen und unterscheidet sich zudem im jeweiligen politischen und zeitlichen Kontext (Arzheimer 2006: 269f.). In Deutschland wird dabei von einem großen Einfluss ökonomischer Konflikte auf die Links-Rechts-Dimension ausgegangen, obgleich es inhaltliche Unterschiede zwischen Ost- und Westdeutschland gibt. Geht man von der Richtigkeit dieser Annahmen aus, dann wird die Partei in beiden Landesteilen überwiegend von Personen gewählt, die Eingriffen des Staates in den Markt positiv gegenüberstehen und damit die Marktfreiheit einschränken wollen (siehe kritisch Downs 1957: 116). In Ostdeutschland soll zudem eine weitere Komponente der Links-Rechts-Dimension nicht unbeachtet bleiben: So steht in mittel- und osteuropäischen Transformationsstaaten oftmals auch die Bewertung des ehemaligen Regimes hinter der Einordnung auf der Links-Rechts-Dimension (Arzheimer 2006: 270). Damit ist eine linke Selbsteinschätzung auch mit einer positiven Bewertung des politischen Systems der DDR verbunden. In den verwendeten Datensätzen sind zur Bestätigung dieser letzten Annahme noch weitere Indikatoren vorhanden, die weiter unten und in Kapitel 3.5 in die Analyse mit einfließen.

Tabelle 15: Die Wirkung sozialstruktureller Merkmale und der Links-Rechts-Selbsteinstufung auf die Wahl der Linkspartei.PDS, 1994-2009 (logistische Regression, robuste Standardfehler in Klammern)

Ostdeutschland	**1994**	**1998**	**2002**	**2005**	**2009**
Weiblich	-0.15ns (0.18)	0.02ns (0.22)	0.48ns (0.26)	-0.18ns (0.21)	-0.27ns (0.20)
Alter					
18-29	-0.26ns (0.43)	0.65ns (0.50)	0.57ns (0.57)	-0.62ns (0.51)	0.41ns (0.57)
30-44	-0.11ns (0.38)	0.53ns (0.45)	-0.01ns (0.49)	-0.34ns (0.47)	0.12ns (0.50)
45-64	-0.01ns (0.29)	0.84a (0.35)	0.08ns (0.36)	-0.21ns (0.39)	0.09ns (0.40)
Beruf					
Öffentlicher Dienst	0.67ns (0.39)	0.02ns (0.53)	0.78ns (0.67)	0.42ns (0.73)	0.35ns (0.41)
Arbeiter (subjektiv)	0.42a (0.25)	0.43a (0.23)	0.17ns (0.32)	0.24ns (0.22)	-0.28ns (0.22)
arbeitslos	0.83c (0.24)	0.35ns (0.30)	0.67ns (0.36)	0.02ns (0.32)	0.42ns (0.35)
Bildung					
Hauptschule	-0.54a (0.25)	-1.27c (0.31)	0.25ns (0.34)	-0.01ns (0.28)	0.05ns (0.24)
Hochschule	0.44ns (0.25)	0.56a (0.28)	0.59ns (0.35)	0.20ns (0.28)	-0.30ns (0.33)
Ideologie					
LiRe-Selbsteinsch.	0.95c (0.06)	0.62c (0.07)	0.69c (0.08)	0.71a (0.06)	0.94c (0.08)
Konstante	-2.69c	0.54ns	-0.42ns	1.88c	2.63c
N	1332	708	631	750	816
Nagelkerkes R^2	0.444	0.297	0.298	0.341	0.296
Westdeutschland					
Weiblich				-0.63a (0.31)	-0.31ns (0.25)
Alter					
18-29				-0.48ns (0.86)	0.17ns (0.53)
30-44				0.34ns (0.76)	-0.34ns (0.49)
45-64				0.86ns (0.70)	-0.18ns (0.44)
Beruf					
Öffentlicher Dienst				-0.34ns (0.66)	-0.19ns (0.42)
Arbeiter (subjektiv)				0.53a (0.34)	-0.01ns (0.22)
arbeitslos				0.65ns (0.43)	1.15c (0.34)
Bildung					
Hauptschule				-0.91b (0.35)	0.43ns (0.22)
Hochschule				-0.28ns (0.41)	-0.23ns (0.35)
Ideologie					
LiRe-Selbsteinsch.				0.60c (0.08)	0.83c (0.07)
Konstante				-0.33ns	2.02c
N				1386	1550
Nagelkerkes R^2				0.245	0.334

Eigene Berechnung auf Grundlage der Individualdatensätze zu den Bundestagswahlen 1994-2009. Signifikanzniveaus: a: $p<0.05$; b: $p<0.01$; c: $p<0.001$; ns: nicht signifikant.

Durch die Kontrolle der ideologischen Links-Rechts-Selbsteinstufung ergeben sich weiter teilweise deutliche Veränderungen bei den soziodemographischen Variablen, die den Stellenwert der ideologischen Position für die Wahl der Linkspartei.PDS verdeutlichen. So behalten nur einige der soziodemographischen Merkmale ihre statistisch signifikante Einflusskraft aus Kapitel 3.1. Dabei verringert sich der Einfluss des Geschlechts, der hohen formalen Bildung und der Berufsgruppen- bzw. Schichtzugehörigkeit in beiden Landesteilen deutlich. Allerdings lassen sich diese Effekte bei Kontrolle der ideologischen Positionen nicht für alle Zeitpunkte bestätigen. Durchgängige Effekte besitzt in Folge keine der soziodemographischen Variablen mehr. Somit können die Hypothesen 1.3, 3.2 und 4.2, die jeweils von einem geringer werdenden Einfluss von Geschlecht, Berufsgruppen- und Schichtzugehörigkeit sowie formaler Bildung unter Kontrolle ideologischer Orientierungen ausgehen, bestätigt werden.

Zusammenfassend kann festgehalten werden, dass sich durch die Kontrolle ideologischer Positionen das soziodemographische Profil der Linkspartei.PDS-Wählerschaft weiter auflöst. Im Umkehrschluss erscheint ihre Wählerschaft in beiden Landesteilen in höchstem Maß ideologisch aufgeladen. In allen Bevölkerungsgruppen stößt die Partei auf ähnliche Zustimmung, sobald sie durch ideologische Stimuli aktiviert wird. Damit ist die These einer Milieupartei, die nur bestimmte soziale Gruppen zu ihrer Kernwählerschaft zählt, für die Linkspartei.PDS in Ost- und teilweise auch Westdeutschland wenig schlüssig (vgl. Sturm 2000: 305). Sie mobilisiert demnach Wähler im Osten über den gesamten Untersuchungszeitraum aus allen Schichten der Gesellschaft, während sie im Westen zumindest zeitweise von Männern und Arbeitslosen als attraktiv empfunden wird. Folglich sprechen die Ergebnisse vor allem für Ostdeutschland gegen eine ähnliche soziodemographische Strukturierung wie bei extrem rechten Parteien, deren Wählerschaft sich vorwiegend aus einem klar abgegrenzten sozialen Milieu zusammensetzt. Dagegen zeigen die Ergebnisse, dass die Linkspartei.PDS-Wähler, ähnlich wie bei einer extrem rechten Partei, in hohem Grade ideologisch motiviert sind. Eine reine Protestwahl, wie sie von vielen Politikern und politischen Kommentatoren angenommen wurde, ist demnach für die Wahl der Linkspartei.PDS wenig plausibel. Um diese Annahme zu prüfen, werden in weiteren Analysen Indikatoren für politische Unzufriedenheit bzw. Verdrossenheit aufgenommen. Zuvor steht jedoch die Analyse sozialistischer Wertorientierungen im Mittelpunkt, die, wie oben bereits erwähnt, vermutlich eng mit der ideologischen Links-Rechts-Dimension zusammenhängen.

Untersuchungen zu Ost- und Westdeutschland nach der Wiedervereinigung haben immer wieder auf unterschiedliche Ansichten zum demokratischen Prinzip in den beiden Landesteilen hingewiesen. Während große Teile der Bevölkerung in den neuen Bundesländern dem Konzept des demokratischen Sozialismus eher positiv gegenüber stehen und darin eine ideale Gesellschaft verwirklicht sehen, wird im Westen das über die Jahrzehnte gewachsene und teilweise im Grundgesetz verankerte Modell der liberalen Demokratie präferiert (vgl. Fuchs 1997). Zunächst konzentriert sich die Analyse auf den Effekt sozialistischer Wertorientierungen. In Kapitel 3.5 werden zusätzlich damit eng verwandte Einstellungen gegenüber dem ehemaligen politischen System mit einbezogen.

Grundsätzlich ist zu erwarten, dass eine positive Einstellung gegenüber der Idee des Sozialismus einen positiven Effekt auf die Wahl der Linkspartei.PDS ausübt, da das in Teilen der Bevölkerung bevorzugte Ordnungsmodell des demokratischen Sozialismus nicht mit dem verwirklichten Modell in der Bundesrepublik übereinstimmt (Westle 2004: 272; 1999). Diesem Konflikt auf der Ebene des politischen Systems Ausdruck zu verleihen, bedarf es einer politischen Partei, die diese alternativen Vorstellungen aufgreift. In der Bundesrepublik Deutschland ist die einzige Partei, die den demokratischen Sozialismus als Gegenentwurf zur liberalen Demokratie nach westdeutschem Muster vertritt, die Linkspartei.PDS. Bürger, die diesem alternativen Ordnungsmodell positiv gegenüberstehen, suchen sich demnach eine Stellvertreterpartei.

Tabelle 16 beinhaltet den Einfluss sozialistischer Einstellungen auf die Wahl der Linkspartei.PDS. Die Bewertung der Idee des Sozialismus wurde nur für die Befragungszeitpunkte 1994 bis 2002 aufgenommen, wodurch Aussagen über den Einfluss für Westdeutschland entfallen müssen. Im Osten Deutschlands besitzen pro-sozialistische Orientierungen zu allen drei Befragungszeitpunkten einen statistisch signifikanten positiven Einfluss auf die Wahl der Linkspartei.PDS. Damit kann Hypothese 12.2 als bestätigt gelten. Eine positive Einstellung gegenüber dem Sozialismus erhöht die Chance zur Wahl der Linkspartei.PDS in entscheidendem Maße. Insofern scheinen die Wähler die Partei tatsächlich als Vertreterin eines alternativen Demokratieprinzips anzusehen. Inwiefern diese Einstellungen mit der generellen Links-Rechts-Dimension bzw. der Bewertung der DDR als politisches System interagieren, werden spätere Untersuchungen zeigen (siehe Kapitel 3.5).

Das vorhandene Datenmaterial lässt noch eine letzte, ebenfalls eingeschränkte Untersuchung zu Wertorientierungen zu. 2009 wurde die Frage nach der Position der Befragten auf der libertär-autoritären Achse gestellt. Wie in Kapitel 1.3.1 dargestellt, handelt es sich hierbei um eine gesellschaftspolitische Links-Rechts-Dimension, die recht heterogene Fragen beinhaltet – wie die nach dem Modus gesamtgesellschaftlich verbindlicher Entscheidungen oder, welchen Gruppen Bürgerrechte zuerkannt werden sollen und wie stark der Staat in den privaten Bereich des Bürgers eingreifen darf.

Tabelle 16: Die Wirkung sozialstruktureller Merkmale und Einstellungen zur Idee des Sozialismus auf die Wahl der Linkspartei.PDS, 1994-2002 (logistische Regression, robuste Standardfehler in Klammern)

Ostdeutschland	1994	1998	2002
Weiblich	-0.47b (0.16)	0.01ns (0.20)	0.41ns (0.23)
Alter			
18-29	-0.02ns (0.37)	0.78ns (0.48)	0.34ns (0.52)
30-44	-0.07ns (0.33)	0.62ns (0.43)	-0.11ns (0.45)
45-64	0.07ns (0.25)	0.64a (0.34)	-0.05ns (0.33)
Beruf			
Öffentlicher Dienst	0.47ns (0.34)	-0.14ns (0.51)	0.38ns (0.63)
Arbeiter (subjektiv)	0.48ns (0.22)	0.70b (0.31)	0.23ns (0.30)
arbeitslos	0.90c (0.21)	0.34ns (0.28)	0.51ns (0.33)
Bildung			
Hauptschule	-0.49a (0.21)	-1.01c (0.29)	-0.03ns (0.30)
Hochschule	0.81c (0.22)	0.79b (0.27)	0.83b (0.32)
Wertorientierungen			
Sozialismus	0.69c (0.08)	0.71c (0.11)	0.54c (0.11)
Konstante	-4.09c	-4.84c	-4.31c
N	1333	719	654
Nagelkerkes R^2	0.209	0.205	0.115

Eigene Berechnung auf Grundlage der Individualdatensätze zu den Bundestagswahlen 1994-2002.
Signifikanzniveaus: a: p<0.05; b: p<0.01; c: p<0.001; ns: nicht signifikant.

Auf dem libertären Pol werden gemeinschaftliche Entscheidungen und allgemeine Bürgerrechte auch für Ausländer als zentrale Punkte vertreten, wohingegen der autoritäre Pol eher hierarchische Machtstrukturen und eingeschränkte Bürgerrechte beinhaltet. Wie in Kapitel 1.3.2 gezeigt, nimmt die Linkspartei.PDS auf der gesellschaftspolitischen Achse keine dezidierte Extremposition im Parteienraum ein, wodurch ein starker Zusammenhang der gesellschaftspolitischen Dimension mit der Wahl der Linkspartei.PDS eher unwahrscheinlich ist (vgl. Neugebauer/Stöss 1996: 279).

In Tabelle 17 sind die Ergebnisse des Einflusses libertär-autoritärer Wertorientierungen auf die Wahl der Linkspartei.PDS abgetragen. Auf den ersten Blick zeigen sich nur sehr schwache Effekte, im Westen mindert, im Osten erhöht eine autoritäre Einstellung die Wahrscheinlichkeit zur Wahl der Linkspartei.PDS. Somit kann Hypothese 8.3 lediglich für Westdeutschland bestätigt werden. Jedoch stellt sich die Größe des Effekts als äußerst gering dar, sodass der Gegensatz libertär versus autoritär grundsätzlich für die Wahl der Linkspartei.PDS keine Rolle spielt. Damit stehen diese Ergebnisse erstens im Gegensatz zu Studien, die der Wählerschaft der Partei eher autoritäre Wertorientierungen aufgrund ihrer Sozialisation im DDR-Regime unterstellen (Neu 2006b: 233; Adam 2007: 118). Zweitens widersprechen sie Erkenntnissen der Forschung zu extrem rechten Parteien, wonach gesellschaftspolitische Positionen stark auf die Wahl einer extremen Partei einwirken (Stöss 2009: 284). Drittens sind für die Wählerschaft der Linkspartei.PDS auch keine extrem libertären Positionen auf der gesellschaftspolitischen Dimension zu beobachten, wie ihnen im Vergleich mit Bündnis90/Die Grünen beschieden wurde (Betz/Welsh 1995). So ergibt sich die Tatsache, wie auch in vorigen Kapiteln gezeigt wurde, dass sich die Programmatik der Partei zuweilen nicht mit der Nachfrage ihrer Wählerschaft deckt.

Tabelle 17: *Die Wirkung sozialstruktureller Merkmale und der libertär-autoritären Einstellungsdimension auf die Wahl der Linkspartei.PDS, 2009 (logistische Regression, robuste Standardfehler in Klammern)*

Ostdeutschland	**2009**	**Westdeutschland**	**2009**
Weiblich	-0.16n.s. (0.17)		-0.32a (0.18)
Alter			
18-29	-0.05n.s. (0.45)		0.21n.s. (0.50)
30-44	-0.28n.s. (0.46)		0.08n.s. (0.45)
45-64	0.03n.s. (0.31)		0.07n.s. (0.39)
Beruf			
Öffentlicher Dienst	0.12n.s. (0.32)		-0.13n.s. (0.42)
Arbeiter (subjektiv)	0.04n.s. (0.18)		0.36a (0.21)
arbeitslos	0.71b (0.23)		0.90c (0.28)
Bildung			
Hauptschule	-0.16n.s. (0.20)		0.34n.s. (0.20)
Hochschule	-0.49n.s. (0.32)		0.12n.s. (0.32)
Wertorientierungen			
Autoritarismus	0.03n.s. (0.03)		-0.09a (0.03)
Konstante	-1.52c		-1.63c
N	849		1602
Nagelkerkes R^2	0.047		0.074

Eigene Berechnung auf Grundlage der Individualdatensätze zu den Bundestagswahlen 2009. Signifikanzniveaus: a: p<0.05; b: p<0.01; c: p<0.001; ns: nicht signifikant.

Als Zwischenfazit zum Einfluss von Wertorientierungen bzw. ideologischen Positionen auf die Wahl der Linkspartei.PDS lässt sich folgendes festhalten: Nach Kontrolle ideologischer Orientierungen kann für die Wählerschaft der Partei in den alten Bundesländern kein eindeutiges soziodemographisches Profil gezeichnet werden. Dabei verändern sich die Variablen nicht einheitlich, sondern für die Befragungszeitpunkte 2005 und 2009 in unterschiedlichem Maße. Dies deutet auf eine Verschiebung der soziodemographischen Wählerbasis der Linkspartei.PDS zwischen den beiden Bundestagswahlen hin (Neller/Thaidigsmann 2007). Inwiefern sich dieser Wandel bestätigt, müssen kommende Wahlen zeigen.

Auch das an sich schon gering ausgeprägte soziodemographische Profil der Wählerschaft in Ostdeutschland löst sich durch Kontrolle ideologischer Orientierungen weiter auf. Die multivariate Untersuchung reduziert die ehemals starken Einflüsse der höheren formalen Bildung und des Geschlechts zum Teil erheblich. Vor diesem Hintergrund kann die Linkspartei.PDS in Ostdeutschland als klassen- und gruppenübergreifende Partei angesehen werden, die in allen sozialen Schichten der Gesellschaft Wähler zu mobilisieren vermag. Keine Ausnahme bildet hierbei die Arbeiterschaft, die trotz des Zusammenschlusses der PDS mit der WASG die Linkspartei.PDS nicht überdurchschnittlich häufig wählt.

Im Gegensatz zum geringen Einfluss soziodemographischer Indikatoren stellen Wertorientierungen bzw. ideologische Einstellungen zentrale Faktoren zur Erklärung des Wahlverhaltens zugunsten der Linkspartei.PDS dar. Allerdings beeinflussen sie die Wahl in unterschiedlichem Maße. Nahezu keinen Effekt besitzen die beiden Dimensionen Materialismus versus Postmaterialismus und Libertarismus versus Autoritarismus, die eher gesellschaftspolitische Orientierungen messen. Dagegen weist die ideologische Links-Rechts-Selbsteinstufung deutlich größere Effekte auf. Eine dezidiert linke Einstufung erhöht die Wahl zugunsten der Linkspartei.PDS in entscheidendem Maße. Der Inhalt dieser Dimension wird in der wissenschaftlichen Forschung höchst unterschiedlich beschrieben: So können sowohl gesellschaftspolitische bzw. moralische als auch wirtschaftspolitische Themen mit einfließen. Zumeist wird sie auf ihre sozioökonomische Unterdimension reduziert, was zu der Erkenntnis führt, dass vor allem Personen, die Eingriffe des Staates in die Wirtschaft befürworten, mit einer höheren Wahrscheinlichkeit die Partei wählen als Personen, die die Marktfreiheit vertreten. Eng mit der Links-Rechts-Selbsteinstufung verbunden ist die Frage nach Einstellungen zur Idee des Sozialismus, die konkreter den Gegensatz zwischen der ideologischen Fundierung des ehemaligen und gegenwärtigen politischen Systems beinhaltet. Auch auf dieser Dimension neigen Personen, die eine linke, also der Idee des Sozialismus aufgeschlossene, Orientierung einnehmen, der Linkspartei.PDS in überdurchschnittlichem Maße zu.

Mit den Ergebnissen zur ideologischen Fundierung der Wählerschaft lässt sich zudem die oftmals vertretene These der reinen oder ideologischen Protestwahl für die Wahl der Linkspartei.PDS nicht bestätigen. Demnach spielt nicht nur die Unzufriedenheit mit den anderen Parteien in der Form einer allgemeinen Politik- oder Parteienunzufriedenheit eine Rolle bei der Wahlentscheidung, sondern ebenso ideologische Positionen oder Wertorientierungen der Bürger. In der neueren Forschung wird ohnehin davon ausgegangen, dass neben ideologischen Extrempositionen auch politische Unzufriedenheit auf verschiedenen Ebenen des politischen Systems vorherrschen muss, um die Wahl einer extremen Partei erklären zu können (Arzheimer 2008a: 109).

Um diese Annahmen zu überprüfen, werden im Folgenden das Merkmal der Zufriedenheit mit dem Funktionieren der Demokratie und Merkmale politischer Verdrossenheit auf verschiedenen Ebenen in die Analyse mit aufgenommen (siehe auch Arzheimer 2002b; Kapitel 2.2.1 und 2.6.5). Dazu stehen mehrere Indikatoren in den Datensätzen zur Verfügung, die jedoch nicht durchgängig über den gesamten Untersuchungszeitraum abgefragt wurden. Lediglich die generelle Unzufriedenheit mit der Demokratie in der Bundesrepublik kann über den gesamten Zeitraum von 1994 bis 2009 untersucht werden. Für 1994 bis 2002 wurden zusätzlich Fragen zur Unzufriedenheit mit den Parteien, Politikern und Institutionen sowie deren Responsivität und die Bewertung der Gerechtigkeit des Gesellschaftssystems abgefragt. 2005 wurden nur einige dieser Indikatoren wieder aufgegriffen, sodass lediglich zwei allgemeine Indices zur *internal* und *external efficacy* operationalisiert werden können. Im Datensatz 2009 ist neben der Zufriedenheit mit der Demokratie kein weiterer Indikator zur Messung politischer Unzufriedenheit vorhanden.

Für 1994 bis 2002 lässt sich für Ostdeutschland ein Modell aufstellen, das neben der Unzufriedenheit mit der Demokratie in der Bundesrepublik zusätzlich Indikatoren für das Misstrauen gegenüber bzw. die Unzufriedenheit mit Parteien, Politikern und Institutionen sowie deren fehlende Responsivität sowie die Bewertung der Gerechtigkeit in Deutschland enthält. Werden diese Indikatoren in das sozialstrukturelle Basismodell aufgenommen, ergeben sich Zusammenhänge, die in Tabelle 18 abgetragen sind.

Nur die Unzufriedenheit mit dem politischen Regime, gemessen am Vertrauen in den Bundestag und die Regierung, für die Wahljahre 1994 und 1998 sowie die Frage nach der positiven Einschätzung der eigenen Rolle im politischen Prozess 1998 besitzen signifikant positive Effekte auf die Wahl der Linkspartei.PDS. Dagegen weist die Verdrossenheit mit Parteien oder Politikern sowie die abschlägige Bewertung der Responsivität von Politikern, Parteien und des Regimes keine signifikanten Effekte auf. Für das Befragungsjahr 2005 lässt sich lediglich ein positiver Einfluss der *internal efficacy*, also der subjektiv wahrgenommenen politischen Kompetenz, auf die Wahl der Partei identifizieren. Dagegen bleibt die *external efficacy*, d.h. die Responsivität des politischen Systems, ohne Einfluss. Politische Unzufriedenheit bzw. Verdrossenheit muss sich jedoch nicht zwangsläufig nur auf bestimmte politische Akteure bzw. politische Institutionen beschränken, sondern kann sich ebenso gegen das politische oder gesellschaftliche System richten. Die Unzufriedenheit mit dem Zustand der Demokratie in Deutschland besitzt in Ostdeutschland zu drei der fünf Untersuchungszeiträume einen signifikant positiven Einfluss auf die Wahl der Linkspartei.PDS. Dagegen besteht zwischen der positiven Bewertung der Gerechtigkeit in der deutschen Gesellschaft und der Wahlentscheidung für die Linkspartei.PDS nur für 1998 ein statistisch signifikanter negativer Zusammenhang; auch zu den anderen Zeitpunkten fällt dieser negativ aus, jedoch statistisch nicht signifikant. Generell wählen Personen, die Deutschland als gerechte Gesellschaft einordnen, die Partei mit einer geringeren Wahrscheinlichkeit.

In Westdeutschland lässt sich aufgrund der Datenlage nur der Einfluss der *internal* und *external efficacy* sowie die Zufriedenheit mit der Demokratie in der Bundesrepublik Deutschland untersuchen. Dabei erhöht eine positive Einschätzung der eigenen Rolle innerhalb des politischen Prozesses die Chance, die Linkspartei.PDS zu wählen, während eine positive Einschätzung der Responsivität des politischen Systems diese verringert. Ebenso besitzt die Unzufriedenheit mit dem Zustand der Demokratie in Deutschland 2005 und 2009 einen positiven Effekt auf die Wahl der Partei. Somit zählen zu ihrer Wählerschaft Personen, die ihre eigene Rolle im politischen System als durchaus positiv einschätzen. Sie sehen dagegen die Rückbindung politischer Akteure bzw. des politischen Regimes an ihre Vorstellungen kritisch und sind allgemein unzufrieden mit dem Zustand der Demokratie in Deutschland.

Damit erhöhen negative Einstellungen gegenüber politischen Akteuren bzw. dem politischen Regime zwar tendenziell die Wahrscheinlichkeit zur Linkspartei.PDS-Wahl in beiden Landesteilen, jedoch nicht in dem Maße und in der Reichweite, wie in der Literatur oftmals kolportiert (siehe dagegen Neu 1995; Bortfeldt 1994). Politische Unzufriedenheit als Einflussfaktor konzentriert sich vornehmlich auf die Regime- bzw. Institutionenebene und lässt sich nur geringfügig als Protest gegenüber politischen Akteuren identifizieren. Damit kann Hypothese 9.4, die von einem positiven Einfluss negativer Bewertungen politischer Institutionen ausging, grundsätzlich bestätigt werden. Dagegen müssen die Hypothesen 9.2 und 9.3, die von derselben Einflussrichtung für Politiker und Parteien ausgehen, anhand der Daten abgelehnt werden. Das Bild, dass politische Akteure nur geringen Einfluss auf die Entscheidung der PDS-Linkspartei-Wählerschaft ausüben, bestätigt sich, wenn anstelle der Unzufriedenheit deren Responsivität gegenüber der Bevölkerung abgefragt wird. Für diese Faktoren, aber auch für die Frage nach der Responsivität des Regimes ergeben sich keine Zusammenhänge mit der Wahl der Linkspartei.PDS. Dagegen erhöht die Selbsteinschätzung, eine aktive politische Rolle zu spielen und ein gutes Verständnis politischer Vorgängen zu haben, die Wahl der Linkspartei.PDS zumindest zeitweise. In der Diskussion zur Politikverdrossenheit wurde neben konkreten Elementen politischer Unzufriedenheit gegenüber politischen Akteuren und Institutionen auch der Einfluss genereller Einstellungen zur Zufriedenheit mit der Demokratie und mit dem Gesellschaftssystem genannt. Die Analyse der Daten bestätigt dabei Hypothese 9.1: Wer mit dem Zustand der Demokratie in Deutschland unzufrieden ist, wählt zu den meisten Untersuchungszeitpunkten deutlich öfters die Linkspartei.PDS. Dagegen kann Hypothese 11, die von einem positiven Einfluss einer negativen Bewertung des deutschen Gesellschaftssystems ausgeht, nicht generell bestätigt werden.

Tabelle 18: Die Wirkung sozialstruktureller Merkmale und Politikverdrossenheit auf die Wahl der Linkspartei.PDS, 1994-2009 (logistische Regression, robuste Standardfehler in Klammern)

Ostdeutschland	**1994**	**1998**	**2002**	**2005**	**2009**
Weiblich	-0.23ns (0.18)	0.06ns (0.23)	0.46ns (0.27)	-0.22ns (0.21)	-0.23ns (0.17)
Alter					
18-29	-0.02ns (0.45)	0.33ns (0.55)	0.50ns (0.57)	-0.66ns (0.46)	-0.22ns (0.48)
30-44	-0.19ns (0.39)	0.22ns (0.48)	-0.30ns (0.51)	-0.25ns (0.42)	-0.37ns (0.43)
45-64	0.04ns (0.31)	0.53ns (0.38)	-0.07ns (0.37)	-0.13ns (0.35)	-0.06ns (0.34)
Beruf					
Öffentlicher Dienst	0.52ns (0.45)	0.21ns (0.55)	0.64ns (0.73)	0.66ns (0.70)	0.16ns (0.36)
Arbeiter (subjektiv)	0.33ns (0.25)	0.49a (0.33)	0.34ns (0.41)	0.41ns (0.20)	-0.16ns (0.19)
arbeitslos	0.76c (0.24)	0.20ns (0.31)	0.55ns (0.36)	0.07ns (0.28)	0.34ns (0.29)
Bildung					
Hauptschule	-0.63b (0.29)	-1.33c (0.32)	0.01ns (0.34)	-0.23ns (0.25)	-0.02ns (0.21)
Hochschule	0.59a (0.30)	0.79b (0.28)	1.18c (0.37)	0.31ns (0.26)	-0.30ns (0.37)
Unzufriedenheit					
Parteien	-0.15ns (0.15)	0.26ns (0.20)	-0.37ns (0.23)		
Politiker	0.11ns (0.11)	0.12ns (0.15)	0.19ns (0.17)		
Regime	0.45c (0.09)	0.56c (0.14)	0.32ns (0.18)		
Responsivität					
Parteien	-0.07ns (0.08)	-0.08ns (0.10)	-0.08ns (0.14)		
Politiker	-0.11ns (0.15)	-0.12ns (0.19)	0.07ns (0.26)		
Regime	-0.05ns (0.21)	0.06ns (0.27)	0.52ns (0.35)		
Selbst	-0.09ns (0.12)	0.54a (0.19)	0.23ns (0.25)		
internal efficacy				0.19a (0.09)	
external efficacy				0.04ns (0.09)	
Unzuf. Demokratie	0.73c (0.12)	0.13ns (0.12)	0.16ns (0.15)	0.31c (0.07)	0.81c (0.09)
Ger. Gesellschaft	-0.61ns (0.30)	-1.33a (0.64)	-0.39ns (0.34)		
Konstante	-4.10c	-6.41ns	-3.73a	-0.59ns	-3.61ns
N	1121	627	531	743	856
Nagelkerkes R^2	0.336	0.263	0.171	0.373	0.180

Westdeutschland		
Weiblich	-0.61a (0.30)	-0.43a (0.18)
Alter		
18-29	-0.29ns (0.79)	0.37ns (0.48)
30-44	0.45ns (0.68)	0.02ns (0.52)
45-64	0.84ns (0.63)	0.05ns (0.40)
Beruf		
Öffentlicher Dienst	-0.01ns (0.65)	-0.12ns (0.43)
Arbeiter (subjektiv)	0.82ns (0.34)	0.32ns (0.20)
arbeitslos	0.75ns (0.41)	0.93c (0.29)
Bildung		
Hauptschule	-0.94b (0.34)	0.23ns (0.19)
Hochschule	0.05ns (0.40)	0.33ns (0.31)
Responsivität		
internal efficacy	0.36b (0.12)	
external efficacy	-0.33a (0.14)	
Unzuf. Demokratie	0.25b (0.10)	0.85c (0.09)
Konstante	-2.31b	-4.65c
N	1380	1599
Nagelkerkes R^2	0.300	0.178

Eigene Berechnung auf Grundlage der Individualdatensätze zu den Bundestagswahlen 1994-2009.
Signifikanzniveaus: a: $p<0.05$; b: $p<0.01$; c: $p<0.001$; ns: nicht signifikant.

Wenngleich sich keine Verdrossenheit gegenüber Politikern und Parteien finden lässt, so zeigt sich in Teilen der ostdeutschen Bevölkerung eine Unzufriedenheit mit dem politischen Regime und tendenziell mit der Gerechtigkeit in der Gesellschaft. Zumindest auf dieser Ebene stehen die Vorstellungen von Teilen der ostdeutschen Bevölkerung dem etablierten politischen und gesellschaftlichen System entgegen. Zieht man die hierarchische Strukturierung politischer Unterstützung aus Kapitel 2.4.2.2 heran, so sind die Ebenen des politischen Regimes und der politischen Gemeinschaft betroffen, die für die Stabilität des etablierten politischen Systems bedeutsam sind. Mit der Unterstützung des aktuellen politischen Systems eng verbunden ist die Frage nach der fortdauernden Unterstützung für das ehemalige politische System. Dieser Frage und der Verbindung mit der Wahl der Linkspartei.PDS widmet sich Kapitel 3.5.

Die Analysen dieses Kapitels haben gezeigt, dass sowohl ideologische Faktoren als auch politische Unzufriedenheit getrennt auf die Wahl der Linkspartei.PDS einwirken können. Damit muss an der Richtigkeit der These der reinen oder unideologischen Protestwahl abermals gezweifelt werden. (Falter/Klein 1994, 1995; Neugebauer/Stöss 1996: 246). In Kapitel 2.2.1 wurde auch die Möglichkeit rationaler Elemente bei der Erklärung von Protestwahlverhalten diskutiert. Demnach stimmen Wähler nicht für eine extreme Partei, um sie an die Macht zu bringen, sondern um die etablierten Parteien für die in ihren Augen verfehlte Politik abzustrafen.

Tabelle 19: *Wirkung sozialstruktureller Merkmale, Links-Rechts-Selbsteinstufung und Politikverdrossenheit auf die Wahl der Linkspartei.PDS, 1994-2009 (logistische Regression, robuste Standardfehler in Klammern)*

Ostdeutschland	**1994**	**1998**	**2002**	**2005**	**2009**
Weiblich	-0.05ns (0.21)	0.12ns (0.24)	0.62a (0.31)	-0.21ns (0.21)	-0.34ns (0.21)
Alter					
18-29	-0.16ns (0.47)	0.46ns (0.54)	0.92ns (0.67)	-0.57ns (0.53)	0.49ns (0.60)
30-44	-0.17ns (0.42)	0.17ns (0.49)	-0.10ns (0.57)	-0.22ns (0.48)	0.10ns (0.53)
45-64	-0.02ns (0.33)	0.72ns (0.39)	0.13ns (0.43)	-0.18ns (0.40)	0.01ns (0.44)
Beruf					
Öffentlicher Dienst	0.28ns (0.51)	0.41ns (0.56)	1.26ns (0.77)	0.64ns (0.78)	0.17ns (0.41)
Arbeiter (subjektiv)	0.32a (0.26)	0.44a (0.34)	0.24ns (0.39)	0.34ns (0.29)	-0.39ns (0.23)
arbeitslos	0.67b (0.26)	0.20ns (0.31)	0.47ns (0.42)	-0.08ns (0.32)	0.44ns (0.36)
Bildung					
Hauptschule	-0.54a (0.29)	-1.44c (0.33)	0.36ns (0.41)	-0.06ns (0.29)	0.08ns (0.26)
Hochschule	0.38ns (0.30)	0.51ns (0.31)	1.11b (0.42)	0.20ns (0.29)	-0.26ns (0.42)
Ideologie					
LiRe-Selbsteinsch.	0.78c (0.07)	0.55c (0.07)	0.73c (0.09)	0.71c (0.07)	0.88c (0.08)
Unzufriedenheit					
Parteien	-0.27ns (0.18)	0.30ns (0.22)	-0.26ns (0.29)		
Politiker	0.04ns (0.15)	0.12ns (0.16)	0.34ns (0.19)		
Regime	0.27b (0.10)	0.57c (0.16)	0.39ns (0.21)		
Responsivität					
Parteien	-0.13ns (0.09)	-0.07ns (0.11)	-0.03ns (0.15)		
Politiker	-0.04ns (0.11)	-0.11ns (0.21)	0.02ns (0.29)		
Regime	-0.21ns (0.23)	0.02ns (0.30)	0.79a (0.40)		
Selbst	-0.02ns (0.14)	-0.02ns (0.14)	0.26ns (0.28)		
internal efficacy				0.21a (0.10)	
external efficacy				-0.09ns (0.11)	
Unzuf. Demokratie	0.56c (0.13)	0.15ns (0.14)	0.15ns (0.17)	0.33c (0.08)	0.50c (0.12)
Ger. Gesellschaft	-0.39ns (0.34)	-1.57a (0.70)	-0.27ns (0.38)		
Konstante	0.13ns	-1.57a	-1.12ns	0.19ns	0.86ns
N	1080	608	507	741	796
Nagelkerkes R^2	0.551	0.386	0.396	0.373	0.475

Westdeutschland		
Weiblich	-0.64a (0.31)	-0.30ns (0.20)
Alter		
18-29	-0.26ns (0.87)	0.03ns (0.56)
30-44	0.41ns (0.77)	-0.10ns (0.52)
45-64	0.81ns (0.71)	0.30ns (0.46)
Beruf		
Öffentlicher Dienst	-0.06ns (0.68)	-0.09ns (0.47)
Arbeiter (subjektiv)	0.62a (0.36)	0.24ns (0.24)
arbeitslos	0.35ns (0.46)	1.18b (0.38)
Bildung		
Hauptschule	-1.06b (0.37)	0.31ns (0.23)
Hochschule	-0.23ns (0.42)	-0.29ns (0.37)
Ideologie		
LiRe-Selbsteinsch.	0.60c (0.09)	0.82c (0.07)
Responsivität		
internal efficacy	0.33a (0.13)	
external efficacy	-0.30a (0.16)	
Unzuf. Demokratie	0.36c (0.11)	0.79c (0.10)
Konstante	-1.28ns	-0.23ns
N	1368	1556
Nagelkerkes R^2	0.300	0.402

Eigene Berechnung auf Grundlage der Individualdatensätze zu den Bundestagswahlen 1994-2009.
Signifikanzniveaus: a: $p<0.05$; b: $p<0.01$; c: $p<0.001$; ns: nicht signifikant.

Die Programmatik der extremen Parteien spielt insofern eine Rolle, als dass die Bürger einen Richtungswechsel von den etablierten Parteien verlangen, da sie vom Idealpunkt des Wählers zu weit entfernt liegen. In der Diskussion zur reinen und rationalen Protestwahl hat sich eine dritte Sichtweise etabliert, die beide zu verbinden sucht (Falter 1994; Arzheimer et al. 2001: 238). Dabei wird davon ausgegangen, dass nur eine Kombination von politischer Unzufriedenheit und ideologisch extremen Positionen die Bürger veranlasst, eine extreme Partei zu wählen. Mithilfe der simultanen Untersuchung ideologischer Positionen und Indikatoren zur politischen Unzufriedenheit sollen diese Thesen im Folgenden untersucht werden (siehe Tabelle 19).

Für Ost- und Westdeutschland zeigen die Ergebnisse, dass nach Kontrolle der ideologischen Selbstpositionierung die Indikatoren der politischen Unzufriedenheit wirkungsmächtig bleiben. Im Befragungszeitraum verändern sich dabei die Indikatoren der *internal efficacy* und *external efficacy* und die Demokratieunzufriedenheit nur geringfügig.

Damit ist die Wahl der Linkspartei.PDS keineswegs Ausdruck einer reinen Protestwahl, aber auch nicht rein rational bedingt, sondern wird durch beide Faktoren simultan beeinflusst. So erhöht eine ideologisch linke Position auf der Links-Rechts-Dimension in Kombination mit politischer Unzufriedenheit – vornehmlich mit dem Regime bzw. der Demokratie in Deutschland – die Wahrscheinlichkeit, die Linkspartei.PDS zu wählen, deutlich. Jedoch haben weitergehende Untersuchungen zu den Einflüssen ideologischer Überzeugungen gezeigt, dass auch bei einer eher neutralen Position auf der Links-Rechts-Achse und einer mittleren politischen Unzufriedenheit die Wahrscheinlichkeit der Wahl der Linkspartei.PDS vor allem im Osten der Bundesrepublik hoch liegt. Ebenso besitzen Personen, die mit der Demokratie in Deutschland zufrieden sind und dem Sozialismus eher neutral gegenüberstehen, eine hohe Wahrscheinlichkeit, die Linkspartei.PDS zu wählen (Arzheimer 2007: 83).

Neben der Verdrossenheit auf der politischen und gesellschaftlichen Dimension lassen sich auch Annahmen über den Einfluss ökonomischer Faktoren auf die Wahl einer extremen Partei treffen. Hierbei wird zwischen subjektiven und objektiven Deprivationserfahrungen, die im Zuge von Transformations- und Modernisierungsprozessen in beiden Landesteilen entstehen können, unterschieden. Im Rahmen der folgenden Untersuchung können lediglich die subjektiven Deprivationserfahrungen betrachtet werden, da nur hierfür passende Indikatoren auf der Individual-Ebene vorhanden sind. Weiterhin kann zwischen zwei Ebenen wirtschaftlicher Faktoren unterschieden werden: die wahrgenommene wirtschaftliche Situation im Land und die wahrgenommene finanzielle Lage des Privathaushaltes. Aus Sicht der Modernisierungsverlierer- bzw. Vereinigungsverliererhypothese sind Personen, die die eigene wirtschaftliche und persönliche finanzielle Lage negativ beurteilen, eher dazu bereit, ihre Stimme einer extremen Partei zu geben. Des Weiteren wurde auch zwischen subjektiv und objektiv Deprivierten von Modernisierungsprozessen unterschieden. Dabei wurde festgestellt, dass die Wähler der Linkspartei.PDS nicht zwangsläufig zu den objektiven Verlierern der Wiedervereinigung zählen, sie jedoch ihre finanzielle Lage und die der Gesamtwirtschaft deutlich schlechter einschätzen als der Rest der Bevölkerung (Klein/Caballero 1996; Deinert 1997).

Tabelle 20 zeigt die Ergebnisse einer Analyse, die die Bewertung der aktuellen allgemeinen wirtschaftlichen Lage der Nation und die persönliche finanzielle Situation durch die Befragten enthält. Diese Indikatoren sind für die Befragungszeitpunkte 1994 bis 2002 sowie 2009 verfügbar. In Westdeutschland besitzen beide Merkmale einen statistisch signifikanten positiven Effekt auf die Wahl der Linkspartei.PDS. Damit wählen Personen, die die allgemeine wirtschaftliche Lage in der Bundesrepublik Deutschland und ihre eigene finanzielle Situation negativ bewerten, die Partei mit einer höheren Wahrscheinlichkeit als die Referenzgruppe. In Ostdeutschland besitzt die aktuelle wirtschaftliche Situation in der Bundesrepublik Deutschland nur 1994 einen statistisch signifikanten positiven Zusammenhang mit der Wahl der Linkspartei.PDS, wohingegen die eigene finanzielle Situation 1998 und 2002 einen einflussreichen Faktor darstellt.

In den Hypothesen 10.1 und 10.2 wurde jeweils die Annahme getroffen, dass negative Beurteilungen der eigenen finanziellen Situation und der wirtschaftlichen in der Bundesrepublik die Chance für die Wahl der Linkspartei.PDS in beiden Landesteilen erhöhen sollte. Für Ostdeutschland können diese Annahmen über den gesamten Untersuchungszeitraum nicht grundsätzlich bestätigt werden. So besitzen die negative Bewertung der wirtschaftlichen Lage und die der eigenen finanziellen Situation zeitweise einen positiven Effekt, jedoch nicht durchgehend.

Tabelle 20: *Die Wirkung sozialstruktureller Merkmale, Links-Rechts-Selbsteinstufung und allgemeiner und individueller wirtschaftlicher Situation auf die Wahl der Linkspartei.PDS, 1994-2009 (logistische Regression, robuste Standardfehler in Klammern)*

	Ost				**West**
	1994	**1998**	**2002**	**2009**	**2009**
Weiblich	-0.13ns (0.20)	-0.03ns (0.23)	0.50ns (0.27)	-0.36ns (0.22)	-0.30ns (0.20)
Alter					
18-29	-0.32ns (0.46)	0.81ns (0.55)	0.49ns (0.63)	0.44ns (0.60)	-0.12ns (0.58)
30-44	-0.32ns (0.41)	0.58ns (0.48)	-0.26ns (0.54)	0.04ns (0.53)	-0.40ns (0.52)
45-64	-0.11ns (0.32)	0.89ns (0.38)	-0.06ns (0.40)	-0.04ns (0.44)	-0.41ns (0.48)
Beruf					
Öffentlicher Dienst	0.87ns (0.44)	0.21ns (0.56)	0.92ns (0.75)	0.15ns (0.42)	0.14ns (0.48)
Arbeiter (subjektiv)	0.43ns (0.22)	0.44ns (0.26)	-0.34ns (0.32)	-0.41ns (0.23)	-0.34ns (0.24)
arbeitslos	0.50ns (0.28)	-0.20ns (0.34)	0.24ns (0.41)	0.23ns (0.38)	0.91ns (0.39)
Bildung					
Hauptschule	-0.69b (0.26)	-1.27c (0.33)	0.31ns (0.40)	0.04ns (0.26)	0.34ns (0.23)
Hochschule	0.40ns (0.28)	0.80a (0.32)	0.60ns (0.41)	-0.23ns (0.43)	0.01ns (0.38)
Ideologie					
LiRe-Selbsteinsch.	0.86c (0.07)	0.63c (0.08)	0.66c (0.08)	0.89c (0.08)	0.79c (0.07)
Unzufriedenheit					
Demokratie	0.74c (0.12)	0.40b (0.14)	0.38b (0.15)	0.46c (0.13)	0.73c (0.10)
wirt. Situation	0.39a (0.14)	-0.23ns (0.16)	0.13ns (0.18)	-0.15ns (0.35)	0.32a (0.16)
finanz. Situation	0.15ns (0.12)	0.35a (0.15)	0.37a (0.17)	0.22ns (0.15)	0.29a (0.12)
Konstante	-1.47a	-1.05ns	-2.05a	0.98ns	-2.05a
N	1278	705	617	794	1549
Nagelkerkes R^2	0.505	0.352	0.321	0.476	0.415

Eigene Berechnung auf Grundlage der Individualdatensätze zu den Bundestagswahlen 1994-2009.
Signifikanzniveaus: a: $p<0.05$; b: $p<0.01$; c: $p<0.001$; ns: nicht signifikant.

Für Westdeutschland lassen sich die erwarteten Zusammenhänge zwar feststellen, sind aber aufgrund der Beschränkung auf das Wahljahr 2009 nur bedingt verallgemeinerbar. Damit können die Hypothesen 10.1 und 10.2 nur zeitlich begrenzt als rich-tig angenommen werden. Für Ostdeutschland zeigt sich zudem, dass der Effekt wirtschaftlicher Faktoren in den 1990er Jahren und 2002 deutlicher zu erkennen ist als für die letzten Bundestagswahl (vgl. Gensicke 2001: 399), während sie gerade zu diesem Zeitpunkt im Westen einflussreich sind.

Die Kontrolle wirtschaftlicher Faktoren hat zudem Einfluss auf die Effekte der individuellen Arbeitslosigkeit. Dabei verschwinden die signifikanten Faktoren in Ostdeutschland 1994 sowie Westdeutschland 2009 und auch für die übrigen Untersuchungszeitpunkte werden die Effekte schwächer. So besitzt die individuelle Arbeitslosigkeit nur vermittelt über politische und wirtschaftliche Deprivationserfahrungen Einfluss auf die Wahl der Partei. Ähnliche Zusammenhänge wurden auch für die Wahl extrem rechter Parteien festgestellt (Zempel et al. 2001: 182).

Im Zuge extremer ideologischer Positionen und politischer und wirtschaftlicher Unzufriedenheit stellt sich zwangsläufig die Frage nach dem Einfluss antidemokratischer, also im engeren Sinne extremistischer Einstellungen auf die Wahl der Linkspartei.PDS. Wie in Kapitel 1.3.3 gezeigt ist eine genaue Definition bzw. Abgrenzung der Begriffe höchst umstritten. In sozialwissenschaftlichen Datensätzen werden zur Identifikation rechtsextremistischer Parteien auch Indikatoren zu Nationalsozialismus, Antisemitismus, Nationalgefühl und Überfremdung durch Ausländer herangezogen. Für extrem linke Parteien wie die Linkspartei.PDS erscheinen diese Indikatoren dagegen weniger geeignet, um extremistische bzw. antidemokratische Motive der Wählerschaft aufzudecken (Arzheimer 2007: 79). Lediglich in den Datensätzen 1994 bis 2002 sind Indikatoren enthalten, die auf unterschiedlichen Ebenen ebensolche Einstellungen für extrem linke Parteien aufzudecken suchen. Darunter fallen die Einstellungen der Bürger gegenüber der Verstaatlichung wichtiger wirtschaftlicher Unternehmen, der Unterordnung von Gruppen- und Verbandsinteressen unter das Gemeinwohl, der Gefahr des amerikanischen Imperialismus und der Ausbeutung der Arbeiter. Ob sich mittels dieser Indikatoren antidemokratische Einstellungen, also Einstellungen, die gegen die freiheitlich-demokratische Grundordnung im Sinne der Verfassung gerichtet sind, überhaupt messen lassen, erscheint fraglich (siehe aber Neu 2009: 52). Die Ergebnisse zu den oben genannten ideologisch linken politischen Einstellungen deuten darauf hin, dass sie nur wenig Einfluss auf die Wahl der Linkspartei.PDS besitzen (Tabelle A1 im Anhang). Lediglich eine negative Haltung gegenüber den Machtbestrebungen der USA zum Befragungszeitpunkt 1994 erhöht diese Wahrscheinlichkeit.

In die empirische Analyse extremistischer bzw. antidemokratischer Effekte auf die Wahl der Linkspartei.PDS, die in Tabelle 21 dargestellt ist, wurde daher lediglich die Bewertung der Diktatur als bessere Staatsform aufgenommen, die auf Ablehnung der demokratischen Grundordnung und Befürwortung der Diktatur als alternativem politischen System abzielt. Diese Untersuchung muss sich aufgrund der Datenlage auf die Jahre 1994 bis 2002 beschränken. Innerhalb dieser Zeitspanne erreicht der Einfluss der Akzeptanz einer Diktatur zu keinem Zeitpunkt die statistische Signifikanzschwelle und ist zudem sehr schwach positiv ausgeprägt. Eine positive Einstellung gegenüber der Diktatur als Alternative zur Demokratie erhöht die Chancen für die Wahl der Linkspartei.PDS demnach nicht.

Tabelle 21: *Die Wirkung sozialstruktureller Merkmale, Links-Rechts-Selbsteinstufung, Demokratiezufriedenheit und antidemokratischer Einstellungen auf die Wahl der Linkspartei.PDS, 1994-2002 (logistische Regression, robuste Standardfehler in Klammern)*

Ostdeutschland	**1994**	**1998**	**2002**
Weiblich	-0.13ns (0.20)	-0.11ns (0.23)	0.60a (0.27)
Alter			
18-29	-0.38ns (0.46)	0.79ns (0.55)	0.64ns (0.62)
30-44	-0.26ns (0.41)	0.74ns (0.48)	0.04ns (0.54)
45-64	-0.08n.s. (0.32)	0.97n.s. (0.38)	-0.06n.s. (0.40)
Beruf			
Öffentlicher Dienst	0.68ns (0.44)	0.18ns (0.56)	1.14ns (0.68)
Arbeiter (subjektiv)	0.44a (0.22)	0.59a (0.27)	-0.10ns (0.33)
arbeitslos	0.70b (0.26)	0.03ns (0.33)	0.54ns (0.39)
Bildung			
Hauptschule	0.67a (0.27)	-1.35c (0.33)	0.39ns (0.37)
Hochschule	0.37ns (0.28)	0.76a (0.33)	0.59ns (0.41)
Ideologie			
LiRe-Selbsteinsch.	0.88c (0.07)	0.63c (0.08)	0.65c (0.08)
Unzufriedenheit			
Demokratie	0.85c (0.12)	0.37b (0.13)	0.45c (0.15)
Extremismus			
Diktatur	0.07ns (0.08)	0.04ns (0.09)	0.19ns (0.11)
Konstante	-0.47ns	-1.01ns	-1.51a
N	1267	679	587
Nagelkerkes R^2	0.500	0.346	0.308

Eigene Berechnung auf Grundlage der Individualdatensätze zu den Bundestagswahlen 1994-2002.
Signifikanzniveaus: a: $p<0.05$; b: $p<0.01$; c: $p<0.001$; ns: nicht signifikant.

Damit kann die Annahme aus Hypothese 9.5 nicht bestätigt werden, die von einem negativen Zusammenhang zwischen Einstellungen zur Diktatur und der Wahl der Linkspartei.PDS ausgeht. Demokratische Normen und Werte sind für die Wähler der Partei also weder im Positiven noch im Negativen ausschlaggebend. Zwar kann dieses Ergebnis als Anzeichen fehlender extremistischer Einstellungen in engerem Sinne in der Wählerschaft der Linkspartei.PDS gewertet werden, jedoch zeigen auch Untersuchungen zu extrem rechten Parteien ähnliche Ergebnisse. Damit bestehen erhebliche Zweifel daran, ob dieses Instrument extremistische Einstellungen überhaupt messen kann, gleich ob dies an der sozialen Erwünschtheit oder an der Fragestellung liegt (Gabriel 2005: 494).

Damit sind extremistische Einstellungen in der Linkspartei.PDS-Wählerschaft jedoch nicht per se ausgeschlossen. Ein Vergleich zwischen ihnen und der übrigen Wählerschaft zeigt einen deutlich höheren Anteil mit derartigen Einstellungen (Tabelle 22). Werden die Kategorien „stimme voll und ganz zu“ und „stimme eher zu“ bei der Frage nach Einstellungen zur Diktatur zusammengefasst, so stimmt innerhalb der Wählerschaft der Partei in Ostdeutschland zu allen Befragungszeitpunkten mit über 20 Prozent ein deutlich größerer Teil diesen Aussagen zu als innerhalb der übrige Wählerschaft. Noch deutlicher tritt der Unterschied in Westdeutschland auf, da hier die Anteile insgesamt deutlich niedriger liegen als im Osten. Ähnlich Anteile lassen sich auch bei Wählern extrem rechter Parteien finden, jedoch hängen sie in der Kategorie „stimme voll und ganz zu“ deutlich höher als bei den Wählern der Linkspartei.PDS (Ergebnisse nicht ausgewiesen).

Tabelle 22: Anteile an Personen mit extremistischen Einstellungen innerhalb der Wähler der Linkspartei.PDS und der übrigen Wählerschaft, 1994-2002 (Stimmenanteile in Prozent)[86]

Ostdeutschland	**1994**	**1998**	**2002**
Linkspartei.PDS	20.2	21.4	25.8
Andere Wähler	15.2	17.2	14.1
Westdeutschland			
Linkspartei.PDS	20.0	20.9	10.7
Andere Wähler	10.1	7.7	3.8

Eigene Berechnung auf Grundlage der Individualdatensätze zu den Bundestagswahlen 1994-2002.

[86] Die angegebenen Anteile wurden mittels einer Teststatistik zu Mittelwertunterschieden verglichen. So sind die oben dargestellten Werte vor allem in Ostdeutschland statistisch signifikant, während sich in Westdeutschland lediglich 1998 signifikante Mittelwertunterschiede ergeben (Ergebnisse nicht ausgewiesen).

Neben extremistischen bzw. antidemokratischen Einstellungen lässt sich aus dem sozialpsychologischen Modell aber auch der Einfluss eher allgemeiner politischer Sachfragen auf die Wahl der Linkspartei.PDS herleiten. Dabei steht im Mittelpunkt der Analyse, ob neben langfristigen ideologischen Orientierungen auch kurzfristige Einstellungen zu politischen Sachfragen die Wahl beeinflussen. In den Datensätzen wurden nur 1998 und 2002 Sachfragen zur Bewertung der Europäischen Integration und zur Immigration in Deutschland gestellt. 2009 ist lediglich die Frage zum Zuzug von Ausländern enthalten.

Für beide Sachfragen kann ein Einfluss auf die Wahl der Linkspartei.PDS angenommen werden. Die Europäische Einigung war für die Linkspartei.PDS ein umstrittenes Thema, da einerseits die historische Chance eines geeinten Europas anerkannt, andererseits die konkrete Ausformung der Institutionen und die wirtschaftliche Zielsetzung der EU kritisiert wurden (Kunz/Thaidigsmann 2005: 65). Ebenso ambivalent steht die Partei dem Zuzug von Ausländern gegenüber. In verschiedenen Wahl- und Parteiprogrammen bezeichnet die Partei Deutschland als Einwanderungsland, das das Asylrecht weiter ausdehnen müsse (Prinz 2010: 254ff.). Allerdings machte der Spitzenkandidat der WASG Oskar Lafontaine während des Wahlkampfes 2005 die Aussage, dass es die Aufgabe des Staates sei "zu verhindern, dass Familienväter und Frauen arbeitslos werden, weil Fremdarbeiter zu niedrigen Löhnen ihnen die Arbeitsplätze wegnehmen" (zitiert nach Neugebauer/Stöss 2008: FN 11). Die folgende Analyse soll klären, ob sich diese kontroverse Diskussion innerhalb der Partei auch bei den Einstellungen der Wählerschaft der Linkspartei.PDS wiederfinden lassen.

Die Ergebnisse in Tabelle 23 zeigen auf, dass kurzfristige politische Sachfragen lediglich zu einem Zeitpunkt einen Effekt auf die Wahlentscheidung besitzen: 1998 verringert eine positive Haltung von Personen gegenüber einer EU-Integration die Wahrscheinlichkeit, die Linkspartei.PDS zu wählen. Zu allen anderen Zeitpunkten bleiben Einstellungen zur Europäischen Einigung oder zum Zuzug von Ausländern nicht statistisch signifikant. Damit kann die kontroverse Diskussion, die in der Partei zu beiden Sachfragen stattgefunden hat, mit Hilfe der Daten nicht nachvollzogen werden. Des Weiteren lassen die Ergebnisse auch keine negativen Einstellungen gegenüber Fremdgruppen erkennen, die im Sinne der Theorien zur materiellen oder immateriellen Deprivation durch den Transformationsprozess in Ostdeutschland entstanden sein sollten. Ließen sich bei der Wählerschaft der Linkspartei.PDS derartige Verbindungen zwischen Deprivationsgefühlen und der Stimmabgabe zu ihren Gunsten nicht nachweisen, treten diese innerhalb der Wählerschaft extrem rechter Partei deutlicher auf (vgl. Arzheimer 2007).

Zum Abschluss dieses Kapitels wird ein Modell geschätzt, das die in den vorangegangenen Kapiteln vorgestellten Variablen der sozialen Integration und der Bindung an soziale Großgruppen in das Modell ideologischer Positionen und

Tabelle 23: Die Wirkung sozialstruktureller Merkmale, Links-Rechts-Selbsteinstufung und politischer Sachfragen auf die Wahl der Linkspartei.PDS, 1998-2009 (logistische Regression, robuste Standardfehler in Klammern)

	Ost			**West**
	1998	**2002**	**2009**	**2009**
Weiblich	-0.02ns (0.22)	0.74b (0.27)	-0.28ns (0.21)	-0.28ns (0.19)
Alter				
18-29	0.51ns (0.52)	0.52ns (0.59)	0.54ns (0.58)	-0.05ns (0.55)
30-44	0.37ns (0.46)	-0.15ns (0.52)	0.19ns (0.51)	-0.28ns (0.51)
45-64	0.69ns (0.36)	0.02ns (0.38)	0.08ns (0.41)	-0.12ns (0.45)
Beruf				
Öffentlicher Dienst	0.05ns (0.53)	0.56ns (0.75)	0.11ns (0.45)	-0.12ns (0.47)
Arbeiter (subjektiv)	0.41a (0.23)	-0.14ns (0.35)	-0.30ns (0.22)	0.01ns (0.01)
arbeitslos	0.44ns (0.31)	0.76ns (0.37)	0.43ns (0.36)	1.16c (0.35)
Bildung				
Hauptschule	-1.41c (0.32)	0.18ns (0.36)	0.03ns (0.25)	0.41ns(0.22)
Hochschule	0.51a (0.30)	0.78ns (0.37)	-0.65ns (0.37)	-0.12ns (0.36)
Ideologie				
LiRe-Selbsteinsch.	0.61c (0.07)	0.73c (0.09)	0.95c (0.08)	0.85c (0.07)
Unzufriedenheit				
Demokratie	0.31c (0.15)	0.39b (0.17)	0.41c (0.14)	0.65c (0.12)
Sachfragen				
Immigration	0.14ns (0.08)	-0.13ns (0.18)	-0.02ns (0.04)	-0.05ns (0.04)
EU-Integration	-0.21b (0.07)	0.13ns (0.09)		
Konstante	0.48ns	0.33ns	2.41ns	1.71b
N	685	595	790	1513
Nagelkerkes R^2	0.319	0.318	0.444	0.335

Eigene Berechnung auf Grundlage der Individualdatensätze zu den Bundestagswahlen 1994-2009.
Signifikanzniveaus: a: p<0.05; b: p<0.01; c: p<0.001; ns: nicht signifikant.

politischer Unzufriedenheit unter Kontrolle soziodemographischer Variablen aufnimmt. Allerdings werden in dieses Modell nur Indikatoren für die Linkspartei.PDS-Wahl aufgenommen, die über den gesamten Untersuchungszeitraum vorhanden sind und eine vergleichende Analyse möglich machen. Daher werden neben soziodemographischen Variablen nur folgende Merkmale mit einbezogen: In Bezug auf Wertorientierungen bzw. ideologische Positionen die Links-Rechts-Selbsteinstufung, für das Merkmal der politischen Unzufriedenheit die Zufriedenheit mit dem Zustand der Demokratie in der Bundesrepublik Deutschland und für das Thema soziale Integration und Bindung an Großgruppen die Haushaltsgröße, die Bindung an eine Kirche oder Gewerkschaft sowie an eine Partei.

Nach Hypothese 8.2 sollte sich der Einfluss der ideologischen Selbsteinstufung verringern, wenn auf Bindungen an soziale Großgruppen kontrolliert wird. Nach Tabelle 24 ist für Ostdeutschland nur eine geringe Abschwächung der Effekte ideologischer Positionen erkennbar. In Westdeutschland zeigt sich demgegenüber eine leichte Verstärkung. Allerdings sind in beiden Fällen die Veränderungen nur marginal, sodass Hypothese 8.2 mit den vorliegenden Daten nicht bestätigt werden kann.
Zudem zeigt das Modell in Tabelle 24 die geringe soziostrukturelle Ausdifferenzierung der Linkspartei.PDS-Wählerschaft in Ostdeutschland, die im Laufe der Zeit immer weiter schwindet. In Westdeutschland kann – allerdings auf Basis lediglich zweier Untersuchungszeitpunkte – ebenfalls kein klares soziodemographisches Profil identifiziert werden. Zudem deutet der Vergleich zwischen 2005 und 2009 darauf hin, dass sich zwischen diesen beiden Bundestagswahlen Verschiebungen innerhalb der soziostrukturellen Basis der Linkspartei.PDS ergeben haben. So wird die Partei 2009 deutlich häufiger von Arbeitslosen und formal niedrig Gebildeten gewählt.

Deutlich klarere Wählermotive lassen sich dagegen für Bindungen an soziale Großgruppen und langfristige politische Orientierungen finden. Während Indikatoren der sozialen Integration – gemessen an der Größe des Haushaltes – in Ostdeutschland nur einen geringen Einfluss ausüben, stellt eine fehlende Kirchenbindung zu nahezu allen Untersuchungszeitpunkten und die Mitgliedschaft in einer Gewerkschaft 1994 und 2009 einen signifikanten Faktor zur Erklärung der Wahl der Linkspartei.PDS dar. Der starke Effekt einer Gewerkschaftsbindung lässt sich auch in Westdeutschland wiederfinden, wo zusätzlich auch das Fehlen einer Parteibindung positiv auf die Wahl der Partei einwirkt. Dagegen lässt sich in diesem Landesteil für eine fehlende Kirchenbindung kein Einfluss nachweisen.

Am deutlichsten zeigen sich die Wählermotive auf der ideologischen Links-Rechts-Dimension. Je weiter links sich eine Person einordnet, desto wahrscheinlicher ist ihre Stimmabgabe für die Linkspartei.PDS. Mindestens ebenso stark ist der Zusammenhang zwischen der Unzufriedenheit mit dem Zustand der Demokratie in der Bundesrepublik Deutschland und der Wahl der Partei. Damit ist auch in dieser Analyse die These der reinen Protestwahl für die Linkspartei.PDS abzulehnen. Dagegen führen sowohl Unzufriedenheit auf der Systemebene und ideologische Einstellungen zu einer deutlich höheren Wahrscheinlichkeit, für die Partei zu stimmen.

Tabelle 24: *Die Wirkung sozialstruktureller Merkmale, sozialer Integration, Bindung an eine Großgruppe, Links-Rechts-Selbsteinstufung und politischer Unzufriedenheit auf die Wahl der Linkspartei.PDS, 1994-2009 (logistische Regression, robuste Standardfehler in Klammern)*

Ostdeutschland	**1994**	**1998**	**2002**	**2005**	**2009**
Weiblich	-0.18ns (0.20)	0.09ns (0.24)	0.43ns (0.28)	-0.06ns (0.22)	-0.16ns (0.23)
Alter					
18-29	-0.26ns (0.46)	0.95ns (0.57)	0.64ns (0.64)	-0.62ns (0.54)	0.60ns (0.63)
30-44	-0.25ns (0.41)	0.68ns (0.49)	-0.18ns (0.58)	-0.45ns (0.50)	0.19ns (0.57)
45-64	-0.08ns (0.33)	0.86ns (0.39)	-0.09ns (0.42)	-0.42ns (0.41)	0.02ns (0.47)
Beruf					
Öffentlicher Dienst	0.66ns (0.44)	0.12ns (0.56)	1.15ns (0.67)	0.47ns (0.77)	0.14ns (0.44)
Arbeiter (subjektiv)	0.41ns (0.23)	0.60a (0.27)	-0.25ns (0.33)	0.31ns (0.24)	-0.46ns (0.24)
arbeitslos	0.59a (0.27)	0.14ns (0.34)	0.55ns (0.46)	-0.04ns (0.33)	0.65ns (0.38)
Bildung					
Hauptschule	-0.60a (0.27)	-1.15c (0.34)	0.23ns (0.37)	0.03ns (0.30)	0.02ns (0.28)
Hochschule	0.40ns (0.27)	0.75a (0.32)	0.38ns (0.42)	0.38ns (0.31)	-0.70ns (0.45)
Soziale Integration					
Einpersonenhaushalt	0.53ns (0.43)	1.56b (0.53)	0.24ns (0.54)	-0.06ns (0.25)	-0.33ns (0.26)
Bindung an Großgruppe					
keine Kirchenbind.	1.15c (0.27)	1.20c (0.32)	0.80a (0.32)	0.73a (0.31)	0.32ns (0.26)
Gewerkschaft	0.49a (0.24)	0.54ns (0.31)	0.57ns (0.34)	0.49ns (0.39)	1.23c (0.34)
keine Parteibindung	0.17ns (0.22)	-0.24ns (0.26)	-0.13ns (0.31)	-0.33ns (0.26)	0.38ns (0.25)
Ideologie					
LiRe-Selbsteinsch.	0.84c (0.07)	0.61c (0.08)	0.64c (0.09)	0.67c (0.07)	0.93c (0.09)
Unzufriedenheit					
Demokratie	0.79c (0.12)	0.33a (0.13)	0.50c (0.15)	0.31c (0.08)	0.49c (0.12)
Konstante	-1.41a	-1.95a	-1.73a	-0.08ns	0.43ns
N	1286	688	598	736	773
Nagelkerkes R^2	0.519	0.388	0.328	0.378	0.430
Westdeutschland					
Weiblich				-0.64ns (0.34)	-0.14ns (0.22)
Alter					
18-29				-0.89ns (0.90)	0.30ns (0.60)
30-44				0.02ns (0.80	-0.23ns (0.56)
45-64				0.35ns (0.74)	-0.13ns (0.50)
Beruf					
Öffentlicher Dienst				-0.22ns (0.70)	0.16ns (0.45)
Arbeiter (subjektiv)				0.48ns (0.38)	-0.29ns (0.25)
arbeitslos				0.45ns (0.47)	1.11b (0.39)

Bildung		
Hauptschule	-1.09b (0.40)	0.37ns (0.24)
Hochschule	-0.04ns (0.44)	-0.37ns (0.39)
Soziale Integration		
Einpersonenhaushalt	0.58ns (0.33)	0.35ns (0.22)
Bindung an Großgruppe		
keine Kirchenbind.	0.29ns (0.33)	0.33ns (0.29)
Gewerkschaft	0.48ns (0.35)	0.57a (0.25)
keine Parteibind.	0.69a (0.36)	0.38ns (0.25)
Ideologie		
LiRe-Selbsteinsch.	0.65c (0.09)	0.86c (0.08)
Unzufriedenheit		
Demokratie	0.29b (0.11)	0.80c (0.11)
Konstante	-1.32ns	-0.90ns
N	1356	1499
Nagelkerkes R^2	0.307	0.429

Eigene Berechnung auf Grundlage der Individualdatensätze zu den Bundestagswahlen 1994-2009.
Signifikanzniveaus: a: $p<0.05$; b: $p<0.01$; c: $p<0.001$; ns: nicht signifikant.

Fasst man dieses Kapitel zusammen, lassen sich einige Ergebnisse festhalten, die maßgeblich zur Beantwortung der Fragestellung dieser Arbeit beitragen. Wie die Untersuchungen gezeigt haben, besitzen bestimmte, aber nicht alle ideologischen Positionen bzw. Wertorientierungen einen Effekt auf die Wahl der Linkspartei.PDS. Der Einfluss postmaterialistischer Wertorientierungen auf die Wahl der Linkspartei erscheint äußerst limitiert, obwohl Teile der Parteiprogrammatik explizit auf diese Wertorientierungen Bezug nehmen (siehe auch Meulemann 2001). In der Forschung wird zumeist davon ausgegangen, dass sich der Parteienraum in den meisten westlichen Industrieländern mit einer sozioökonomischen Links-Rechts- und einer libertär-autoritären Dimension beschreiben lässt und nicht mit der Dimension Materialismus versus Postmaterialismus. Die empirischen Analysen der Wählerschaft bestätigen dabei die Annahmen aus Kapitel 1.3.2, wonach die Linkspartei.PDS eher auf der sozioökonomischen Konfliktlinie im Parteienraum extreme Positionen vertritt als auf der gesellschaftspolitischen. Damit wählen Personen, die sich weit links auf der Links-Rechts-Dimension einstufen, die Partei in überdurchschnittlichem Maße, während sich für libertär bzw. autoritär eingestellte Personen kein Zusammenhang feststellen lässt. Autoritäre Tendenzen, wie sie im Elektorat extrem rechter Parteien zu finden sind, und die auch für die Wähler der Linkspartei.PDS angenommen wurden, sind für die Wahl der Partei nicht entscheidend. Zugleich ist die Partei aber auch für Wähler mit eher libertären Orientierungen uninteressant.

Zuletzt wurden in die Analysen zu Wertorientierungen Einstellungen zum Sozialismus als Idee in die Untersuchung mit aufgenommen. Dieser Indikator stellt keine „klassische" Wertorientierung dar, wie die oben dargestellten, kann allerdings auch nicht zu den kurzfristigen politischen Einstellungen gerechnet werden, da hinter dem Konzept auch ideologische Fragmente stehen (Aardal/van Wijnen 2005: 195). Dabei besitzt eine Zustimmung zur Idee des Sozialismus, ähnlich wie die Links-Rechts-Selbsteinstufung, mit der sie sich auf der ökonomischen Ebene teilweise überschneidet (Pearson's r: 0.16; siehe auch Rudi 2010: 183), einen stark positiven Einfluss auf die Wahl der Linkspartei.PDS. Diese Ergebnisse gehen einher mit den in Kapitel 2.4.2 beschriebenen Faktoren, dass die ostdeutschen Bürger die ideale Gesellschaft nicht in der liberaldemokratischen sehen, sondern in einer Gesellschaftsordnung mit sozialistischdemokratischen Werten. Diese Präferenz zeigt sich deutlich in den Ergebnissen der Analyse und erklärt mitunter den positiven Einfluss der Unzufriedenheit mit der Demokratie und mit Teilen des politischen Regimes der Bundesrepublik Deutschland innerhalb der Linkspartei.PDS-Wählerschaft. Es handelt sich dabei keineswegs um die Ablehnung der Demokratie als Idee, sondern um die ablehnende Haltung gegenüber einer liberal-demokratischen Gesellschaftsordnung, die den Idealen des demokratischen Sozialismus entgegensteht. Unterstrichen wird die Präferenz zugunsten eines demokratischen Sozialismus durch den geringen Einfluss der Befürwortung einer Diktatur und anderer Indikatoren zur Messung extremistischer Einstellungen.

Aus diesen Ergebnissen lässt sich weder eine reine, durch politische oder wirtschaftliche Faktoren motivierte, noch eine rationale Protestwahl der Linkspartei.PDS ableiten, da beide Faktoren bei simultaner Betrachtung auf die Wahl der Linkspartei.PDS einwirken. So besitzen Elemente der politischen und wirtschaftlichen Unzufriedenheit einen unabhängigen Einfluss auf die Wahlentscheidung, jedoch sind diese weder zeitlich noch in ihrer Stärke ähnlich konstant wie ideologische Positionen der Wählerschaft. Die Ergebnisse können zudem die Annahmen der Modernisierungsverliererthese für die Wählerschaft der Partei nicht bestätigen, da sonst die Faktoren der wirtschaftlichen und finanziellen Lage einen deutlich größeren Einfluss auf ihre Wahl haben müssten. Gleichzeitig besitzen auch die untersuchten kurzfristigen politischen Einstellungen nahezu keinen nennenswerten Einfluss, was jedoch teilweise an den vorhandenen Indikatoren zur Messung von Sachfragenorientierungen liegen mag (Kunz/Thaidigsmann 2005).

3.5 Einstellungen zu Fremdgruppen, DDR-Nostalgie und die Wahl der Linkspartei.PDS

Im vorigen Kapitel wurde bereits der Zusammenhang zwischen Einstellungen gegenüber ethnischen Fremdgruppen und der Wahl der Linkspartei.PDS empirisch untersucht, wobei keine signifikanten Effekte aufgedeckt werden konnten (siehe Tabelle 23). In Kapitel 2.4.2 wurden Einstellungen gegenüber einer – nicht ethnisch definierten – Fremdgruppe bzw. die Ablehnung des bestehenden politischen Systems identifiziert, die die Wahl der Linkspartei.PDS beeinflussen könnten: die Westdeutschen bzw. das liberal-demokratische System der Bundesrepublik Deutschland.

Die Abgrenzung zu den Westdeutschen ist eng mit der Erhaltung der ostdeutschen Identität verbunden. Der Verlust wirtschaftlicher Sicherheit und die Entwertung von Qualifikationen und Lebensleistungen im Zuge der Transformationsprozesse wurden von vielen ostdeutschen Bürgern als Identitätskrise angesehen. Die ökonomischen und sozialen Folgen des Systemwechsels mit rasant steigender Arbeitslosigkeit und der Enttäuschung über den Prozess der Wiedervereinigung erhöhten den Druck auf Teile der ostdeutschen Bevölkerung. Da diese Probleme nicht den Ostdeutschen selbst angelastet werden konnten, wurden sie partiell auf ethnische Minderheiten, aber auch auf die Westdeutschen externalisiert, die als „Sündenböcke" identifiziert wurden (siehe Kapitel 2.1.3). Mit dieser Abgrenzung ging eine kollektive Identitätsbildung einher bzw. ein Akt der Selbstbehauptung (Pollack 1998: 311).

Einstellungen gegenüber Fremdgruppen werden zumeist als Teil eines Einstellungssyndroms begriffen. Feindseligkeiten gegenüber regionalen oder ethnischen Gruppen gehen dabei mit negativen Einstellungen gegenüber anderen Gruppen einher und werden daher auch als gruppenbezogene Menschenfeindlichkeit bezeichnet (Heitmeyer 2003; siehe bereits Adorno et al. 1950). Wie die Ergebnisse aus Tabelle 23 jedoch zeigten, stellt eine ethnische Fremdenfeindlichkeit keinen signifikanten Erklärungsfaktor der Linkspartei.PDS-Wahl dar und wird nicht in die folgende Analyse mit einfließen. Die Analyse zum Fremd- und Selbstbild der Ost- und Westdeutschen muss sich dabei auf das Jahr 1994 beschränken. Dabei wurden zwei Modelle untersucht: Im ersten werden aus den vorhandenen Items zu Einstellungen gegenüber der Fremd- und Eigengruppe zwei Indizes gebildet, die sich in der Reliabilitätsanalyse als ausreichend robust erweisen (Selbstbild: Crombachs Alpha 0.681, Fremdbild: 0.745). Im zweiten werden die einzelnen Items in die Analyse aufgenommen, um die Effekte spezieller Indikatoren auf die Wahl der Linkspartei-.PDS identifizieren zu können. Dabei stehen jeweils die Gegensatzpaare Bescheidenheit vs. Überheblichkeit, Selbstbewusstsein vs. Unsicherheit, Selbstständigkeit vs. Unselbstständigkeit,

Weltoffenheit vs. Provinzialismus, Flexibilität vs. Starrheit und Geschäftstüchtigkeit vs. Geschäftsunfähigkeit zur Verfügung.[87]

Tabelle 25 beinhaltet die Ergebnisse des soziodemographischen Basismodells und der Einstellungen zum Fremdbild gegenüber den Westdeutschen sowie zum Selbstbild der Ostdeutschen. Neben den stabilen soziodemographischen Einflussfaktoren besitzt auch ein negatives Fremdbild gegenüber den Westdeutschen einen signifikant positiven Effekt auf die Wahl der Linkspartei.PDS. Im Gegenzug stellt ein positives Selbstbild der Ostdeutschen einen positiven, statistisch signifikanten Einfluss auf die Stimmabgabe zugunsten der Partei dar. Der in Kapitel 2.6.6 aufgestellten Hypothese 12.1, nach der positive Einstellungen gegenüber der Bevölkerung Ostdeutschlands und negative gegenüber der Westdeutschlands die Wahl der Linkspartei.PDS fördern, kann, zumindest für 1994, zugestimmt werden.

Welche Elemente sind es im Einzelnen, die die Wählerschaft der Linkspartei.PDS an den Westdeutschen negativ bzw. an den Ostdeutschen positiv bewertet? In Tabelle 25 sind auch die Ergebnisse für die Einzelitems zur Fremd- bzw. Eigengruppe dargestellt. Demnach besitzt der Eindruck von westdeutscher Überheblichkeit und Inflexibilität einen positiven Effekt auf die Wahl der Linkspartei.PDS. Gleichzeitig stimmen Personen, die den Ostdeutschen Selbstbewusstsein und Geschäftstüchtigkeit unterstellen, überdurchschnittlich für die Partei. Damit wird die Fremdgruppe der Westdeutschen nicht generell negativ und die Eigengruppe nicht generell positiv gesehen, sondern es findet eine Ausdifferenzierung in bestimmten Teilaspekten statt (siehe auch Doll et al. 1994).

Indikatoren zur Eigen- bzw. Fremdgruppe wurden zu den nachfolgenden Befragungszeitpunkten nicht mehr in das Untersuchungsdesign mit aufgenommen. In den Jahren 1998 und 2002 wurde dagegen die Verbundenheit der Ostdeutschen mit ihrer Region und mit der Bundesrepublik abgefragt. Zwar lassen sich daraus keine negativen Bewertungen für Westdeutschland operationalisieren, jedoch kann eine starke Identifikation mit Ostdeutschland und eine geringe mit der Bundesrepublik Deutschland als Indiz einer Abgrenzungsidentität inner-

[87] Bei dieser Untersuchung muss auf die generelle methodische und datentechnische Problematik der Indikatoren hingewiesen werden. Zum einen können die Indikatoren nur dann einen Einfluss auf das Wahlverhalten besitzen, wenn die jeweilige Bevölkerungsgruppe wirklich die Hauptreferenzgruppe darstellt (Westle 1999b: 249; Mummendey/Kessler 2000: 280f.). Für die Analyse weitaus wichtiger ist zweitens die Frage, ob mit den Fragestellungen zum Fremd- bzw. Selbstbild überhaupt das gemessen wird, was gemessen werden soll. Aus diesem Grund kommen verschiedene Studien zu teilweise gegensätzlichen Ergebnissen über den Zustand der Stereotypen in Ost- und Westdeutschland (Pickel 2002: 225). Drittens stehen die Indikatoren zu Einstellungen gegenüber Eigen- und Fremdgruppe nur für die Bundestagswahl 1994 zur Verfügung, sodass eine vergleichende Untersuchung und damit ab- bzw. zunehmende Tendenzen nicht untersucht werden können.

halb der ostdeutschen Wählerschaft dienen, die letztendlich der Partei ostdeutscher Interessen zugute kommt (vgl. Westle 1999b).

Tabelle 25: Die Wirkung sozialstruktureller Merkmale und Einstellungen zum Fremdbild und Selbstbild sowie Verbundenheit mit einer Region bzw. dem Staat auf die Wahl der Linkspartei.PDS, 1994-2002 (logistische Regression, robuste Standardfehler in Klammern)

Ostdeutschland	**1994**	**1994**	**1998**	**2002**
Weiblich	-0.40a (0.16)	-0.42b (0.16)	-0.10ns (0.21)	0.14ns (0.25)
Alter				
18-29	0.21ns (0.37)	0.22ns (0.37)	0.58ns (0.50)	0.33ns (0.58)
30-44	0.08ns (0.33)	0.12ns (0.32)	0.30ns (0.44)	0.04ns (0.49)
45-64	0.21ns (0.26)	0.30ns (0.25)	0.49ns (0.34)	0.20ns (0.36)
Beruf				
Öffentlicher Dienst	0.48ns (0.23)	0.30ns (0.25)	-0.29ns (0.55)	0.65ns (0.66)
Arbeiter (subjektiv)	0.44ns (0.22)	0.42a (0.24)	0.82c (0.25)	0.06ns (0.31)
arbeitslos	1.05c (0.20)	0.99c (0.20)	0.34ns (0.30)	0.46ns (0.37)
Bildung				
Hauptschule	-0.58b (0.21)	-0.58b (0.21)	-1.32c (0.30)	0.12ns (0.32)
Hochschule	0.87c (0.21)	0.86c (0.21)	1.02c (0.30)	0.93a (0.38)
Fremdgruppe				
überheblich	0.24b (0.09)			
selbstbewusst	-0.01ns (0.0.09)			
selbständig	0.02ns (0.07)			
provinziell	-0.05ns (0.07)			
unbeweglich	0.13a (0.07)			
geschäftstüchtig	0.09n.s. (0.09)			
Eigengruppe				
überheblich	0.08ns (0.09)			
selbstbewusst	0.17b (0.07)			
selbstständig	-0.13ns (0.08)			
provinziell	0.13ns (0.08)			
unbeweglich	0.00ns (0.08)			
geschäftstüchtig	0.24c (0.08)			
neg. Fremdgruppe		0.35a (0.17)		
pos. Eigengruppe		0.56b (0.19)		
Verbundenheit				
DDR			0.98c (0.15)	0.70c (0.15)
Deutschland			-0.57c (0.15)	-0.75c (0.16)
Konstante	-1.03n.s.	-1.32n.s.	-1.28a	-2.37c
N	1362	1386	720	595
Nagelkerkes R^2	0.148	0.122	0.251	0.178

Eigene Berechnung auf Grundlage der Individualdatensätze zu den Bundestagswahlen 1994-2009.
Signifikanzniveaus: a: $p<0.05$; b: $p<0.01$; c: $p<0.001$; ns: nicht signifikant.

Die Ergebnisse dieser Untersuchung in Tabelle 25 bestätigen diese Annahme. Eine starke Verbundenheit mit Ostdeutschland erhöht die Chance zur Wahl der Linkspartei.PDS 1998 und 2002 in stark positivem statistisch signifikantem Maße. Dagegen reduziert die Verbundenheit mit der Bundesrepublik Deutschland diese Wahlwahrscheinlichkeit im selben Zeitraum deutlich.

Untersuchungen auf Basis anderer als der hier verwendeten Datensätze stützen das gewonnene Bild einer eigenständigen ostdeutschen Identität und der Abgrenzung von Westdeutschland bzw. seiner Bevölkerung (Westle 2004: 272, Neller 2006: 100). Dabei ergeben sich hauptsächlich bei Kompetenzbeurteilungen deutliche Unterschiede zwischen der ost- und westdeutschen Bevölkerung. Den Westdeutschen werden allgemein mehr wirtschaftliche Kompetenzen zugesprochen, wohingegen die Ostdeutschen bei sozialen Kompetenzen einen Vorsprung gegenüber ihren westlichen Mitbürgern haben. Einige Forscher sehen darin eine Kompensation der wahrgenommenen Statusunterlegenheit der Ostdeutschen gegenüber den Westdeutschen (Blanz et al. 1998: 254).

Eng verwandt mit den Einstellungen zu Fremd- und Eigengruppe sowie zur Verbundenheit mit der Region und der Nation sind Retrospektivbewertungen der DDR bzw. des Sozialismus (Neller 2006: 77). Dabei sind die Einflussebenen alles andere als klar. So verwenden einige Studien diese Einstellungsmuster als Indiz für extremistische Einstellungen oder als Indikator für Dogmatismus innerhalb der Wählerschaft (Neu 2006b: 239, 249), obgleich letzteres Konzept eher auf Persönlichkeitsaspekte einer Person abzielt denn auf politische Einstellungen (siehe Kapitel 2.1.1). Andere Autoren betonen dagegen den nostalgischen Charakter gegenüber dem früheren politischen System und dessen ideologischem Hintergrund (vgl. Neller 2006). Zweiter Interpretation folgend zielt die Frage nach der Idee des Sozialismus auf die Präferenzen zugunsten eines alternativen Ordnungsmodells zur Wirtschafts- und Sozialordnung der Bundesrepublik Deutschland ab und steht somit nicht in Konkurrenz zur Demokratie an sich, sondern zu ihrer liberalen Ausformung nach westdeutschem Muster (Fuchs 1997: 89f.; Fuchs/Roller 2004; Westle 1994a: 571; Arzheimer/Klein 2000: 374). Der Effekt der Einstellungen gegenüber der Idee des Sozialismus und der Wahl der Linkspartei.PDS wurde bereits in Kapitel 3.4 im Zusammenhang mit Wertorientierungen untersucht und soll hier nur nochmal kurz rekapituliert werden. Die Ergebnisse bestätigen die Annahmen aus Hypothese 12.3, wonach eine positive Bewertung des Sozialismus als Idee die Wahl der Linkspartei.PDS über den gesamten Untersuchungszeitraum deutlich wahrscheinlicher macht.

Ebenso wie bei der Bewertung des Sozialismus als Ordnungsmodell beschäftigt sich auch die Frage nach den guten Seiten der DDR mit einem Teilaspekt nostalgischer Einstellungen. Die Unterscheidung in Ordnungsmodell und praktische Umsetzung erscheint dabei unumgänglich, da erstens empirische Analysen eine deutlich unterschiedliche Bewertung beider Elemente in der Bevölkerung nachgewiesen haben (Pollack/Pickel 2006: 140f.). Zweitens ergeben sich auch konzeptionelle Unterschiede für beide Indikatoren. Während die Frage nach der Idee des Sozialismus eher als vorgelagerter Faktor, d.h. als Wertorientierung, aufzufassen ist, stellt die Einstellung zur DDR eine summarische Retrospektivbewertung auf der Ebene der politischen Gemeinschaft und/oder des Regimes dar (Neller 2006: 85). Wie bereits in Kapitel 2.4.2 dargestellt, können negative Bewertungen der aktuellen und positive der früheren politischen Gemeinschaft bzw. des vergangenen politischen Regimes Auswirkungen auf die Unterstützung der Demokratie erlangen und letztendlich zu ihrer Destabilisierung beitragen (Westle 1999b: 89f.).

Ob sich Retrospektivbewertungen gegenüber der DDR auch auf die Stimmabgabe der Linkspartei.PDS auswirken und ob im zeitlichen Verlauf Veränderungen festgestellt werden können, soll im Folgenden analysiert werden (siehe Tabelle 26). Wie auch schon die Einstellung gegenüber der Idee des Sozialismus (siehe Tabelle 16) besitzt auch eine positive Bewertung der DDR einen statistisch signifikanten positiven Einfluss auf die Wahl der Linkspartei.PDS, der über die drei beobachteten Untersuchungszeitpunkte hinweg an Effektstärke zunimmt. Während Einstellungen zum Sozialismus und der DDR 1994 und 1998 ähnlich stark ausfallen, liegt dieser Effekt 2002 allerdings deutlich niedriger als die Retrospektivbewertung der DDR, ist jedoch immer noch in statistischem Sinne signifikant. Damit kann Hypothese 12.4 als bestätigt gelten, nach der eine positive Bewertung des ehemaligen Regimes der DDR einen signifikant positiven Effekt auf die Wahl der Linkspartei.PDS besitzt.

In der Lesart der politischen Kulturforschung kann die anhaltende Unterstützung des ehemaligen Regimes als Anzeichen für Antisystemaffekte gegen das bestehende System interpretiert werden. Diese Affekte drücken sich einerseits in der Wahl einer Antisystem-Partei wie der Linkspartei.PDS aus, andererseits in unkonventionellen bis hin zu illegalen Partizipationsformen (Neller/Thaidigsmann 2002).[88] Damit steht die Partei stellvertretend für die Bindung an das politische System der DDR und ihren zugrunde liegenden Wertvorstellungen (Pickel 1998), was entweder als Anzeichen extremistischer Tendenzen (Neu 2004: 258) oder als Integrationsfunktion ostdeutscher Interessen bewertet wird (Arzheimer 2002c: 329). Abgesehen von dieser Diskussion zeigen die Ergebnisse aus Tabelle 16 und 6.2, dass Retrospektivbewertungen bei der Wahl der Linkspartei.PDS einen entscheidenden Faktor darstellen.

[88] Unter dem Begriff unkonventionelle Partizipation werden Unterschriftenaktionen, Bürgerinitiativen und legale Demonstrationen verstanden. Illegale Partizipationsformen beinhalten zumeist zivilen Ungehorsam bis hin zu politisch motivierten Gewaltaktionen (vgl. Kaase 1992).

Tabelle 26: Die Wirkung sozialstruktureller Merkmale und Einstellungen zum politischen System der DDR auf die Wahl der Linkspartei.PDS, 1994-2002 (logistische Regression, robuste Standardfehler in Klammern)

Ostdeutschland	**1994**	**1998**	**2002**
Weiblich	-0.42b (0.16)	-0.10ns (0.21)	0.32ns (0.24)
Alter			
18-29	0.03ns (0.38)	0.73ns (0.51)	0.15ns (0.56)
30-44	-0.09ns (0.33)	0.67ns (0.45)	0.03ns (0.47)
45-64	0.10ns (0.26)	0.73a (0.35)	-0.05ns (0.35)
Beruf			
Öffentlicher Dienst	0.21ns (0.36)	0.03ns (0.52)	0.48ns (0.67)
Arbeiter (subjektiv)	0.31ns (0.17)	0.72b (0.24)	-0.05ns (0.29)
arbeitslos	0.83c (0.21)	0.25ns (0.29)	0.43ns (0.36)
Bildung			
Hauptschule	-0.58c (0.22)	-1.12c (0.29)	0.14ns (0.32)
Hochschule	0.92c (0.23)	1.06c (0.30)	1.23c (0.36)
Pro DDR	0.63c (0.07)	0.75c (0.11)	0.90c (0.13)
Konstante	-3.56c	-4.87c	-5.21c
N	1367	722	651
Nagelkerkes R^2	0.201	0.233	0.180

Eigene Berechnung auf Grundlage der Individualdatensätze zu den Bundestagswahlen 1994-2002. Signifikanzniveaus: a: p<0.05; b: p<0.01; c: p<0.001; ns: nicht signifikant.

Beide Indikatoren einer Retrospektivbewertung besitzen demnach, bei getrennter Analyse, einen stark positiven Effekt auf die Wahl der Linkspartei.PDS. Neben dieser Einzelbetrachtung lohnt jedoch auch das Zusammenspiel beider Faktoren einer Betrachtung. Dabei steht im Mittelpunkt des Interesses, ob eher die Idee des Sozialismus als alternativem Gesellschaftssystem mit andersgearteten Vorstellungen zur Wirtschafts- und Sozialordnung im Vergleich zum marktwirtschaftlichen liberal-demokratischen Modell der Bundesrepublik Deutschland die Wahl beeinflusst (Arzheimer/Klein 2000: 374), oder ob die Wählerschaft die Bewertung der DDR, die als bilanzierender Faktor für Teilbereiche des DDR-Regimes angesehen werden kann, für ihre Wahlentscheidung heranzieht. Allerdings ist bei dieser Retrospektivbewertung unklar, ob die Befragten eher die Ebene der politischen Gemeinschaft, das DDR-Regime oder beides zusammen in ihrer Bewertung berücksichtigen (Neller 2006: 85).

Zwar besteht die Möglichkeit, dass beide Indikatoren unabhängig voneinander wirken, jedoch zeigen Analysen, dass dies nicht der Fall ist (Arzheimer 2007: 72). Daher soll mittels einer Korrelationsanalyse, die in Tabelle 27 dargestellt ist, zunächst die gegenseitige Beeinflussung untersucht werden. Die Ergebnisse zeigen, dass beide Variablen aufeinander wirken und statistisch nicht unabhängig sind. Dieser Umstand stellt sich insofern als problematisch für die weitere Untersuchung dar, als dass durch die starke Multikorrelation die Einflüsse der unabhängigen Variablen in einem multivariaten Modell nicht berechnet werden können. Um diesen Umstand weiter zu überprüfen, sind in Tabelle 27 die Ergebnisse eines Tests zur Multikollinearität der Bewertung der Idee des Sozialismus und der Retrospektivbewertung der DDR dargestellt. Der VIF-Wert (Varianzinflationsfaktor) gibt Auskunft darüber, wie stark die unabhängigen Variablen in einer multiplen Regression zusammenhängen (siehe dazu Belsley et al. 1980: 93). Zumeist wird in der Literatur ein Wert von 10 für den VIF als obere Toleranzgrenze angesehen. Die Ergebnisse in Tabelle 27 zeigen, dass bei multivariater Betrachtung der Bewertung der Idee des Sozialismus und der Retrospektivbewertung der DDR mit nur geringen multikollinearen Verzerrungen zu rechnen ist. Folglich lässt sich ein logistisches Modell mit beiden Indikatoren berechnen.

Tabelle 27: Korrelation und Multikollinearitätsanalyse zwischen der Idee des Sozialismus und der Retrospektivbewertung der DDR, 1994-2002

Ostdeutschland	**1994**	**1998**	**2002**
Pearson's r	0.55c	0.55c	0.57c
VIF	1.44	1.50	1.35

Eigene Berechnung auf Grundlage der Individualdatensätze zu den Bundestagswahlen 1994-2002.
Signifikanzniveaus: a: p<0.05; b: p<0.01; c: p<0.001; ns: nicht signifikant.

Tabelle 28 beinhaltet die Ergebnisse einer logistischen Regressionsanalyse, die neben soziodemographischen zusätzlich die beiden Merkmale enthalten. In Ostdeutschland besitzt die Retrospektivbewertung der DDR zu zwei der drei Untersuchungszeitpunkte einen stärkeren Effekt als die Bewertung des Sozialismus. Zudem gewinnt er von 1994 bis 2002 kontinuierlich an Stärke hinzu, bleibt jedoch unter dem Niveau der Einzeluntersuchung (siehe Tabelle 26). Auch die Einflussstärke der Idee des Sozialismus fällt im Vergleich zu Tabelle 16 deutlich geringer aus und überschreitet zum Befragungszeitpunkt der Bundestagswahl 2002 nicht mehr die statistische Signifikanzschwelle. Im Zeitverlauf wird zudem die Kluft zwischen der Bewertung der Idee des Sozialismus und der Einstellung gegenüber der DDR immer größer. Damit wird die Wahl der Linkspartei.PDS weniger von Orientierungen gegenüber der Idee des Sozialismus beeinflusst als vielmehr von der Retrospektivbewertung der DDR.

Tabelle 28: Die Wirkung sozialstruktureller Merkmale und Einstellungen zur Idee des Sozialismus sowie der Retrospektivbewertung der DDR auf die Wahl der Linkspartei.PDS, 1994-2002 (logistische Regression, robuste Standardfehler in Klammern)

Ostdeutschland	**1994**	**1998**	**2002**
Weiblich	-0.44b (0.17)	-0.09ns (0.22)	0.31ns (0.25)
Alter			
18-29	0.05ns (0.39)	0.85ns (0.52)	0.18ns (0.57)
30-44	-0.07ns (0.34)	0.72ns (0.46)	0.02ns (0.48)
45-64	0.08ns (0.27)	0.74a (0.36)	-0.05ns (0.35)
Beruf			
Öffentlicher Dienst	0.25ns (0.36)	0.00ns (0.53)	0.45ns (0.67)
Arbeiter (subjektiv)	0.21ns (0.18)	0.67b (0.25)	-0.02ns (0.30)
arbeitslos	0.81c (0.22)	0.16ns (0.30)	0.40ns (0.36)
Bildung			
Hauptschule	-0.57c (0.22)	-1.18c (0.30)	0.12ns (0.32)
Hochschule	0.79c (0.23)	0.97c (0.30)	1.19c (0.37)
Sozialismus	0.46c (0.09)	0.43c (0.12)	0.17ns (0.13)
Pro DDR	0.42c (0.08)	0.56c (0.12)	0.80c (0.15)
Konstante	-4.62c	-5.88c	-5.53c
N	1323	710	644
Nagelkerkes R^2	0.234	0.263	0.184

Eigene Berechnung auf Grundlage der Individualdatensätze zu den Bundestagswahlen 1994-2002.
Signifikanzniveaus: a: $p<0.05$; b: $p<0.01$; c: $p<0.001$; ns: nicht signifikant.

Damit relativieren sich die Annahmen aus Hypothese 12.3 teilweise, die von einem starken Effekt der Bewertung der Idee des Sozialismus ausging. Dagegen bestätigt sich Hypothese 12.4, also die Annahme eines starken Effekts der Retrospektivbewertung der DDR auf die Wahl der Linkspartei.PDS. Diese Ergebnisse werfen zumindest für den Befragungszeitpunkt 2002 ein eher kritisches Licht auf das ideologische Fundament der Wählerschaft der Linkspartei.PDS. So zeigt sich, dass Wertorientierungen gegenüber dem Sozialismus die Wahl weniger stark bestimmen als die konkrete Bewertung der politischen Gemeinschaft bzw. des politischen Regimes der DDR. Allerdings bleibt der konkrete Inhalt, welches die guten Seiten der DDR waren, weitgehend unbeantwortet.

In den verwendeten Datensätzen finden sich lediglich 1998 Indikatoren, die genaueren Aufschluss über konkrete Bereiche der Bewertung der DDR-Gesellschaft liefern. Dabei wurden Fragen nach dem Lebensstandard, der Verteilungsgerechtigkeit beim Einkommen, der sozialen Sicherheit, dem Zusammenhalt unter den Menschen und dem Schutz der Bürger vor Verbrechen im Vergleich zwischen der DDR und der Bundesrepublik Deutschland gestellt.

In Tabelle 29 sind die Ergebnisse der multivariaten Analyse der oben aufgeführten Indikatoren inklusive der Bewertung der Idee des Sozialismus und der Retrospektivbewertung der DDR dargestellt. Während die Idee des Sozialismus in ihrer Effektstärke nahezu unverändert bleibt, geht der Einfluss der Bewertung der DDR deutlich zurück (vergleiche dazu Tabelle 28).

Tabelle 29: Die Wirkung sozialstruktureller Merkmale, Einstellungen zur Idee des Sozialismus, zum politischen System der DDR und deren Teilaspekten auf die Wahl der Linkspartei.PDS, 1998 (logistische Regression, robuste Standardfehler in Klammern)

	Ostdeutschland 1998	**Westdeutschland 1998**
Weiblich	-0.10ns (0.23)	-0.06ns (0.21)
Alter		
18-29	1.06a (0.54)	0.74ns (0.51)
30-44	0.91ns (0.47)	0.62ns (0.44)
45-64	0.86a (0.37)	0.65a (0.35)
Beruf		
Öffentlicher Dienst	0.04ns (0.53)	0.08ns (0.25)
Arbeiter (subjektiv)	0.69b (0.26)	0.64b (0.25)
arbeitslos	-0.03ns (0.31)	0.06ns (0.30)
Bildung		
Hauptschule	-1.08c (0.31)	-1.13c (0.30)
Hochschule	0.97c (0.32)	0.87b (0.29)
Sozialismus	0.46c (0.13)	0.42c (0.12)
Pro DDR	0.44c (0.13)	0.45c (0.12)
Bewertung DDR		
Lebensstandard	0.27a (0.27)	
Einkommensverteilung	0.22ns (0.13)	
soziale Sicherung	0.22ns (0.20)	
Zusammenhalt	0.07ns (0.21)	
Schutz vor Verbrechen	-0.32ns (0.19)	
Index materiell		0.52c (0.15)
Index sozial		0.03ns (0.11)
Konstante	-4.51c	-3.72c
N	665	690
Nagelkerkes R^2	0.293	0.272

Eigene Berechnung auf Grundlage der Individualdatensätze zu den Bundestagswahlen 1994-2009.
Signifikanzniveaus: a: $p<0.05$; b: $p<0.01$; c: $p<0.001$; ns: nicht signifikant.

Das bedeutet, dass ein Teil der Einstellungen der summarischen Retrospektivbewertung gegenüber der DDR durch die einzelnen Indikatoren zu Teilbereichen der Gesellschaft der DDR erklärt werden. Jedoch besitzt von den fünf oben genannten Indikatoren lediglich der Vergleich der Lebenszufriedenheit zwischen BRD und DDR einen positiven Effekt auf die Wahl der Linkspartei.PDS, d.h. Personen, die den persönlichen Lebensstandard in der DDR besser bewerten als den in der BRD, wählen mit einer deutlich höheren Wahrscheinlichkeit die Linkspartei.PDS. Zwar besitzen die Bewertungen hinsichtlich der Gerechtigkeit der Einkommensverteilung, der sozialen Sicherheit und des Zusammenhalts der Menschen ebenfalls positive Effekte auf die Wahl der Linkspartei.PDS, erreichen jedoch keine statistische Signifikanz. Als einziger Faktor besitzt die Bewertung des Schutzes vor Verbrechen in der DDR im Vergleich zur BRD einen negativen Effekt auf die Wahl der Partei, ohne dabei in statistischem Sinn signifikant aufzutreten.

Teilt man die fünf Indikatoren zur Bewertung von Teilaspekten der DDR-Gesellschaft in eine materielle (Lebensstandard und Gerechtigkeit der Einkommensverteilung) und eine sozialintegrative Dimension ein (soziale Sicherung, Zusammenhalt in der Gesellschaft und Schutz vor Verbrechen), so bildet die materielle Bewertung der Unterschiede zwischen DDR und Bundesrepublik Deutschland den ausschlaggebenden Faktor für die Wahl. Dagegen spielt die Bewertung sozialer Faktoren im Vergleich von ehemaligem und aktuellem politischen System keine Rolle (vgl. Neller/Thaidigsmann 2002).

Zum Abschluss dieses Kapitels werden die wirkungsmächtigen Faktoren der Wahlentscheidung aus den bisherigen Analysen in einem Modell getestet. Damit soll der kontrollierte Einfluss der aufgenommenen Indikatoren zu Identitäten und nostalgischen Orientierungen auf die Wahl der Partei überprüft werden. Wiederum müssen sich die Untersuchungen dabei auf die Jahre 1994 bis 2002 in Ostdeutschland beschränken.

In Tabelle 30 ist zu erkennen, dass soziodemographische Einflussfaktoren sowie Indikatoren der Bindung an soziale Großgruppen, politische Unzufriedenheit und ideologische Orientierungen bis auf wenige Ausnahmen nahezu unverändert bleiben. Während der Einfluss der Retrospektivbewertung der DDR ebenfalls nur geringfügig verändert wird, nimmt der Effekt der Einstellungen gegenüber dem Sozialismus drastisch ab und tritt nicht mehr statistisch signifikant auf. Auslöser für die Veränderung ist die ideologische Links-Rechts-Selbsteinstufung, die, allem Anschein nach, auf Wertorientierungen wie die Einstellung zur Idee des Sozialismus wirkt, nicht jedoch auf die Retrospektivbewertung der DDR (siehe Anhang Tabelle A2). Somit ist ein Zusammenhang zwischen Einstellungen zur Idee des Sozialismus und der Wahl der Linkspartei.PDS lediglich in bivariater Betrachtung zu beobachten, der durch Kontrolle der Retrospektivbewertung sowie der ideologischen Links-Rechts-Selbsteinstufung verschwindet. Des Weiteren kann davon ausgegangen werden, dass die Bewertung der Idee des Sozialismus und die ideologische Selbsteinstufung in Ostdeutschland nahezu deckungsgleich sind. Während demnach die Frage nach der Idee des Sozialismus stark ideologisch geprägt ist, beinhaltet die Frage der Retrospektivbewertung des ehemaligen Regimes weitere Faktoren der Bewertung der DDR und wird daher nur geringfügig durch die Links-Rechts-Selbsteinstufung beeinflusst.

Tabelle 30: *Die Wirkung sozialstruktureller Merkmale, Bindungen an soziale Großgruppen, politischer Unzufriedenheit, ideologischer Orientierungen und Einstellungen zur Idee des Sozialismus und zum politischen System der DDR auf die Wahl der Linkspartei.PDS, 1994-2002 (logistische Regression, robuste Standardfehler in Klammern)*

Ostdeutschland	**1994**	**1998**	**2002**
Weiblich	-0.16ns (0.21)	-0.03ns (0.25)	0.59ns (0.32)
Alter			
18-29	-0.18ns (0.48)	1.06ns (0.59)	1.01ns (0.76)
30-44	-0.14ns (0.44)	0.74ns (0.52)	0.13ns (0.62)
45-64	-0.02ns (0.34)	0.75ns (0.41)	-0.05ns (0.43)
Beruf			
Öffentlicher Dienst	0.46ns (0.48)	0.06ns (0.57)	1.38ns (0.73)
Arbeiter (subjektiv)	0.34ns (0.23)	0.44ns (0.28)	0.05ns (0.40)
arbeitslos	0.60a (0.27)	-0.04ns (0.35)	0.45ns (0.46)
Bildung			
Hauptschule	-0.53a (0.28)	-1.05b (0.35)	0.60ns (0.53)
Hochschule	0.41ns (0.29)	0.78a (0.34)	1.44b (0.54)
Bindung an Großgruppe			
keine Kirchenbind.	1.03c (0.28)	1.13c (0.33)	0.87a (0.38)
Gewerkschaft	0.49a (0.24)	0.60n.s. (0.32)	0.64n.s. (0.38)
keine Parteibindung	0.20n.s. (0.22)	-0.31ns (0.27)	0.06ns (0.34)
Unzufriedenheit			
Demokratie	0.79c (0.12)	0.12ns (0.15)	0.49b (0.18)
Ideologie			
LiRe-Selbsteinsch.	0.80c (0.07)	0.56c (0.08)	0.53c (0.10)
Sozialismus	0.19ns (0.10)	0.16ns (0.14)	0.09ns (0.17)
Pro DDR	0.22a (0.10)	0.54c (0.14)	0.82c (0.19)
Konstante	-2.76c	-3.66c	-4.12c
N	1231	668	499
Nagelkerkes R^2	0.530	0.427	0.407

Eigene Berechnung auf Grundlage der Individualdatensätze zu den Bundestagswahlen 1994-2002.
Signifikanzniveaus: a: p<0.05; b: p<0.01; c: p<0.001; ns: nicht signifikant.

Zusammenfassend für das Kapitel zur ostdeutschen Identität und zu Retrospektivbewertungen des Regimes bzw. des Ordnungssystems lassen sich folgende Erkenntnisse festhalten: Zunächst konnte festgestellt werden, dass eine positive Einschätzung der Eigengruppe der Ostdeutschen sowie eine negative der Fremdgruppe der Westdeutschen die Wahrscheinlichkeit, die Linkspartei.PDS zu wählen, deutlich ansteigen lässt. Im Detail sind es die Bewertungen der Westdeutschen als überheblich und unbeweglich sowie die Ansicht, dass Ostdeutsche selbstbewusst und geschäftstüchtig seien, die mit den stärksten Effekten auftreten. Zusätzlich zur Bewertung von Eigen- und Fremdgruppe, die nur für den Befragungszeitpunkt 1994 vorhanden war, lieferten auch die Verbundenheit mit der DDR einerseits und die Abgrenzung zur Bundesrepublik Deutschland als Ganzes andererseits ein weiteres Indiz dafür, dass Abgrenzungs- bzw. Identitätsfaktoren die Wahl der Linkspartei.PDS positiv beeinflussen.

Daneben besitzen sowohl Retrospektivbewertungen der DDR als auch die eher auf der Werteebene liegende Idee des Sozialismus Einfluss auf das Wahlverhalten in Ostdeutschland. Beide erhöhen bei getrennter Betrachtung die Chance der Wahl der Linkspartei.PDS in ähnlichem Maße. Werden beide Indikatoren gemeinsam in die Analyse aufgenommen, so verändert sich dieses Bild deutlich. So nimmt der Effekt der Bewertung der Idee des Sozialismus deutlich ab, während die retrospektive nostalgische Einschätzung der DDR stabil bleibt. Die Motive der Linkspartei.PDS-Wähler in Ostdeutschland werden somit deutlich stärker von der Retrospektivbewertung der DDR bestimmt als von sozialistischen Wertorientierungen. Dieses Bild verstärkt sich, wird zusätzlich auf die ideologische Links-Rechts-Selbstpositionierung kontrolliert. Dabei verschwindet der Einfluss der Bewertung des Sozialismus nahezu vollständig, während der Effekt der Retrospektivbewertung der DDR unverändert bestehen bleibt.

Der Inhalt der summarischen Retrospektivbewertung der DDR wurde anhand einer weiteren Analyse detaillierter untersucht. Dabei besitzt lediglich die Ansicht, der Lebensstandard sei in der DDR besser gewesen als in der Bundesrepublik Deutschland, einen positiven Einfluss auf die Wahl der Linkspartei.PDS. Der Vergleich zwischen beiden Landesteilen hinsichtlich der Gerechtigkeit der Einkommensverteilung, der sozialen Sicherheit, des Zusammenhalts innerhalb der Gesellschaft und des Schutzes vor Verbrechen weist hingegen keine signifikanten Effekte auf. Eine Reduktion dieser Variablen auf eine materielle und eine sozialintegrative Dimension ergibt lediglich für erstere einen positiven Effekt auf die Wahl der Linkspartei.PDS (vgl. Neller 2006: 127ff.).

Die Linkspartei.PDS-Wählerschaft stellt sich damit als Bevölkerungsgruppe dar, die sich klar von den Westdeutschen abgrenzt und ihre eigene ostdeutsche Identität deutlich positiv bewertet. Daneben sind es sowohl eine Affinität zur sozialistischen Ideologie als auch eine positive Bewertung der DDR, die die Wahl der Linkspartei.PDS begünstigen, wobei die Bewertung des Vorgängerregimes einen größeren Effekt besitzt. Allerdings sind nicht alle Bereiche der Retrospektivbewertung der DDR-Gesellschaft gleichermaßen relevant für die Stimmabgabe, sondern lediglich die materielle Dimension.

Diese Ergebnisse stützen die in Kapitel 2.4.2 angenommene Synthese der Sozialisations- und der Situationshypothese. So bestätigen die positiven Effekte der Einstellungen gegenüber dem Sozialismus und die Retrospektivbewertung der DDR gemeinsam mit den Befunden zur Kirchenbindung die Sozialisationshypothese innerhalb der Linkspartei.PDS-Wählerschaft. Dagegen zeigen Faktoren zur wirtschaftlichen und politischen Unzufriedenheit mit dem neuen politischen System und die Abgrenzung zu den Westdeutschen eher den Einfluss situativer Faktoren. Damit kann festgehalten werden, dass sowohl sozialisationsbedingte, als auch situative Faktoren auf die Wahl der Partei wirken. Diese Befunde zeigen zudem, dass die Wählerschaft der Linkspartei.PDS dem ehemaligen politischen Regime bzw. der Gemeinschaft verhaftet bleibt. Problematisch erscheinen hierbei die relativ stabilen Einstellungsmuster für Abgrenzungen bzw. Retrospektivbewertungen auf allen Ebenen, die früheren Befunden zu widersprechen scheinen (Westle 2004: 284f.). Unter den Annahmen der politischen Kulturforschung besteht mit den andauernden Loyalitäten gegenüber der DDR und der fehlenden Unterstützung für die Bundesrepublik Deutschland die Gefahr eines Auseinanderdriftens von Teilbevölkerungen und letztendlich einer Destabilisierung der politischen Ordnung. Allerdings sind diese Einstellungen in der ostdeutschen Bevölkerung insgesamt nicht so weit verbreitet, dass von einer akuten Gefahr ausgegangen werden muss (Kaase/Bauer-Kaase 1998: 25).

Mit der Analyse von Identitäten und nostalgischen Bewertungen in der Bevölkerung und deren Einfluss auf die Wahl der Linkspartei.PDS ist die Analyse von Faktoren abgeschlossen, die sich vornehmlich mit der Nachfrageseite politischer Einstellungen innerhalb der Bevölkerung beschäftigt. In Kapitel 3.6 stehen dagegen Faktoren der Angebotsseite, d.h. der politischen Gelegenheitsstrukturen, im Mittelpunkt der Analyse.

3.6 Die Bedeutung politischer Gelegenheitsstrukturen und der Angebotsseite der Parteien für die Wahl der Linkspartei.PDS

Bevor in diesem Kapitel die Einflüsse der Angebotsseite bzw. der politischen Gelegenheitsstrukturen auf die Wahl der Linkspartei.PDS untersucht werden, ist es notwendig, ein Grundmodell zu identifizieren, das alle relevanten Indikatoren der Nachfrageseite beinhaltet. Die Aufnahme aller im vorigen Kapitel vorgestellten Einflussfaktoren ist dabei in forschungspraktischer Hinsicht wenig sinnvoll, da einige der Variablen nur zu wenigen Zeitpunkten in die Befragungen aufgenommen wurden, sich als nicht wirkungsmächtig erwiesen haben, oder ihre Aufnahme zu einer Reduktion der Fallzahlen führen würde. Auch wenn in der empirischen Sozialforschung ein Forschungsmodell ein möglichst genaues Abbild der Realität darstellen soll, führt doch nur eine sparsame Modellierung zu statistisch interpretierbaren Ergebnissen (Urban/Mayerl 2008: 18). In das allgemeine Modell werden (1) sozio-demographische Variablen, (2) Indikatoren zur Bindung an soziale Großgruppen, (3) ideologische Links-Rechts-Selbsteinstufung und (4) die Unzufriedenheit mit der Demokratie aufgenommen. Dagegen müssen Merkmale der sozialen Integration, der politischen Unzufriedenheit, materialistischer vs. postmaterialistischer und libertärer vs. autoritärer Wertorientierungen, die Bewertung der Idee des Sozialismus und die Retrospektivbewertung der DDR sowie der Einfluss von Persönlichkeitsmerkmalen bei dem sparsamen Modell entfallen, da sie nicht über den gesamten Untersuchungszeitraum vorhanden sind.

In Tabelle 31 wurde eine Analyse dieses Modells zur Erklärung des Wahlverhaltens der Linkspartei.PDS mit den oben dargestellten Faktoren durchgeführt, das dem Modell aus Tabelle 24 ähnelt. Mit einer Varianzaufklärung im Osten zwischen ca. 33 und 50 Prozent sowie ca. 30 und 43 Prozent im Westen stellt es zudem ein gutes Modell zur Erklärung der Wahlentscheidung für die Linkspartei.PDS dar.

Tabelle 31: *Die Wirkung sozialstruktureller Merkmale, Bindung an Großgruppen, Links-Rechts-Selbsteinstufung und Unzufriedenheit mit der Demokratie auf die Wahl der Linkspartei.PDS, 1994-2009 (logistische Regression, robuste Standardfehler in Klammern)*

Ostdeutschland	**1994**	**1998**	**2002**	**2005**	**2009**
Weiblich	-0.15ns (0.20)	0.05ns (0.24)	0.50ns (0.30)	-0.07ns (0.22)	-0.19ns (0.23)
Alter					
18-29	-0.40ns (0.47)	0.88ns (0.56)	1.14ns (0.71)	-0.62ns (0.54)	0.59ns (0.64)
30-44	-0.34ns (0.42)	0.58ns (0.49)	-0.07ns (0.59)	-0.44ns (0.50)	0.24ns (0.57)
45-64	-0.12ns (0.33)	0.78ns (0.39)	-0.05ns (0.41)	-0.41ns (0.42)	0.08ns (0.46)
Beruf					
Öffentlicher Dienst	0.61n.s. (0.47)	0.10n.s. (0.56)	1.25n.s. (0.70)	0.47n.s. (0.76)	0.14n.s (0.44)
Arbeiter (subjektiv)	0.41ns (0.23)	0.53a (0.27)	0.09ns (0.36)	0.31ns (0.24)	-0.45ns (0.25)
arbeitslos	0.60a (0.27)	0.10ns (0.33)	0.52ns (0.42)	-0.05ns (0.33)	0.57ns (0.38)
Bildung					
Hauptschule	-0.61a (0.27)	-1.06c (0.33)	0.32ns (0.39)	0.02ns (0.30)	0.02ns (0.28)
Hochschule	0.38ns (0.28)	0.77a (0.32)	0.51ns (0.46)	0.38ns (0.31)	-0.85ns (0.47)
Bindung an Großgruppe					
keine Kirchenbind.	1.13c (0.27)	1.16c (0.31)	0.82a (0.35)	0.73a (0.31)	0.31ns (0.26)
Gewerkschaft	0.49a (0.24)	0.49ns (0.30)	0.49ns (0.36)	0.49ns (0.39)	1.14c (0.34)
keine Parteibindung	0.17ns (0.22)	-0.25ns (0.26)	-0.15ns (0.32)	-0.33ns (0.26)	0.41ns (0.25)

Ideologie					
LiRe-Selbsteinsch.	0.85c (0.07)	0.60c (0.08)	0.62c (0.09)	0.67c (0.07)	0.93c (0.09)
Unzufriedenheit					
Demokratie	0.79c (0.12)	0.32a (0.13)	0.48b (0.16)	0.31c (0.08)	0.48c (0.13)
Konstante	-1.31a	-1.82a	-2.08a	-0.10ns	1.24ns
N	1290	689	603	736	777
Nagelkerkes R^2	0.518	0.371	0.328	0.377	0.506
Westdeutschland					
Weiblich				-0.66ns (0.34)	-0.15ns (0.23)
Alter					
18-29				-0.85ns (0.89)	0.01ns (0.63)
30-44				0.03ns (0.79)	-0.33ns (0.58)
45-64				0.32ns (0.74)	-0.20ns (0.51)
Beruf					
Öffentlicher Dienst				-0.15ns (0.69)	-0.16ns (0.45)
Arbeiter (subjektiv)				0.55ns (0.37)	-0.24ns (0.27)
arbeitslos				0.55ns (0.47)	1.15b (0.39)
Bildung					
Hauptschule				-1.05b (0.40)	0.35ns (0.25)
Hochschule				-0.05ns (0.44)	-0.29ns (0.40)
Bindung an Großgruppe					
keine Kirchenbind.				0.33ns (0.33)	0.41ns (0.29)
Gewerkschaft				0.47ns (0.35)	0.50a (0.25)
keine Parteibind.				0.69ns (0.36)	1.06c (0.26)
Ideologie					
LiRe-Selbsteinsch.				0.64c (0.09)	0.87c (0.08)
Unzufriedenheit					
Demokratie				0.29b (0.11)	0.78c (0.11)
Konstante				-1.18ns	1.53ns
N				1357	1489
Nagelkerkes R^2				0.300	0.434

Eigene Berechnung auf Grundlage der Individualdatensätze zu den Bundestagswahlen 1994-2009.
Signifikanzniveaus: a: $p<0.05$; b: $p<0.01$; c: $p<0.001$; ns: nicht signifikant.

In Westdeutschland besitzen die Links-Rechts-Selbsteinstufung und die Unzufriedenheit mit dem Zustand der Demokratie zu beiden Untersuchungszeitpunkten einen positiven Effekt auf die Wahlentscheidung. Dagegen können für soziodemographische Variablen nahezu keine statistisch signifikanten Effekte ermittelt werden. Allerdings lässt sich ein starker Wandel der Wählermotive zwischen den Bundestagswahlen 2005 und 2009 beobachten. Neben Verschiebungen in der Altersstruktur bilden 2009 verstärkt Arbeitslose, Gewerkschaftsmitglieder und Personen ohne Parteibindung die Wählerschaft.

In Ostdeutschland haben, wie in Westdeutschland, die Unzufriedenheit mit dem Zustand der Demokratie und die ideologische Selbstpositionierung einen deutlichen Einfluss auf die Wahl der Linkspartei.PDS. Auch in den neuen Bundesländern tritt keine eindeutige soziodemographische Struktur zutage. Im Gegensatz zu den alten Bundesländern lässt sich jedoch eine Abneigung gegenüber kirchlichen Organisationen erkennen, die jedoch im Laufe der Zeit an Prägekraft verliert. In den ersten Jahren der Wiedervereinigung besitzt zudem eine niedrige formale Bildung einen negativen, individuelle Arbeitslosigkeit und Gewerkschaftsbindung einen positiven Effekt auf die Wahl der Partei. Letzteres tritt 2009 wieder verstärkt auf. Insgesamt bestimmen langfristige ideologische Orientierungen und Faktoren der politischen Unzufriedenheit deutlicher die Wahl der Linkspartei.PDS als soziodemographische Merkmale und Bindungen an Großgruppen, die allerdings zeitlich begrenzt durchaus Effekte aufweisen können. Vor diesem Hintergrund erscheint eine Untersuchung der ideologischen Positionen der Linkspartei.PDS und der etablierten Parteien im Vergleich zu denen der Wählerschaft umso bedeutsamer.

Nachdem das Grundmodell aufgestellt worden ist, werden im Folgenden die einzelnen Hypothesen zur politischen Gelegenheitsstruktur (*political opportunity structure*) bzw. zur Angebotsseite der Parteien getestet. Unter diesem Begriff werden im Allgemeinen kontextuelle Faktoren gefasst, deren Spezifikation und Operationalisierung jedoch in der Wissenschaft umstritten ist (Kriesi et al. 1992; Tarrow 1996). Wie in Kapitel 2.1.4 und 2.6.7 dargestellt, können sie generell in kurz-, mittel- und langfristige Faktoren eingeteilt werden und beziehen sich auf die Offenheit eines politischen Systems für neue politische Akteure (Arzheimer/ Carter 2006). Untersuchungen zu extrem rechten Parteien haben durchaus Effekte solcher Gelegenheitsstrukturen auf das Wahlverhalten aufgezeigt, sie lassen sich jedoch mangels geeigneter Indikatoren und aufgrund der Konzentration auf die Mikro-Ebene individuellen menschlichen Verhaltens in den empirischen Sozialwissenschaften generell nur ungenügend untersuchen. Verschärft wird die Datenlage hinsichtlich der Analyse der Linkspartei.PDS dadurch, dass sich viele der Indikatoren auf kontextspezifische Merkmale konzentrieren und damit die Ausprägungen der Variablen innerhalb eines politischen Kontextes für jedes Individuum konstant bleiben (Hox 2002: 2; Lazarsfeld/Menzel 1961). Daher können Faktoren auf der Makro-Ebene – wie hohe Arbeitslosigkeit, die im Wahlsystem verankerten Schwellen für den Eintritt in die Parlamentsvertretung, ein Mehrparteiensystem in Verbindung mit einem Verhältniswahlrecht – nicht zur Analyse der Wählermotive der Linkspartei.PDS herangezogen werden (vgl. Jackman/Volpert 1996). Aufgrund dieser Einschränkungen kommen lediglich solche Indikatoren für die Analyse infrage, die die ideologischen Angebote der Parteien im Parteiensystem betreffen (siehe bereits Scheuch/Klingemann 1967). Damit sind Positionen der Linkspartei.PDS auf der generellen ideologischen

Dimension und zu bestimmten Sachfragen in Relation zur Wählerschaft, aber auch zu den anderen politischen Parteien im Parteiensystem gemeint (siehe auch Kapitel 2.5.2).

In der Extremismusforschung haben sich zwei unterschiedliche Annahmen zu den Auswirkungen von Parteipositionen auf die Positionen der Wählerschaft entwickelt. Die Ansätze der *spatial competition* (Enelow/Hinich 1984) sehen die Verteilung der Präferenzen innerhalb der Wählerschaft als exogen an und gehen davon aus, dass der Erfolg extremer Parteien durch mangelnde Adaption der etablierten Parteien an deren Themen zustande kommt. Der Erfolg extremer Parteien sinkt demnach, sollten die etablierten Parteien eine restriktive Politik, im Falle extrem rechter Parteien der Einwanderungspolitik, vertreten und sie damit ihres Kernthemas berauben (Bale 2003). Dem steht die Ansicht entgegen, dass durch eine Verschiebung ideologischer bzw. sachfragenspezifischer Positionen der etablierten Parteien die Wählerschaft diese Themen als wichtig erachtet und dadurch eine noch extremere Position enttabuisiert wird. Ein Teil der Wählerschaft, die die extreme Rechte aufgrund stigmatisierter Themen nicht gewählt hat, könnte sich daher dazu entschließen, ihre Stimme für sie abzugeben. Darüber hinaus können mit dem Auftreten bestimmter Themen auf der politischen Agenda Wähler sensibilisiert werden, die zuvor Themen wie der Einwanderungs- oder Asylpolitik nur wenig Aufmerksamkeit geschenkt hatten (Thränhardt 1995).

Um diese gegensätzlichen Effekte politischer Positionen von Parteien zu messen, wurden Experteninterviews (Castles/Mair 1984; Huber/Inglehart 1995), quantitative Auswertungen von Parteiprogrammen (Budge et al. 2001; Klingemann et al. 2006) und Einschätzungen der Parteipositionen durch die Befragten herangezogen (Gibowski 1977; Pappi 1983; Dalton 1988). Mithilfe dieser Instrumente lassen sich die ideologischen Positionen extremer und etablierter Parteien, der Abstand zwischen den etablierten Parteien sowie der Abstand der extremen zu den etablierten Parteien berechnen.

Allerdings wurden in der Forschung mehrere unterschiedliche Vorgehensweisen zur Berechnung politischer Positionen von Parteien im Parteienraum vorgeschlagen. Das Distanzmodell geht davon aus, dass der Wähler seine Präferenzen nach dem eigenen Nutzenwert bestimmt und sich dabei auf einem Links-Rechts-Kontinuum einordnet (Downs 1957). Im Zwei-Parteiensystem versucht eine Partei eine optimale Position auf diesem Kontinuum zu besetzen, um eine Mehrheit der Wählerstimmen auf sich zu vereinigen. Dabei besteht jedoch die Möglichkeit, dass Personen an den Rändern des politischen Spektrums sich ihrer Stimmen enthalten, da ihre Distanz zu den Parteien zu groß erscheint. Im Mehrparteiensystem dagegen ist die Struktur des Parteienwettbewerbs komplizierter, da hier die Akkumulation der Mehrheit der Wählerstimmen erschwert wird. Weiterentwicklungen dieses Modells gehen daher eher von einem status quo aus, der den Akteuren als Referenzpunkt dient. Der Wähler trifft seine Entscheidungen daher nicht aufgrund der Wahlprogramme, sondern aufgrund der erwarteten Veränderungen des status quo (Grofman 1985). In Folge hat sich eine lebhafte Diskussion entwickelt, die bis heute anhält und zu zahlreichen Alternativvorschlägen führte (vgl. Shepsle 1991; Hinich/Munger 1996; Green/Shapiro 1994).

Im Richtungsmodell wird dagegen angenommen, dass sich Sachfragen prinzipiell in zwei Richtungen (z.B. Marktfreiheit versus Eingriffe des Staates) unterteilen lassen, die von einem neutralen Punkt aus bewertet werden (vgl. bereits Matthews 1979). Mit dieser Annahme können die Informationskosten, die im Richtungsmodell sehr hoch sind, reduziert werden. Der Wähler entscheidet sich demnach nicht für die Partei, die ihm auf dem Kontinuum am nächsten steht, sondern für jene, bei der das Produkt aus der eigenen und der gleichgerichteten Position der Partei vom neutralen Punkt des Kontinuums aus, möglichst groß ist (Rabinowitz/MacDonald 1989). Allerdings besitzt auch dieses Modell Nachteile, die durch methodologische Modifikationen zu beheben versucht wurden (Iversen 1994: 48).

Über die Erklärungskraft der beiden Modelle wurde in der Forschung lange kontrovers diskutiert. Erst die Entwicklung integrativer Modelle, die sowohl Parameter der Richtung als auch der Intensität beinhalten, führte zu einer Zusammenführung beider Ansätze (Iversen 1994; Merrill/Grofman 1999). In empirischen Untersuchungen hat sich dieses gemischte Modell als weitaus erklärungsmächtiger dargestellt als die reinen Richtungs- bzw. Näherungsmodelle (Adams et al. 2005).

Eine dritte Richtung beschreiten Vertreter der Salienztheorie, die annehmen, dass der Wähler an sich über keine Policy-Präferenzen verfügt, da die Informationskosten zu hoch sind oder seine kognitiven Fähigkeiten nicht ausreichen. Generelle politische Probleme werden dennoch als Entscheidungskriterium herangezogen, wenn die Parteien sich als Anbieter politischer Lösungen darstellen (Petrocik 1996). Damit spielt nicht mehr unbedingt die jeweilige Position der politischen Partei eine Rolle, sondern die Intensität, mit der sie eine Position vertritt (Robertson 1976: 5; Merrill/Grofman 1999). Unter diesen Annahmen wurden die Daten des *Comparative Manifestos Project* (CMP) gewonnen, aus denen herauszulesen war, dass Parteien grundsätzlich ähnliche Positionen vertreten und sich eher durch Hervorhebungen einzelner Politikbereiche voneinander abheben. Die Daten des Projekts wurden dann zur objektiven Einordnung von Parteien auf verschiedenen Politikfeldern verwendet, aber in der Wahlforschung bislang selten angewandt, da keine Aussagen über die Wahrnehmung von Individuen getroffen werden können (Arzheimer/Schmitt 2005: 282).

Damit stehen grundsätzlich mehrere Ansätze zur Berechnung von Parteipositionen zur Verfügung, die jeweils Vor- und Nachteile haben (Blais et al. 2001). Die Entscheidung, welche Modelle verwendet werden, bleibt dabei zumeist den akademischen Vorlieben der einzelnen Forscher vorbehalten und kann in dieser

Arbeit nicht abschließend beantwortet werden, da dies den Rahmen bei Weitem sprengen würde. Die weitere Analyse konzentriert sich daher auf eine einfache Distanzmodellierung von Partei- und Wählerpositionen.

Ebenso strittig wie die geeignete Modellierung von ideologischen Positionen ist die Frage nach den Inhalten, nach denen die Wähler sich selbst und die Parteien einordnen. Zur Untersuchung ideologischer Positionen von extrem rechten Parteien wurden dabei sowohl gesellschafts- und wirtschaftspolitische Dimensionen als auch speziellere Positionen zur Einwanderungs- und Asylpolitik herangezogen (Arzheimer 2008a). Für extrem linke Parteien wurden derartige Analysen bislang nicht durchgeführt. Dabei hängen die möglichen zu untersuchenden Positionen der Parteien und der Wählerschaft eng mit den verwendeten Daten zusammen. Im CMP sind politikfeldspezifische und generelle ideologische Positionen von Parteien operationalisiert worden.[89] Auch mittels Experteninterviews lassen sich allgemeine und politikfeldspezifische Untersuchungen zu Parteipositionen durchführen; diese sind allerdings nur zeitlich begrenzt verfügbar (Castles/Mair 1984; Huber/Inglehart 1995). Dagegen enthalten Individualdatensätze die Position der Befragten sowie ihre Bewertungen der Position von Parteien zumeist nur auf den allgemeinen, wirtschafts- bzw. gesellschaftspolitischen Links-Rechts-Dimensionen. Für den Untersuchungszeitraum werden daher nur Daten aus dem *CMP* sowie die Individualbefragungen verwendet. Zudem werden ausschließlich allgemeine ideologische Dimensionen untersucht und keine politikfeldspezifischen Positionen. Des Weiteren kann sich die folgende Untersuchung nicht, wie in Kapitel 1.3.2 angenommen, auf zwei separate ideologische Dimensionen, die gesellschaftspolitische und die wirtschaftspolitische stützen, sondern lediglich auf die allgemeine Links-Rechts-Einstufung. Grund hierfür ist wiederum die Datenlage in den Individualdatensätzen, die sich auf die Messung der Selbstpositionierung und die Einstufung der Parteien durch die Befragten konzentriert. Dagegen werden keine spezifischen Indikatoren der wirtschafts- und gesellschaftspolitischen Dimension abgefragt. Daher beschränkt sich die nachfolgende Analyse zur Angebotsseite der Parteien bzw. der politischen Gelegenheitsstruktur auf die Betrachtung der generellen Links-Rechts-Dimension anhand der Daten des CMP und der Individualdatensätze.

Bevor eine umfassende Analyse der Angebots- und Nachfrageseite bezüglich der Wahl der Linkspartei.PDS durchgeführt werden kann, sollen zunächst die Angebotspositionen aus dem CMP und die Einordnungen der Parteien durch

[89] Dazu zählen die Bereiche Außenpolitik, Frieden und Demokratie, politisches System, Wirtschaft, Sozialwesen und Lebensqualität, Aufbau der Gesellschaft und soziale Gruppen, aus denen sich allgemeine ideologische, aber auch konkrete politikfeldbezogene Dimensionen ableiten lassen.

Individuen miteinander verglichen werden, um deren Validität bzw. Anwendbarkeit für die Hypothesen 13.1 und 13.2 überprüfen zu können.

Aus dem Datensatz des CMP lässt sich eine ideologische Links-Rechts-Dimension der programmatischen Inhalte der Parteien bilden (Budge et al. 2001; Klingemann et al. 2006). Allerdings wurden im Zuge der Auswertung verschiedenste Verfahren und Skalen zur Operationalisierung dieser Dimension entwickelt, die jeweils zu unterschiedlichen Ergebnissen führen (Laver/Budge 1992; Gabel/Huber 2000; Franzmann/Kaiser 2006). Da ihre Modellierung durch die Forscher unzureichend dokumentiert wurde und damit eine Reproduktion unmöglich ist, wurde für die folgende Analyse die allgemeine Links-Rechts-Dimension von Laver und Budge (1992) verwendet.

Abbildung 5: *Ideologische Links-Rechts-Position der Parteien mittels Daten des Comparative Manifesto Project, 1990-2009*

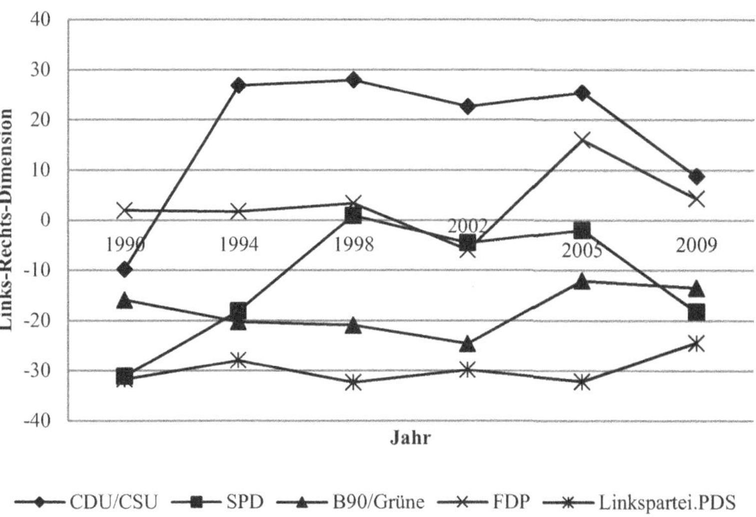

Quelle: Eigene Berechnungen auf Grundlage des *Comparative Manifesto Project* 1990 bis 2009. Die Links-Rechts-Dimension ergibt sich aus einem Index, der positive Aussagen zu Militär, Frieden und Menschenrechten, Konstitutionalismus, politischer Autorität, Marktfreiheit, wirtschaftlichen Anreizen, Protektionismus, orthodoxer Wirtschaftspolitik, Einschränkung des Wohlfahrtstaates, Ausweitung des Wohlfahrtstaates, Patriotismus, traditionellen Moralvorstellungen, Sicherheits- und Ordnungsvorstellungen, sozialer Einheit, Anti-Imperialismus, Frieden, Internationalismus, Marktregulierung, Planwirtschaft, Verstaatlichung, Bildungsexpansion, Gewerkschaften und Demokratie sowie negative Aussagen zu Militär und Protektionismus beinhaltet. Der Bereich des Index kann theoretisch die Werte zwischen -100 bis +100 umfassen (Budge et al. 2001: 228).

In Abbildung 5 sind die programmatischen Positionen der Parteien im bundesdeutschen Parteiensystem auf der allgemeinen Links-Rechts-Dimension im Untersuchungszeitraum von 1990 bis 2009 abgebildet. Die Linkspartei.PDS nimmt dabei zu allen sechs Untersuchungszeiträumen unter den Parteien eine extreme Position am linken Pol des Parteiensystems ein. Über den Zeitverlauf gesehen variiert diese Position nur geringfügig. Dagegen kann für die SPD zunächst eine programmatisch linke Position beobachtet werden, die spätestens ab 1998 deutlich Richtung politische Mitte tendiert. Bei der Bundestagswahl 2009 ist dagegen wiederum ein deutlich weiter links angesiedelter Kurs festzustellen. Für die CDU/CSU zeigen die Daten 1990 zunächst eine gemäßigte ideologische Position in der Mitte des Parteienraumes, die sich in den darauf folgenden Jahren nach rechts verschiebt. Erst bei der Bundestagswahl 2009 strebt die CDU/CSU in ihrer programmatischen Ausrichtung zur Mitte des Parteienraumes. Eine mittlere Position wird nahezu über den gesamten Zeitraum von der FDP vertreten. Lediglich 2005 lässt sich eine deutliche Rechtsverschiebung der Partei feststellen. Bündnis90/Grüne wiederum nehmen bis 2002 eine stabile, moderat linke ideologische Position ein, um ab 2005 in Richtung Mitte des Parteiensystems zu tendieren.

Aus Abbildung 5 lässt sich ableiten, dass auf Grundlage quantitativer Auswertungen der Parteiprogramme die programmatischen Positionen von Parteien über die Zeit nicht als konstant angenommen werden können. Einige Autoren haben diese ungewöhnlich deutlichen Verschiebungen zum Anlass genommen, Glättungsfaktoren zu berechnen, um die Schwankungseffekte einzudämmen (Franzmann/Kaiser 2006: 173), oder haben die inhaltliche Zusammensetzung der Links-Rechts-Dimension verändert. Damit steht die Analyse von Daten aus quantitativen Auswertungen von Parteiprogrammen grundsätzlich vor dem Problem, dass die Ergebnisse von der Operationalisierung des Forschers abhängen (McDonald/Mendes 2001).[90]

Alternativ zur quantitativen Analyse von Parteiprogrammen lassen sich Parteipositionen auch über die subjektiven Wahrnehmungen der Bürger bestimmen. In Abbildung 6 und 7 sind die Mittelwerte der Parteipositionen der Bevölkerung für die Bundestagswahlen von 1998 bis 2009 in Ost- und Westdeutschland abgetragen. 1994 wurde diese Frage nicht gestellt. In Westdeutschland ist für die Linkspartei.PDS eine deutliche Linksverschiebung der Bewertung der Parteipo-

[90] Die hier verwendete Operationalisierung enthält neben wirtschaftsbezogenen Elementen auch nicht-wirtschaftsbezogene und stellt damit eine eher allgemein gehaltene Links-Rechts-Dimension dar. Andere Operationalisierungen finden sich z.B. bei Laver und Budge (1992) und Schlipphak (2011). Die vorliegende Einordnung ist daher enger mit der Konzeption der Links-Rechts-Dimension auf der Individualebene verwandt als Dimensionen, die nach wirtschafts- und gesellschaftspolitischen Elementen trennen (siehe Kapitel 3.4).

sition zwischen 1998 und 2009 zu verzeichnen. Dagegen wird sie in Ostdeutschland bereits 1998 deutlich weiter links eingestuft. Ab 2005 korrespondieren die Bewertungen der Partei in beiden Landesteilen. Für die CDU/CSU ergeben sich in beiden Landesteilen nur geringfügige Veränderungen, die zudem in Ost- und Westdeutschland ähnlich verlaufen. Deutlichere Verschiebungen sind bei der Bewertung der SPD zu beobachten, die in beiden Landesteilen zunächst moderat links eingestuft wird, um spätestens 2005 Richtung Mitte des Parteienraumes zu streben. Für die FDP können in Westdeutschland lediglich marginale Schwankungen festgestellt werden, und auch in Ostdeutschland ist nur bei der Bundestagwahl 2009 eine Tendenz in Richtung des rechten Pols zu verzeichnen. Bündnis90/Die Grünen werden in Westdeutschland zu allen Zeitpunkten weiter links als die SPD eingestuft und tendieren ab 2005 wie diese in Richtung politische Mitte. In Ostdeutschland sind nahezu keine Unterschiede auf der allgemeinen Links-Rechts-Dimension zwischen diesen beiden Parteien erkennbar.

Insgesamt gesehen verändern sich die Bewertungen der Parteipositionen durch die Befragten lediglich geringfügig und weisen eher tendenzielle Verschiebungen über mehrere Befragungszeitpunkte auf. Im Vergleich dazu verändern sich die Parteipositionen aus den Daten des CMP deutlich stärker.

Abbildung 6: Ideologische Links-Rechts-Position der Parteien in Westdeutschland mittels Einstufung der Befragten in den Individualdatensätzen, 1998-2009

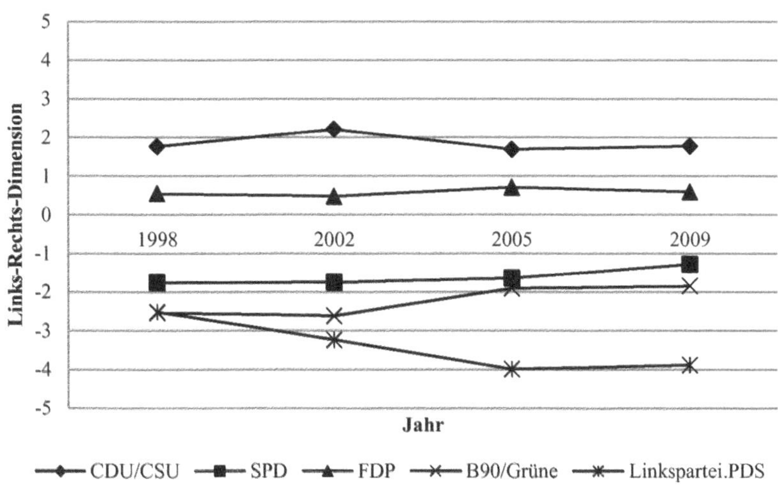

Quelle: Eigene Berechnungen auf Grundlage der Individualdatensätze, 1998 bis 2009.

Abbildung 7: *Ideologische Links-Rechts-Position der Parteien in Ostdeutschland mittels Einstufung der Befragten in den Individualdatensätzen, 1998-2009*

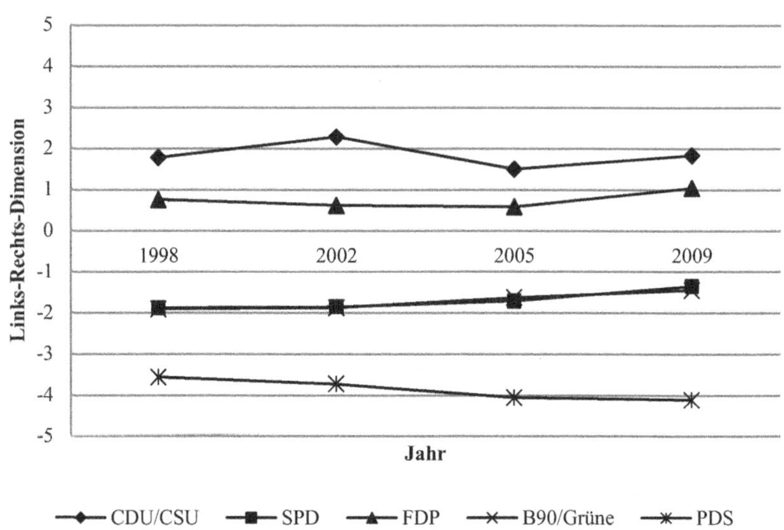

Quelle: Eigene Berechnungen auf Grundlage der Individualdatensätze 1998 bis 2009.

Welche Datenquelle die beste Möglichkeit bietet, ideologische Positionen politischer Parteien zu bestimmen, bleibt in der Wissenschaft umstritten. So ist die Überprüfung der Validität der Daten des *CMP* zumeist nur über *cross-checks* möglich. Allerdings haben Analysen gezeigt, dass Ergebnisse von Experteninterviews, quantitativen Daten aus Parteiprogrammen und Umfragedaten zu ähnlichen Ergebnissen kommen (Marks et al. 2007; Hooghe et al. 2010). Allerdings wurde auch festgestellt, dass vor allem extreme Positionen und ein starker Dissens innerhalb der Partei die Einordnung von Parteien mittels des CMP erschweren, was die Analyse der Linkspartei.PDS, wie in Kapitel 1.3.2 und 1.3.1 dargelegt, eventuell verfälschen könnte (Marks et al. 2007: 28f.). Darüber hinaus bleibt fraglich, ob die Extraktion ideologischer Positionen aus Parteiprogrammen dem Untersuchungsgegenstand der empirischen Wahlforschung, nämlich den Einstellungen und dem Verhalten von Bürgern gegenüber der Politik, gerecht wird. Werden Parteiprogramme vom Wähler in seine Überlegungen mit einbezogen? Und werden durch sie konkrete Positionen vermittelt oder lediglich vage

Signale (Pelizzo 2003)? Hier kann entgegengehalten werden, dass Parteien den politischen Wettbewerbsraum strukturieren, d.h. erst durch Parteien kann sich aus einem gesellschaftlichen Konflikt ein politischer bilden (Bartolini/Mair 1990). Da gesellschaftliche Konflikte im Allgemeinen langfristig stabil sind, sollten auch Parteipositionen eher stabil bleiben, was den Erkenntnissen aus Abbildung 5 widersprechen würde. Allerdings wurde von anderer Seite eingewendet, dass kurzfristige Ereignisse Parteipositionen durchaus zeitweise verschieben können (Downs 1957: 109f.).

Auch die Befragung von Wählern nach ihrer Selbstpositionierung und nach der Einordnung der Parteien birgt Nachteile. So werden in Bevölkerungsumfragen zumeist nur wenige allgemeine ideologische Positionen abgefragt, die eventuell für bestimmte Wähler keine Rolle bei der Wahlentscheidung spielen. Weiterhin bleibt unklar, ob die Befragten die vorgelegten Skalen zu ideologischen Positionen einheitlich interpretieren und ob sie die politischen Parteien in ähnlicher Weise wahrnehmen. Damit geht die Frage einher, ob ihre Bewertungen in etwa der objektiven Position – ermittelt aus Parteiprogrammen oder Expertenumfragen – entsprechen (Arzheimer 2008a: 174f.). Dafür müsste der Wähler über detaillierte Informationen verfügen und diese dann auf Positionen im Parteienraum übertragen. Diese kognitiven Fähigkeiten werden dem Wähler von vielen Forschern abgestritten (Rabinowitz/MacDonald 1989). Allerdings konnten schon frühe Untersuchungen zeigen, dass Wähler durchaus in der Lage sind, sich und politische Parteien auf einem Links-Rechts-Kontinuum einzuordnen (Klingemann 1972, 1979).

Grundsätzlich ist die Bestimmung von Parteipositionen anhand verschiedener Datenquellen möglich und zulässig. Für die Wahlentscheidung des Individuums ist jedoch nicht die tatsächliche Position der Parteien im Parteienraum von Bedeutung, sondern die wahrgenommene. Damit steht weniger die Frage der Repräsentation der Politikpräferenzen der Wähler durch die Parteien in Mittelpunkt der Untersuchung, sondern die Veränderungen auf der Individualebene (Rudi 2010: 170). Tatsächlich sind die objektiv gewonnenen Parteipositionen nicht unabhängig von den wahrgenommenen Positionen der Parteien. In der Forschung wurde empirisch nachgewiesen, dass sich Veränderungen von Parteipositionen auf Veränderungen innerhalb der Wählerschaft zurückführen lassen (Adams et al. 2004; Erikson et al. 2002). Für die vorliegende Arbeit, die sich mit Wählermotiven auseinandersetzt, stellen daher individuelle Bewertungen der Positionen von Parteien die adäquatere Datengrundlage dar (Niedermayer 2009: 50; siehe zur weiteren Diskussion Schlipphak 2011).

In Tabelle 32 wurde das in Tabelle 31 vorgestellte Grundmodell um ein Distanzmaß zwischen Links-Rechts-Selbsteinstufung und der Einordnung der Linkspartei.PDS durch die Befragten erweitert. Mithilfe dieses Instruments soll die räumliche Nähe zwischen der Einstellung des Wählers und seiner Einordnung der Partei gemessen werden. Bei dieser Analyse wurde die ursprüngliche Links-Rechts-Selbsteinstufung aus der Analyse ausgeschlossen, um Multikollinearitätsprobleme zu minimieren.

Die Ergebnisse für die Bundestagswahlen 1998 bis 2009 in Ostdeutschland und 2005 bis 2009 in Westdeutschland zeigen, dass die ideologische Nähe zwischen Partei und Wähler zu allen Zeitpunkten einen statistisch signifikanten positiven Effekt auf die Wahl der Linkspartei.PDS darstellt. Mit diesem Messinstrument wird lediglich die relative Distanz der Positionen des Wählers und der Partei

Tabelle 32: Die Wirkung sozialstruktureller Merkmale, Bindung an Großgruppen, Links-Rechts-Selbsteinstufung, Unzufriedenheit mit der Demokratie und räumlicher Distanz der ideologischen Selbsteinstufung und der Einstufung der Linkspartei.PDS auf die Wahl der Linkspartei.PDS, 1994-2009 (logistische Regression, robuste Standardfehler in Klammern)

Ostdeutschland	**1998**	**2002**	**2005**	**2009**
Weiblich	0.07ns (0.25)	0.38ns (0.31)	-0.06ns (0.22)	-0.01ns (0.23)
Alter				
18-29	0.65ns (0.58)	1.19ns (0.72)	-0.61ns (0.54)	0.51ns (0.64)
30-44	0.50ns (0.51)	-0.09ns (0.61)	-0.39ns (0.50)	0.07ns (0.57)
45-64	0.67ns (0.41)	-0.07ns (0.42)	-0.07ns (0.42)	0.10ns (0.46)
Beruf				
Öffentlicher Dienst	0.15ns (0.57)	1.40ns (0.71)	0.44ns (0.76)	0.44ns (0.76)
Arbeiter (subjektiv)	0.62a (0.28)	-0.22ns (0.37)	0.30ns (0.24)	-0.30ns (0.26)
arbeitslos	0.04ns (0.34)	0.48ns (0.43)	-0.11ns (0.33)	0.56ns (0.38)
Bildung				
Hauptschule	-1.09c (0.35)	0.37n.s. (0.40)	-0.02n.s. (0.30)	0.26n.s. (0.27)
Hochschule	0.79a (0.33)	0.45ns (0.47)	0.34ns (0.32)	-0.75ns (0.44)
Bindung an Großgruppe				
keine Kirchenbind.	1.22c (0.33)	0.78a (0.36)	0.66a (0.31)	0.57a (0.26)
Gewerkschaft	0.39ns (0.31)	0.44ns (0.37)	0.39ns (0.39)	0.79a (0.34)
keine Parteibindung	0.79a (0.34)	-0.17ns (0.33)	-0.37ns (0.26)	0.08ns (0.27)
Unzufriedenheit				
Demokratie .	0.28a (0.13)	0.44b (0.17)	0.30c (0.08)	0.54c (0.13)
Distanz				
Wähler/Linkspartei.PDS	0.59c (0.08)	0.56c (0.10)	0.72c (0.08)	0.89c (0.09)
Konstante	-1.85c	-3.06c	-0.94ns	-1.74a
N	667	567	729	746
Nagelkerkes R^2	0.370	0.291	0.363	0.479

Westdeutschland		
Weiblich	-0.59ns (0.35)	-0.21ns (0.23)
Alter		
18-29	-1.10ns (0.93)	0.19ns (0.63)
30-44	-0.01ns (0.80)	-0.02ns (0.59)
45-64	0.35ns (0.74)	-0.05ns (0.51)
Beruf		
Öffentlicher Dienst	-0.15ns (0.70)	0.19ns (0.45)
Arbeiter (subjektiv)	0.48ns (0.39)	0.11ns (0.28)
arbeitslos	0.67ns (0.47)	1.33c (0.38)
Bildung		
Hauptschule	-1.04b (0.41)	0.18ns (0.25)
Hochschule	-0.09ns (0.44)	-0.26ns (0.41)
Bindung an Großgruppe		
keine Kirchenbind.	0.37ns (0.34)	0.69a (0.29)
Gewerkschaft	0.71a (0.36)	0.61a (0.25)
keine Parteibindung	0.72ns (0.37)	0.98c (0.26)
Unzufriedenheit		
Demokratie	0.28b (0.11)	0.62c (0.11)
Distanz		
Wähler-Linkspartei.PDS	0.68c (0.10)	0.79c (0.12)
Konstante	-1.13ns	-0.48ns
N	1304	1351
Nagelkerkes R^2	0.318	0.421

Eigene Berechnung auf Grundlage der Individualdatensätze zu den Bundestagswahlen 1994-2009.
Signifikanzniveaus: a: p<0.05; b: p<0.01; c: p<0.001; ns: nicht signifikant.

gemessen, nicht die absoluten Positionen im Parteienraum. Dies hat zur Folge, dass nicht nur extreme Positionen der Wähler und der Partei einen positiven Effekt auf die Wahl der Linkspartei.PDS ausüben können, sondern auch eine moderate Selbsteinstufung und eine moderate Einordnung der Linkspartei.PDS die Wahlwahrscheinlichkeit positiv beeinflussen kann (Downs 1957; Pappi/ Shikano 2004).

Mit der oben durchgeführten Analyse lässt sich lediglich die Distanz zwischen der Links-Rechts-Selbsteinstufung des Wählers und der Position einer einzelnen Partei darstellen. Realistischere Maße in Bezug auf die Überprüfung der Hypothesen 13.1 bzw. 13.2 beziehen aber den Einfluss der Positionen der extremen und der etablierten Parteien auf die Wählerschaft mit ein (Downs 1957). Die folgende Untersuchung unterscheidet sich von den üblichen Berechnungen des Parteiendifferentials, bei denen der Wähler anhand der eigenen Position und der wahrgenommenen Positionen der Parteien auf dem Parteienkontinuum entscheidet, welche Partei die geringste ideologische Distanz zu ihm aufweist, dahingehend, dass hier lediglich die wahrgenommenen Position der Parteien zueinander ausschlaggebend für die Wahl der Linkspartei.PDS ist.

In Tabelle 33 wurde ein Modell berechnet, das als zusätzlichen Erklärungsfaktor für die Wahlentscheidung dieses Distanzmaß zwischen den wahrgenommenen Positionen der Linkspartei.PDS und der SPD in die Berechnungen mit aufnimmt. Theoretischen Überlegungen zufolge kann eine geringe wahrgenommene Distanz zwischen beiden Parteien durch den Wähler einerseits zu einem Legitimierungsprozess der extremen Partei durch die etablierten Parteien führen, da sie Themen der extremen Parteien aufgreifen bzw. auf die politische Agenda setzen, die in der politischen Debatte bislang als Tabu galten (Arzheimer/Carter 2006: 439; Betz 2002: 251f.). Andererseits kann eine wahrgenommene geringe Distanz zwischen der etablierten und der extremen Linken auch ein Hemmnis für die Wahlchance der extremen Partei darstellen. Durch die konvergierenden ideologischen Positionen ist es für den Wähler nicht mehr möglich, zwischen den beiden Parteien zu unterscheiden, da sie ihr Alleinstellungsmerkmal verlieren. Im Zweifel entscheidet sich der Stimmberechtigte daher für die etablierte Partei, da diese eher die Chance besitzt, ins Parlament einzuziehen.

Für das Distanzmaß dieser Untersuchung gilt dabei Folgendes: Ein positiver Faktor bedeutet, dass eine große wahrgenommene Distanz zwischen der Linkspartei.PDS und der SPD die Wahrscheinlichkeit der Wahl ersterer erhöht. Ein negativer Effekt bedeutet dementsprechend, dass die Wahrscheinlichkeit zur Wahl der Linkspartei.PDS reduziert wird beziehungsweise, dass eine geringe Distanz die Stimmabgabe zugunsten der Partei erhöhen würde. Für Ostdeutschland ist zu allen Untersuchungszeitpunkten ein statistisch signifikanter positiver Effekt zu beobachten. Eine große ideologische Distanzbewertung zwischen Linkspartei.PDS und SPD erhöht damit die Wahlwahrscheinlichkeit für die Linkspartei.PDS. In Westdeutschland dagegen lassen sich keine derartigen Effekte feststellen. Hier hat der Distanz-Indikator lediglich sehr geringe Effekte, die zudem im statistischen Sinne nicht signifikant sind. Darüber hinaus bleiben die Variablen aus dem Grundmodell in Tabelle 31 weitgehend unverändert.

Mit diesen empirischen Ergebnissen bestätigt sich Hypothese 13.1 für Ostdeutschland, wonach eine geringe ideologische Distanzbewertung zwischen etablierter und extrem linker Partei die Wahl der extremen Partei negativ beeinflusst. Im Umkehrschluss bestätigen die Ergebnisse, dass eine ausgeprägte ideologische Distanzbewertung zwischen beiden Parteien die Wahl der Linkspartei.PDS wahrscheinlicher macht. Personen, die die Linkspartei.PDS ideologisch weit entfernt von der SPD einordnen, neigen zur Wahl der ersteren. Die Linkspartei.PDS muss demnach eine gewisse ideologische Distanz bzw. ein Alleinstellungsmerkmal auf der Links-Rechts-Dimension aufweisen, um sich von der SPD abzuheben und für die Wähler attraktiv zu werden. Dagegen bewahrheitet sich die Annahme nicht, dass eine extrem linke Position der SPD auf dieser Dimension zu einer Legitimierung extrem linker Positionen führt. Wird anstatt der Wahlentscheidung zugunsten der Linkspartei.PDS die SPD als abhängige Variable eingefügt, führt eine geringe ideologische Distanz zwischen beiden Parteien in Ostdeutschland zu einem positiven Effekt auf die Wahl der SPD (siehe Anhang Tabelle A3).

Tabelle 33: *Die Wirkung sozialstruktureller Merkmale, Bindung an Großgruppen, Links-Rechts-Selbsteinstufung, Unzufriedenheit mit der Demokratie und räumlicher Distanz von Linkspartei.PDS und SPD auf die Wahl der Linkspartei.PDS, 1998-2009 (logistische Regression, robuste Standardfehler in Klammern)*

Ostdeutschland	**1998**	**2002**	**2005**	**2009**
Weiblich	0.10ns (0.25)	0.40ns (0.31)	-0.06ns (0.22)	-0.12ns (0.23)
Alter				
18-29	0.65ns (0.59)	1.11ns (0.72)	-0.71ns (0.56)	0.53ns (0.64)
30-44	0.38ns (0.51)	-0.08ns (0.62)	-0.50ns (0.51)	0.23ns (0.57)
45-64	0.61ns (0.41)	-0.12ns (0.43)	-0.47ns (0.43)	0.06ns (0.47)
Beruf				
Öffentlicher Dienst	0.09ns (0.57)	1.36ns (0.70)	0.63ns (0.76)	0.12ns (0.45)
Arbeiter (subjektiv)	0.68a (0.28)	-0.11ns (0.37)	-0.11ns (0.37)	-0.42ns (0.25)
arbeitslos	0.15ns (0.34)	0.56ns (0.44)	-0.14ns (0.34)	0.57ns (0.38)
Bildung				
Hauptschule	-1.13c (0.35)	0.35ns (0.41)	-0.05ns (0.31)	0.03ns (0.28)
Hochschule	0.81a (0.33)	0.64ns (0.48)	0.39ns (0.32)	-0.76ns (0.47)
Bindung an Großgruppe				
keine Kirchenbind.	1.23c (0.33)	0.80a (0.37)	0.68a (0.31)	0.27ns (0.26)
Gewerkschaft	0.50ns (0.31)	0.30ns (0.39)	0.55ns (0.40)	1.07b (0.34)
keine Parteibindung	-0.18ns (0.27)	-0.24ns (0.34)	-0.27ns (0.26)	-0.37ns (0.26)
Ideologie				
LiRe-Selbsteinsch.	0.62c (0.08)	0.63c (0.09)	0.69c (0.07)	0.91c (0.09)
Unzufriedenheit				
Demokratie	0.27a (0.14)	0.44b (0.17)	0.24b (0.09)	0.45c (0.13)
Distanz				
Linkspartei.PDS-SPD	0.23b (0.09)	0.22b (0.09)	0.27c (0.07)	0.19a (0.08)
Konstante	-2.03a	-2.35a	-0.42ns	0.72ns
N	662	564	720	738
Nagelkerkes R^2	0.386	0.339	0.405	0.503

Westdeutschland		
Weiblich	-0.59ns (0.35)	-0.16ns (0.23)
Alter		
18-29	-1.10ns (0.93)	0.02ns (0.63)
30-44	-0.01ns (0.80)	-0.35ns (0.58)
45-64	0.35ns (0.74)	-0.24ns (0.51)
Beruf		
Öffentlicher Dienst	-0.15ns (0.70)	0.16ns (0.45)
Arbeiter (subjektiv)	0.48ns (0.39)	-0.26ns (0.27)
arbeitslos	0.67ns (0.47)	1.22b (0.39)
Bildung		
Hauptschule	-1.04b (0.41)	0.35ns (0.25)
Hochschule	-0.09ns (0.44)	-0.31ns (0.40)
Bindung an Großgruppe		
keine Kirchenbind.	0.37ns (0.34)	0.42ns (0.29)
Gewerkschaft	0.47ns (0.36)	0.50a (0.25)
keine Parteibindung	0.72ns (0.37)	1.06c (0.26)
Ideologie		
LiRe-Selbsteinsch.	0.67c (0.10)	0.87c (0.08)
Unzufriedenheit		
Demokratie	0.28a (0.11)	0.78c (0.11)
Distanz		
Linkspartei.PDS-SPD	0.02ns (0.08)	-0.06ns (0.08)
Konstante	-1.13ns	1.72ns
N	1289	1343
Nagelkerkes R^2	0.318	0.434

Eigene Berechnung auf Grundlage der Individualdatensätze zu den Bundestagswahlen 1994-2009.
Signifikanzniveaus: a: p<0.05; b: p<0.01; c: p<0.001; ns: nicht signifikant.

Für extrem rechte Parteien wurden die Positionen der Wähler und Parteien sowohl für die allgemeine Links-Rechts-Dimension als auch für eine spezielle Sachfrage, die Immigration, gemessen. Dabei wurde festgestellt, dass eine rechte Positionierung der etablierten Parteien auf der Links-Rechts-Dimension die Wahlchancen zugunsten der extremen Rechten reduziert. Auch für die Einschätzung der Immigration kann festgehalten werden, dass eine restriktive Position der etablierten Parteien in diesem Politikfeld die Wahl einer extrem rechten Partei nicht positiv beeinflusst (Arzheimer 2008a: 317, 328). Für die Linkspartei.PDS konnte kein spezifisches Sachthema in die Untersuchung mit aufgenommen werden. Es ist daher nicht auszuschließen, dass eine geringe Distanz der etablierten und extremen Parteien in einem anderen Politikfeld die Wahl positiv beeinflussen kann.

Zuletzt wurde in Kapitel 2.6.7 angenommen, dass nicht nur die Distanz der etablierten und der extremen Linken im Parteienraum Einfluss auf die Wahlentscheidung zugunsten der Linkspartei.PDS haben kann, sondern auch die wahrgenommene Stellung der beiden großen etablierten Parteien zueinander. In der Forschung wird angenommen, dass eine (wahrgenommene) Annäherung der etablierten Parteien die Wahl einer extremen Partei positiv beeinflusst (Kitschelt 1995: 25; Rydgren 2005: 422). Grundlage hierfür bildet die Überlegung, dass ein durch eine geringe Distanz der beiden größten etablierten Parteien entstehendes Vakuum in einem speziellen Politikfeld die Unzufriedenheit der Bürger steigert und schließlich in der Wahl einer extremen Partei mündet (Koopmans et al. 2005). Daher ist neben der Position der etablierten Linken auch die der etablierten Rechten für die politische Gelegenheitsstruktur einer extremen Partei erklärungsrelevant. Analog zur Analyse in Tabelle 33 lässt sich ein Modell für die Distanz der beiden etablierten Parteien berechnen. Dabei gibt der Distanzfaktor bei positivem Vorzeichen an, dass eine ideologische Nähe der beiden großen etablierten Parteien die Wahlwahrscheinlichkeit zugunsten der Linkspartei.PDS erhöht. Negative Vorzeichen ergeben dagegen, dass eine ideologische Nähe der etablierten Parteien der Wahl der extremen Linken entgegensteht.

Tabelle 34 listet die Ergebnisse dieser Untersuchung auf. In Ostdeutschland reduziert lediglich 1998 eine große Distanz der beiden etablierten Parteien die Wahrscheinlichkeit der Wahl der Linkspartei.PDS. Zu allen anderen Befragungszeitpunkten ergeben sich zwar negative Effekte, die jedoch marginal bleiben und zudem nicht statistisch signifikant auftreten. Auch in Westdeutschland wirkt die Distanz zwischen den etablierten Parteien nicht signifikant auf die Wahl der Linkspartei.PDS ein. Damit kann Hypothese 13.2 nicht bestätigt werden, wonach eine ideologische Überschneidung der CDU/CSU mit der SPD die Wahl der Linkspartei.PDS wahrscheinlicher macht. Auch die so genannte Vakuumthese kann im vorliegenden Fall nicht bestätigt werden. Allerdings besteht die Möglichkeit, dass sich die Konvergenz der etablierten Parteien nicht auf der allgemeinen Links-Rechts-Dimension abspielt, sondern in einem anderen Politikfeld, das sich mit den vorliegenden Daten nicht untersuchen lässt (vgl. Nachtwey/ Spier 2007a: 51f.).

Tabelle 34: Die Wirkung sozialstruktureller Merkmale, Bindung an Großgruppen, Links-Rechts-Selbsteinstufung, Unzufriedenheit mit der Demokratie und räumlicher Distanz von CDU/CSU und SPD auf die Wahl der Linkspartei.PDS, 1998-2009 (logistische Regression, robuste Standardfehler in Klammern)

Ostdeutschland	1998	2002	2005	2009
Weiblich	-0.03ns (0.25)	0.36ns (0.31)	-0.08ns (0.22)	-0.15ns (0.24)
Alter				
18-29	0.66ns (0.58)	1.02ns (0.72)	-0.59ns (0.55)	0.85ns (0.66)
30-44	0.49ns (0.51)	-0.11ns (0.62)	-0.39ns (0.50)	0.21ns (0.59)
45-64	0.66ns (0.41)	-0.12ns (0.43)	-0.41ns (0.42)	0.09ns (0.49)
Beruf				
Öffentlicher Dienst	0.07ns (0.57)	1.35ns (0.71)	0.46ns (0.77)	0.13ns (0.44)
Arbeiter (subjektiv)	0.69a (0.29)	-0.22ns (0.37)	0.29ns (0.24)	-0.39ns (0.26)
arbeitslos	0.17ns (0.35)	0.52ns (0.44)	-0.14ns (0.34)	0.61ns (0.39)
Bildung				
Hauptschule	-1.21c (0.35)	0.30ns (0.40)	-0.04ns (0.31)	0.09ns (0.29)
Hochschule	0.83a (0.33)	0.41ns (0.47)	0.36ns (0.31)	-0.81ns (0.47)
Bindung an Großgruppe				
keine Kirchenbind.	1.22c (0.33)	0.77a (0.36)	0.74a (0.32)	0.36ns (0.27)
Gewerkschaft	0.39ns (0.31)	0.40ns (0.37)	0.48ns (0.39)	1.10b (0.35)
keine Parteibindung	-0.18ns (0.27)	-0.30ns (0.34)	-0.39ns (0.27)	-0.51ns (0.27)
Ideologie				
LiRe-Selbsteinsch.	0.67c (0.09)	0.66c (0.10)	0.68c (0.07)	0.97c (0.09)
Unzufriedenheit				
Demokratie	0.25ns (0.14)	0.43b (0.17)	0.31c (0.08)	0.48c (0.13)
Distanz				
CDU/CSU-SPD	-0.15a (0.06)	-0.09ns (0.07)	-0.04ns (0.06)	-0.00ns (0.08)
Konstante	-0.80ns	-1.09ns	-0.08ns	1.45ns
N	661	563	722	721
Nagelkerkes R^2	0.391	0.326	0.382	0.515
Westdeutschland				
Weiblich			-0.48ns (0.35)	-0.13ns (0.23)
Alter				
18-29			-1.24ns (0.93)	-0.02ns (0.63)
30-44			-0.14ns (0.80)	-0.38ns (0.58)
45-64			0.24ns (0.74)	-0.23ns (0.51)

Beruf		
Öffentlicher Dienst	0.01ns (0.70)	0.19ns (0.45)
Arbeiter (subjektiv)	0.49ns (0.40)	-0.26ns (0.27)
arbeitslos	0.71ns (0.48)	1.13b (0.40)
Bildung		
Hauptschule	-1.12b (0.42)	0.33ns (0.25)
Hochschule	-0.12ns (0.44)	-0.30ns (0.40)
Bindung an Großgruppe		
keine Kirchenbind.	0.38ns (0.34)	0.44ns (0.29)
Gewerkschaft	0.44ns (0.36)	0.48a (0.25)
keine Parteibindung	0.61ns (0.38)	1.09c (0.26)
Ideologie		
LiRe-Selbsteinsch.	0.71c (0.10)	0.85c (0.08)
Unzufriedenheit		
Demokratie	0.26a (0.11)	0.80c (0.11)
Distanz		
CDU/CSU-SPD	-0.20ns (0.08)	0.08ns (0.06)
Konstante	-1.13ns	1.24ns
N	1318	1338
Nagelkerkes R^2	0.332	0.433

Eigene Berechnung auf Grundlage der Individualdatensätze zu den Bundestagswahlen 1994-2009.
Signifikanzniveaus: a: $p<0.05$; b: $p<0.01$; c: $p<0.001$; ns: nicht signifikant.

Zum Abschluss der empirischen Analysen werden die beiden Maße der Distanz zwischen Linkspartei.PDS sowie CDU/CSU und SPD gemeinsam untersucht. Dabei wird das Grundmodell aus Tabelle 31 um die Parteibindung für die Linkspartei.PDS ergänzt (Tabelle 35). Aus dem sozialpsychologischen Modell des Wählerverhaltens ist bekannt, dass die Bindung an eine Partei einen entscheidenden Einfluss auf die Wahlentscheidung und auf politische Orientierungen besitzt (siehe auch Abbildung 3). Auch die Ergebnisse zur Linkspartei.PDS bestätigen den dominanten Einfluss der Parteibindung für die Wahl einer Partei. Neben ihr besitzen auch Personen ohne Parteibindung eine signifikant höhere Wahrscheinlichkeit, die Partei zu wählen, allerdings muss hier beachtet werden, dass dies nur der Fall ist, wenn die Referenzgruppe aus Personen besteht, die einer Partei verbunden sind. Die Parteibindung an die Linkspartei.PDS beeinflusst darüber hinaus viele der ihr vor- und nachgelagerten Variablen. So schwächt sich das ohnehin gering ausgeprägte soziodemographische Profil der Wählerschaft weiter ab. Wie bereits gesehen, besitzt die Parteibindung auch einen Einfluss auf die ideologische Links-Rechts-Dimension, auf die Unzufriedenheit mit dem Zustand der Demokratie und teilweise auch auf die Distanzmaße zwischen Linkspartei.PDS und SPD sowie zwischen CDU/CSU und SPD (vergleiche hierzu Tabelle 33 und 34).

Tabelle 35: *Die Wirkung sozialstruktureller Merkmale, Bindung an Großgruppen, Parteibindung, Links-Rechts-Selbsteinstufung, Unzufriedenheit mit der Demokratie und räumlicher Distanz Linkspartei.PDS und SPD sowie von CDU/CSU und SPD auf die Wahl der Linkspartei.PDS, 1998-2009 (logistische Regression, robuste Standardfehler in Klammern)*

Ostdeutschland	**1998**	**2002**	**2005**	**2009**
Weiblich	-0.15ns (0.33)	0.14ns (0.37)	-0.35ns (0.27)	-0.39ns (0.30)
Alter				
18-29	1.11ns (0.78)	1.02ns (0.72)	-1.50a(0.70)	1.79a (0.80)
30-44	0.91ns (0.71)	-0.02ns (0.75)	-0.34ns (0.63)	0.58ns (0.72)
45-64	1.05ns (0.58)	0.26ns (0.56)	-0.67ns (0.55)	0.14ns (0.58)
Beruf				
Öffentlicher Dienst	-0.65ns (0.90)	1.53ns (0.81)	0.88ns (0.89)	0.35ns (0.50)
Arbeiter (subjektiv)	0.48ns (0.38)	-0.29ns (0.43)	-0.54ns (0.45)	-0.38ns (0.32)
arbeitslos	-0.37ns (0.49)	0.61ns (0.50)	0.36ns (0.30)	0.82ns (0.47)
Bildung				
Hauptschule	-0.91ns (0.49)	0.33ns (0.48)	-0.25ns (0.38)	0.19ns (0.36)
Hochschule	0.75ns (0.47)	0.09ns (0.59)	0.11ns (0.41)	-0.98ns (0.65)
Bindung an Großgruppe				
keine Kirchenbind.	0.80c (0.44)	0.73ns (0.41)	0.54ns (0.37)	0.14ns (0.35)
Gewerkschaft	0.29ns (0.44)	0.40ns (0.46)	0.59ns (0.47)	0.70ns (0.47)
Linkspartei.PDS	5.00c (0.49)	4.65c (0.55)	4.76c (0.37)	4.52c (0.44)
keine Parteibindung	1.67c (0.37)	1.17c (0.39)	1.36c(0.31)	2.44ns (0.38)
Ideologie				
LiRe-Selbsteinsch.	0.54c (0.11)	0.29a (0.11)	0.51c (0.08)	0.64c (0.11)
Unzufriedenheit				
Demokratie	0.15ns (0.18)	0.46a (0.20)	0.16ns(0.11)	0.44b (0.16)
Distanz				
Linkspartei.PDS-SPD	-0.04ns (0.13)	0.14ns (0.12)	0.16ns (0.09)	0.17ns (0.11)
CDU/CSU-SPD	-0.22a (0.09)	-0.00ns (0.09)	0.07ns (0.08)	0.11ns (0.08)
Konstante	-2.17ns	-4.60c	-1.45ns	-3.00c
N	654	481	719	720
Nagelkerkes R^2	0.679	0.550	0.606	0.713

Westdeutschland		
Weiblich	-0.78ns (0.43)	-0.30ns (0.28)
Alter		
18-29	-2.15ns (1.13)	0.57ns (0.73)
30-44	-0.43ns (0.96)	0.25ns (0.66)
45-64	-0.10ns (0.91)	0.08ns (0.57)
Beruf		
Öffentlicher Dienst	-0.16ns (0.85)	0.31ns (0.52)
Arbeiter (subjektiv)	0.29ns (0.44)	-0.66ns (0.27)
arbeitslos	-0.41ns (0.66)	0.85b (0.51)
Bildung		
Hauptschule	-1.28b (0.48)	0.45ns (0.30)
Hochschule	-0.74ns (0.57)	-1.08ns (0.60)
Bindung an Großgruppe		
keine Kirchenbind.	0.32ns (0.40)	0.52ns (0.35)
Gewerkschaft	0.35ns (0.43)	0.62a (0.31)
Linkspartei.PDS	4.45c (0.60)	4.59c (0.48)
keine Parteibindung	1.45c (0.1)	1.89c (0.22)
Ideologie		
LiRe-Selbsteinsch.	0.71c (0.10)	0.67c (0.09)
Unzufriedenheit		
Demokratie	0.26a (0.11)	0.57c (0.13)
Distanz		
Linkspartei.PDS-SPD	0.01ns (0.11)	-0.17ns (0.10)
CDU/CSU-SPD	-0.17ns (0.10)	0.08ns (0.07)
Konstante	-0.54ns	-1.79ns
N	1283	1335
Nagelkerkes R^2	0.489	0.593

Eigene Berechnung auf Grundlage der Individualdatensätze zu den Bundestagswahlen 1994-2009.
Signifikanzniveaus: a: $p<0.05$; b: $p<0.01$; c: $p<0.001$; ns: nicht signifikant.

Nachdem in den vorangegangenen Kapiteln soziodemographische Indikatoren und politische Einstellungen, also die Nachfrageseite der Wählerschaft, im Mittelpunkt der Analyse standen, wurde in Kapitel 3.6 der Blick auf die Angebote der Parteien bzw. die politischen Gelegenheitsstrukturen gerichtet. Allerdings erlaubt die Fragestellung der Arbeit und das damit verbundene Forschungsdesign keine umfassende Analyse dieser Erklärungsfaktoren. Um die Effekte der Angebotsseite zu messen, wurde zunächst ein Grundmodell der Nachfrageseite aufgestellt, das alle erklärungsrelevanten Faktoren der Wahl der Linkspartei.PDS beinhaltet und zudem über möglichst viele Befragungszeitpunkte hinweg analysierbar ist. Damit reduziert sich zwar die Erklärungskraft des Modells, da einige der relevanten Faktoren nur zeitlich begrenzt in den Datensätzen vorhanden sind. Doch lässt sich nur auf diesem Wege eine Vergleichbarkeit der Modelle von 1994 bis 2009 für die Wahl der Linkspartei.PDS herstellen.

Innerhalb dieses Grundmodells besitzen soziodemographische Variablen in Ost- und Westdeutschland lediglich vereinzelt statistisch signifikanten Einfluss auf die Wahl der Linkspartei.PDS. Insgesamt kann damit von keiner ausgeprägten soziodemographischen Basis der Linkspartei.PDS-Wählerschaft gesprochen werden; sie unterscheidet sich damit deutlich von der extrem rechter Parteien. Im Gegensatz dazu besitzen Bindungen an eine soziale Großgruppe, wie Kirchenbindung und Gewerkschaftsmitgliedschaft, deutlich stärkere Effekte in Ostdeutschland, während in Westdeutschland nur die Gewerkschaftsbindung positiv einwirkt. Am stärksten wirkt der Effekt einer linken ideologischen Selbsteinstufung und der Unzufriedenheit mit dem Zustand der Demokratie auf die Wahl der Partei.

Zur Analyse der Angebotsseite der Parteipositionen stehen mehrere Datenquellen zur Verfügung. In der vorliegenden Arbeit wurde dabei der Operationalisierung der Parteipositionen anhand der Bewertungen durch Individuen der Vorzug vor objektiv gewonnenen Daten aus den Parteiprogrammen gegeben, da in der Analyse des Wahlverhaltens nicht die tatsächlichen Positionen der Parteien entscheidend sind, sondern deren Wahrnehmung durch die Befragten. In der ersten Analyse wurde gezeigt, dass eine geringe Distanz zwischen der Links-Rechts-Selbsteinstufung und der Bewertung der Linkspartei.PDS auf derselben Dimension die Wahl der Partei in beiden Landesteilen positiv beeinflusst. Jedoch wurden in der Literatur zumeist das Konkurrenzverhältnis extrem linker Parteien zur etablierten Linken bzw. die Distanz zwischen den etablierten Parteien (CDU/CSU und SPD) als Erklärungsfaktoren auf der Angebotsseite herangezogen. Für die Distanzbewertung zwischen Linkspartei.PDS und SPD wurde gezeigt, dass eine große ideologische Distanz zwischen beiden Parteien in Ostdeutschland die Wahl der Linkspartei.PDS deutlich wahrscheinlicher werden lässt. Dagegen besitzt dieser Faktor in Westdeutschland keinen Einfluss auf das Wahlverhalten. Auch die Bewertung der Distanz durch die Befragten zwischen CDU/CSU und SPD hat weder in Ost-, noch in Westdeutschland einen signifikanten Effekt auf die Wahlentscheidung.

Zusammengefasst beeinflussen in Ostdeutschland ideologische Einstellungen und teilweise die Unzufriedenheit mit dem politischen System der BRD in Verbindung mit Faktoren auf der Angebotsseite der Parteien – hierbei vor allem die Distanzbewertung zwischen Linkspartei.PDS und SPD – die Wahl der Partei. Zudem tritt eine ausgesprochene Abneigung gegenüber einer christlichen Konfession zutage, während die Mitgliedschaft in einer Gewerkschaft als Entscheidungsfaktor, so wie in Westdeutschland, erst bei der Bundestagswahl 2009 auftritt. Im Westen lässt sich zudem feststellen, dass Personen ohne Parteibindung eher der Linkspartei.PDS zuneigen, als dies im Osten der Fall ist. Während die ideologische Orientierung auch hier einen entscheidenden Einfluss auf die Wahlentscheidung besitzt, können weder für die Distanzbewertung zwischen Linkspartei.PDS und SPD noch zwischen CDU/CSU und SPD Effekte nachgewiesen werden. Den Wählern der Partei in beiden Landesteilen gemein ist eine eher geringe soziodemographische Fundierung ihrer Wahlentscheidung.

4 Fazit

Gegenstand dieser Arbeit war die Frage, wie nach nunmehr 20 Jahren deutscher Einheit die Wahlerfolge der Nachfolgepartei der Sozialistischen Einheitspartei Deutschland (SED), der Linkspartei.PDS, zu erklären sind. Im Mittelpunkt standen vier Fragen: Erstens sollte ein möglichst breites Analysemodell identifiziert werden, das klassische Wahlverhaltensansätze und die aus der Rechtsextremismusforschung bekannten Ansätze vereint. Zweitens wurde die Übertragbarkeit dieser Konzepte auf die Wahl einer extrem linken Partei diskutiert. Drittens wurden die Motive der Wählerschaft und viertens der Einfluss der Angebotsseite der Parteien im Parteiensystem der Bundesrepublik analysiert.

Das Forschungsproblem und die Fragestellung wurden in Kapitel 1.1 dargelegt. So wurde zunächst gefragt, ob die Motive der Linkspartei.PDS-Wähler allein mit den Mitteln der klassischen Wahlforschung zu untersuchen sind, und ob zusätzlich Anleihen aus der Extremismusforschung gemacht werden müssen. Trifft Letzteres zu, würden nicht nur klassische Erklärungsfaktoren des Wählerverhaltens wie Parteibindung oder Kandidaten- und Sachfragenorientierungen eine Rolle spielen, sondern darüber hinaus Elemente der Deprivation, Persönlichkeitsmerkmale und Gruppenidentitäten sowie politische Gelegenheitsstrukturen, also die Angebotsseite der Parteien. Allerdings ließe sich aus diesen Überlegungen noch nicht auf die generelle Übertragbarkeit der Extremismustheorien auf die Linkspartei.PDS schließen. Anschließend wurde nach den Motiven der Wählerschaft und dem Einfluss programmatischer Positionen der Linkspartei.PDS sowie der etablierten Parteien auf das Wahlverhalten gefragt. Diese Einflüsse der Nachfrage- und Angebotsseite auf den Wähler unterscheiden sich im Ost-West-Vergleich und verändern sich im Zeitverlauf seit der Wiedervereinigung.

In Anschluss daran wurden in Kapitel 1.2 die notwendigen Beschränkungen des Untersuchungsgebietes und des -zeitraumes erläutert. So kann die Analyse der Linkspartei.PDS grundsätzlich erst mit dem Jahr 1990, aufgrund der beschränkten Datenlage aber frühestens mit der Bundestagswahl 1994 beginnen. Des Weiteren erlaubt die relative Erfolglosigkeit der Partei in Westdeutschland und die damit verbundenen geringen Fallzahlen in den Datensätzen hier erst eine Analyse ab dem Jahr 2005. Außerdem wurde in diesem Kapitel die Vorgehensweise der Arbeit umrissen, um die Fragestellung beantworten zu können.

In Kapitel 1.3.1 wurde die Entwicklung der Linkspartei.PDS als Nachfolgepartei der SED nach der Wiedervereinigung nachgezeichnet. Dabei wurde ein besonderes Augenmerk auf die programmatischen Debatten in der Partei, auf ihre Stellung innerhalb des politischen Systems und auf die Motive der Wählerschaft gelegt. So wechselten sich moderate und extreme Positionen zwischen Reformern und Fundamentalisten phasenweise ab. Des Weiteren durchzog ein generell problematisches Verhältnis zu anderen Parteien und zur liberalen Demokratie der Bundesrepublik die Parteigeschichte. In Kapitel 1.3.2 wurde die Linkspartei.PDS zunächst im Parteienraum verortet, um festzustellen, ob und wie sich die Linkspartei.PDS ideologisch von anderen Parteien des deutschen Parteiensystems unterscheidet. So vertritt sie eher auf der wirtschaftspolitischen Dimension eine extreme Position und weniger auf der gesellschaftspolitischen. Über diese ideologische Verortung hinaus wurden Begriffe und Definitionen aus der Extremismusforschung – wie Radikalismus, Extremismus, Autoritarismus – diskutiert, die eine klarere Abgrenzung zu den etablierten Parteien möglich machten (Kapitel 1.3.3). Für die Linkspartei.PDS wurde die Einordnung als extrem linke Partei vorgeschlagen. Dies beinhaltet eine wirtschaftspolitisch linke Position am Rande des Parteienraumes, eine Außenseiterposition im politischen System und ein problematisches Verhältnis zur liberalen Demokratie westdeutscher Prägung. Damit grenzt sich diese Definition klar vom klassischen Extremismusbegriff in Deutschland ab, wonach extremistische Parteien außerhalb der freiheitlich-demokratischen Grundordnung des Grundgesetzes stehen. In Verbindung mit den Ergebnissen aus Kapitel 1.3.4 zur Wählerschaft der Partei wurde somit gezeigt, dass zur Analyse der Motive der Linkspartei.PDS-Wählerschaft die klassischen Wahlverhaltensansätze nicht ausreichen und Theorien der Extremismusforschung herangezogen werden müssen. Dabei spielt nicht nur die Nachfrageseite eine Rolle, sondern aufgrund der programmatischen Diskussionen und der Außenseiterposition im Parteiensystem auch die Angebotsseite der Linkspartei.PDS und der anderen Parteien im Parteiensystem Deutschlands.

Kapitel 2 der Arbeit widmete sich der theoretischen Grundlegung für die Analyse der Wählerschaft der Linkspartei.PDS. Dabei spielten integrative Ansätze, die die klassischen Wahlverhaltenstheorien mit den Ansätzen aus der Extremismusforschung verbinden, eine zentrale Rolle. Dabei war ein Überblick über die klassischen Ansätze der Extremismusforschung in Kapitel 2.1 und 2.2 grundlegend, um Hypothesen zur statistischen Überprüfung gewinnen zu können. Die umfangreiche Forschung zu extremistischen Parteien, Wählern, Gruppen, Kulturen, usw. wurde in vier Kategorien zusammengefasst: Persönlichkeitsmerkmale, Desintegrationsansätze, Gruppenkonflikte und politische Kultur bzw. politische Gelegenheitsstrukturen. Daneben existieren noch Ansätze zur Protestwahl und zu verschiedenen soziodemographischen Merkmalen, die oft im Zusammenhang mit der Wahl einer extremen Partei angewendet werden, ohne dass ihnen ein ausgearbeitetes theoretisches Konzept zugrunde liegt.

In Kapitel 2.3 schließlich wurden integrative Ansätze der Extremismusforschung diskutiert, die das Wahlverhalten zugunsten einer extremen Partei umfassend zu erklären vermögen. Ausgangspunkt bildet hierbei die „Theorie des Rechtsradikalismus in westlichen Industriegesellschaften“ von Scheuch und Klingemann (1967). Dieser skizzenhafte Ansatz verbindet erstens mehrere Ansätze der Extremismusforschung zu einem kausalen Erklärungsmodell des extremen Wahlverhaltens, das aufgrund der Konzeption als Mehr-Ebenen-Modell zudem auch auf extrem linke Parteien anwendbar ist. Zweitens finden sich innerhalb des Ansatzes mehrere Anknüpfungspunkte zum sozialpsychologischen Erklärungsmodell der Wahlentscheidung (Campbell et al. 1960). Diese Annahmen wurden jedoch von den Autoren selbst noch nicht getroffen. Erst Arzheimer und Falter (2002) und insbesondere Arzheimer (2008a) haben die Verbindung zwischen beiden Theoriesträngen gezogen und dabei die Frage nach der prinzipiellen Möglichkeit zur Anwendung dieses integrativen Mehr-Ebenen-Modells auf eine extrem linke Partei positiv beantwortet.

In Kapitel 2.4 wurde die Übertragbarkeit der Ansätze der Extremismusforschung und insbesondere der integrativen Ansätze auf extrem linke Parteien detailliert diskutiert und bestätigt. Alle Ansätze der Extremismusforschung versuchen erstens die Entstehung von negativen Einstellungen gegenüber (ethnischen) Fremdgruppen und dem bestehenden politischen System zu erklären. Auch bei den extrem linken Parteien in Europa können trotz lückenhafter Forschungsliteratur ansatzweise solche sozialen Gruppen bzw. politischen Systeme identifiziert werden. Bei der Linkspartei.PDS handelt es sich um die Westdeutschen bzw. die liberale Demokratie westdeutscher Prägung. Zweitens ist eine Übertragung der Ansätze der Extremismusforschung auf eine extrem linke Partei weiter möglich, da der verwendete integrative Ansatz nach Scheuch und Klingemann als Mehr-Ebenen-Modell konzipiert wurde, wonach sich gesellschaftliche Prozesse auf das Individuum auswirken und erst weitere Einflussfaktoren auf der Makro-Ebene, wie ideologische Angebote und politische Gelegenheitsstrukturen, die Wahl des Individuums beeinflussen.

Somit steht auf der theoretischen Ebene ein Modell zur Verfügung, das eine umfassende Erklärung der Wahl der Linkspartei.PDS ermöglicht. Von vergleichbaren Studien unterscheidet sich die vorliegende Arbeit dadurch, dass empirische Analysen in ein umfassendes theoretisches Erklärungsmodell eingebettet wurden, die Untersuchung nahezu die gesamte Zeitspanne seit der Wiedervereinigung umfasst und ein Vergleich zwischen Ost- und Westdeutschland durchgeführt wird.

Die empirische Umsetzung dieses komplexen integrativen Ansatzes aus Wahlverhaltens- und Extremismusansätzen stellt sich als nicht unproblematisch dar. Neben der in Kapitel 2.5 besprochenen grundsätzlichen Problematik kausaler Erklärungsmodelle, mehrere Ursachen für ein Ereignis zu identifizieren (Überdeterminierung), beschränkt auch die Datenlage den Umfang der empirischen Analysen. Während auf der Individualebene umfangreiche Indikatoren durch Bevölkerungsbefragungen zur Verfügung stehen, sind für die Analyse der Makro-Ebene nur wenige vorhanden. Verschärft wird dieser Umstand durch das Forschungsdesign, das politische Kontextfaktoren aus der Analyse ausschließen muss, da die erklärenden Variablen innerhalb eines politisches System hier konstant bleiben und somit nicht statistisch überprüft werden können (Hox 2002: 2). Darüber hinaus sind für den speziellen Fall der Linkspartei.PDS nur einige Variablen über den gesamten Untersuchungszeitraum von 1994 bis 2009 in den Datensätzen verfügbar, sodass das Modell auf eine geringere Anzahl an Erklärungsfaktoren reduziert werden muss. Schließlich schränken die vorhandenen Fallzahlen die Analyse weiter ein.

Da sich komplexe integrative Modelle zur Erklärung der Motive für die Wahl einer extremen Partei nicht als Ganzes statistisch überprüfen lassen, wurde einer Analyse der Einzelfaktoren der Vorzug gegeben. In Kapitel 2.6 wurden einzelne Hypothesen zu den Zusammenhängen, die der Wahlentscheidung für die Linkspartei.PDS zugrunde liegen, aufgestellt.

Schließlich wurden diese Hypothesen in Kapitel 3 für die Bundestagswahlen 1994 bis 2009 empirisch getestet. Die Wahlentscheidung zugunsten der Linkspartei.PDS wurde sowohl anhand soziodemographischer Merkmale und Einstellungsvariablen auf der Individualebene als auch mithilfe von Indikatoren auf der Angebotsseite der Parteien erklärt. Dabei wurde eine schrittweise Analyse der einzelnen Einflussfaktoren gewählt, um kausale Beziehungen aufzeigen bzw. um eine Kontrolle von Drittvariablen durchzuführen. Grundsätzlich wurde in den Analysen gezeigt, dass eher individuelle politische Einstellungen und ideologische Angebote der Parteien eine Rolle für die Wahl der Linkspartei.PDS entscheidend sind als soziodemographische Merkmale.

Im Einzelnen wurden in den Kapiteln 3.1 bis 3.6 soziodemographische Variablen (Geschlecht, Alter, Bildung, Berufs- bzw. Schichtgruppenzugehörigkeit), Persönlichkeitsmerkmale, individuelle Bindungen (Einpersonenhaushalt, Partnerschaft), Bindungen an soziale Großgruppen (Partei-, Kirchen- und Gewerkschaftsbindung), Wertorientierungen (Materialismus versus Postmaterialismus, libertär-autoritäre Dimension, Links-Rechts-Dimension, Einstellung gegenüber dem Sozialismus) und politische Einstellungen (politische und wirtschaftliche Unzufriedenheit), Identitäten (Fremd- und Eigengruppe, nostalgische Gefühle gegenüber dem ehemaligen politischen System der DDR) sowie politische Gelegenheitsstrukturen (ideologische Positionen der Parteien) auf ihren Einfluss auf die Wahl der Linkspartei.PDS hin getestet.

In Ostdeutschland zeigen sich bei den soziodemographischen Variablen lediglich für die individuelle Arbeitslosigkeit und eine hohe formale Bildung Zusammenhänge, die allerdings nicht über den gesamten Untersuchungszeitraum konstant bleiben. Insbesondere der Effekt einer hohen formalen Bildung scheint im Zeitverlauf an Prägekraft einzubüßen. Im Westen setzt sich die Wählerschaft dagegen aus einer männerdominierten Arbeiterschaft und Arbeitslosen zusammen, was eher dem Bild von Anhängern einer extremen Partei entspricht. Jedoch verschwinden diese Strukturen in den weiteren Untersuchungen in beiden Landesteilen nahezu vollständig.

Einen ebenso überschaubaren Einfluss besitzen Persönlichkeitsmerkmale, sodass z.B. ein rigider Denkstil für die Wählerschaft der Linkspartei.PDS nicht erkennbar ist. Indikatoren der sozialen Integration treten in Ostdeutschland lediglich in den ersten beiden Befragungszeitpunkten signifikant auf. Dagegen besitzen sie in Westdeutschland auch heute noch einen positiven Effekt auf die Wahl der Partei. Damit stellen sozial eher desintegrierte Personen in Westdeutschland ein Reservoir für die Linkspartei.PDS dar.

Noch deutlicher fielen Zusammenhänge zwischen der Bindung zu einer sozialen Großgruppe – hierbei vor allem eine fehlende Kirchenbindung in Ostdeutschland – und der Wahl der Linkspartei.PDS aus. Dieser Faktor scheint aber im Laufe der Zeit an Prägekraft zu verlieren. Die Gewerkschaftsbindung besitzt zunächst einen durchweg positiven Einfluss auf die Wahl der Partei in beiden Landesteilen. Wird allerdings die Linkspartei.PDS-Parteibindung in die Untersuchung mit aufgenommen, verschwinden die signifikanten Effekte der Gewerkschaftsbindung ebenso wie die vieler anderer soziodemographischer Merkmale. Darüber hinaus wirkt sich in Ostdeutschland und teilweise auch in Westdeutschland eine Identifikation mit der SPD positiv auf die Wahl der Linkspartei.PDS aus.

Im Gegensatz zum letztlich schwachen soziodemographischen Profil der Wählerschaft können auf der Einstellungsebene deutlichere Effekte identifiziert werden. Zuvorderst sind hierbei langfristige ideologische Orientierungen zu nennen. Während postmaterialistische und libertäre oder autoritäre Einstellungen nicht signifikant sind, lassen sich für die allgemeine Links-Rechts-Dimension starke Effekte über die Zeit und in beiden Landesteilen nachweisen. Eine linke Positionierung auf der Links-Rechts-Dimension sowie eine positive Bewertung der Idee des Sozialismus erhöhen die Wahrscheinlichkeit zur Wahl der Linkspartei.PDS deutlich. Dagegen können weder autoritäre noch libertäre Präferenzen in der Wählerschaft ausgemacht werden, womit eine deutliche Diskrepanz zwischen den programmatischen Positionen der Partei und der Nachfrageseite auf der gesellschaftspolitischen Ebene nachgewiesen werden kann.

Im Zuge der ideologischen Orientierungen der Wählerschaft wurden auch die verschiedenen Annahmen der Protestwahlhypothese bzw. der politischen

Unzufriedenheit analysiert. Die Indikatoren hierfür richten sich weniger gegen politische Akteure wie Parteien und Politiker, sondern vielmehr gegen das politische Regime bzw. die liberale Demokratie der Bundesrepublik Deutschland. Gleichzeitig bleiben die ideologischen Orientierungen einflussreich, sodass bei der Linkspartei.PDS-Wählerschaft keine reine Protestwahl zum Tragen kommt, sondern eine deutlich ideologisch motivierte. Darüber hinaus besitzen negative Bewertungen der eigenen finanziellen und der gesamtwirtschaftlichen Situation einen positiven Effekt auf die Wahl der Partei. Jedoch sind diese nicht durchgängig erklärungsmächtig und scheinen in Westdeutschland ausgeprägter zu sein.

Mit diesen Analysen kann zwar eine politische Unzufriedenheit und ein kritisches Verhältnis zur liberalen Demokratie der Bundesrepublik Deutschland nachgewiesen werden, jedoch sind hiermit keine extremistischen Einstellungen im engeren Sinne verbunden. Die Analyse ergibt, dass der Indikator „Eine Diktatur ist unter Umständen die bessere Alternative" keinen positiven Effekt auf die Wahl der Linkspartei.PDS besitzt. Allerdings wurde auch festgestellt, dass der Anteil derjenigen, die hier mit „stimme voll und ganz zu" bzw. „stimme eher zu" deutlich über dem Bevölkerungsdurchschnitt liegt.

Die Analysen belegen zudem ein Abgrenzungsverhalten der Linkspartei.PDS-Wähler gegenüber den Westdeutschen bzw. eine Identifikation mit der Eigengruppe der Ostdeutschen. Damit zusammenhängend zeigt sich eine enge Verbundenheit mit der ehemaligen DDR bzw. eine geringe mit der Bundesrepublik Deutschland. Darüber hinaus lässt sich in der Wählerschaft eine starke Tendenz zur positiven Bewertung des ehemaligen DDR-Regimes und der Idee des Sozialismus feststellen. Eine gleichzeitige Kontrolle beider Faktoren und der Links-Rechts-Dimension lässt allerdings den Einfluss der Bewertung des Sozialismus deutlich schwächer werden, während die Bewertung der DDR einflussreich bleibt. Damit zeigt sich neben ideologischen Motiven auch eine klare Tendenz, das ehemalige politische Regime zu befürworten, was sich nach der Lesart der politischen Kulturforschung ungünstig auf die Unterstützung des bestehenden politischen Systems auswirkt. Bei der Bewertung des ehemaligen politischen Systems wird eher der materielle Aspekt als Entscheidungskriterium herangezogen, während die soziale Komponente kaum Einfluss besitzt.

Politische Gelegenheitsstrukturen bzw. die Angebotsseite der Parteien lassen sich grundsätzlich mithilfe einer Reihe von Analyseinstrumenten messen. In der vorliegenden Arbeit wurden ausschließlich ideologische Positionen von Parteien und Individuen bzw. deren Distanzen untersucht, um den Rahmen der Arbeit nicht zu sprengen. Dabei wurde den Einschätzungen der Parteipositionen durch die Befragten gegenüber quantitativen Auswertungen von Parteiprogrammen der Vorzug gegeben. Die Ergebnisse zeigen, dass bei den Bewertungen der Wähler ein geringer Abstand zwischen Individuum und Linkspartei.PDS sowie eine große Distanz zwischen der Linkspartei.PDS und der SPD in Ostdeutschland die Wahl der Partei begünstigt. Dagegen besitzt eine Distanzbewertung zwischen SPD und CDU/CSU, als Ausdruck eines konvergierenden Parteiensystems, in beiden Landesteilen nahezu keinen Effekt.

Zusammenfassend lässt sich festhalten, dass sich die soziodemographische Basis der Linkspartei.PDS-Wählerschaft in Ost- und Westdeutschland zunächst unterscheidet. In Westdeutschland ähnelt sie eher der einer extremen Partei, während die Linkspartei.PDS in Ostdeutschland aus allen Bevölkerungsschichten ähnlich große Zustimmung erhält. Diese Unterschiede lösen sich jedoch nach Kontrolle ideologischer Orientierungen auf, sodass auch in Westdeutschland soziodemographische Merkmale einen nur geringen Effekt besitzen. Allerdings soll den soziodemographischen Merkmalen ein entscheidender Einfluss auf die Wahlentscheidung nicht abgesprochen werden, da sie diesen zum großen Teil indirekt über politische Einstellungen ausüben. Hierbei stellen sich ideologische Präferenzen, die Unzufriedenheit mit dem politischen System sowie Faktoren einer ostdeutschen Identität als die erklärungsmächtigsten heraus. Während in Ostdeutschland zudem die Angebote anderer Parteien eine Rolle spielen, lassen sich derartige Zusammenhänge für Westdeutschland nicht beobachten.

Tabelle 36 zeigt die Ergebnisse der empirischen Untersuchung nochmal in zusammengefasster Form.

Tabelle 36: Hypothesen und empirische Befunde

	Hypothese	**Ergebnis**
1.1	Ostdeutsche Frauen unterstützen die Linkspartei.PDS geringfügig mehr, als dies Männer tun. In Westdeutschland wird sie eher von Männern gewählt.	Für Ostdeutschland nicht bestätigt. Für den Westen bestätigt (Kapitel 3.1, S. 125)
1.2	Wird das Geschlecht auf die Berufsgruppenzugehörigkeit kontrolliert, sinkt dessen Einfluss auf die Wahl der Linkspartei.PDS.	Nur geringe Einflüsse des Geschlechts, wenig Änderungen (Kapitel 3.1, S. 137)
1.3	Werden Wertorientierungen und Links-Rechts-Selbsteinstufung als kontrollierende Variablen in die Untersuchung mit aufgenommen, schwächt sich der Einfluss des Geschlechts weiter ab.	Siehe Hypothese 1.2
2.1	Jüngere (18 bis 29 Jahre) und ältere Personen (ab 65 Jahren) unterstützen die Linkspartei.PDS in Westdeutsch-	Keine klare Bestätigung in Westdeutschland, da auch mittlere Altersgruppen verstärkt die

	land mit einer größeren Wahrscheinlichkeit als Personen mittleren Alters. Dagegen sollten sich in Ostdeutschland eher in den jüngeren und mittleren Altersgruppen (30 bis 64 Jahre) positive, allerdings schwache Effekte einstellen.	Linkspartei.PDS wählen. Im Osten nur wenige signifikante Effekte, die sich zudem über den Zeitverlauf stark verändern (Kapitel 3.1; S. 128)
2.2	Soziale Integration (Haushaltsgröße und Zusammenleben mit einem Partner) korreliert mit dem Lebensalter und schwächt dessen Effekt ab.	Soziale Integration und Lebensalter besitzen an sich nur geringe Effekte. Daher keine eindeutigen Aussagen möglich (Kapitel 3.3, S. 148)
2.3	In Ostdeutschland dürften Personen, die vor 1945 geboren worden sind, die Linkspartei.PDS in geringerem Maße unterstützen. Zudem sollte sich der Einfluss des Alters unter Kontrolle der Geburtenkohorten verringern.	Keine Effekte im Osten, Abschwächung im Westen (Kapitel 3.1, S. 130)
2.4	Die Kontrolle der formalen Bildung und der Berufstätigkeit sollte in Ost- und Westdeutschland zu einer Abschwächung der Alterseffekte führen.	In Westdeutschland bestätigt. In Ostdeutschland nur geringe Veränderungen (Kapitel 3.1; S. 137)
3.1	Annahme, dass in Ostdeutschland Angestellte des öffentlichen Dienstes die Linkspartei.PDS in höherem Maße unterstützen als andere Berufsgruppen. In Westdeutschland sollte sich dagegen ein schwach negativer Zusammenhang nachweisen lassen.	Für Ostdeutschland bestätigt, jedoch nicht so deutlich wie angenommen. Im Westen nicht bestätigt (Kapitel 3.1, S. 132)
3.2	Die Kontrolle der formalen Bildung und Wertorientierungen dürften den Einfluss der Berufs- und Schichtgruppenzugehörigkeit mindern, da diese eng mit der Berufsgruppe in Beziehung stehen.	Nicht bestätigt. Sie verstärken teilweise die Effekte (Kapitel 3.1, S. 139)
3.3	Die objektive Zugehörigkeit zur Arbeiterschaft sollte in den ersten Jahren nach der Wiedervereinigung in Ostdeutschland einen negativen Einfluss besessen haben. Die negativen Einflüsse sollten sich im Zeitverlauf ab-	Für die objektive Einordnung in die Arbeiterschaft in Ostdeutschland bestätigt, für die subjektive Schichtzugehörigkeit jedoch nicht. Für Westdeutschland keine eindeutigen Ergebnisse (Kapitel

	schwächen bzw. in positive verwandeln und gleichermaßen auch in Westdeutschland vorhanden sein. Die subjektive Einordnung dagegen müsste einen gleichmäßig positiven Effekt in beiden Landesteilen aufweisen.	3.1, S. 133)
4.1	Eine höhere formale Bildung besitzt einen positiven Einfluss auf die Wahl der Linkspartei.PDS in Ostdeutschland. In Westdeutschland sollten sich nur geringe Einflüsse der formalen Bildung beobachten lassen.	Für Ost- und Westdeutschland bestätigt (Kapitel 3.1, S. 135)
4.2	Der Einfluss des Bildungsfaktors schwächt sich durch die Berücksichtigung von Wertorientierungen ab.	Im Westen nicht bestätigt, da der Einfluss der Bildung an sich gering. Im Osten dagegen bestätigt (Kapitel 3.1, S. 164)
5.1	Individuelle Arbeitslosigkeit besitzt grundsätzlich einen positiven Einfluss auf die Wahl der Linkspartei.PDS und dürfte in Westdeutschland stärker zutage treten.	Bestätigt (Kapitel 3.1, S. 134)
5.2	Soziodemographische Kontrollvariablen reduzieren den Einfluss der individuellen Arbeitslosigkeit auf die Wahl der Linkspartei.PDS.	Nicht bestätigt (Kapitel 3.1, S. 139)
6	Personen mit autoritären bzw. rigiden Persönlichkeitseigenschaften sollten schwach negativ mit der Wahl der Linkspartei.PDS korrelieren.	Nicht bestätigt (Kapitel 3.2, S. 144)
7.1	Die Zugehörigkeit zu einer christlichen Kirche reduziert die Wahrscheinlichkeit, dass ein Bürger die Linkspartei.PDS wählt in beiden Landesteilen.	In Ostdeutschland bestätigt. In Westdeutschland nur für 2009 (Kapitel 3.3, S. 149)
7.2	Dagegen erhöht die Gewerkschaftsmitgliedschaft die Wahrscheinlichkeit, dass ein Bürger die Linkspartei.PDS wählt. Dieser Effekt dürfte sich aber erst verstärkt in den Jahren nach dem Zusammenschluss der WASG und PDS manifestieren.	Bestätigt über nahezu den gesamten Zeitraum (Kapitel 3.3, S. 149)

7.3	Die Identifikation mit der Linkspartei.PDS hat einen stark positiven Einfluss auf die Wahlabsicht zugunsten dieser Partei.	Bestätigt (Kapitel 3.3, S. 155)
7.4	Die Identifikation mit der SPD sollte einen gering positiven Einfluss auf die Wahlabsicht für die Linkspartei.PDS besitzen.	Bestätigt (Kapitel 3.3, S. 155)
7.5	Personen ohne Parteibindung stimmen häufiger für die Linkspartei.PDS als Personen mit einer Parteibindung.	Kann in Ostdeutschland nur bestätigt werden, wenn eine Bindung an die Linkspartei.PDS ausgeschlossen wird, ansonsten nicht bestätigt. Im Westen dagegen grundsätzlich bestätigt (Kapitel 3.3, S. 153)
8.1	Eine linke Selbsteinstufung auf der allgemeinen Links-Rechts-Dimension besitzt einen positiven Effekt auf die Linkspartei.PDS-Wahl in West- und Ostdeutschland.	Bestätigt (Kapitel 3.4, S. 162)
8.2	Die Einflussstärke wird geringer, wenn auf Gruppenmitgliedschaft und Parteibindung kontrolliert wird.	Nicht bestätigt (Kapitel 3.4; S. 182)
8.3	Libertäre Wertorientierungen erhöhen die Wahrscheinlichkeit, die Linkspartei.PDS zu wählen, in beiden Landesteilen nur geringfügig.	Keine klaren Aussagen, da Effekte sehr klein (Kapitel 3.4, S. 163)
8.4	Postmaterialistische Wertorientierungen besitzen nur einen geringen Einfluss auf die Wahl zugunsten der Linkspartei.PDS in beiden Landesteilen.	Die Daten zeigen negative, allerdings geringe Zusammenhänge für Postmaterialismus (Kapitel 3.4, S. 160)
9.1	Unzufriedenheit mit dem Funktionieren der Demokratie in der Bundesrepublik erhöht die Chancen der Linkspartei.PDS-Wahl.	Bestätigt (Kapitel 3.4, S. 171)
9.2	Eine negative Bewertung politischer Parteien führt zu einer steigenden Wahrscheinlichkeit, für die Linkspartei.PDS zu stimmen.	Nicht bestätigt (Kapitel 3.4, S. 170)

9.3	Eine negative Bewertung von Politikern erhöht die Neigung zur Linkspartei.PDS-Wahl.	Nicht bestätigt (Kapitel 3.4, S. 170)
9.4	Eine negative Bewertung politischer Institutionen erhöht die Wahrscheinlichkeit der Wahl der Linkspartei.PDS.	Bestätigt (Kapitel 3.4, S. 170)
9.5	Positive Einstellungen gegenüber einer Diktatur wirken sich negativ auf die Wahl der Linkspartei.PDS in Ostdeutschland aus.	Bestätigt sich nicht, nur geringfügige Zusammenhänge nachweisbar (Kapitel 3.4, S. 179)
10.1	Eine negative Einschätzung der allgemeinen wirtschaftlichen Lage ist ein signifikant positiver Indikator für die Wahl der Linkspartei.PDS in beiden Landesteilen.	Bestätigt sich nicht grundsätzlich (Kapitel 3.4, S. 177)
10.2	Die eigene finanzielle Lage hat nur einen geringen positiven Einfluss auf die Wahl zugunsten der Linkspartei.PDS in Ostdeutschland. In Westdeutschland fällt dieser Effekt stärker aus.	Bestätigt sich nicht grundsätzlich (Kapitel 3.4, S. 177)
11	Ein verstärktes Gefühl, in einem ungerechten Gesellschaftssystem zu leben, wirkt sich positiv auf die Wahl der Linkspartei.PDS aus.	Kann nicht generell bestätigt werden (Kapitel 3.4, S. 171)
12.1	Positive Einstellungen gegenüber der Bevölkerung in Ostdeutschland bzw. negative gegenüber den Westdeutschen erhöhen die Chancen, dass eine Person ihre Stimme der Linkspartei.PDS gibt.	Erweist sich als zutreffend (Kapitel 3.4, S.187)
12.2	Positive Einstellungen gegenüber dem Sozialismus haben einen signifikant positiven Effekt auf die Wahl der Linkspartei.PDS.	Bestätigt (Kapitel 3.4, S. 165)
12.3	Positive Einstellungen gegenüber dem Regime der DDR haben einen stark positiven Einfluss auf die Wahl der Linkspartei.PDS.	Bestätigt (Kapitel 3.5, S. 189)
12.4	Nicht alle Teilaspekte der Einstellun-	Bestätigt (Kapitel 3.5, S. 190)

	gen gegenüber der DDR besitzen einen positiven Effekt auf die Wahl der Linkspartei.PDS.	
13.1	Ein geringer Abstand der (wahrgenommenen) Positionen von extrem linker und etablierter linker Partei auf der allgemeinen Links-Rechts-Dimension reduziert die Wahrscheinlichkeit der Linkspartei.PDS-Wahl.	Bestätigt sich für Ostdeutschland (Kapitel 3.6, S. 212)
13.2	Je geringer die (wahrgenommene) ideologische Distanz im Parteienraum zwischen den etablierten Parteien der Linken und Rechten ist, desto größer ist die Wahrscheinlichkeit für die Wahl der Linkspartei.PDS.	Nicht bestätigt (Kapitel 3.6, S. 213)

Vor dem Hintergrund dieser Ergebnisse lassen sich die in der Einleitung aufgeworfenen Forschungsfragen nun beantworten. Zuerst wurde die Frage nach dem geeigneten Analyserahmen zur Untersuchung der Wählerschaft einer extrem linken Partei wie der Linkspartei.PDS beantwortet. Während einerseits das sozialpsychologische Modell grundsätzlich erlaubt, das Wahlverhalten zugunsten einer Partei zu erklären, bieten Extremismustheorien die Möglichkeit, weitergehende Ursachen sozialer und politischer Präferenzen aufzudecken. Aus der ideologischen Verortung der Linkspartei.PDS bzw. der Abgrenzung zu etablierten Parteien und ihrer programmatischen Entwicklung sowie aus den bisherigen Forschungsergebnissen zur Wählerschaft der Linkspartei.PDS wurde der Schluss gezogen, dass Extremismusansätze zur Analyse herangezogen werden müssen (Kapitel 1.3). Dabei dient die „Theorie des Rechtsradikalismus in westlichen Industriegesellschaften" von Scheuch und Klingemann (1967) der Integration verschiedener Ansätze der Extremismusforschung und lässt sich zudem an das sozialpsychologische Modell des Wählerverhaltens andocken (Arzheimer 2008a).

Die zweite Forschungsfrage beinhaltete das Problem der Übertragbarkeit von Extremismusansätzen auf eine extrem linke Partei. Aufgrund der Konzeption des Modells von Scheuch und Klingemann als Mehr-Ebenen-Ansatz und vor dem Hintergrund, dass alle Theorien der Extremismusforschung im Grunde das Aufkommen von negativen Einstellungen gegenüber Fremdgruppen bzw. dem bestehenden politischen System erklären, lässt sich dieser Ansatz auch auf die Wahl einer extrem linken Partei wie der Linkspartei.PDS anwenden.

Die dritte Forschungsfrage widmete sich den Motiven der Wählerschaft einer extrem linken Partei sowie den eventuellen Unterschieden zwischen West- und Ostdeutschland und möglichen Veränderungen im Zeitverlauf. Hierbei zeigen sich individuelle Einstellungen als die erklärungsmächtigsten. Während sich zunächst die soziodemographische Basis zwischen Ost- und Westdeutschland unterscheidet, kann nach Kontrolle ideologischer Orientierungen nahezu kein Unterschied mehr zwischen beiden Landesteilen beobachtet werden. Im Zeitverlauf ist eine Veränderung der Zusammensetzung der Wählerschaft in Ostdeutschland vor und nach 2005 erkennbar, was mit neu gewonnenen Wählerschichten im Zuge der Agenda 2010-Politik unter der damaligen rot-grünen Bundesregierung zusammenhängen mag. Allerdings lassen sich auch diese Veränderungen nach Kontrolle ideologischer Orientierungen nicht mehr nachweisen.

Die vierte Forschungsfrage nahm sich der Angebotsseite an, also der Positionen der Parteien im Parteienraum und ihres Einflusses auf die Wahlentscheidung der Bürger, die in der vorliegenden Arbeit aufgrund des Forschungsdesigns und der unzureichenden Datenlage nicht ausschöpfend behandelt werden konnte. Hier wurde festgestellt, dass die Bewertungen von Distanzen zwischen Linkspartei.PDS und SPD die Wahl in Ostdeutschland beeinflussen. Dagegen scheint eine Konvergenz zwischen CDU/CSU und SPD keinen Einfluss zu besitzen.

Damit sind die in Kapitel 1.1 aufgeworfenen Forschungsfragen in der theoretischen Diskussion und durch empirische Überprüfung beantwortet worden. Die vorliegende Arbeit überträgt dabei erstmals extremismustheoretische Ansätze, die zumeist für extrem rechte Parteien konzipiert wurden, auf eine extrem linke Partei und berücksichtigt neben der Nachfrageseite der Wählerschaft auch die Angebotsseite der Parteien. Sie hat sich dabei vornehmlich mit den Wählermotiven der Linkspartei.PDS in Deutschland im Lichte klassischer und extremismustheoretischer Ansätze beschäftigt. Allerdings ist davon auszugehen, dass sich die getroffenen Annahmen und empirischen Ergebnisse auch auf andere extrem linke Parteien im europäischen Kontext übertragen lassen. Dabei wäre es von besonderem Interesse, politische Kontextfaktoren in die Analyse mit einzubeziehen, die in den letzten Jahren immer stärker in den Fokus der Forschung gerückt sind. Hierzu wäre eine länderübergreifende Studie notwendig, die neben diesen Faktoren auch spezifische Sachfragen extrem linker Parteien beinhaltet. Wie bereits für extrem rechte Parteien gezeigt wurde, steht ein solcher Datensatz nur sehr begrenzt zur Verfügung und lässt sich lediglich unter erheblichem Aufwand operationalisieren (Arzheimer 2008a). Bereits die vorliegende Studie musste auf eine Reihe von Analysen verzichten, da verschiedene Variablen nur zeitlich begrenzt abgefragt wurden oder die Fallzahlen für eine gesicherte multivariate Analyse nicht ausreichten. Jedoch könnte eine solche Analyse Ähnlichkeiten und Unterschiede verschiedener extrem linker Parteien in West- und Osteuropa aufdecken und somit zu einem erweiterten Verständnis beitragen.

Ein derart umfangreiches Forschungsdesign birgt naturgemäß einige Nachteile, da zum Beispiel nur wenige Indikatoren über den gesamten Zeitraum zur Verfügung stehen. Eine Möglichkeit, diesem Dilemma zu entgehen, bestünde in der Konzentration auf einen bestimmten Ansatz der Extremismusforschung, der anhand spezieller Datensätze relativ detaillierte Ergebnisse zu bestimmten Teilaspekten des Wahlverhaltens liefern könnte. Nur mit einem breit aufgestellten Untersuchungsdesign lässt sich ein umfassendes Bild der Motive der Wählerschaft und der ideologischen Positionen der Linkspartei.PDS zeichnen. Die vorliegende Arbeit ist folglich ein erster Schritt zu einer umfassenden Analyse extrem linker Parteien im internationalen Vergleich.

Anhang: Ergänzende Tabellen

Tabelle A1: *Die Wirkung sozialstruktureller Merkmale und extrem linker Einstellungsmerkmale auf die Wahl der Linkspartei.PDS 1998-2009 (logistische Regression, robuste Standardfehler in Klammern)*

Ostdeutschland	**1994**	**1998**	**2002**
Weiblich	-0.22ns (0.22)	-0.03ns (0.24)	0.54ns (0.29)
Alter			
18-29	-0.06ns (0.51)	0.58ns (0.57)	0.73ns (0.64)
30-44	-0.00ns (0.45)	0.52ns (0.50)	0.17ns (0.56)
45-64	0.05ns (0.35)	0.75ns (0.40)	-0.03ns (0.41)
Beruf			
Öffentlicher Dienst	0.66ns (0.48)	0.16ns (0.57)	1.21ns (0.69)
Arbeiter (subjektiv)	0.30ns (0.24)	0.59ns (0.27)	-0.09ns (0.34)
arbeitslos	0.66a (0.28)	0.04ns (0.33)	0.54ns (0.40)
Bildung			
Hauptschule	-0.52ns (0.28)	-1.45c (0.35)	0.45ns (0.38)
Hochschule	0.30ns (0.29)	0.73a (0.32)	0.57ns (0.42)
Unzufriedenheit			
Demokratie	0.74c (0.13)	0.36b (0.14)	0.48c (0.15)
extrem linke Einstellungen			
Verstaatlichung	0.14ns (0.08)	0.11ns (0.10)	0.22ns (0.12)
Unterordnung Gruppeninteressen	-0.00ns (0.09)	-0.10ns (0.10)	0.18ns (012)
US-Imperialismus	0.27b (0.09)		
Ausbeutung Arbeiter	0.15ns (0.11)		
Konstante	-1.95a	-0.93ns	-2.73b
N	1093	642	551
Nagelkerkes R^2	0.516	0.355	0.326

Eigene Berechnung auf Grundlage der Individualdatensätze zu den Bundestagswahlen 1994-2002.
Signifikanzniveaus: a: p<0.05; b: p<0.01; c: p<0.001; ns: nicht signifikant.

Tabelle A2: Die Wirkung sozialstruktureller Merkmale, Bindungen an soziale Großgruppen, politischer Unzufriedenheit und Einstellungen zur Idee des Sozialismus und zum politischen System der DDR auf die Wahl der Linkspartei.PDS 1994 bis 2002 (logistische Regression, robuste Standardfehler in Klammern)

Ostdeutschland	**1994**	**1998**	**2002**
Weiblich	-0.44b (0.17)	-0.09ns (0.22)	0.31ns (0.25)
Alter			
18-29	0.05ns (0.39)	0.85ns (0.52)	0.18ns (0.56)
30-44	-0.07ns (0.34)	0.72ns (0.46)	0.02ns (0.48)
45-64	0.07ns (0.27)	0.74ns (0.36)	-0.05ns (0.35)
Beruf			
Öffentlicher Dienst	0.25ns (0.36)	0.02ns (0.53)	0.45ns (0.67)
Arbeiter (subjektiv)	0.21a (0.18)	0.67b (0.25)	-0.02ns (0.30)
arbeitslos	0.81c (0.21)	0.16ns (0.30)	0.40ns (0.36)
Bildung			
Hauptschule	-0.57b (0.22)	-1.17c (0.30)	0.12ns (0.32)
Hochschule	0.79c (0.23)	0.97a (0.30)	1.19c (0.37)
Bindung an Großgruppe			
keine Kirchenbind.	0.92b (0.30)	1.44c (0.31)	1.21c (0.28)
Gewerkschaft	0.78a (0.28)	0.65a (0.27)	0.49a (0.31)
Keine Parteibindung	-0.20ns (0.22)	-0.31ns (0.23)	-0.09ns (0.29)
Unzufriedenheit			
Demokratie	0.79c (0.12)	0.12ns (0.15)	0.39b (0.19)
Sozialismus	0.46c (0.09)	0.43c (0.12)	0.17ns (0.13)
Pro DDR	0.42c (0.08)	0.54c (0.12)	0.80c (0.15)
Konstante	-4.62c	-5.88c	-5.53c
N	1323	710	644
Nagelkerkes R^2	0.234	0.263	0.184

Eigene Berechnung auf Grundlage der Individualdatensätze zu den Bundestagswahlen 1994-2002. Signifikanzniveaus: a: p<0.05; b: p<0.01; c: p<0.001; ns: nicht signifikant.

Tabelle A3: Die Wirkung sozialstruktureller Merkmale, Bindung an Großgruppen, der Links-Rechts-Selbsteinstufung, der Unzufriedenheit mit der Demokratie und der räumlichen Distanz zwischen Linkspartei.PDS und SPD auf die Wahl der SPD 1998-2009 (logistische Regression, robuste Standardfehler in Klammern)

Ostdeutschland	**1998**	**2002**	**2005**	**2009**
Weiblich	0.08ns (0.18)	0.12ns (0.21)	0.37ns (0.19)	0.09ns (0.20)
Alter				
18-29	-0.36ns (0.42)	-1.02ns (0.51)	-0.02ns (0.47)	-1.29a (0.65)
30-44	-0.55ns (0.37)	-0.98ns (0.42)	0.30ns (0.43)	-1.04ns (0.55)
45-64	-0.27ns (0.29)	-0.27ns (0.29)	0.25ns (0.34)	-0.54ns (0.49)
Beruf				
Öffentlicher Dienst	0.11ns (0.46)	0.06ns (0.56)	-0.71ns (0.77)	-0.19ns (0.45)
Arbeiter (subjektiv)	0.01ns (0.20)	0.08ns (0.25)	-0.17ns (0.21)	0.50a (0.21)
arbeitslos	-0.38ns (0.27)	0.27ns (0.30)	-0.17ns (0.33)	-0.11ns (0.35)
Bildung				
Hauptschule	-0.05ns (0.24)	-0.48ns (0.27)	-0.71ns (0.77)	0.40ns (0.24)
Hochschule	-0.89c (0.28)	-0.40ns (0.37)	0.12ns (0.28)	0.22ns (0.33)
Bindung an Großgruppe				
keine Kirchenbind.	0.06ns (0.20)	0.40ns (0.22)	0.41a (0.23)	0.30ns (0.21)
Gewerkschaft	0.04ns (0.26)	0.27ns (0.28)	0.57ns (0.35)	-0.11ns (0.31)
keine Parteibindung	0.90c (0.19)	0.61b (0.22)	0.58a (0.26)	0.85c (0.27)
Ideologie				
LiRe-Selbsteinsch.	0.21c (0.05)	0.28c (0.06)	0.35c (0.06)	0.31c (0.09)
Unzufriedenheit				
Demokratie	-0.12n.s. (0.09)	-0.44c (0.12)	-0.20b (0.08)	-0.02n.s. (0.11)
Distanz				
Linkspartei.PDS-SPD	-0.14a (0.06)	-0.15b (0.07)	-0.05c (0.06)	-0.24b (0.08)
Konstante	1.64b	2.80c	1.26a	-1.97a
N	661	484	720	738
Nagelkerkes R^2	0.143	0.180	0.289	0.222
Westdeutschland				
Weiblich			-0.18ns (0.14)	0.06ns (0.13)
Alter				
18-29			0.38ns (0.31)	0.17ns (0.34)
30-44			0.45ns (0.28)	0.09ns (0.29)
45-64			0.33ns (0.23)	0.08ns (0.24)

Westdeutschland		
Öffentlicher Dienst	0.34ns (0.31)	0.16ns (0.35)
Arbeiter (subjektiv)	-0.17ns (0.17)	0.11ns (0.16)
arbeitslos	0.01ns (0.29)	-0.39b (0.31)
Bildung		
Hauptschule	0.41b (0.16)	0.66c (0.15)
Hochschule	-0.48a (0.21)	-0.72a (0.30)
Bindung an Großgruppe		
keine Kirchenbind.	-0.11ns (0.17)	-0.10ns (0.20)
Gewerkschaft	0.36a (0.19)	0.30ns (0.37)
keine Parteibindung	0.42ns (0.27)	-0.06ns (0.17)
Ideologie		
LiRe-Selbsteinsch.	0.45c (0.04)	0.57c (0.08)
Unzufriedenheit		
Demokratie	-0.10ns (0.05)	-0.03ns (0.05)
Distanz		
Linkspartei.PDS-SPD	-0.17c (0.04)	-0.06ns (0.08)
Konstante	1.05b	-1.30b
N	1289	1343
Nagelkerkes R^2	0.250	0.190

Eigene Berechnung auf Grundlage der Individualdatensätze zu den Bundestagswahlen 1994-2009. Signifikanzniveaus: a: p<0.05; b: p<0.01; c: p<0.001; ns: nicht signifikant.

Literaturverzeichnis

Aardal, Bernt/van Wijnen, Pieter (2005): Issue Voting. In: Thomassen, Jasques (Hrsg.): *The European Voter: A Comparative Study of Modern Democracies*. Oxford: Oxford University Press, S. 192-212.

Abromeit, Heidrun (1992): Zum Für und Wider einer Ost-Partei. In: *Gegenwartskunde* 41, S. 437-448.

Achen, Christopher H./Shively, W. Phillips (1995): *Cross-level Inference*. Chicago u.a.: University of Chicago Press.

Adam, Hermann (2007): *Bausteine der Politik. Eine Einführung*. Wiesbaden: VS Verlag für Sozialwissenschaften.

Adams, James/Clark, Michael/Ezrow, Lawrence/Glasgow, Garrett (2004): Understanding Change and Stability in Party Ideologies: Do Parties Respond to Public Opinion or to Past Election Results? In: *British Journal of Political Science* 34, S. 589-610.

Adams, James/Merrill, Samuel/Grofman, Bernard (2005): A Unified Theory of Party Competition a Cross-national Analysis: Integrating Spatial and Behavioral Factors. Cambridge: Cambridge University Press.

Adorno, Theodor W. (1973): *Studien zum autoritären Charakter*. Frankfurt am Main: Suhrkamp.

Adorno, Theodor W./Frenkel-Brunswik, Else/Levinson, Daniel J./Sanford, R. Nevitt (1950): *The Authoritarian Personality*. New York: Harper.

Ajzen, Icek/Fishbein, Martin (1980): *Understanding Attitudes and Predicting Social Behavior*. Englewood Cliffs: Prentice-Hall.

Aldrich, John H./Simon, Dennis M. (1986): Turnout in American National Elections. In: Long, Samuel L. (Hrsg.): *Research in Micropolitics*. Greenwich: JAI Press, S. 271-301.

Alemann, Ulrich von (2010): *Das Parteiensystem der Bundesrepublik Deutschland*. Wiesbaden: VS Verlag für Sozialwissenschaften.

Allport, Gordon W./Odbert, Henry S. (1936): Trait-names: A Psycho-lexical Study. In: *Psychological Monographs* 47, S. 1-171.

Almond, Gabriel A./Verba, Sidney (1963): *The Civic Culture: Political Attitudes and Democracy in Five Nations*. Princeton: Princeton University Press.

Altemeyer, Bob (1988): Enemies of Freedom: Understanding Right-wing Authoritarianism. San Francisco: Jossey-Bass.

Altemeyer, Bob (1996): *The Authoritarian Specter*. Cambridge: Harvard University Press.

Andreß, Hans-Jürgen/Hagenaars, Jacques A./Kühnel, Steffen (1997): Analyse von Tabellen und kategorialen Daten. Log-lineare Modelle, latente Klassenanalyse, logistische Regression und GSK-Ansatz. Berlin u.a.: Springer.

Arato, Andrew (1991): Social Theory, Civil Society, and the Transformation of Authoritarian Socialism. In: Feher, Ferenc/Arato, Andrew (Hrsg.): *Crisis and Reform in Eastern Europe*. New Brunswick: Transaction Publishers, S. 1-26.

Arendt, Hannah (1951): *The Origins of Totalitarianism*. New York: Harcourt Brace & Company.

Armingeon, Klaus (1994): Gründe und Folgen geringer Wahlbeteiligung. In: *Kölner Zeitschrift für Soziologie und Sozialpsychologie* 46, S. 43-64.

Aronson, Elliot/Wilson, Timothy D./Akert, Robin M. (2004): *Sozialpsychologie*. München u.a.: Pearson Studium.

Arzheimer, Kai (2002a): Ist der Osten wirklich rot? Das Wahlverhalten bei der Bundestagswahl 2002 in Ost-West-Perspektive. In: *Aus Politik und Zeitgeschichte* B49/50, S. 27-35.

Arzheimer, Kai (2002b): Politikverdrossenheit: Bedeutung, Verwendung und empirische Relevanz eines politikwissenschaftlichen Begriffs. Wiesbaden: Westdeutscher Verlag.

Arzheimer, Kai (2002c): Stichwort: PDS. In: Greiffenhagen, Martin/Greiffenhagen, Sylvia (Hrsg.): *Handwörterbuch zur politischen Kultur der Bundesrepublik Deutschland. Ein Lehr- und Nachschlagewerk*. Wiesbaden: Westdeutscher Verlag, S. 324-330.

Arzheimer, Kai (2005a): Die Wahl extremistischer Parteien. In: Falter, Jürgen W./Schoen, Harald (Hrsg.): *Handbuch Wahlforschung*. Wiesbaden: VS Verlag für Sozialwissenschaften, S. 389-421.

Arzheimer, Kai (2005b): "Freiheit oder Sozialismus?" Gesellschaftliche Wertorientierungen, Staatszielvorstellungen und Ideologien im Ost-West-Vergleich. In: Gabriel, Oscar W./Falter, Jürgen W./Rattinger, Hans (Hrsg.): *Wächst zusammen was zusammen gehört? Stabilität und Wandel politischer Einstellungen im wiedervereinigten Deutschland*. Baden-Baden: Nomos, S. 285-313.

Arzheimer, Kai (2006): Berühren sich die Extreme? Ein empirischer Vergleich von Personen mit extrem linken und extrem rechten Einstellungen in Europa. In: Backes, Uwe/Jesse, Eckhard (Hrsg.): *Gefährdungen der Freiheit. Extremistische Ideologien im Vergleich*. Göttingen: Vandehoeck & Ruprecht, S. 253-281.

Arzheimer, Kai (2007): Extremwahl. In: Rattinger, Hans/Gabriel, Oscar W./Falter, Jürgen W. (Hrsg.): *Der gesamtdeutsche Wähler. Stabilität und Wandel des Wählerverhaltens im wiedervereinigten Deutschland*. Baden-Baden: Nomos, S. 67-86.

Arzheimer, Kai (2008a): *Die Wähler der extremen Rechten 1980-2002*. Wiesbaden: VS Verlag für Sozialwissenschaften.

Arzheimer, Kai (2008b): Ideologien. In: Kaina, Viktoria/Römmele, Andrea (Hrsg.): *Politische Soziologie. Ein Studienbuch*. Wiesbaden: VS Verlag für Sozialwissenschaften, S. 83-108.

Arzheimer, Kai (2009a): Contextual Factors and the Extreme Right Vote in Western Europe, 1980-2002. In: *American Journal of Political Science* 53, S. 259-275.

Arzheimer, Kai (2009b): A Matter of Timing? The Dynamics of Radical Right Party Support and Mainstream Parties' Programmatic Change in France. *Tagungspapier präsentiert auf der ECPR General Conference Potsdam, 10.-12. September 2009*.

Arzheimer, Kai/Carter, Elisabeth L. (2003): *Explaning Variantion in the Extreme Right Vote: The Individual and the Political Envirnonment.* Keele European Parties Research Unit (KEPRU), Working Paper 19/2003.

Arzheimer, Kai/Carter, Elisabeth L. (2006): Political Opportunity Structures and Right-Wing Extremist Party Success. In: *European Journal of Political Research* 45, S. 419-433.

Arzheimer, Kai/Falter, Jürgen W. (1998): "Annäherung durch Wandel?" Das Ergebnis der Bundestagswahl 1998 in Ost-West-Perspektive. In: *Aus Politik und Zeitgeschichte* B52, S. 33-43.

Arzheimer, Kai/Falter, Jürgen W. (2002): Die Pathologie des Normalen. Eine Anwendung des Scheuch-Klingemann-Modells zur Erklärung rechtsextremen Denkens und Verhaltens. In: Fuchs, Dieter/Roller, Edeltraud/Weßels, Bernhard (Hrsg.): *Bürger und Demokratie in Ost und West. Studien zur politischen Kultur und zum politischen Prozeß.* Wiesbaden: Westdeutscher Verlag, S. 85-107.

Arzheimer, Kai/Klein, Markus (1997): Die Wähler der Republikaner und der PDS in West- und Ostdeutschland. Ein empirischer Vergleich. In: Backes, Uwe/Jesse, Eckhard (Hrsg.): *Jahrbuch Extremismus und Demokratie.* Baden-Baden: Nomos, S. 39-63.

Arzheimer, Kai/Klein, Markus (2000): Gesellschaftspolitische Wertorientierungen und Staatszielvorstellungen im Ost-West-Vergleich. In: Falter, Jürgen W./Gabriel, Oscar W./Rattinger, Hans (Hrsg.): *Wirklich ein Volk? Die politischen Orientierungen der Ost- und Westdeutschen im Vergleich.* Opladen: Leske + Budrich, S. 363-402.

Arzheimer, Kai/Rudi, Tatjana (2007): Wertorientierungen und ideologische Einstellungen. In: Rattinger, Hans/Gabriel, Oscar W./Falter, Jürgen W. (Hrsg.): *Der gesamtdeutsche Wähler. Stabilität und Wandel des Wählerverhaltens im wiedervereinigten Deutschland.* Baden-Baden: Nomos, S. 167-187.

Arzheimer, Kai/Schmitt, Annette (2005): Der ökonomische Ansatz. In: Falter, Jürgen W./Schoen, Harald (Hrsg.): *Handbuch Wahlforschung.* Wiesbaden: VS Verlag für Sozialwissenschaften, S. 243-303.

Arzheimer, Kai/Schoen, Harald/Falter, Jürgen W. (2001): Rechtsextreme Orientierungen und Wahlverhalten. In: Schubarth, Wilfried/Stöss, Richard (Hrsg.): *Rechtsextremismus in der Bundesrepublik Deutschland: Eine Bilanz.* Opladen: Leske + Budrich, S. 220-245.

Backes, Uwe (1989): Politischer Extremismus in demokratischen Verfassungsstaaten. Elemente einer normativen Rahmentheorie. Opladen: Westdeutscher Verlag.

Backes, Uwe (2006): Politische Extreme. Eine Wort- und Begriffsgeschichte von der Antike bis in die Gegenwart. Göttingen: Vandenhoeck & Ruprecht.

Backes, Uwe (2008): Die Entzauberung der Extremisten? Erfolgsbedinungen der NPD im internationalen Vergleich. In: *Zukunftsforum Politik* 90, S. 1-73.

Backes, Uwe/Jesse, Eckhard (1996): *Politischer Extremismus in der Bundesrepublik Deutschland.* Bonn: Bundeszentrale für politische Bildung.

Backes, Uwe/Jesse, Eckhard (2006): Einleitung. In: Backes, Uwe/Jesse, Eckhard (Hrsg.): *Gefährdungen der Freiheit: Extremistische Ideologien im Vergleich.* Göttingen: Vandenhoeck & Ruprecht, S. 7-17.

Backhaus, Klaus/Erichson, Bernd/Plinke, Wulff/Weiber, Rolf (2008): *Multivariate Analysemethoden. Eine anwendungsorientierte Einführung.* Berlin/Heidelberg: Springer.

Bale, Tim (2003): Cinderella and her Ugly Sisters: The Mainstream and Extreme Right in Europes Bipolarising Party Systems. In: *West European Politics* 26, S. 67-90.

Barkai, Avraham (1977): Das Wirtschaftssystem des Nationalsozialismus: Der historische und ideologische Hintergrund 1933-1936. Köln: Verlag Wissenschaft und Politik.

Barker, Roger/Dembo, Tamara/Lewin, Kurt (1941): *Frustration and Aggression: An Experiment with Young Children.* University of Iowa Studies in Child Welfare. 18/1941.

Bartolini, Stefano/Mair, Peter (1990): Identity, Competition and Electoral Availability. The Stabilisation of European Electorates 1885-1985. Cambridge: Cambridge University Press.

Beck, Paul A. (1986): Choice, Context, and Consequence: Beaten and Unbeaten Paths toward a Science of Electoral Behavior. In: Weisberg, Herbert F. (Hrsg.): *Political Science. The Science of Politics.* New York: Agathon Press, S. 241–283.

Behrend, Manfred (2006): Eine Geschichte der PDS. Von der zerbröckelnden Staatspartei zur Linkspartei. Köln: Neuer ISP-Verlag.

Beichelt, Timm/Minkenberg, Michael (2002): Rechtsradikalismus in Transformationsgesellschaften – Entstehungsbedingungen und Erklärungsmodell. In: *Osteuropa* 52, S. 247-262.

Bell, David S. (1993): Western European Communists and the Collapse of Communism. Oxford u.a.: Berg.

Bell, David S. (2003): France: The Left in 2002 - The End of the Mitterrand Strategy. In: *Parliamentary Affairs* 56, S. 24-37.

Belsley, David A./Kuh, Edwin/Welsch, Roy E. (1980): Regression Diagnostics: Identifying Influential Data and Sources of Collinearity. New York u.a.: Wiley.

Benoit, Kenneth/Laver, Michael (2007): Estimating Party Policy Positions: Comparing Expert Surveys and Hand-coded Content Analysis. In: *Electoral Studies* 26, S. 90-107.

Benz, Wolfgang (2000): *Geschichte des Dritten Reiches.* München: Beck.

Bergmann, Knut (2002): Der Bundestagswahlkampf 1998: Vorgeschichte, Strategien, Ergebnis. Wiesbaden: Westdeutscher Verlag.

Betz, Hans-Georg (1990): Value Change and Postmaterialist Politics: The Case of West Germany. In: *Comparative Political Studies* 23, S. 239-256.

Betz, Hans-Georg (1993): The New Politics of Resentment: Radical Right-wing Populist Parties in Western Europe. In: *Comparative Politics* 25, S. 413-427.

Betz, Hans-Georg (1999): Contemporary Right-wing Radicalism in Europe. In: *Contemporary European History* 8, S. 299-316.

Betz, Hans-Georg (2002): Rechtspopulismus in Westeuropa: Aktuelle Entwicklungen und politische Bedeutung. In: *Österreichische Zeitschrift für Politikwissenschaft* 31, S. 251-264.

Betz, Hans-Georg (2003): The Growing Threat of the Radical Right. In: Merkl, Peter H./Weinberg, Leonard (Hrsg.): *Right-wing Extremism in the Twenty-first Century.* London: Frank Cass, S. 74-93.

Betz, Hans-Georg/Immerfall, Stefan (1998): The New Politics of the Right. Neo-Populist Parties and Movements in Established Democracies. New York: Macmillan.

Betz, Hans-Georg/Welsh, Helga A. (1995): The PDS in the New German Party System. In: *German Politics* 4, S. 92-111.

Billig, Michael (1978): Fascists: A Social Psychological View of the National Front. London/New York: Academic Press.

Billig, Michael (1987): Anti-semitic Themes and the British Far Left: Some Social-psychological Observations on Indirect Aspects of the Conspiracy Tradition. In: Graumann, Carl F./Moscovici, Serge (Hrsg.): *Changing Conceptions of Conspiracy.* New York: Springer, S. 115–136.

Birsl, Ursula (1996): Rechtsextremismus und Fremdenfeindlichkeit: Reagieren Frauen anders? Zur theoretischen Verortung der Kategorie Geschlecht in der feministischen Rechtsextremismus-Forschung. In: Jaschke, Hans-Gerd/Falter, Jürgen W./Winkler, Jürgen R. (Hrsg.): *Rechtsextremismus, Ergebnisse und Perspektiven der Forschung, PVS Sonderheft 27.* Opladen: Westdeutscher Verlag, S. 49-65.

Black, Max (1976): *The Social Theories of Talcott Parsons. A Critical Examination.* Carbondale: Southern Illinois University Press.

Blais, André/Carty, Ken (1987): The Impact of Electoral Formulae on the Creation of Majority Governments. In: *Electoral Studies* 6, S. 209-218.

Blais, André/Nadeau, Richard/Gidengil, Elisabeth/Nevitte, Neil (2001): Measuring Strategic Voting in Multiparty Plurality Elections. In: *Electoral Studies* 20, S. 343-352.

Blanz, Mathias/Mummendey, Amélie/Mielke, Rosemarie/Klink, Andreas (1998): Wechselseitige Differenzierung zwischen sozialen Gruppen: Ein Vorhersagemodell der Theorie der Sozialen Identität. In: *Zeitschrift für Sozialpsychologie* 29, S. 239-259.

Bleek, Wilhelm (2003): PDS - SED In: Andersen, Uwe/Woyke, Wichard (Hrsg.) *Handwörterbuch des politischen Systems der Bundesrepublik.* Opladen: Leske + Budrich, S. 475-480.

Block, Jack (2010): The Five-Factor Framing of Personality and Beyond: Some Ruminations. In: *Psychological Inquiry* 21, S. 2-25.

Bluck, Carsten/Kreikenbom, Henry (1991): Die Wähler in der DDR: Nur issue-orientiert oder auch parteigebunden? In: *Zeitschrift für Parlamentsfragen* 22, S. 495-502.

Bluck, Carsten/Kreikenbom, Henry (1993): Quasiparteibindung und Issues. In: Gabriel, Oscar W./Troitzsch, Klaus G. (Hrsg.): *Wahlen in Zeiten des Umbruchs.* Frankfurt am Main u.a.: Peter Lang, S. 455-470.

Bohle, Hans/Heitmeyer, Wilhelm/Kühnel, Uwe/Sander, Uwe (1997): Anomie in der modernen Gesellschaft: Bestandsaufnahme und Kritik eines klassischen Ansatzes soziologischer Analyse. In: Heitmeyer, Wilhelm (Hrsg.): *Was treibt die Gesellschaft auseinander?* Frankfurt am Main: Suhrkamp, S. 29-65.

Bornschier, Simon/Lachat, Romain (2009): The Evolution of the French Political Space and Party System. In: *West European Politics* 32, S. 360-383.

Bortfeldt, Heinrich (1992): *Von der SED zur PDS: Wandlung zur Demokratie?* Bonn u.a.: Bouvier.

Bortfeldt, Heinrich (1993): Der 3. Parteitag der PDS - eine Trendwende? In: *Deutschland Archiv* 26, S. 279-182.

Bortfeldt, Heinrich (1994): Die Ostdeutschen und die PDS. In: *Deutschland Archiv* 27, S. 1283-1287.

Brettschneider, Frank (2001): Candidate-voting. Die Bedeutung von Spitzenkandidaten für das Wählerverhalten in Deutschland, Großbritannien und den USA von 1960 bis 1998. In: Klingemann, Hans-Dieter/Kaase, Max (Hrsg.): *Wahlen und Wähler. Analysen aus Anlaß der Bundestagswahl 1998.* Wiesbaden: Westdeutscher Verlag, S. 351-400.

Brettschneider, Frank (2002): Spitzenkandidaten und Wahlerfolg. Personalisierung – Kompetenz – Parteien. Ein internationaler Vergleich. Wiesbaden: Westdeutscher Verlag.

Brie, André (2004): Strategische Konsequenzen aus den PDS-Wahlkämpfen 2004. In: *Utopie kreativ* 170, S. 1079-1087.

Brie, Michael (1995): Das politische Projekt PDS – eine unmögliche Möglichkeit. Die ambivalenten Früchte eines Erfolgs. In: Brie, Michael/Herzig, Martin/Koch, Thomas (Hrsg.): *Die PDS. Postkommunistische Kaderorganisation, ostdeutscher Traditionsverein oder linke Volkspartei? Empirische Befunde und kontroverse Analysen.* Köln: PapyRossa Verlag, S. 9-38.

Brie, Michael/Herzig, Martin/Koch, Achim (1995): Die PDS: Postkommunistische Kaderorganisation, ostdeutscher Traditionsverein oder linke Volkspartei? Empirische Befunde und kontroverse Analysen. Köln: PapyRossa Verlag.

Brunner, Wolfram/Walz, Dieter (1998): Totgesagte leben länger - aber wie lang genau? Zur Situation der PDS im Wahljahr '98 und darüber hinaus. In: Pickel, Susanne/ Pickel, Gert/Walz, Dieter (Hrsg.): *Politische Einheit - kultureller Zwiespalt? Die Erklärungen politischer und demokratischer Einstellungen in Ostdeutschland vor der Bundestagswahl 1998.* Frankfurt am Main: Europäischer Verlag der Wissenschaften, S. 81-96.

Budge, Ian/Crewe, Ivor/Farlie, Dennis (1976): Party Identification and Beyond. Representations of Voting and Party Competition. London u.a.: Wiley.

Budge, Ian/Farlie, Dennis (1977): Voting and Party Competition. A Theoretical Critique and Synthesis Applied to Surveys from Ten Democracies. London u.a.: Wiley.

Budge, Ian/Klingemann, Hans-Dieter/Volkens, Andrea/Bara, Judith/Tanenbaum, Eric (2001): *Mapping Policy Preferences: Estimates for Parties, Electors, and Governments, 1945-1998.* Oxford: Oxford University Press.

Bundesministerium des Inneren (2007): *Verfassungsschutzbericht 2006.* Berlin: Bundesministerium des Inneren.

Bürklin, Wilhelm (1995): Die politische Kultur in Ost- und Westdeutschland: Eine Zwischenbilanz. In: Lehmbruch, Gerhard (Hrsg.): *Einigung und Zerfall. Deutschland und Europa nach dem Ende des Ost-West-Konflikts.* Opladen: Leske + Budrich, S. 11–24.

Bürklin, Wilhelm/Klein, Markus/Ruß, Achim (1994): Dimensionen des Wertewandels: Eine empirische Längsschnittanalyse zur Dimensionalität und der Wandlungsdynamik gesellschaftlicher Wertorientierungen. In: *Politische Vierteljahresschrift* 35, S. 579-606.

Cacioppo, John T./Petty, Richard E. (1982): The Need for Cognition. In: *Journal of Personality and Social Psychology* 42, S. 116-131.

Campbell, Angus/Converse, Philip E./Miller, Warren E./Stokes, Donald E. (1960): *The American Voter*. New York u.a.: Wiley.

Campbell, Angus/Gurin, Gerald/Miller, Warren E./Stokes, Donald E. (1954): *The Voter Decides*. Evanston u.a.: Row, Peterson and Company.

Campbell, Donald T. (1965): Ethnocentric and other Altruistic Motives. In: Levine, David (Hrsg.): *Nebraska Symposium on Motivation*. Lincoln: University of Nebraska Press, S. 283-311.

Canovan, Margaret (1999): Trust the People! Populism and the Two Faces of Democracy. In: *Political Studies* 47, S. 2-16.

Capoccia, Giovanni C. (2002): Anti-system Parties a Conceptual Reassessment. In: *Journal of Theoretical Politics* 14, S. 9-35.

Carter, Neil (2004): *The Politics of the Environment: Ideas, Activism, Policy*. Cambridge: Cambridge University Press.

Castles, Francis G./Mair, Peter (1984): Left-right Political Scales: Some 'Expert' Judgments. In: *European Journal Of Political Research* 12, S. 73-88.

Christensen, Dag A. (1996): The Left-wing Opposition in Denmark, Norway and Sweden: Cases of Euro-phobia. In: *West European Politics* 19, S. 525-546.

Coleman, James S. (1994): *Foundations of Social Theory*. Cambridge u.a.: Belknap Press.

Conover, Pamela J. (1984): The Influence of Group Identifications on Political Perception and Evaluation. In: *Journal of Politics* 46, S. 760-785.

Conover, Pamela J./Feldman, Stanley (1981): The Origins and Meaning of Liberal/Conservative Self-identifications. In: *American Journal of Political Science* 25, S. 617-645.

Converse, Philip E. (1964): The Nature of Belief System. In: Apter, David E. (Hrsg.): *Ideology and Discontent*. New York: Free Press, S. 205 -261.

Dalton, Russell J. (1988): Citizen Politics in Western Democracies. Public Opinion and Political Parties in the United States, Great Britain, West Germany, and France. Chatham: Chatham House Publications.

Dalton, Russell J. (1994): Communists and Democrats: Democratic Attitudes in the Two Germanies. In: *British Journal of Political Science* 24, S. 469-494.

Dalton, Russell J. (2008): Citizen Politics. Public Opinion and Political Parties in Advanced Industrial Democracies. Washington: CQ Press.

Dalton, Russell J./Beck, Paul A./Flanagan, Scott C. (1984): Electoral Change in Advanced Industrial Democracies. In: Dalton, Russell J./Flanagan, Scott C./Beck, Paul A. (Hrsg.): *Electoral Change in Advanced Industrial Democracies: Realignment or Dealignment*. Princeton: Princeton University Press, S. 3-22.

Dalton, Russell J./Bürklin, Wilhelm (1995): The Two German Electorates. The Social Base of the Vote in 1990 and 1994. In: *German Politics and Society* 13, S. 79-99.

Dalton, Russell J./Bürklin, Wilhelm (1996): The Two German Electorates. In: Dalton, Russell J. (Hrsg.): *Germans Divided. The 1994 Bundestag Elections and the Evolution of the German Party System*. Oxford u.a.: Berg, S. 183-207.

Dalton, Russell J./Rohrschneider, Robert (1990): Wählerwandel und die Abschwächung der Parteineigung von 1972-1987. In: Kaase, Max/Klingemann, Hans-Dieter (Hrsg.): *Wahlen und Wähler. Analysen aus Anlaß der Bundestagswahl 1987*. Opladen: Westdeutscher Verlag, S. 301-324.

Debus, Marc (2007): Die programmatische Entwicklung der deutschen Parteien auf Bundes- und Landesebene zwischen den Bundestagswahlen 1998 und 2005. In: Brettschneider, Frank/Niedermayer, Oskar/Weßels, Bernhard (Hrsg.): *Die Bundestagswahl 2005. Analysen des Wahlkampfes und der Wahlergebnisse.* Wiesbaden: VS Verlag für Sozialwissenschaften, S. 43-63.

Decker, Frank (2007): Parteiendemokratie im Wandel. In: Decker, Frank/Neu, Viola (Hrsg.): *Handbuch der deutschen Parteien.* Wiesbaden: VS Verlag für Sozialwissenschaften, S. 20-61.

Decker, Frank (2009): *Tiefer sitzende Einstellungen. Den rechtsextremen Wählern in Westeuropa auf der Spur.* Frankfurter Allgemeine Zeitung vom 02.02.2009, abrufbar unter: http://www.faz.net/s/RubA330E54C3C12410780B68403A11F948B/Doc~E38113C2EEA4D4C0D8B35918EE6E80A67~ATpl~Ecommon~Scontent.html (Stand: 17.05.2011).

Deinert, Rudolf G. (1997): Institutionenvertrauen, Demokratiezufriedenheit und Extremwahl. Ein Vergleich zwischen westdeutscher Rechts- und ostdeutscher PDS-Wahl. St. Augustin: Gardez! Verlag.

Deinert, Rudolf G. (1998): Die PDS, die rechten Parteien und das Alibi der "Politikverdrossenheit" die Beweggründe westdeutscher Rechts- und ostdeutscher PDS-Wähler auf dem empirischen Prüfstand. In: *Zeitschrift für Parlamentsfragen* 29, S. 422 - 441.

Della Porta, Donatella/Rucht, Dieter (1995): Left-libertarian Movements in Context: A Comparison of Italy and West Germany, 1965-1990. In: Klandermans, Bert/Jenkins, Craig (Hrsg.): *The Politics of Social Protest: Comparative Perspectives on States and Social Movements.* St. Paul: University of Minnesota Press, S. 229-272.

Deschouwer, Kris/Van Assche, Martine (2008): Hard but Hardly Relevant: Party-based Euroscepticism in Belgium In: Szczerbiak, Aleks/Taggart, Paul (Hrsg.): *Opposing Europe? Case Studies and Country Surveys.* Oxford: Oxford University Press, S. 75-92.

Diamond, Larry (1999): *Developing Democracy. Toward Consolidation.* Baltimore u.a.: Johns Hopkins University Press.

Diamond, Larry/Linz, Juan J./Lipset, Seymour M. (1995): Introduction: What Makes for Democracy? In: Diamond, Larry/Linz, Juan J./Lipset, Seymour M. (Hrsg.): *Politics in Developing Countries: Comparing Experiences with Democracy.* Boulder: Lynne Rienner Publishers, S. 1-66.

Dobbelaere, Karel/Jagodzinski, Wolfgang (1995): Religious Cognitions and Beliefs. In: van Deth, Jan/Scarbrough, Elinor (Hrsg.): *The Impact of Values.* Oxford: Oxford University Press, S. 197-217.

Doll, Jörg/Mielke, Rosemarie/Mentz, Michael (1994): Formen und Veränderungen wechselseitiger ost-westdeutscher Stereotypisierungen zwischen 1990 und 1992. In: *Kölner Zeitschrift für Soziologie und Sozialpsychologie* 46, S. 501-504.

Dollard, John/Doob, Leonard W./Miller, Neal E./Mowrer, Orval H./Sears, Robert R. (1939): *Frustration und Aggression.* New Haven/London: Yale University Press.

Downs, Anthony (1957): *An Economic Theory of Democracy.* New York: Harper.

Dülmer, Hermann/Klein, Markus (2005): Extreme Right-wing Voting in Germany in a Multilevel Perspective: A Rejoinder to Lubbers and Scheepers. In: *European Journal Of Political Research* 44, S. 243-263.

Durkheim, Émile (1973): *Der Selbstmord [1897].* Neuwied/Berlin: Luchterhand.

Duverger, Maurice (1951): *Les Régimes Politiques.* Paris: Presses Université de France.

Eagly, Alice H./Chaiken, Shelly (1993): *The Psychology of Attitudes.* Fort Worth u.a.: Harcourt Brace Jovanovich.

Easton, David (1965): *A Systems Analysis of Political Life.* New York u.a.: Wiley.

Easton, David (1975): A Re-assessment of the Concept of Political Support. In: *British Journal of Political Science* 5, S. 435-457.

Eatwell, Roger (2000): The Rebirth of the 'Extreme Right' in Western Europe? In: *Parliamentary Affairs* 53, S. 407-425.

Eckert, Roland/Willems, Helmut/Würtz, Stefanie (1996): Erklärungsmuster fremdenfeindlicher Gewalt im empirischen Test. In: Falter, Jürgen W./Jaschke, Hans-Gerd/Winkler, Jürgen R. (Hrsg.): *Rechtsextremismus. Ergebnisse und Perspektiven der Forschung, PVS Sonderband 27.* Opladen: Westdeutscher Verlag, S. 152-167.

Eckstein, Harry (1988): A Culturalist Theory of Political Change. In: *American Political Science Review* 82, S. 789-804.

Edelstein, Wolfgang (2005): The Rise of Right-wing Extremist Youth Culture in Post-unification Germany. In: Nucci, Larry P. (Hrsg.): *Conflict, Contradiction, and Contrarian Elements in Moral Development and Education.* Mahwah: Erlbaum, S. 157-172.

Egle, Christoph (2010): Im Schatten der Linkspartei. Die Entwicklung des Parteienwettbewerbs während der 16. Legislaturperiode. In: Egle, Christoph/Zohlhöfer, Reimut (Hrsg.): *Die Große Koalition 2005-2009. Eine Bilanz der Regierung Merkel.* Wiesbaden: VS Verlag für Sozialwissenschaften, S. 99-122.

Ehrlich, Howard (1978): Dogmatism. In: London, Harvey/Exner, John E. (Hrsg.): *Dimensions of Personality.* New York u.a.: Wiley, S. 129-164.

Eisenberg, Phillip/Lazarsfeld, Paul F. (1938): The Psychological Effects of Unemployment. In: *Psychological Bulletin* 35, S. 358-390.

Eisinger, Peter K. (1971): Protest Behavior and the Integration of Urban Political Systems. In: *Journal of Politics* 33, S. 980-1007.

Eith, Ulrich (2000): Politisch zweigeteilt? Wählerverhalten und Parteiensystem zehn Jahre nach der Einheit. In: *Der Bürger im Staat* 50, S. 211-217.

Eith, Ulrich (2005): Parteienbindungen in Deutschland – Einstellungsprofile, Wahlrelevanz, politische Handlungsmöglichkeiten. Konrad Adenauer Stiftung, Arbeitspapiere 146/2005.

Eith, Ulrich (2009): Alte und neue Konfliktlinien des Wahlverhaltens – Handlungsoptionen und Herausforderungen für Parteiführungen. In: *Politische Studien* 60, S. 16-23.

Eith, Ulrich/Mielke, Gerd (2000): Die soziale Frage als "neue" Konfliktlinie? Einstellungen zum Wohlfahrtsstaat und zur sozialen Gerechtigkeit und Wahlverhalten bei der Bundestagswahl 1998. In: Deth, Jan van/Rattinger, Hans/Roller, Edeltraud (Hrsg.): *Die Republik auf dem Weg zur Normalität? Wahlverhalten und politische Einstellungen nach acht Jahren Einheit.* Opladen: Leske + Budrich, S. 93-115.

Eith, Ulrich/Mielke, Gerd (2010): Politische Soziologie. Zur Bedeutung und Methodik empirischer Sozialforschung am Beispiel der Wahlforschung. In: Lauth, Hans-Joachim/Wagner, Christian (Hrsg.): *Politikwissenschaft. Eine Einführung.* Paderborn: UTB, S. 294-321.

Eith, Ulrich/Zettl, Christian (2008): Die Landtagswahlen in Thüringen unter bundespolitischem Einfluss? Aspekte einer unübersichtlichen Situation. In: Völkl, Kerstin/ Schnapp, Kai-Uwe/Holtmann, Everhard /Gabriel, Oscar W. (Hrsg.): *Wähler und Landtagswahlen in der Bundesrepublik Deutschland.* Baden-Baden: Nomos, S. 411-430.

Elff, Martin (2002): Parteiensystem, Sozialstruktur und Wahlabsicht. In: Brettschneider, Frank/van Deth, Jan/Roller, Edeltraud (Hrsg.): *Das Ende der politisierten Sozialstruktur?* Opladen: Leske + Budrich, S. 279–313.

Elff, Martin/Roßteutscher, Sigrid (2009): Die Entwicklung sozialer Konfliktlinien in den Wahlen von 1994 bis 2005. In: Gabriel, Oscar W./Weßels, Bernhard/Falter, Jürgen W. (Hrsg.): *Wahlen und Wähler: Analysen aus Anlass der Bundestagswahl 2005.* Wiesbaden: VS Verlag für Sozialwissenschaften, S. 307-327.

Ellemers, Naomi (2002): Social Identity and Relative Deprivation. In: Walker, Ian/Smith, Heather J. (Hrsg.): *Relative Deprivation, Specification, Development, and Integration.* Cambridge: Cambridge University Press, S. 239-264.

Enelow, James M./Hinich, Melvin J. (1984): *The Spatial Theory of Voting: An Introduction.* Cambridge: Cambridge University Press.

Erikson, Erik H. (1959): *Identity and the Life Cycle. Selected Papers.* New York: International Universities Press.

Erikson, Robert/Goldthorpe, John H. (1992): *The Constant Flux. Study of Class Mobility in Industrial Societies.* Oxford u.a.: Clarendon Press.

Erikson, Robert S./MacKuen, Michael B./Stimson, James A. (2002): *The Macro Polity.* Cambridge: Cambridge University Press.

Esser, Hartmut (1986): Können Befragte lügen? Zum Konzept des "wahren" Wertes im Rahmen der handlungstheoretischen Interpretation des Befragtenverhaltens. In: *Kölner Zeitschrift für Soziologie und Sozialpsychologie* 38, S. 314 - 336.

Esser, Hartmut (1996a): Die Definition der Situation. In: *Kölner Zeitschrift für Soziologie und Sozialpsychologie* 48, S. 1-34.

Esser, Hartmut (1996b): *Soziologie: Allgemeine Grundlagen.* Frankfurt am Main u.a.: Campus.

Esser, Hartmut (1999): Soziologie: Spezielle Grundlagen. Band 1. Situationslogik und Handeln. Frankfurt am Main u.a.: Campus.

Esses, Victoria M./Jackson, Lynne M./Armstrong, Tamara L. (1998): Intergroup Competition and Attitudes Toward Immigrants and Immigration: An Instrumental Model of Group Conflict. In: *Journal of Social Issues* 54, S. 699-724.

Everts, Carmen (2000): Politischer Extremismus. Theorie und Analyse am Beispiel der Parteien REP und PDS. Berlin: Weißensee Verlag.

Eysenck, Hans-Jürgen (1954): *The Psychology of Politics.* London: Routledge & Kegan Paul.

Faas, Thorsten/Wüst, Andreas M. (2002): The Schill Factor in the Hamburg State Election 2001. In: *German Politics* 11, S. 1-20.

Falkner, Thomas (2003): Politik als Chance. In: *Utopie kreativ* 153/154, S. 592-602.

Falkner, Thomas/Huber, Dietmar (1994): *Aufschwung PDS. Rote Socken - zurück zur Macht?* München: Droemer Knaur.

Falter, Jürgen W. (1973): Faktoren der Wahlentscheidung. Eine wahlsoziologische Analyse am Beispiel der saarländischen Landtagswahl 1970. Köln u.a.: Heymann.

Falter, Jürgen W. (1991): *Hitlers Wähler.* München: Beck.

Falter, Jürgen W. (1994): Wer wählt rechts? Die Wähler und Anhänger rechtsextremistischer Parteien im vereinigten Deutschland. München: Beck.

Falter, Jürgen W./Klein, Markus (1994): Die Wähler der PDS bei der Bundestagswahl 1994. Zwischen Ideologie, Nostalgie und Protest. In: *Aus Politik und Zeitgeschichte* B51/52, S. 22-34.

Falter, Jürgen W./Klein, Markus (1995): Zwischen Ideologie, Nostalgie und Protest. Die Wähler der PDS 1994. In: Hirscher, Gerhard (Hrsg.): *Parteiendemokratie zwischen Kontinuität und Wandel. Die deutschen Parteien nach den Wahlen 1994.* München: Hanns-Seidel-Stiftung, S. 314-345.

Falter, Jürgen W./Schoen, Harald (1999): Wahlen und Wählerverhalten. In: Ellwein, Thomas/Holtmann, Everhard (Hrsg.): *50 Jahre Bundesrepublik Deutschland. Rahmenbedingungen - Entwicklungen - Perspektiven.* Wiesbaden: Westdeutscher Verlag, S. 454-470.

Feist, Ursula (1990): Votum für einen konservativen Modernisierungskurs. Analyse der Volkskammerwahl in der DDR. In: *Gewerkschaftliche Monatshefte* 41, S. 233-241.

Feist, Ursula/Liepelt, Klaus (1994): Auseinander oder miteinander? Zum unterschiedlichen Politikverständnis der Deutschen in Ost und West. In: Kaase, Max/ Klingemann, Hans-Dieter (Hrsg.): *Wahlen und Wähler. Analysen aus Anlaß der Bundestagswahl 1990.* Opladen: Westdeutscher Verlag, S. 575-611.

Fennema, Meindert (2000): Legal Repression of Extreme-right Parties and Radical Discrimination. In: Koopmans, Ruud/Statham, Paul (Hrsg.): *Challenging Immigration and Ethnic Relations Politics. Comparative European Perspective.* Oxford: Oxford University Press, S. 119-144.

Fichter, Michael/Stöss, Richard/Zeuner, Bodo (2008): Gewerkschaften und Rechtsextremismus: Ausgewählte Ergebnisse eines Forschungsprojekts. In: Butterwegge, Christoph/Hentges, Gudrun (Hrsg.): *Rechtspopulismus, Arbeitswelt und Armut. Befunde aus Deutschland, Österreich und der Schweiz.* Opladen u.a.: Budrich, S. 255-276.

Fiorina, Morris P. (1977): *Representatives, Roll-calls, and Constituencies.* Lexington: Lexington Books.

Flanagan, Scott C. (1979): Value Change and Partisan Change in Japan. The Silent Revolution Revisited. In: *Comparative Politics* 11, S. 253-278.

Flanagan, Scott C. (1982): Changing Values in Advanced Industrial Societies: Inglehart's Silent Revolution from the Perspective of Japanese Findings. In: *Comparative Political Studies* 14, S. 403-444.

Flanagan, Scott C. (1987): Value Change in Industrial Societies. In: *American Political Science Review* 81, S. 1303-1319.

Flanagan, Scott C./Lee, Aie-Rie (2003): The New Politics, Culture Wars, and the Authoritarian-Libertarian Value Change in Advanced Industrial Democracies. In: *Comparative Political Studies* 36, S. 235-270.

Fogt, Helmut (1987): Die GRÜNEN und die Neue Linke. Zum innerparteilichen Einfluß des organisierten Linksextremismus. In: Langner, Manfred (Hrsg.): *Die Grünen auf dem Prüfstand. Analyse einer Partei.* Bergisch Gladbach: Bastei-Lübbe, S. 129-208.

Franklin, Mark N. (1992): The Decline of Cleavage Politics. In: Franklin, Mark N./ Mackie, Thomas/Valen, Henry (Hrsg.): *An Electoral Change: Responses to Evolving Social and Attitudinal Structures in Western Countries.* Cambridge: Cambridge University Press, S. 383-431.

Franklin, Mark N. (2004): Voter Turnout and the Dynamics of Electoral Competition in Established Democracies since 1945. Cambridge: Cambridge University Press.

Franzmann, Simon/Kaiser, André (2006): Locating Political Parties in Policy Space: A Reanalysis of Party Manifesto Data. In: *Party Politics* 12, S. 163-188.

Freeden, Michael (2001): Ideology. Political Aspects. In: Smelser, Neil J./Baltes, Paul B. (Hrsg.): *International Encyclopedia of the Social & Behavioral Sciences.* Amsterdam u. a.: Elsevier, S. 7174–7177.

Freeden, Michael (2003): *Ideology: A Very Short Introduction.* Oxford u.a.: Oxford University Press.

Frey, Dieter/Greif, Siegfried (1997): Sozialpsychologie. Ein Handbuch in Schlüsselbegriffen. Weinheim: Beltz.

Fromm, Erich (1936): Theoretische Entwürfe über Autorität und Familie, Sozialpsychologischer Teil. In: Fromm, Erich/Horkheimer, Max/Marcuse, Herbert (Hrsg.): *Studien über Autorität und Familie. Forschungsberichte aus dem Institut für Sozialforschung.* Paris: Alcan, S. 77-135.

Fuchs, Dieter (1989): Die Unterstützung des politischen Systems der Bundesrepublik Deutschland. Opladen: Westdeutscher Verlag.

Fuchs, Dieter (1997): Welche Demokratie wollen die Deutschen? Einstellungen zur Demokratie im vereinigten Deutschland. In: Gabriel, Oscar W. (Hrsg.): *Politische Orientierungen und Verhaltensweisen im vereinigten Deutschland.* Opladen: Leske + Budrich, S. 81-113.

Fuchs, Dieter (2002): Das Konzept der politischen Kultur: Die Fortsetzung einer Kontroverse in konstruktiver Absicht. In: Fuchs, Dieter/Roller, Edeltraud/Weßels, Bernhard (Hrsg.): *Bürger und Demokratie in Ost und West. Studien zur politischen Kultur und zum politischen Prozeß. Festschrift für Hans-Dieter Klingemann.* Wiesbaden: Westdeutscher Verlag, S. 27-49.

Fuchs, Dieter/Roller, Edeltraud (2004): Die Einstellung zur Demokratie in Deutschland. In: Breit, Gotthard (Hrsg.): *Politische Kultur in Deutschland.* Schwalbach: Wochenschau Verlag, S. 30-37.

Fuchs, Dieter/Roller, Edeltraud/Weßels, Bernhard (1997): Die Akzeptanz der Demokratie des vereinigten Deutschland. Oder: Wann ist ein Unterschied ein Unterschied? In: *Aus Politik und Zeitgeschichte* B51, S. 3-12.

Fuchs, Marek (2003): Rechtsextremismus von Jugendlichen. Zur Erklärungskraft verschiedener theoretischer Konzepte. In: *Kölner Zeitschrift für Soziologie und Sozialpsychologie* 55, S. 654-678.

Funke, Friedrich (2003): Die dimensionale Struktur von Autoritarismus. Dissertation, Universität Jena, abrufbar unter: http://www.db-thueringen.de/dissOnline/FSU_Jena_Funke_Friedrich (Stand: 13.07.2011).

Gabel, Matthew/Hix, Simon (2002): Defining the EU Political Space: An Empirical Study of the European Elections Manifestos, 1979-1999. In: *Comparative Political Studies* 35, S. 934-964.

Gabel, Matthew/Huber, John D. (2000): Putting Parties in their Place: Inferring Party Left-Right Ideological Positions from Party Manifestos Data. In: *American Journal of Political Science* 44, S. 94-103.

Gabel, Matthew/Scheve, Kenneth (2007): Estimating the Effect of Elite Communications on Public Opinion Using Instrumental Variables. In: *American Journal of Political Science* 51, S. 1013-1028.

Gabriel, Oscar W. (1993): Institutionenvertrauen im vereinigten Deutschland. In: *Aus Politik und Zeitgeschichte* B43, S. 3-12.

Gabriel, Oscar W. (2000): Demokratische Einstellungen in einem Land ohne demokratische Traditionen? Die Unterstützung der Demokratie in den neuen Bundesländern im Ost-West-Vergleich. In: Falter, Jürgen W./Gabriel, Oscar W./Rattinger, Hans (Hrsg.): *Wirklich ein Volk? Die politischen Orientierungen von Ost- und Westdeutschland im Vergleich.* Opladen: Leske + Budrich, S. 41-78.

Gabriel, Oscar W. (2005): Bürger und Politik in Deutschland: Politische Einstellungen und politische Kultur. In: Gabriel, Oscar W./Holtmann, Everhard (Hrsg.): *Handbuch politisches System der Bundesrepublik Deutschland.* München/Wien: Oldenbourg, S. 457-522.

Gabriel, Oscar W./Keil, Silke I. (2004): Wählerverhalten. In: Gabriel, Oscar W./Holtmann, Everhard (Hrsg.): *Handbuch Politisches System der Bundesrepublik Deutschland.* München/Wien: Oldenbourg, S. 575-621.

Gallagher, Michael/Laver, Michael/Mair, Peter (1995): *Representative Government in Modern Europe.* New York u.a.: McGraw-Hill.

Gallas, Andreas (2003): Arbeitslosigkeit (Politische Folgen). In: Andersen, Uwe/Woyke, Wichard (Hrsg.): *Handwörterbuch des politischen Systems der Bundesrepublik.* Opladen: Leske + Budrich, S. 9-11.

Ganter, Stephan (2003): Soziale Netzwerke und interethnische Distanz: Theoretische und empirische Analysen zum Verhältnis von Deutschen und Ausländern. Wiesbaden: Westdeutscher Verlag.

Gensicke, Thomas (1998): Die neuen Bundesbürger. Eine Transformation ohne Integration. Opladen u.a.: Westdeutscher Verlag.

Gensicke, Thomas (2001): Auf dem Weg der Integration. Die neuen Bundesbürger nach der Einheit. In: *Deutschland Archiv* 34, S. 398-410.

Gensicke, Thomas (2002): Neue Bundesländer. In: Greiffenhagen, Martin/Greiffenhagen, Sylvia (Hrsg.): *Handwörterbuch zur politischen Kultur der Bundesrepublik Deutschland.* Wiesbaden: Westdeutscher Verlag, S. 290-296.

Gerner, Manfred (1994): Partei ohne Zukunft? Von der SED zur PDS. München: Tilsner.

Gerth, Michael (2003): Die PDS und die ostdeutsche Gesellschaft im Transformationsprozess: Wahlerfolge und politisch-kulturelle Kontinuitäten. Hamburg: Kovač.

Gessenharter, Wolfgang (2002): Extremismus. In: Greiffenhagen, Martin/Greiffenhagen, Sylvia (Hrsg.): *Handwörterbuch zur politischen Kultur der Bundesrepublik Deutschland. Ein Lehr- und Nachschlagewerk.* Wiesbaden: Westdeutscher Verlag, S. 120-128.

Gibowski, Wolfgang G. (1977): Die Bedeutung der Links-Rechts-Dimension als Bezugsrahmen für politische Präferenzen. In: *Politische Vierteljahresschrift* 18, S. 600-626.

Gilbert, Jeremy (2008): Anticapitalism and Culture. Radical Theory and Popular Politics. Oxford u.a.: Berg.

Givens, Terri E. (2004): The Radical Right Gender Gap. In: *Comparative Political Studies* 37, S. 30-54.

Goffman, Erving (1967): Stigma. Über Techniken der Bewältigung beschädigter Identität. Frankfurt am Main: Suhrkamp.

Golder, Matt (2003a): Electoral Institutions, Unemployment and Extreme Right Parties: A Correction. In: *British Journal of Political Science* 33, S. 525-543.

Golder, Matt (2003b): Explaining Variation in the Success of Extreme Right Parties in Western Europe. In: *Comparative Political Studies* 36, S. 432-466.

Goldthorpe, John H. (2001): Class and Politics in Advanced Industrial Societies. In: Clark, Terry N./Lipset, Seymour M. (Hrsg.): *The Breakdown of Class Politics.* Baltimore: Johns Hopkins University Press, S. 105-120.

Graf, Jutta/Neu, Viola (2002): *PolitikKompass. Analyse der Bundestagswahl vom 22. September 2002.* Konrad-Adenauer-Stiftung, Arbeitspapiere 91/2002.

Green, Donald P./Shapiro, Ian (1994): Pathologies of Rational Choice Theory: A Critique of Applications in Political Science. New Haven u.a.: Yale University Press.

Greenberg, Jeff/Jonas, Eva (2003): Psychological Motives and Political Orientation: The Left, the Right, and the Rigid: Comment on Jost et al. In: *Psychological Bulletin* 129, S. 376–382.

Greiffenhagen, Martin/Greiffenhagen, Sylvia (2002): Politische Kultur. In: Greiffenhagen, Martin/Greiffenhagen, Sylvia (Hrsg.): *Handwörterbuch zur politischen Kultur der Bundesrepublik Deutschland.* Wiesbaden: Westdeutscher Verlag, S. 387-401.

Greiffenhagen, Sylvia (2002): Politische Sozialisation. In: Greiffenhagen, Martin/ Greiffenhagen, Sylvia (Hrsg.): *Handwörterbuch zur politischen Kultur der Bundesrepublik.* Wiesbaden: Westdeutscher Verlag, S. 407-418.

Greve, Jens/Schnabel, Annette/Schützeichel, Rainer (2008): Das Mikro-Makro-Modell der soziologischen Erklärung: Zur Ontologie, Methodologie und Metatheorie eines Forschungsprogramms. Wiesbaden: VS Verlag für Sozialwissenschaften.

Grix, Jonathan (2000): East German Political Attitudes: Socialist Legacies vs. Situational Factors: A False Antithesis. In: *German Politics* 9, S. 109-124.

Grofman, Bernard (1985): The Neglected Role of the Status Quo in Models of Issue Voting. In: *Journal of Politics* 47, S. 230-237.

Gurney, Joan N./Tierney, Kathleen J. (1982): Relative Deprivation and Social Movements: A Critical Look at Twenty Years of Theory and Research. In: *The Sociological Quaterly* 23, S. 33-47.

Gurr, Ted R. (1970): *Why Men Rebel.* Princeton: Princeton University Press.

Haas, Melanie (2006): Innovation mit einer neuen bürgerlichen Partei? Die Grünen nach der Bundestagswahl 2005. In: Jun, Uwe/Kreikenbom, Henry/Neu, Viola (Hrsg.): *Kleine Parteien im Aufwind. Zur Veränderung der deutschen Parteienlandschaft.* Frankfurt am Main: Campus, S. 201-222.

Hadjar, Andreas (2004): Ellenbogenmentaliät und Fremdenfeindlichkeit bei Jugendlichen. Die Rolle des hierarchischen Selbstinteresses. Wiesbaden: VS Verlag für Sozialwissenschaften.

Hadler, Markus (2007): Soziale Ungleichheit im internationalen Vergleich: Ihre Wahrnehmung, ihre Auswirkung und ihre Determinanten. Wien u.a.: Lit Verlag.

Hagendoorn, Louk (1999): Introduction: A Model of the Effects of Education on Prejudice and Racism. In: Hagendoorn, Louk/Nekuee, Shervin (Hrsg.): *Education and Racism: A Cross National Inventory of Positive Effects of Education on Ethnic Tolerance.* Aldershot u.a.: Ashgate, S. 1-19.

Hainsworth, Paul (2000): The Politics of the Extreme Right. From the Margins to the Mainstream. London u.a.: Pinter.

Hansen, Martin E. (2008): Back to the Archives? A Critique of the Danish Part of the Manifesto Dataset. In: *Scandinavian Political Studies* 31, S. 201-216.

Harrison, Sarah (2004): Un Fauteuil pour Deux? The Extreme Right and the Extreme Left in the European Parliament Elections 2004. *Tagungspapier präsentiert auf der Tagung der AFSP/GSPE Straßburg, 18.-19. November 2004.*

Hartleb, Florian (2004): Rechts- und Linkspopulismus. Eine Fallstudie anhand von Schill-Partei und PDS. Wiesbaden: VS Verlag für Sozialwissenschaften.

Hartleb, Florian/Rode, Franz E. (2006): Populismus und Kleinparteien: Das Beispiel der Linkspartei.PDS und WASG vor dem Hintergrund der Bundestagswahl 2005. In: Jun, Uwe/Kreikenbom, Henry/Neu, Viola (Hrsg.): *Kleine Parteien im Aufwind. Zur Veränderung der deutschen Parteienlandschaft.* Frankfurt am Main: Campus, S. 161-178.

Hartmann, Hans A. (1983): Dogmatismus. In: Lippert, Ekkehard/Wakenhut, Roland (Hrsg.): *Handwörterbuch der Politischen Psychologie.* Opladen: Westdeutscher Verlag, S. 72-83.

Haus, Michael/Stoiber, Michael (2008): *Die Linkspartei als Herausforderung für die deutsche Politik - Zwei Analysen.* Institut für Politikwissenschaft der TU Darmstadt, Arbeitspapiere 12/208.

Heartfield, James (2003): Capitalism and Anti-Capitalism. In: *Interventions* 5, S. 271-289.

Heath, Anthony/Jowell, Roger/Curtice, John (1985): *How Britain Votes.* Oxford u.a.: Pergamon Press.

Heimann, Horst (1986): Linksradikalismus und Linksextremismus. In: Meyer, Thomas (Hrsg.): *Lexikon des Sozialismus.* Köln: Bund-Verlag, S. 404.

Heitmeyer, Wilhelm (1987): Rechtsextremistische Orientierungen bei Jugendlichen: Empirische Ergebnisse und Erklärungsmuster einer Untersuchung zur politischen Sozialisation. Weinheim u.a.: Juventa.

Heitmeyer, Wilhelm (2003): *Deutsche Zustände. Folge 2.* Frankfurt am Main: Suhrkamp.

Henning, Christian/Hinich, Melvin J./Shikano, Susumu (2007): Proximity versus Directional Models of Voting: Different Concepts but One Theory. In: Hinich, Melvin J./Barnett, Wiliam A. (Hrsg.): *Topics in Analytical Political Economy.* Amsterdam u.a.: Elsevier, S. 117-138.

Herrmann, Andrea (2001): *Ursachen des Ethnozentrismus in Deutschland.* Opladen: Leske + Budrich.

Hildebrandt, Mathias (2005): *Multikulturalismus und Political Correctness in den USA.* Wiesbaden: VS Verlag für Sozialwissenschaften.

Hinich, Melvin J./Munger, Michael C. (1996): *Ideology and the Theory of Political Choice.* Ann Arbor: University of Michigan Press.

Hirscher, Gerhard (2001): Jenseits der "Neuen Mitte": Die Annäherung der PDS an die SPD seit der Bundestagswahl 1998. München: Hanns-Seidel-Stiftung.

Hobsbawm, Eric (1983): Introduction: Inventing Traditions. In: Hobsbawm, Eric/Ranger, Terence (Hrsg.): *The Invention of Tradition.* New York: Cambridge University Press, S. 1-14.

Höffe, Otfried (2007): *Immanuel Kant.* München: Beck.

Hoffmann-Lange, Ursula (2003): Eliten. In: Jesse, Eckhard/Sturm, Roland (Hrsg.): *Demokratien des 21. Jahrhunderts im Vergleich: Historische Zugänge, Gegenwartsprobleme, Reformperspektiven.* Opladen: Leske + Budrich, S. 203-231.

Hofrichter, Jürgen/Kunert, Michael (2009): Wählerwanderung bei der Bundestagswahl 2005: Umfang, Struktur und Motive des Wechsels. In: Gabriel, Oscar W./Weßels, Bernhard/Falter, Jürgen W. (Hrsg.): *Wahlen und Wähler.* Wiesbaden: VS Verlag für Sozialwissenschaften, S. 228-250.

Hofstadter, Richard (2002a): Pseudo-conservatism Revisited. A Postscript [1962]. In: Bell, Daniel (Hrsg.): *The Radical Right.* New Brunswick: Transaction Publishers, S. 97-103.

Hofstadter, Richard (2002b): The Pseudo-conservative Revolt [1955]. In: Bell, Daniel (Hrsg.): *The Radical Right.* New Brunswick: Transaction Publishers, S. 75-95.

Hooghe, Liesbet/Bakker, Ryan/Brigevich, Anna/De Vries, Catherine/Edwards, Erica/Marks, Gary/Rovny, Jan/Steenbergen, Marco/Vachudova, Milada (2010): Reliability and Validity of the 2002 and 2006 Chapel Hill Expert Surveys on Party Positioning. In: *European Journal Of Political Research* 49, S. 687-703.

Hooghe, Liesbet/Marks, Gary/Wilson, Carole J. (2002): Does Left/Right Structure Party Positions on European Integration? In: *Comparative Political Studies* 35, S. 965-989.

Hough, Daniel (2001): *The Fall and Rise of the PDS in Eastern Germany.* Birmingham: University of Birmingham Press.

Hough, Daniel (2005): Third Ways or New Ways? The Post-Communist Left in Central Europe. In: *Political Quarterly* 76, S. 253-263.

Hough, Daniel (2008): *The Left Party and Germany's Coalition Conundrums.* American Institute for Contemporary German Studies Advisor.

Hough, Daniel/Koß, Michael (2009): A Regional(ist) Party in Denial? The German PDS and its Arrival in Unified Germany. In: *Regional and Federal Studies* 19, S. 579–593.

Hough, Daniel/Koß, Michael/Olsen, Jonathan (2007): *The Left Party in Contemporary German Politics*. Basingstoke: Palgrave Macmillan.

Hox, Joop (2002): Multilevel Analysis: Techniques and Applications. Mahwah: Erlbaum.

Huber, John D./Inglehart, Ronald (1995): Expert Interpretations of Party Space and Party Locations in 42 Societies. In: *Party Politics* 1, S. 73-111.

Hummell, Hans J./Opp, Karl-Dieter (1971): Die Reduzierbarkeit von Soziologie auf Psychologie: Eine These, ihr Test und ihre theoretische Bedeutung. Braunschweig: Vieweg.

Husbands, Christopher T. (2002): How to Tame the Dragon or What Goes Around Comes Around. A Critical Review of Some Major Contemporary Attempts to Account for Extreme Right Racist Politics in Western Europe. In: Schain, Martin/Zolberg, Aristide/Hossay, Patrick (Hrsg.): *Shadows Over Europe. The Development and Impact of the Extreme Right*. New York: Palgrave, S. 39-59.

Ignazi, Piero (1992): The Silent Counter-revolution. Hypotheses on the Emergence of Extreme Right-Wing Parties in Europe. In: *European Journal of Political Research* 22, S. 3-34.

Ignazi, Piero (2003): *Extreme Right Parties in Western Europe*. Oxford u.a.: Oxford University Press.

Inglehart, Ronald (1977): The Silent Revolution: Changing Values and Political Styles Among Western Publics. Princeton: Princeton University Press.

Iser, Julia/Schmidt, Peter (2005): Werte und Big Five: Trennbarkeit von Konzepten und Erklärungskraft für politische Orientierungen. In: Schumann, Siegfried/Schoen, Harald (Hrsg.): *Persönlichkeit. Eine vergessene Größe der empirischen Sozialforschung*. Wiesbaden: VS Verlag für Sozialwissenschaften, S. 301-320.

Ismayr, Wolfgang/Richter, Solveig/Soldner, Markus (2010): *Die politischen Systeme Osteuropas*. Wiesbaden: VS Verlag für Sozialwissenschaften.

Ivarsflaten, Elisabeth (2002): The Populist Centre-Authoritarian Challenge: A Revised Account of the Radical Right's Success in Western Europe. Nuffield College Working Papers in Politics 25/2002.

Iversen, Torben (1994): Political Leadership and Representation in West European Democracies: A Test of Three Models of Voting. In: *American Journal of Political Science* 38, S. 45–74.

Jackman, Robert W./Volpert, Karin (1996): Conditions Favouring Parties of the Extreme Right in Western Europe. In: *British Journal of Political Science* 26, S. 501-522.

Jacobs, Jörg (2000): Die konfessionell-religiöse Spannungslinie am Beispiel der Bundestagswahlen 1994 und 1998. In: Pollack, Detlef/Pickel, Gert (Hrsg.): *Religiöser und kirchlicher Wandel in Ostdeutschland 1989-1999*. Opladen: Leske + Budrich, S. 165-185.

Jacobs, Jörg (2004): Tücken der Demokratie. Antisystemeinstellungen und ihre Determinanten in sieben post-kommunistischen Transformationsländern. Wiesbaden: VS Verlag für Sozialwissenschaften.

Jagodzinski, Wolfgang (1981): Sozialstruktur, Wertorientierung und Parteibindung: Zur Problematik eines Sozialisationsmodells. In: *Zeitschrift für Soziologie* 10, S. 170-191.

Jagodzinski, Wolfgang/Kühnel, Steffen (1994): Bedeutungsvarianzen und Bedeutungswandel der politischen Richtungsbegriffe "links" und "rechts". In: Rattinger, Hans/Gabriel, Oscar W./Jagodzinski, Wolfgang (Hrsg.): *Wahlen und politische Einstellungen im vereinten Deutschland.* Frankfurt am Main u.a.: Peter Lang, S. 317-367.

Jagodzinski, Wolfgang/Kühnel, Steffen (1997): Werte, Ideologien und Wahlverhalten. In: Gabriel, Oscar W. (Hrsg.): *Politische Orientierungen und Verhaltensweisen im vereinigten Deutschland.* Opladen: Leske + Budrich, S. 449-471.

Jahoda, Marie/Lazarsfeld, Paul F./Zeisl, Hans (1933): Die Arbeitslosen von Marienthal. Ein soziographischer Versuch über die Wirkungen langdauernder Arbeitslosigkeit. Leipzig: Hirzel.

Jarvis, W. Blair/Petty, Richard E. (1996): The Need to Evaluate. In: *Journal of Personality and Social Psychology* 70, S. 172-194.

Jaschke, Hans-Gerd (1991): Streitbare Demokratie und innere Sicherheit: Grundlagen, Praxis und Kritik. Opladen: Westdeutscher Verlag.

Jaschke, Hans-Gerd (1994): Rechtsextremismus und Fremdenfeindlichkeit. Begriffe, Positionen, Praxisfelder. Opladen: Westdeutscher Verlag.

Jesse, Eckhard (2002): Die "Kleinen" in der "Koalitionsdemokratie". Bündnis 90/Die Grünen, FDP und PDS im Zeichen der Bundestagswahl 2002. In: *Der Bürger im Staat* 52, S. 72-76.

Jesse, Eckhard (2008): "Extremistische Parteien" - Worin besteht der Erkenntnisgewinn? Essay. In: *Aus Politik und Zeitgeschichte* B47, S. 7-11.

Jesse, Eckhard/Lang, Jürgen P. (2008): Die Linke - der smarte Extremismus einer deutschen Partei. München: Olzog.

Johnson, Nevil (1977): Zur Bewertung von Herrschaft. In: Hennis, Wilhelm/ Kielmansegg, Peter Graf von/Matz, Ulrich (Hrsg.): *Regierbarkeit. Studien zu ihrer Problematisierung.* Stuttgart: Klett-Cotta, S. 43-81.

Jörs, Inka (2006): Postsozialistische Parteien. Polnische SLD und ostdeutsche PDS im Vergleich. Wiesbaden: VS Verlag für Sozialwissenschaften.

Jost, John T. /Glaser, Jack /Kruglanski, Arie W./Sulloway, Frank J. (2003): Exeptions that Prove the Rule – Using a Theory of Motivated Social Cognition to Account for Ideological Incongruities and Political Anomalies: Reply to Greenberg and Jonas. In: *Psychological Bulletin* 129, S. 383-393.

Jung, Matthias/Roth, Dieter (1994): Kohls knapper Sieg. Eine Analyse der Bundestagswahl 1994. In: *Aus Politik und Zeitgeschichte* B51/52, S. 3-15.

Kaase, Max (1983): Sinn oder Unsinn des Konzepts "Politische Kultur" für die vergleichende Politikforschung, oder auch: Der Versuch, einen Pudding an die Wand zu nageln. In: Kaase, Max/Klingemann, Hans-Dieter (Hrsg.): *Wahlen und politisches System: Analysen aus Anlaß der Bundestagswahl 1980.* Opladen: Westdeutscher Verlag, S. 144-171.

Kaase, Max (1984): Zu den extremistischen Potentialen in der Bundesrepublik Deutschland: Linksextremismus. In: Bundeszentrale für Politische Bildung (Hrsg.): *Linksextremismus und Schule.* Bonn: Bundeszentrale für Politische Bildung, S. 94-108.

Kaase, Max (1992): Direct Political Participation in the Late Eighties in the EC Countries. In: Gundelach, Peter/Siune, Karen (Hrsg.): *From Voters to Participants*. Aarhus: Politica, S. 75-90.

Kaase, Max/Bauer-Kaase, Petra (1998): Deutsche Vereinigung und innere Einheit 1990-1997. In: Meulemann, Heiner (Hrsg.): *Werte und nationale Identität im vereinten Deutschland. Erklärungsansätze der Umfrageforschung*. Opladen: Leske + Budrich, S. 251-267.

Kailitz, Steffen (2004): Politischer Extremismus in der Bundesrepulik Deutschland. Eine Einführung. Wiesbaden: VS Verlag für Sozialwissenschaften.

Kailitz, Steffen (2006): Das ideologische Profil rechter (und linker) Flügelparteien in den westeuropäischen Demokratien - Eine Auseinandersetzung mit den Thesen Herbert Kitschelts. In: Backes, Uwe/Jesse, Eckhard (Hrsg.): *Gefährdung der Freiheit. Extremistische Ideologien im Vergleich*. Göttingen: Vandehoeck & Ruprecht, S. 283-320.

Kang, Won Taek (2004): Protest Voting and Abstention under Plurality Rule Elections: An Alternative Public Choice Approach. In: *Journal of Theoretical Politics* 16, S. 79-102.

Kanning, Uwe P./Mummendey, Amélie (1993): Soziale Vergleichsprozesse und die Bewältigung 'negativer sozialer Identität' - Eine Feldstudie in Ostdeutschland. In: *Zeitschrift für Sozialpsychologie* 24, S. 211-217.

Kaspar, Hanna/Falter, Jürgen W. (2009): Angenähert oder ausdifferenziert? Das Wahlverhalten in Ost- und Westdeutschland bei der Bundestagswahl 2005. In: Gabriel, Oscar W./Weßels, Bernhard/Falter, Jürgen W. (Hrsg.): *Wahlen und Wähler. Analysen aus Anlass der Bundestagswahl 2005*. Wiesbaden: VS Verlag für Sozialwissenschaften, S. 202-227.

Kedar, Orit (2005): When Moderate Voters Prefer Extreme Parties: Policy Balancingin Parliamentary Elections. In: *American Political Science Review* 99, S. 185-199.

Keiler, Peter/Stadler, Michael (1978): Erkenntnis oder Dogmatismus? Kritik des psychologischen "Dogmatismus"-Konzepts. Köln: Pahl-Rugenstein.

Kellermann, Charlotte/Rattinger, Hans (2005): "Round up the Usual Suspects": Die Bedeutung klassischer Bestimmungsfaktoren der Wahlentscheidung bei den Bundestagwahlen 1994 bis 2002. In: Falter, Jürgen W./Gabriel, Oscar W./Weßels, Bernhard (Hrsg.): *Wahlen und Wähler: Analyse aus Anlass der Bundestagswahl 2002*. Wiesbaden: VS Verlag für Sozialwissenschaften, S. 189-212.

Kerlinger, Fred N. (1975): *Grundlagen der Sozialwissenschaften*. Weinheim u.a.: Beltz.

Kerr, Clark/Siegel, Abraham J. (1954): The Interindustry Propensity to Strike – An International Comparison. In: Kornhauser, Arthur (Hrsg.): *Industrial Conflict*. New York: McGraw-Hill, S. 189-212.

Kessler, Thomas/Mummendey, Amélie/Klink, Andreas (1999): Soziale Identität und relative Deprivation: Determinanten individuellen und kollektiven Verhaltens in Ostdeutschland nach der Wiedervereinigung. In: Schmitt, Manfred/Montada, Leo (Hrsg.): *Gerechtigkeitserleben und Befindlichkeit im wiedervereinigten Deutschland*. Opladen: Leske + Budrich, S. 213-262.

Kinder, Donald R./Sears, David O. (1981): Prejudice and Politics: Symbolic Racism Versus Racial Threats to the Good Life. In: *Journal of Personality and Social Psychology* 40, S. 414-431.

King, Gary/Keohane, Robert Owen/Verba, Sidney (1994): *Designing Social Inquiry. Scientific Inference in Qualitative Research.* Princeton: Princeton University Press.

Kitschelt, Herbert P. (1986): Political Opportunity Structures and Political Protest: Antinuclear Movements in Four Democracies. In: *British Journal of Political Science* 16, S. 57-85.

Kitschelt, Herbert P. (1988): Left-libertarian Parties – Explaining Innovation in Competitive Party Systems. In: *World Politics* 40, S. 194-234.

Kitschelt, Herbert P. (1990): New Social Movements and the Decline of Party Organization. In: Dalton, Russell J./Küchler, Manfred (Hrsg.): *Challenging the Political Order. New Social and Political Movements in Western Democracies.* Cambridge: Polity Press, S. 179-208.

Kitschelt, Herbert P. (1994): *The Transformation of the European Social Democracy.* Cambridge: Cambridge University Press.

Kitschelt, Herbert P. (1995): *The Radical Right in Western Europe. A Comparative Analysis.* Ann Arbor: University of Michigan Press.

Kitschelt, Herbert P. (2003): Political Economic Context and Partisan Strategies in the German Federal Elections 1990-2002. In: *West European Politics* 26, S. 125-152.

Kitschelt, Herbert P./Hellemans, Staf (1990): Beyond the European Left: Ideology and Political Action in the Belgian Ecology Parties. Durham: Duke University Press.

Kitschelt, Herbert P./McGann, Anthony J. (1995): *The Radical Right in Western Europe. A Comparative Analysis.* Ann Arbor: University of Michigan Press.

Klein, Dieter/Arzheimer, Kai (1999): Liberalismus, Rechtsradikalismus und Rechtspopulismus in Deutschland und Österreich. Bestandsaufnahme und Zukunftsszenarien. In: Plasser, Fritz (Hrsg.): *Wahlen und politische Einstellungen in Deutschland und Österreich.* Frankfurt am Main u.a.: Peter Lang, S. 31-63.

Klein, Markus (2005): Gesellschaftliche Wertorientierungen, Wertewandel und Wählerverhalten. In: Falter, Jürgen W./Schoen, Harald (Hrsg.): *Handbuch Wahlforschung.* Wiesbaden: VS Verlag für Sozialwissenschaften, S. 423-446.

Klein, Markus/Caballero, Claudio (1996): Rückwärtsgewandt in die Zukunft. Die Wähler der PDS bei der Bundestagswahl 1994. In: *Politische Vierteljahresschrift* 37, S. 229-247.

Kleinert, Corinna/Krüger, Winfried (2000): Deutsch-deutsche Gemeinsamkeiten, Ressentiments und die subjektive Bilanz des Vereinigungsprozesses. In: Gille, Martina/Krüger, Winfried (Hrsg.): *Unzufriedene Demokraten. Politische Orientierungen der 16- bis 29jährigen im vereinigten Deutschland. Jugendsurvey.* Opladen: Leske + Budrich, S. 121-142.

Kleinfeld, Ralf (1999): Verbände. In: Weidenfeld, Werner/Korte, Karl-Rudolf (Hrsg.): *Handbuch zur deutschen Einheit 1949 - 1989 - 1999.* Frankfurt am Main: Campus, S. 765-780.

Kleinnijenhuis, Jan/Pennings, Paul (2000): Die Messung der Parteipositionen auf der Basis von Parteiprogrammen, Medienberichterstattung und Wahrnehmung durch die Wähler. In: Deth, Jan van/König, Thomas (Hrsg.): *Europäische Politikwissenschaft – ein Blick in die Werkstatt. Mannheimer Jahrbuch für Europäische Sozialforschung.* Frankfurt am Main: Campus, S. 57–86.

Kliemt, Hartmut (1986): The Veil of Insignificance. In: *European Journal of Political Economy* 2, S. 333-344.

Klingemann, Hans-Dieter (1972): Testing the Left-Right Continuum on a Sample of German Voters. In: *Comparative Political Studies* 5, S. 93-106.

Klingemann, Hans-Dieter (1979): Measuring Ideological Conceptualizations. In: Barnes, Samuel H./Kaase, Max (Hrsg.): *Political Action: Mass Participation in Five Western Democracies.* Beverly Hills u.a.: Sage, S. 215-254.

Klingemann, Hans-Dieter (1995): Party Positions and Voter Orientations. In: Klingemann, Hans-Dieter/Fuchs, Dieter (Hrsg.): *Citizens and the State.* Oxford: Oxford University Press, S. 183-205.

Klingemann, Hans-Dieter/Pappi, Franz U. (1972): Politischer Radikalismus. Theoretische und methodische Probleme der Radikalismusforschung, dargestellt am Beispiel einer Studie anläßlich der Landtagswahl 1970 in Hessen. München u.a.: Oldenbourg.

Klingemann, Hans-Dieter/Volkens, Andrea/Bara, Judith/Budge, Ian/McDonald, Michael D. (2006): Mapping Policy Preferences II: Estimates for Parties, Electors, and Governments in Eastern Europe, European Union and OECD 1990-2003. Oxford u.a.: Oxford University Press.

Kloth, Hans Michael (2000): Vom "Zettelfalten" zum freien Wählen: Die Demokratisierung der DDR 1989/90 und die "Wahlfrage". Berlin: Links Verlag.

Knigge, Pia (1998): The Ecological Correlates of Right-wing Extremism in Western Europe. In: *European Journal of Political Research* 34, S. 249–279.

Knutsen, Oddbjorn (1996): Value Orientations and Party Choice. A Comparative Study of the Relationship between Five Value Orientations and Voting Intention in Thirteen West European Democracies. In: Gabriel, Oscar W./Falter, Jürgen W. (Hrsg.): *Wahlen und politische Einstellungen in westlichen Demokratien.* Frankfurt am Main u.a.: Peter Lang, S. 247-319.

Knutsen, Oddbjorn (1998): Expert Judgements of the Left-Right Location of Political Parties: A Comparative Longitudinal Study In: *West European Politics* 21, S. 63-94

Knutsen, Oddbjörn (1995): Left-Right Materialist Value Orientations. In: Deth, Jan van/Scarbrough, Elinor (Hrsg.): *The Impact of Values. "Beliefs in Government.* Oxford: Oxford University Press, S. 160-196.

Koch-Baumgarten, Sigrid (1997): Postkommunisten im Spagat. Zur Funktion der PDS im Parteiensystem. In: *Deutschland Archiv* 30, S. 864-878.

Koch, Thomas/Brie, Michael/Herzig, Martin (Hrsg.) (1995) *Die PDS. Empirische Befunde und kontroverse Analysen.* Köln: PapyRossa Verlag.

König, Jens (2003): *Willkommen in den Neunzigern.* Die tageszeitung vom 30.06.2003, abrufbar unter: http://www.taz.de/1/archiv/print-archiv/printressorts/digi-artikel/?ressort=me&dig=2003/06/30/a0144&cHash=a6250b0bd4/ (Stand: 13.07.2011).

Koopmans, Ruud/Rucht, Dieter (1996): Rechtsradikalismus als soziale Bewegung? In: Falter, Jürgen W./Jaschke, Hans-Gerd/Winkler, Jürgen R. (Hrsg.): *Rechtsextremismus. Ergebnisse und Perspektiven der Forschung, PVS Sonderband 27.* Opladen: Westdeutscher Verlag, S. 265-287.

Koopmans, Ruud/Stathan, Paul/Giugni, Marco/Passy, Florence (2005): *Contested Citizenship: Immigration and Cultural Diversity in Europe.* Minneapolis: University of Minnesota Press.

Kornhauser, William (1960): *The Politics of Mass Society.* London: Routledge.

Kriesi, Hanspeter (1991): The Political Opportunity Structure of New Social Movements: Its Impact on their Mobilization. Berlin: Discussion Paper, WZB Berlin.

Kriesi, Hanspeter (1998): The Transformation of Cleavage Politics. In: *European Journal of Political Research* 33, S. 165-185.

Kriesi, Hanspeter (1999): Movements of the Left, Movements of the Right: Putting the Mobilization of Two New Types of Social Movements into Political Context. In: Kitschelt, Herbert P./Lange, Peter/Marks, Gary/Stephens, John D. (Hrsg.): *Continuity and Change in Contemporary Capitalism.* Cambridge: Cambridge University Press, S. 398-423.

Kriesi, Hanspeter/Grande, Edgar/Lachat, Romain/Dolezal, Martin/Bornschier, Simon/ Frey, Tim (2006): Globalization and the Transformation of the National Political Space: Six European Countries Compared. In: *European Journal of Political Research* 45, S. 921-956.

Kriesi, Hanspeter/Koopmans, Ruud/Duyvendak, Jan W./Giugni, Marco (1992): New Social Movements and Political Opportunities in Western Europe. In: *European Journal of Political Research* 22, S. 219-244.

Kruglanski, Arie W./Webster, Donna M./Klem, Adena (1993): Motivated Resistance and Openness to Persuasion in the Presence or Absence of Prior Information. In: *Journal of Personality and Social Psychology* 65, S. 861-876.

Kühnel, Steffen/Mays, Anna/Fernández, Esther Ochoa (2009): Beeinflusst Anomia politische Orientierungen? In: Kühnel, Steffen/Niedermayer, Oskar/Westle, Bettina (Hrsg.): *Wähler in Deutschland. Sozialer und politischer Wandel, Gender und Wahlverhalten.* Wiesbaden: Westdeutscher Verlag, S. 68-81.

Kühnel, Steffen/Schmidt, Peter (2002): Orientierungslosigkeit. Ungünstige Effekte für schwache Gruppen. In: Heitmeyer, Wilhelm (Hrsg.): *Deutsche Zustände, Folge 1.* Frankfurt am Main: Suhrkamp, S. 86-100.

Kunz, Volker/Gabriel, Oscar W. /Brettschneider, Frank (1993): Wertorientierungen, Ideologien und Policy-Präferenzen in der Bundesrepublik Deutschland. In: Gabriel, Oscar W./Troitzsch, Klaus G. (Hrsg.): *Wahlen in Zeiten des Umbruchs.* Frankfurt am Main u.a.: Peter Lang, S. 203-240.

Kunz, Volker/Thaidigsmann, Isabell S. (2005): Die Relevanz von Themenorientierungen für das Wählerverhalten bei der Bundestagswahl 2002. In: Falter, Jürgen W./Gabriel, Oscar W./Weßels, Bernhard (Hrsg.): *Wahlen und Wähler. Analysen aus Anlass der Bundestagswahl 2002.* Wiesbaden: VS Verlag für Sozialwissenschaften, S. 50-76.

Land, Rainer/Possekel, Ralf (1995): PDS und moderner Sozialismus. In: Brie, Michael/Herzig, Martin/Koch, Thomas (Hrsg.): Die PDS. Postkommunistische Kaderorganisation, ostdeutscher Volksverein oder linke Volkspartei? Empirische Befunde und kontroverse Analysen. Köln: PapyRossa Verlag, S. 112-130.

Lane, Robert E. (1962): Political Ideology: Why the American Common Man Believes What He Does. New York: Free Press.

Lang, Jürgen P. (2001): Partei ohne Mitte – Die programmatischen Auseinandersetzungen in der PDS. In: Backes, Uwe/Jesse, Eckhard (Hrsg.): *Jahrbuch Extremismus & Demokratie, Band 13*. Baden-Baden: Nomos, S. 155-168.

Lang, Jürgen P. (2003): Ist die PDS eine demokratische Partei? Eine extremismustheoretische Untersuchung. Baden-Baden: Nomos.

Lang, Jürgen P. (2004): 15 Jahre PDS - eine zwiespältige Bilanz. In: *Deutschland Archiv* 37, S. 963-969.

Lang, Jürgen P. (2006): Was ist Extremismusforschung? - Theoretische Grundlagen und Bestandsaufnahme. In: Backes, Uwe/Jesse, Eckhard (Hrsg.): *Gefährdungen der Freiheit: Extremistische Ideologien im Vergleich*. Göttingen: Vandenhoeck & Ruprecht, S. 41-85.

Lang, Jürgen P. (2008): Wandel und Beharrung: SED und PDS. In: *Aus Politik und Zeitgeschichte* B47, S. 34-39.

Lang, Jürgen P./Moreau, Patrick (1994): *PDS, das Erbe der Diktatur*. Grünwald: Atwerb-Verlag.

Lang, Jürgen P./Moreau, Patrick/Neu, Viola/Hoffmann, Jürgen (1995): *Auferstanden aus Ruinen ...? Die PDS nach dem Super-Wahljahr 1994*. Sankt Augustin: Konrad-Adenauer-Stiftung.

Laver, Michael /Garry, John (2000): Estimating Policy Positions from Political Texts In: *American Journal of Political Science* 44, S. 619-634.

Laver, Michael/Benoit, Kenneth/Garry, John (2003): Extracting Policy Positions from Political Texts Using Words as Data. In: *American Political Science Review* 97, S. 311-331.

Laver, Michael/Budge, Ian (1992): *Party Policy and Coalition Government*. New York: St. Martin's Press.

Lazarsfeld, Paul F./Berelson, Bernard/Gaudet, Hazel (1944): *The People's Choice: How the Voter Makes Up his Mind in a Presidential Campaign*. New York: Columbia University Press.

Lazarsfeld, Paul F./Menzel, Herbert (1961): On the Relation between Individual and Collective Properties. In: Etzioni, Amitai (Hrsg.): *Complex Organizations: A Sociological Reader*. New York: Holdt, Rhinehart & Winston, S. 422-440.

Lemaine, Gerard (1974): Social Differentiation and Social Originality. In: *European Journal of Social Psychology* 4, S. 17-52.

Lenk, Kurt (1969): Radikalismus. In: Bernsdorf, Wilhlem (Hrsg.): *Wörterbuch der Soziologie*. Stuttgart: Enke, S. 861.

LeVine, Robert A./Campbell, Donald T. (1972): Ethnocentrism. Theories of Conflict, Ethnic Attitudes, and Group Behavior. New York: Wiley.

Lewis-Beck, Michael S. (1992): *Economics and Elections: The Major Western Democracies*. Ann Arbor: University of Michigan Press.

Liepelt, Klaus (1967): Anhänger der neuen Rechtspartei. Ein Beitrag zur Diskussion über das Wählerpotential der NPD. In: *Politische Vierteljahresschrift* 8, S. 237-271.

Linz, Juan J./Stepan, Alfred (1996): Problems of Democratic Transition and Consolidation: Southern Europe, South America, and Post-communist Europe. Baltimore: Johns Hopkins University Press.

Lipset, Seymour M. (1959): Democracy and Working-class Authoritarianism. In: *American Sociological Review* 24, S. 482-501.

Lipset, Seymour M. (1960): *Political Man. The Social Bases of Politics.* Garden City: Doubleday.

Lipset, Seymour M. (2002): The Sources of the Radical Right [1955]. In: Bell, Daniel (Hrsg.): *The Radical Right.* New Brunswick: Transaction Publishers, S. 307–371.

Lipset, Seymour M./Raab, Earl (1971): *The Politics of Unreason: Right-wing Extremism in America, 1790-1970.* Chicago u.a.: University of Chicago Press.

Lipset, Seymour M./Rokkan, Stein (1967): *Party Systems and Voter Alignments: Cross-national Perspectives.* New York u.a.: Free Press.

Long, Scott (1997): Regression Models for Categorical and Limited Dependent Variables. Advanced Quantitative Techniques in the Social Sciences. Thousand Oaks u.a.: Sage.

Lösche, Peter (2005): Politische Führung und Parteivorsitzende. Einige systematische Überlegungen. In: Forkmann, Daniela/Schlieben, Michael (Hrsg.): *Die Parteivorsitzenden in der Bundesrepublik Deutschland 1949-2005.* Wiesbaden: VS Verlag für Sozialwissenschaften, S. 349-368.

Lötzsch, Gesine (2011): *Wege zum Kommunismus.* junge Welt vom 03.01.2011, http://www.jungewelt.de/2011/01-03/001.php (Stand: 19.05.2011).

Lubbers, Marcel/Gijsberts, Merove/Scheepers, Peer (2002): Extreme Right-wing Voting in Western Europe. In: *European Journal of Political Research* 41, S. 345-378.

Lucardie, Paul/Wasner, Barbara (2000): Parteien am Rande des Parteiensystems: Ein Vergleich zwischen der Bundesrepublik Deutschland und den Niederlanden. Universität Gröningen.

MacCoby, Simon (1955): *English Radicalism, 1762-1785: The Origins.* London: Allen & Unwin.

March, Luke (2008): *Contemporary Far Left Parties in Europe. From Marxism to the Mainstream?* Friedrich Ebert Stiftung, Arbeitspapiere Internationale Politikanalyse.

March, Luke/Mudde, Cas (2005): What's Left of the Radical Left? The European Radical Left After 1989: Decline and Mutation. In: *Comparative European Politics* 3, S. 23-49.

Markowski, Radoslaw (2006): Political Parties, Spaces of Competition and Emerging Cleavages in Poland in the Early 1990s. In: Jasiewicz, Krzysztof/Markowski, Radoslaw (Hrsg.): *The 1991 and 1993 Elections to the Polish Sejm. Analyses, Documents and Data.* Berlin: Sigma, S. 120-150.

Marks, Gary/Hooghe, Liesbet/Steenbergen, Marco R./Bakker, Ryan (2007): Crossvalidating Data on Party Positioning on European Integration. In: *Electoral Studies* 26, S. 23-38.

Marsh, Michael (2002): Electoral Context. In: *Electoral Studies* 21, S. 207-217.

Mäs, Michael (2005): *Regionalismus, Nationalismus und Fremdenfeindlichkeit.* Wiesbaden: VS Verlag für Sozialwississenschaft.

Matthews, Steven A. (1979): A Simple Direction Model of Electoral Competition. In: *Public Choice* 34, S. 141–156.

McAdams, Dan P. (1995): What Do We Know When We Know a Person? In: *Journal of Personality* 63, S. 365-396.

McConahay, John B./Hough, Joseph C. (1976): Symbolic Racism. In: *Journal of Social Issues* 32, S. 23-45.

McCrae, Robert R./Costa, Paul T. (1986): Validation of the Five-factor Model of Personality Across Instruments and Observers. In: *Journal of Personality and Social Psychology* 52, S. 81-90.

McDonald, Michael D./Mendes, Silvia M. (2001): The Policy Space of Party Manifestoes. In: Laver, Michael (Hrsg.): *The Policy Space of Political Actors.* London: Routledge, S. 90-114.

McFarland, Sam G./Agayev, Vladimir S./Abalakina-Paap, Marina A. (1992): Authoritarianism in the Former Soviet Union. In: *Journal of Personality and Social Psychology* 63, S. 1004-1100.

McPhail, Clark (1971): Civil Disorder Participation: A Critical Examination of Recent Research. In: *American Sociological Review* 36, S. 1058-1073.

Mensch, Kirsten (2000): Niedrigkostensituationen, Hochkostensituationen und andere Situationstypen: Ihre Auswirkungen auf die Möglichkeit von Rational-Choice-Erklärungen. In: *Kölner Zeitschrift für Soziologie und Sozialpsychologie* 52, S. 246-263.

Merrill, Samuel/Grofman, Bernard (1999): *A Unified Theory of Voting. Directional and Proximity Spatial Models.* Cambridge: Cambridge University Press.

Merton, Robert K. (1949): Social Theory and Social Structure. Toward the Codification of Theory and Research. Glencoe: Free Press.

Messinger, Sören/Rugenstein, Jonas (2009): Der Erfolg der Partei die LINKE. Sammlung im programmatischen Nebel. In: Butzlaff, Felix/Harm, Stine/Walter, Franz (Hrsg.): *Patt oder Gezeitenwechsel? Deutschland 2009.* Wiesbaden: VS Verlag für Sozialwissenschaften, S. 67-93.

Meulemann, Heiner (2000): Der lange Schatten der erzwungenen Säkularisierung. Religiöse Unsicherheit und religiöse Indifferenz in Ost- und Westdeutschland zwischen 1991 und 1998. In: Noll, Heinz-Herbert/Habich, Roland (Hrsg.): *Vom Zusammenwachsen einer Gesellschaft. Analysen zur Angleichung der Lebensverhältnisse in Deutschland.* Frankfurt am Main: Campus, S. 223-247.

Meulemann, Heiner (2001): Säkularisierung, Kirchenbindung und Religiosität. In: Schäfers, Bernhard/Zapf, Wolfgang (Hrsg.): *Handwörterbuch zur Gesellschaft Deutschlands.* Opladen: Leske + Budrich, S. 563-572.

Meulemann, Heiner (2004): Gleichheit und Leistung: Eine ‚innere Mauer' in Ostdeutschland. In: Deth, Jan van (Hrsg.): *Deutschland in Europa.* Wiesbaden: VS Verlag für Sozialwissenschaften, S. 151-173.

Meyer, David S./Minkoff, Debra C. (2004): Conceptualizing Political Opportunity. In: *Social Forces* 82, S. 1457-1492.

Michaelis, Lars O. (2000): Politische Parteien unter der Beobachtung des Verfassungsschutzes. Die Streitbare Demokratie zwischen Toleranz und Abwehrbereitschaft. Baden-Baden: Nomos.

Micus, Matthias (2007): Stärkung des Zentrums Perspektiven, Risiken und Chancen des Fusionsprozesses von PDS und WASG In: Spier, Tim/Butzlaff, Felix/Micus, Matthias/Walter, Franz (Hrsg.): *Die Linkspartei. Zeitgemäße Idee oder Bündnis ohne Zukunft?* Wiesbaden: VS Verlag für Sozialwissenschaften, S. 185-237.

Miller, Warren E./Shanks, Merrill (1996): *The New American Voter*. Cambridge: Harvard University Press.

Möller, Kurt (2001): Extremismus. In: Schäfers, Bernhard/Zapf, Wolfgang (Hrsg.): *Handwörterbuch zur Gesellschaft Deutschlands*. Opladen: Leske + Budrich, S. 194-207.

Montero, José R./Torcal, Mariano (1990): Voters and Citizens in a New Democracy: Some Trend Data on Political Attitudes in Spain. In: *International Journal of Public Opinion Research* 2, S. 116-140.

Moreau, Patrick (1994): Das Wahljahr 1994 und die Strategie der PDS. In: *Aus Politik und Zeitgeschichte* B1, S. 21-26.

Moreau, Patrick (1998): *Die PDS: Profil einer antidemokratischen Partei*. München: Hans-Seidel-Stiftung.

Moreau, Patrick (2002): Politische Positionierung der PDS – Wandel oder Kontinuität? München: Hanns-Seidel-Stiftung.

Moreau, Patrick/Lang, Jürgen P. (1996): *Linksextremismus. Eine unterschätzte Gefahr*. Bonn: Bouvier.

Moreno, Luis/Arriba, Ana (1996): Dual Identity in Autonomous Catalonia. In: *Scottish Affairs* 17, S. 78-97.

Mößner, Alexandra (2006): Typisch Parteiidentifizierer? Parteiidentifikation und Persönlichkeit. In: Schumann, Siegfried/Schoen, Harald (Hrsg.): *Persönlichkeit: Eine vergessene Größe der empirischen Sozialforschung*. Wiesbaden: VS Verlag für Sozialwissenschaften, S. 77-91.

Mudde, Cas (1995): Right-wing Extremism Analyzed: A Comparative Analysis of the Ideologies of Three Alleged Right-wing Extremist Parties (NPD, NDP, CP'86) In: *European Journal Of Political Research* 27, S. 203-224.

Mudde, Cas (1996): The War of Words: Defining the Extreme Right Party Family. In: *West European Politics* 19, S. 225-248.

Mudde, Cas (2008): Radikale Parteien in Europa. In: *Aus Politik und Zeitgeschichte* B47, S. 12-18.

Müller, Walter (1998): Klassenstruktur und Parteiensystem. Zum Wandel der Klassenspaltung im Wahlverhalten. In: *Kölner Zeitschrift für Soziologie und Sozialpsychologie* 50, S. 3-46.

Mummendey, Amelie/Kessler, Thomas (2000): Deutsch-deutsche Fusion und soziale Identität: Sozialpsychologische Perspektiven auf das Verhältnis von Ost- zu Westdeutschen. In: Esser, Hartmut (Hrsg.): *Der Wandel nach der Wende. Gesellschaft – Wirtschaft – Politik in Ostdeutschland*. Opladen: Westdeutscher Verlag, S. 277-307.

Mummendey, Hans D. (1981): Methoden und Probleme der Kontrolle sozialer Erwünschtheit (Social Desirability). In: *Zeitschrift für differentielle und diagnostische Psychologie* 2, S. 199-218.

Nachtwey, Oliver (2007): Im Westen was Neues Die Entstehung der Wahlalternative Arbeit & soziale Gerechtigkeit. In: Spier, Tim/Butzlaff, Felix/Micus, Matthias/ Walter, Franz (Hrsg.): *Die Linkspartei. Zeitgemäße Idee oder Bündnis ohne Zukunft?* Wiesbaden: VS Verlag für Sozialwissenschaften, S. 155-184.

Nachtwey, Oliver/Spier, Tim (2007a): Günstige Gelegenheit. Die sozialen und politischen Entstehungshintergründe der Linkspartei. In: Spier, Tim/Butzlaff, Felix/Micus, Matthias/Walter, Franz (Hrsg.): *Die Linkspartei: Zeitgemäße Idee oder Bündnis ohne Zukunft.* Wiesbaden: VS Verlag für Sozialwissenschaften, S. 13-69.

Nachtwey, Oliver/Spier, Tim (2007b): Political Opportunity Structures and the Success of the German Left Party in 2005. In: *Debatte: Journal of Contemporary Central and Eastern Europe* 15, S. 123-154.

Namislo, Doreen /Schorn, Karina/Schwartzenberg, Margitta von (2006): Wahlverhalten bei der Bundestagswahl 2005 nach Geschlecht und Alter. Ergebnisse der repräsentativen Wahlstatistik. In: *Wirtschaft und Statistik* 3, S. 220-237.

Narr, Wolf-Dieter (1993): Vom Extremismus der Mitte. In: *Politische Vierteljahresschrift* 34 S. 106-113.

Neller, Katja (2000): DDR-Nostalgie? Analysen zur Identifikation der Ostdeutschen mit ihrer politischen Vergangenheit, zur ostdeutschen Identität und zur Ost-West-Stereotypisierung. In: Falter, Jürgen W./Gabriel, Oscar W./Rattinger, Hans (Hrsg.): *Wirklich ein Volk? Die politischen Orientierungen von Ost- und Westdeutschen im Vergleich.* Opladen: Leske + Budrich, S. 571-607.

Neller, Katja (2006): DDR-Nostalgie. Dimensionen der Orientierungen der Ostdeutschen gegenüber der ehemaligen DDR, ihre Ursachen und politischen Konnotationen. Wiesbaden: VS Verlag für Sozialwissenschaften.

Neller, Katja (2009): Aspekte politischer Kultur in Deutschland: Legitimitätsvorstellungen und Legitimitätsurteile: "Politische Gemeinschaft". In: Westle, Bettina (Hrsg.): *Politische Kultur. Eine Einführung.* Baden-Baden: Nomos, S. 56-96.

Neller, Katja/Thaidigsmann, Isabell S. (2002): Das Vertretenheitsgefühl der Ostdeutschen durch die PDS: DDR-Nostalgie und andere Erklärungsfaktoren im Vergleich. In: *Politische Vierteljahresschrift*, S. 420-444.

Neller, Katja/Thaidigsmann, Isabell S. (2004): Wer wählt die PDS? Ein Vergleich von Stamm- und Wechselwählern bei den Bundestagswahlen 1994-2002. In: Brettschneider, Frank/Deth, Jan van/Roller, Edeltraud (Hrsg.): *Die Bundestagswahl 2002. Analysen der Wahlergebnisse und des Wahlkampfes.* Wiesbaden: VS Verlag für Sozialwissenschaften, S. 185-218.

Neller, Katja/Thaidigsmann, Isabell S. (2007): Gelungene Identitätserweiterung durch Namensänderung? "Treue" Wähler, Zu- und Abwanderer der Linkspartei bei der Bundestagswahl 2005. In: Brettschneider, Frank/Niedermayer, Oskar/Weßels, Bernhard (Hrsg.): *Die Bundestagswahl 2005. Analysen des Wahlkampfes und der Wahlergebnisse.* Wiesbaden: VS Verlag für Sozialwissenschaften, S. 421-453.

Neu, Viola (1994a): *Das Wählerpotential der PDS Ende 1993.* Konrad-Adenauer-Stiftung, Interne Studien 74/1994.

Neu, Viola (1994b): Die Anhängerschaft der PDS. In: Moreau, Patrick/Lang, Jürgen P./Neu, Viola (Hrsg.): *Was will die PDS?* Frankfurt am Main, Berlin: Ullstein, S. 156-165.

Neu, Viola (1995): *Die PDS im deutschen Parteiensystem. Wahler und Sympathisanten.* Auferstanden aus Ruinen...? Die PDS nach dem Superwahljahr 1994. Konrad-Adenauer-Stiftung, Interne Studien 111/1995.

Neu, Viola (2001): Ist die PDS auf dem Weg nach "Godesberg"? Entwicklung der Programmdebatte. In: *Politische Meinung* 383, S. 65-70.

Neu, Viola (2003a): *Das neue PDS-Programm.* Konrad-Adenauer-Stiftung, Parteienmonitor Aktuell 11/2003.

Neu, Viola (2003b): Die PDS: Eine populistische Partei? In: Werz, Nikolaus (Hrsg.): *Populismus. Populisten in Übersee und Europa.* Opladen: Leske + Budrich, S. 263-277.

Neu, Viola (2004): Das Janusgesicht der PDS. Wähler und Partei zwischen Demokratie und Extremismus. Baden-Baden: Nomos.

Neu, Viola (2005): "Gefühlter" Wahlsieg. Die Wahlergebnisse lassen keinen Triumph zu. In: *Die Politische Meinung* 431, S. 25-28.

Neu, Viola (2006a): *Analyse der Bundestagswahl 2005.* Konrad-Adenauer-Stiftung, Arbeitspapiere 157/2006.

Neu, Viola (2006b): Rechts- und linksextreme Einstellungsmuster in Deutschland. In: Backes, Uwe/Jesse, Eckhard (Hrsg.): *Gefährdungen der Freiheit: Extremistische Ideologien im Vergleich.* Göttingen: Vandenhoeck & Ruprecht, S. 223-252.

Neu, Viola (2009): Rechts- und Linksextremismus in Deutschland Wahlverhalten und Einstellungen. In: *Zukunftsforum Politik* 98, S. 1-82.

Neu, Viola/Zelle, Carsten (1992): *Der Protest von Rechts: Kurzanalyse zu den jüngsten Wahlerfolgen der extremen Rechten.* Konrad-Adenauer-Stiftung, Interne Studien 34/1992.

Neugebauer, Gero (1990): Von der Wende zur Wahl. Der Zusammenbruch des politischen Systems der DDR. In: Wewer, Göttrik (Hrsg.): *DDR – Von der friedlichen Revolution zur deutschen Vereinigung, Sonderheft 6.* Opladen: Leske + Budrich, S. 69-88.

Neugebauer, Gero (1994): 1994 im Aufschwung Ost: Die PDS. Eine Bilanz. In: *Gegenwartskunde* 43, S. 431-444.

Neugebauer, Gero (1996): Anmerkungen zum Geschichtsbild in der Programmatik der PDS. In: Eckert, Rainer/Faulenbach, Bernd (Hrsg.): *Halbherziger Revisionismus. Zum postkommunistischen Geschichtsbild.* München: Olzog, S. 199-222.

Neugebauer, Gero (2001): Extremismus - Rechtsextremismus - Linksextremismus: Einige Bemerkungen zu Begriffen, Forschungskonzepten, Forschungsfragen und Forschungsergebnissen. In: Schubarth, Wilfried/Stöss, Richard (Hrsg.): *Rechtsextremismus in der Bundesrepublik Deutschland. Eine Bilanz.* Opladen: Leske + Budrich, S. 13-37.

Neugebauer, Gero/Stöss, Richard (1996): *Die PDS: Geschichte, Organisation, Wähler, Konkurrenten.* Opladen: Leske + Budrich.

Neugebauer, Gero/Stöss, Richard (2003): Die PDS in Not. In: Niedermayer, Oskar (Hrsg.): *Die Parteien nach der Bundestagswahl 2002*. Opladen: Leske + Budrich, S. 125-158.

Neugebauer, Gero/Stöss, Richard (2008): Die Partei Die LINKE. Nach der Gründung in des Kaisers neuen Kleidern? Eine politische Bedarfsgemeinschaft als neue Partei im deutschen Parteiensystem. In: Niedermayer, Oskar (Hrsg.): *Die Parteien nach der Bundestagswahl 2005*. Wiesbaden: VS Verlag für Sozialwissenschaften, S. 151-199.

Niedermayer, Oskar (1998): Die Stellung der PDS im ostdeutschen Parteiensystem. In: Barker, Peter (Hrsg.): *The Party of Democratic Socialism in Germany. Modern Post-Communism or Nostalgic Populism?* Amsterdam: Rodopi, S. 18-37.

Niedermayer, Oskar (2001): Bürger und Politik : Politische Orientierungen und Verhaltensweisen der Deutschen. Eine Einführung. Wiesbaden: Westdeutscher Verlag.

Niedermayer, Oskar (2006a): Die Wählerschaft der Linkspartei.PDS 2005: Sozialstruktureller Wandel bei gleich bleibender politischer Positionierung. In: *Zeitschrift für Parlamentsfragen*, S. 523-538.

Niedermayer, Oskar (2006b): War die Agenda 2010 an allem Schuld? Die Regierungsparteien SPD und Bündnis 90/Die Grünen. In: Jesse, Eckhard/Sturm, Roland (Hrsg.): *Bilanz der Bundestagswahl 2005*. Wiesbaden: VS Verlag für Sozialwissenschaften, S. 119-155.

Niedermayer, Oskar (2009): Gesellschaftliche und parteipolitische Konfliktlinien. In: Kühnel, Steffen/Niedermayer, Oskar/Westle, Bettina (Hrsg.): *Wähler in Deutschland. Sozialer und politischer Wandel, Gender und Wahlverhalten*. Wiesbaden: VS Verlag für Sozialwissenschaften, S. 30-67.

Niedermayer, Oskar (2010): Parteien und Parteiensystem. In: Buckow, . Sebastian/ Seemann, Wenke (Hrsg.): *Die Große Koalition. Regierung - Politik - Parteien 2005-2009*. Wiesbaden: VS Verlag für Sozialwissenschaften, S. 247-261.

Niemann, Heinz (1993): Meinungsforschung in der DDR: Die geheimen Berichte des Instituts für Meinungsforschung an das Politbüro der SED. Köln: Bund-Verlag.

Nohlen, Dieter (2000): *Wahlrecht und Parteiensystem*. Opladen: Leske + Budrich.

Norris, Pippa (2005): Radical Right: Voters and Parties in the Electoral Market. In: *Nations and Nationalism* 12, S. 706-708.

Oesterreich, Detlef (1993): Autoritäre Persönlichkeit und Gesellschaftsordnung. Der Stellenwert psychischer Faktoren für politische Einstellungen – eine empirische Untersuchung von Jugendlichen in Ost und West. Weinheim u.a.: Juventa.

Oesterreich, Detlef (1996): Flucht in die Sicherheit. Zur Theorie des Autoritarismus und der autoritären Reaktion. Opladen: Leske + Budrich.

Oesterreich, Detlef (2005): Autoritäre Persönlichkeitsmerkmale, politische Einstellungen und Sympathie für politische Parteien. In: Schumann, Siegfried/Schoen, Harald (Hrsg.): *Persönlichkeit. Eine vergessene Größe der empirischen Sozialforschung*. Wiesbaden: VS Verlag für Sozialwissenschaften, S. 243-261.

Ojeili, Chamsy (2001): The 'Advance Without Authority': Post-modernism, Libertarian Socialism, and Intellectuals. In: *Democracy & Nature: The International Journal of Inclusive Democracy* 7, S. 391-413.

Opp, Karl-Dieter (2005): Methodologie der Sozialwissenschaften: Einführung in Probleme ihrer Theorienbildung und praktischen Anwendung. Wiesbaden: VS Verlag für Sozialwissenschaften.

Oppelland, Thorsten (2007): Parteien. In: Schmidt, Siegmar/Hellmann, Gunther/Wolf, Reinhard (Hrsg.): *Handbuch zur deutschen Außenpolitik*. Wiesbaden: VS Verlag für Sozialwissenschaften, S. 269-279.

Oswald, Franz (1996): The Party of Democratic Socialism: Ex-communists Entrenched as East German Regional Protest Party. In: *Journal of Communist Studies and Transition Politics* 12, S. 173-195.

Otten, Sabine/Matschke, Christina (2008): Dekategorisierung, Rekategorisierung und das Modell wechselseitiger Dependenzen. In: Petersen, Lars-Eric/Six, Bernd (Hrsg.): *Stereotype, Vorurteile und soziale Diskriminierung: Theorien, Befunde und Interventionen*. Weinheim u.a.: Beltz, S. 292-300.

Pappi, Franz U. (1983): Die Links-Rechts-Dimension des deutschen Parteiensystems und die Parteipräferenz-Profile der Wählerschaft. In: Kaase, Max/Klingemann, Hans-Dieter (Hrsg.): *Wahlen und politisches System*. Opladen: Westdeutscher Verlag, S. 422-441.

Pappi, Franz U. (1990a): Die Republikaner im Parteiensystem der Bundesrepublik: Protesterscheinung oder politische Alternative? In: *Aus Politik und Zeitgeschichte* B21, S. 37-44.

Pappi, Franz U. (1990b): Klassenstruktur und Wahlverhalten im sozialen Wandel. In: Kaase, Max/Klingemann, Hans-Dieter (Hrsg.): *Wahlen und Wähler: Analysen aus Anlaß der Bundestagswahl 1987*. Opladen: Westdeutscher Verlag, S. 15-30.

Pappi, Franz Urban/Brandenburg, Jens (2009): *Wähler im Politikraum des deutschen Parteiensystems 1980 bis 2005*. Mannheimer Zentrum für Europäische Sozialforschung, Arbeitspapiere 124/2009.

Pappi, Franz Urban/Shikano, Susumu (2004): *Ideologische Signale in den Wahlprogrammen der deutschen Bundestagsparteien 1980 bis 2002*. Mannheimer Zentrum für Europäische Sozialforschung, Arbeitspapiere 76/2004.

Parsons, Talcott (1942a): Democracy and Social Structure in Pre-Nazi Germany. In: *Journal of Legal and Political Sociology* 1, S. 96-114.

Parsons, Talcott (1942b): Some Sociological Aspects of the Fascist Movements. In: *Social Forces* 21, S. 138-147.

Parsons, Talcott (1964): *Social Structure and Personality*. New York: Free Press.

Patton, David F. (2000): The Rise of Germany's Party of Democratic Socialism: 'Regionalised Pluralism' in the Federal Republic? In: *West European Politics* 23, S. 144 - 160.

PDS (2003): *Resolution des Chemnitzer Parteitages der PDS, 25. Oktober 2003*. Pressedienst PDS vom 29.8.2003, abrufbar unter: http://archiv2007.sozialisten.de/partei/parteitag/pt0802/view_html?zid=28675&bs=1&n=1 (Stand: 13.07.2011).

Pelizzo, Riccardo (2003): Party Positions or Party Direction? An Analysis of Party Manifesto Data. In: *West European Politics* 26, S. 67-89.

Peters, Guy (1998): *Comparative Politics: Theory and Methods*. New York: New York University Press.

Petrocik, John R. (1996): Issue Ownership in Presidential Elections, with a 1980 Case Study. In: *American Journal of Political Science* 40, S. 825-850.

Pettigrew, Thomas F. (2002): Relative Deprivation as a Key Social Psychological Concept. In: Walker, Ian/Smith, Heather J. (Hrsg.): *Relative Deprivation. Specification, Development, and Integration.* Cambridge: Cambridge University Press, S. 351-373.

Pfahl-Traughber, Armin (1993): Wo steht die PDS? Versuch einer extremismusorientierten Einschätzung. In: *Liberal* 35, S. 18-28.

Pfahl-Traughber, Armin (1994): *Volkes Stimme? Rechtspopulismus in Europa.* Bonn: Dietz.

Pfahl-Traughber, Armin (1995): Antworten zur Partei des Demokratischen Sozialismus. In: Backes, Uwe/Jesse, Eckhard (Hrsg.): *Jahrbuch Extremismus & Demokratie, Bd. 7.* Baden-Baden: Nomos, S. 96-103.

Pfahl-Traughber, Armin (1998a): Die Autonomen zwischen Anarchie und Bewegung, Gewaltfixiertheit und Lebensgefühl. Zu den Besonderheiten einer linksextremistischen Subkultur. In: *Aus Politik und Zeitgeschichte* B9/10, S. 36-46.

Pfahl-Traughber, Armin (1998b): Die Erben der "Konservativen Revolution". Zu Bedeutung, Definition und Ideologie der "Neuen Rechten". In: Gessenharter, Wolfgang/ Fröchling, Helmut (Hrsg.): *Rechtsextemismus und Neue Rechte in Deutschland. Neuvermessung eines politisch-ideologischen Raums?* Opladen: Leske + Budrich, S. 77-96.

Pfahl-Traughber, Armin (2000): *Rechtsextremismus in der Bundesrepublik.* München: Beck.

Pfahl-Traughber, Armin (2003): "Antiamerikanismus", "Antiwestlertum" und "Antizionismus". Definition und Konturen dreier Feindbilder im politischen Extremismus Bundesamtes für Verfassungsschutz (Hrsg.): Feindbilder im politischen Extremismus Gegensätze, Gemeinsamkeiten und ihre Auswirkungen auf die Innere Sicherheit. Ein Symposion des Bundesamtes für Verfassungsschutz, Köln.

Pfahl-Traughber, Armin (2004): Droht die Herausbildung einer Antiglobalisierungsbewegung von rechtsextremistischer Seite? Globalisierung als Agitationsthema des organisierten Rechtsextremismus. In: Bundesministerium, des Inneren (Hrsg.): *Extremismus in Deutschland. Erscheinungsformen und aktuelle Bestandsaufnahme.* Berlin: Bundesministerium des Inneren, S. 98-135.

Pfahl-Traughber, Armin (2006): Ideologien des islamistischen, linken und rechten Extremismus in Deutschland – Eine vergleichende Betrachtung. In: Backes, Uwe/Jesse, Eckhard (Hrsg.): *Gefährdungen der Freiheit. Extremistische Ideologien im Vergleich.* Göttingen: Vandenhoeck & Ruprecht, S. 205-221.

Pickel, Gert (1998): Und nochmals - Die PDS als Repräsentant der Ostdeutschen? Soziale Benachteiligung und Wahlverhalten in den neuen Bundesländern. In: Pickel, Susanne/Pickel, Gert/Walz, Dieter (Hrsg.): *Politische Einheit – kultureller Zwiespalt? Die Erklärungen politischer und demokratischer Einstellungen in Ostdeutschland vor der Bundestagswahl 1998.* Frankfurt am Main: Europäischer Verlag der Wissenschaften, S. 97-109.

Pickel, Gert (2002): Jugend und Politikverdrossenheit: Zwei politische Kulturen im Deutschland nach der Vereinigung? Opladen: Leske + Budrich.

Plehwe, Kerstin (2006): Politische Dialogkommunikation im Bundestagswahlkampf 2005. In: Holtz-Bacha, Christina (Hrsg.): *Die Massenmedien im Wahlkampf.* Wiesbaden: VS Verlag für Sozialwissenschaften, S. 234-245.

Plutzer, Eric (2002): Becoming a Habitual Voter: Inertia, Resources, and Growth in Young Adulthood. In: *American Political Science Review* 96, S. 41-56.

Poier, Klaus (2001): Minderheitenfreundliches Mehrheitswahlrecht: Rechts- und politikwissenschaftliche Überlegungen zu Fragen des Wahlrechts und der Wahlsystematik. Köln u.a.: Böhlau.

Pollach, Günter/Wischermann, Jörg/Zeuner, Bodo (2000): Ein nachhaltig anderes Parteiensystem: Profile und Beziehungen von Parteien in ostdeutschen Kommunen. Ergebnisse einer Befragung von Kommunalpolitikern. Opladen Leske + Budrich.

Pollack, Detlef (1997): Kommunikative Mißverständnisse: Zu den Ursachen der mentalen Spaltung zwischen Ostdeutschen und Westdeutschen. In: Sauzay, Brigitte/Thadden, Rudolf von (Hrsg.): *Europäische Integration - Deutsche Desintegration?* Göttingen: Wallstein, S. 41-48.

Pollack, Detlef (1998): Ostdeutsche Identität – ein multidimensionales Phänomen. In: Meulemann, Heiner (Hrsg.): *Werte und nationale Identität im vereinten Deutschland: Erklärungsansätze der Umfrageforschung.* Opladen: Leske + Budrich, S. 301-318.

Pollack, Detlef (2003): Säkularisierung - ein moderner Mythos? Studien zum religiösen Wandel in Deutschland. Tübingen: Mohr Siebeck.

Pollack, Detlef/Pickel, Gert (1998): Die ostdeutsche Identität – Erbe des DDR-Sozialismus oder Produkt der Wiedervereinigung? Die Einstellung der Ostdeutschen zu sozialer Ungleichheit und Demokratie. In: *Aus Politik und Zeitgeschichte* B41/42, S. 9-23.

Pollack, Detlef/Pickel, Gert (2006): Pessimismus - ein ostdeutsches Phänomen? Politische Einstellungen in Ostdeutschland im ostmittel- und osteuropäischen Vergleich. In: Pickel, Gert/Pollack, Detlef/Müller, Olaf /Jacobs, Jörg (Hrsg.): *Osteuropas Bevölkerung auf dem Weg in die Demokratie: Repräsentative Untersuchungen in Ostdeutschland und zehn osteuropäischen Transformationsstaaten.* Wiesbaden: VS Verlag für Sozialwissenschaften, S. 137-154.

Prinz, Sebastian (2010): Die programmatische Entwicklung der PDS. Kontinuität und Wandel der Politik einer sozialistischen Partei. Wiesbaden: VS Verlag für Sozialwissenschaften.

Probst, Lothar (1997): Wer ist die PDS? Zum Beispiel in Rostock. In: *Zeitschrift für Parlamentsfragen* Band B2, S. 216-229.

Rabinowitz, George/MacDonald, Stuart (1989): A Directional Theory of Issue Voting. In: *American Political Science Review* 83, S. 93-121.

Rattinger, Hans (1993): Abkehr von den Parteien? Dimensionen der Parteiverdrossenheit. In: *Aus Politik und Zeitgeschichte* B11, S. 24-35.

Ray, John J. (1976): Do Authoritarians Hold Authoritarian Attitudes? In: *Human Relations* 29, S. 307-325.

Ray, Leonard (1999): Measuring Party Orientation Towards European Integration: Results from an Expert Survey. In: *European Journal of Political Research* 36, S. 283-306.

Reich, Wilhelm (1933): *Die Massenpsychologie des Faschismus.* Berlin: Kiepenheuer & Witsch.

Reif, Karlheinz/Schmitt, Hermann (1980): Nine National Second-order Elections: A Systematic Framework for the Analysis of European Elections Results. In: *European Journal of Political Research* 8, S. 3-44.

Reutter, Werner (2006): The Transfer of Power Hypothesis and the German Länder: In Need of Modification In: *Publius: The Journal of Federalism* 36, S. 277-301.

Reynolds, Katherine J./Turner, John C. (2001): The Changing Nature of Racism: From Old to New? In: Augoustinos, Martha/Reynolds, Katherine J. (Hrsg.): *Understanding Prejudice, Racism, and Social Conflict.* London u.a.: Sage, S. 159-178.

Rieker, Peter (1997): Ethnozentrismus bei jungen Männern: Fremdenfeindlichkeit und Nationalismus und die Bedingungen ihrer Sozialisation. Weinheim u.a.: Juventa.

Ringel, Erwin (1993): "Ich bitt' Euch höflich, seid's keine Idioten!" Österreichische Identität und Politikverdrossenheit. In: Ringel, Erwin (Hrsg.): *"Ich bitt' Euch höflich, seid's keine Trottel!" Österreichische Identität und Politikverdrossenheit.* Wien: Donau Verlag, S. 11-49.

Rippl, Susanne (2000): *Autoritarismus.* Opladen: Leske + Budrich.

Rippl, Susanne/Boehnke, Klaus/Hefler, Gerd/Hagan, John (1998): Sind Männer eher rechtsextrem und wenn ja, warum? Individualistische Werthaltungen und rechtsextreme Einstellungen. In: *Politische Vierteljahresschrift* 39, S. 758-774.

Ritter, Claudia (1996): Politische Identitäten in den neuen Bundesländern: Distinktionsbedarfe und kulturelle Differenzen nach der Vereinigung. In: Wiesenthal, Helmut (Hrsg.): *Einheit als Privileg: Vergleichende Perspektiven auf die Transformation Ostdeutschlands.* Frankfurt am Main/New York: Campus, S. 141-187.

Ritter, Gerhard A. (1985): Die deutschen Parteien 1830 - 1914. Parteien und Gesellschaft im konstitutionellen Regierungssystem. Göttingen: Vandenhoeck & Ruprecht.

Robertson, David (1976): *A Theory of Party Competition.* London u.a.: Wiley.

Roegele, Otto B. (1977): Massenmedien und Regierbarkeit. In: Hennis, Wilhelm/ Kielmansegg, Peter Graf von/Matz, Ulrich (Hrsg.): *Regierbarkeit. Studien zu ihrer Problematisierung.* Stuttgart: Klett-Cotta, S. 177-210.

Roghmann, Klaus (1966): Dogmatismus und Autoritarismus. Kritik der theoretischen Ansätze und Ergebnisse dreier westdeutscher Untersuchungen. Meisenheim am Glan: Hain.

Rohrschneider, Robert (1999): Learning Democracy. Democratic and Economic Values in Unified Germany. Oxford: Oxford University Press.

Rokeach, Milton (1960): The Open and the Closed Mind: Investigations into the Nature of Belief Systems and Personality Systems. New York: Basic Books.

Rölle, Daniel (2000): "Talkin' bout my Generation" – Generationseffekte auf politische Einstellungen im vereinigten Deutschland. In: Falter, Jürgen W./Gabriel, Oscar W./Rattinger, Hans (Hrsg.): *Wirklich ein Volk? Die politischen Orientierungen von Ost- und Westdeutschen im Vergleich.* Opladen: Leske + Budrich, S. 111-140.

Rölle, Daniel (2001): Parteiprogramme und parlamentarisches Handeln. In: Rölle, Daniel/ Müller, Petra/Steinbach, Ulrich W. (Hrsg.): *Politik und Fernsehen. Inhaltsanalytische Untersuchungen.* Wiesbaden: Deutscher Universitäts Verlag, S. 5-90.

Rosar, Ulrich/Ohr, Dieter (2005): Die Spitzenkandidaten: Image und Wirkung. In: Güllner, Manfred/Dülmer, Hermann/Klein, Markus/Ohr, Dieter/Quandt, Markus/ Rosar, Ulrich/Klingemann, Hans-Dieter (Hrsg.): *Die Bundestagswahl 2002. Eine Untersuchung im Zeichen hoher politischer Dynamik.* Wiesbaden: VS Verlag für Sozialwissenschaften, S. 103-121.

Rosenberg, Morris/Simmons, Roberta G. (1972): *Black and White Self-Esteem: The Urban School Child.* Washington: American Sociological Association.

Roth, Dieter (1990): Die Wahlen zur Volkskammer in der DDR der Versuch einer Erklärung. In: *Politische Vierteljahresschrift* 31, S. 370-393.

Rothbard, Murray N. (1996): *For a New Liberty: The Libertarian Manifesto.* San Francisco: Fox & Wilkes.

Rucht, Dieter (1990): The Strategies and Action Repertoire of New Movements. In: Dalton, Russell J./Keuchler, Manfred (Hrsg.): *Challenging the Political Order: New Social and Political Movements in Western Democracies.* Cambridge: Polity Press, S. 156-175.

Rudi, Tatjana (2010): Die Links-Rechts-Dimension in Mittel- und Osteuropa: "Super-Issue" oder bedeutungslos? In: Faas, Thorsten/Arzheimer, Kai/Roßteutscher, Sigrid (Hrsg.): *Information – Wahrnehmung – Emotion.* Wiesbaden: VS Verlag für Sozialwissenschaften, S. 169-189.

Runciman, Walter G. (1966): Relative Deprivation and Social Justice. A Study of Attitudes to Social Inequality in Twentieth-century England. Berkeley u.a.: University of California Press.

Ryder, Norman B. (1965): The Cohort as a Concept in the Study of Social Change. In: *American Sociological Review* 30, S. 843-861.

Rydgren, Jens (2002): Radical Right Populism in Sweden: Still a Failure, but for how Long? In: *Scandinavian Political Studies* 25, S. 27-56.

Rydgren, Jens (2005): Is Extreme Right-wing Populism Contagious? Explaining the Emergence of a New Party Family. In: *European Journal Of Political Research* 44, S. 413-437.

Saalfeld, Thomas (2002): The German Party System: Continuity and Change. In: *German Politics* 11, S. 99-130.

Scarbrough, Elinor (1984): *Political Ideology and Voting. An Exploratory Study.* Oxford u.a.: Clarendon Press.

Schacht, Konrad (1993): *Rechtsextremismus, Wertewandel und politische Bildung.* Wiesbaden: Hessische Landeszentrale für politische Bildung.

Scheepers, Peer/Gijsberts, Merove/Coenders, Marcel (2002): Ethnic Exclusionism in European Countries. Public Opposition to Civil Rights for Legal Migrants as a Response to Perceived Ethnic Threat. In: *European Sociological Review* 18, S. 17-34.

Scheuch, Erwin K./Klingemann, Hans-Dieter (1967): Theorie des Rechtsradikalismus in westlichen Industriegesellschaften. In: Ortlieb, Heinz-Dietrich/Molitor, Bruno (Hrsg.): *Hamburger Jahrbuch für Wirtschafts- und Gesellschaftpolitik.* Tübingen: Mohr, S. 11-29.

Schilling, Walter (2008): Deutschland: Aufstieg der extremen Linken. In: Europäische Rundschau: Vierteljahreszeitschrift für Politik, Wirtschaft und Zeitgeschichte B36, S. 91-95.

Schirdewan, Martin (2006): Die Linke auf dem Weg in die Normalität. Realität und Perspektiven der Europäischen Linkspartei. In: Mittag, Jürgen (Hrsg.): *Politische Parteien und europäische Integration: Entwicklung und Perspektiven transnationaler Parteienkooperation in Europa*. Essen: Klartext Verlag, S. 667-693.

Schlipphak, Bernd (2011): Framing Ideology. Die Kommunikation ideologischer Positionierungen zwischen Parteien, Wählern und Medien. Baden-Baden: Nomos.

Schmitt, Hermann (2001): Zur vergleichenden Analyse des Einflusses gesellschaftlicher Faktoren auf das Wahlverhalten: Forschungsfragen, Analysestrategien und einige Ergebnisse. In: Kaase, Max/Klingemann, Hans-Dieter (Hrsg.): *Wahlen und Wähler. Analysen aus Anlaß der Bundestagswahl 1998*. Opladen: Westdeutscher Verlag, S. 621-644.

Schmitt, Hermann/Thomassen, Jasques (2005): *The EU Party System after Eastern Enlargement*. IHS Political Science Series.

Schmitt, Manfred/Maes, Jürgen/Seiler, Ulrich (1999): Soziale Identität als Gradmesser der menschlichen Annäherung im wiedervereinigten Deutschland. In: Berth, Hendrik/ Brähler, Elmar (Hrsg.): *Deutsch-deutsche Vergleiche: psychologische Untersuchungen 10 Jahre nach dem Mauerfall*. Berlin: Verlag für Wissenschaft und Forschung, S. 160-174.

Schnell, Rainer/Hill, Paul B./Esser, Elke (2008): *Methoden der empirischen Sozialforschung*. München/Wien: Oldenbourg.

Schoen, Harald (1999): Mehr oder weniger als fünf Prozent – ist das wirklich die Frage? In: *Kölner Zeitschrift für Soziologie und Sozialpsychologie* 51, S. 565–582.

Schoen, Harald (2005): Soziologische Ansätze in der empirischen Wahlforschung. Theoretische Erklärungen und empirische Befunde. In: Falter, Jürgen W./Schoen, Harald (Hrsg.): *Handbuch Wahlforschung*. Wiesbaden: VS Verlag für Sozialwissenschaften, S. 135-185.

Schoen, Harald/Falter, Jürgen W. (2005): Die Linkspartei und ihre Wähler. In: *Aus Politik und Zeitgeschichte* B51/52, S. 33-40.

Schoen, Harald/Weins, Cornelia (2005): Der sozialpsychologische Ansatz zur Erklärung von Wahlverhalten. In: Falter, Jürgen W./Schoen, Harald (Hrsg.): *Handbuch Wahlforschung*. Wiesbaden: VS Verlag für Sozialwissenschaften, S. 187-242.

Schoen, Harald/Zettl, Christian (2010): Alte Allianzen, neue Bündnisse oder alles im Fluss? In: Jesse, Eckhard/Sturm, Roland (Hrsg.): *Bilanz der Bundestagswahl 2009*. München: Bayerische Landeszentrale für Politische Bildungsarbeit, S. 117-134.

Schroeder, Klaus (1998): *Der SED-Staat. Geschichte und Strukturen der DDR*. München: Bayerische Landeszentrale für Politische Bildungsarbeit.

Schultze, Rainer-Olaf (1995): Widersprüchliches, Ungleichzeitiges und kein Ende in Sicht. Die Bundestagswahl vom 16. Oktober 1994. In: *Zeitschrift für Parlamentsfragen* 26, S. 325-352.

Schultze, Rainer-Olaf/Zinterer, Tanja (2002): Konfliktlinien. In: Greiffenhagen, Martin/ Greiffenhagen, Sylvia (Hrsg.): *Handwörterbuch zur politischen Kultur der Bundesrepublik Deutschland*. Wiesbaden: Westdeutscher Verlag, S. 243-248.

Schulze, Andreas (2004): Kleinparteien in Deutschland. Aufstieg und Fall nicht-etablierter politischer Vereinigungen. Wiesbaden: Deutscher Universitäts Verlag.

Schumann, Siegfried (1990): *Wahlverhalten und Persönlichkeit.* Opladen: Westdeutscher Verlag.

Schumann, Siegfried (1997): Formen und Determinanten der Protestwahl. In: Gabriel, Oscar W. (Hrsg.): *Politische Orientierungen und Verhaltensweisen im vereinigten Deutschland.* Opladen: Leske + Budrich, S. 401-421.

Schumann, Siegfried (1998): Unzufriedenheit und Bindungslosigkeit als Ursache für die Neigung zur Wahl extremer Parteien und zur Stimmenthaltung. In: Kaase, Max/Klingemann, Hans-Dieter (Hrsg.): *Wahlen und Wähler. Analysen aus Anlaß der Bundestagswahl 1994.* Opladen: Westdeutscher Verlag, S. 571-598.

Schumann, Siegfried (2001): Persönlichkeitsbedingte Einstellungen zu Parteien. Der Einfluß von Persönlichkeitseigenschaften auf Einstellungen zu politischen Parteien. München, Wien: Oldenbourg.

Schumann, Siegfried/Schoen, Harald (2005): Missing Links? Zur Position von Persönlichkeitsfaktoren in Ansätzen zur Erklärung von Wahlverhalten. In: Falter, Jürgen W./Gabriel, Oscar W./Weßels, Bernhard (Hrsg.): *Wahlen und Wähler: Analysen aus Anlass der Bundestagswahl 2002.* Wiesbaden: VS Verlag für Sozialwissenschaften, S. 388-413.

Schwartz, Shalom H. (1994): Are there Universal Aspects in the Structure and Contents of Human Values? In: *Journal of Social Issues* 50, S. 19-45.

Shepsle, Kenneth A. (1991): *Models of Multiparty Electoral Competition.* Chur u.a.: Harwood Academic Publishers.

Sherif, Muzafer/Harvey, O. J./White, W. R./Sherif, Carolyn W. (1961): *Intergroup Conflict and Cooperation: The Robbers Cave Experiment.* Norman: University of Oklahoma Book Exchange.

Sherif, Muzafer/Sherif, Carolyn W. (1953): Groups in Harmony and Tension. An Integration of Studies on Intergroup Relations. New York: Harper & Brothers.

Shifter, Michael (2006): In Search of Hugo Chávez. In: *Foreign Affairs* 85, S. 45-59.

Shils, Edward (1954): Authoritarianism, "Right" and "Left". In: Christie, Richard/Jahoda, Marie (Hrsg.): *Studies in the Method and Scope of "The Authoritarian Personality".* Glencoe: Free Press, S. 144-158.

Silomon, Anke (2009): Widerstand von Protestanten im Nationalsozialismus und in der DDR In: *Aus Politik und Zeitgeschichte* B14, S. 33-38.

Skrobanek, Jan (2004): Regionale Identifikation, negative Stereotypisierung und Eigengruppenbevorzugung. Das Beispiel Sachsen. Wiesbaden: VS Verlag für Sozialwissenschaft.

Smelser, Neil J. (1962): *Theory of Collective Behavior.* New York: Free Press.

Sniderman, Paul M./Tetlock, Philip E. (1986): StandardSymLic Racism. Problems of Motive Attribution in Political Analysis. In: *Journal of Social Issues* 42, S. 179-187.

Sprague, John (1982): Is there a Micro Theory Consistent with Contextual Analysis? In: Ostrom, Elinor (Hrsg.): *Strategies of Political Inquiry.* Beverly Hills u.a.: Sage, S. 99-121.

Srole, Leo (1956): Social Integration and Certain Corollaries. An Exploratory Study. In: *American Sociological Review* 21, S. 709-716.

Steglich, Henrik (2010): Rechtsaußenparteien in Deutschland: Bedingungen ihres Erfolgs und Scheiterns. Göttingen: Vandenhoeck & Ruprecht.

Stokes, Donald E. (1962): Popular Evaluations of Government: An Empirical Assessment. In: Cleveland, Harlan/Lasswell, Harold (Hrsg.): *Ethics and Business: Scientific, Academic, Religious, Political, and Military*. New York: Harper & Brothers, S. 61-72.

Stolz, Jörg (2000): Soziologie der Fremdenfeindlichkeit. Theoretische und empirische Analysen. Frankfurt am Main u.a.: Campus.

Stone, William F./Smith, Laurence D. (1993): Authoritarianism: Left and Right. In: Stone, William F./Lederer , Gerda/Christie, Richard (Hrsg.): *Strength and Weakness. The Authoritarian Personality Today*. New York: Springer, S. 144-156.

Stöss, Richard (1998): Unzufriedenheit mit der Demokratie in der Bundesrepublik, Wahlabsicht der Unzufriedenen und ihre Neigung zur Wahl rechtsextremer Parteien bzw. der PDS im Sommer 1998. Otto-Stammer-Zentrum.

Stöss, Richard (2009): Rechtsextremismus, Sexismus und Gender Gap. In: Kühnel, Steffen/Niedermayer, Oskar/Westle, Bettina (Hrsg.): *Wähler in Deutschland. Sozialer und politischer Wandel, Gender und Wahlverhalten*. Wiesbaden: VS Verlag für Sozialwissenschaften, S. 261-310.

Stouffer, Samuel A./Suchman, Edward A. /DeVinney, Leland C./Star, Shirley A. /Williams, Robin M. (1949): *The American Soldier. Adjustment During Army Life*. Princeton: Princeton Univeristy Press.

Sturm, Eva (2000): "Und der Zukunft zugewandt"? Eine Untersuchung zur "Politikfähigkeit" der PDS. Opladen: Leske + Budrich.

Suckut, Siegfried/Staritz, Dietrich (1994): Alte Heimat oder neue Linke? Das SED-Erbe und die PDS-Erben. In: Niedermayer, Oskar/Stöss, Richard (Hrsg.): *Parteien und Wähler im Umbruch*. Opladen: Westdeutscher Verlag, S. 169-194.

Sumner, William G. (1906): Folkways. A Study of the Sociological Importance of Usages, Manners, Customs, Mores and Morals. Boston: Ginn.

Swank, Duane/Betz, Hans-Georg (2003): Globalization, the Welfare State and Right-wing Populism in Western Europe. In: *Socio-Economic Review* 1, S. 215-245.

Taggart, Paul (1995): New Populist Parties in Western Europe. In: *West European Politics* 18, S. 34-51.

Taggart, Paul (2000): *Populism. Concepts in the Social Sciences*. Buckingham: Open University Press.

Tajfel, Henri (1981): Human Groups and Social Categories. Studies in Social Psychology. Cambridge: Cambridge University Press.

Tajfel, Henri (1982): Gruppenkonflikt und Vorurteil: Entstehung und Funktion sozialer Stereotypen. Bern u.a.: Hans Huber.

Tajfel, Henri/Turner, John C. (1986): The Social Identity Theory of Intergroup Behavior. In: Worchel, Stephen/Austin, William G. (Hrsg.): *Psychology of Intergroup Relations*. Chicago: Nelson-Hall, S. 7-24.

Tarrow, Sidney (1991): Kollektives Handeln und politische Gelegenheitsstruktur in Mobilisierungswellen: Theoretische Perspektiven. In: *Kölner Zeitschrift für Soziologie und Sozialpsychologie* 43, S. 647-670.

Tarrow, Sidney (1996): Power in Movement. Social Movements and Contentious Politics. Cambridge: Cambridge University Press.

Taylor, Marylee C. (2002): Fraternal Deprivation. Collective Threat, and Racial Ressentment. In: Walker, Ian/Smith, Heather J. (Hrsg.): *Relative Deprivation. Specification, Development, and Integration.* Cambridge: Cambridge University Press, S. 13-43.

Terwey, Michael (2000): Ethnozentrismus in Deutschland: Seine weltanschaulichen Konnotationen im sozialen Kontext. In: Alba, Richard/Schmidt, Peter/Wasmer, Martina (Hrsg.): *Blickpunkt Gesellschaft 5. Deutsche und Ausländer: Freunde, Fremde oder Feinde? Empirische Befunde und theoretische Erklärungen.* Opladen: Westdeutscher Verlag, S. 295-331.

Thränhardt, Dietrich (1995): The Political Uses of Xenophobia in England, France and Germany. In: *Party Politics* 1, S. 323-345.

Thurstone, Louis L. (1934): The Vectors of Mind. Address of the President before the American Psychological Association. In: *Psychological Review* 41, S. 1-32.

Udehn, Lars (2002): The Changing Face of Methodological Individualism. In: *Annual Review of Sociology* 28, S. 479-507.

Urban, Dieter/Mayerl, Jochen (2008): *Regressionsanalyse: Theorie, Technik und Anwendung.* Wiesbaden: VS Verlag für Sozialwissenschaften.

Vacchiano, Ralph B. (1977): Dogmatism. In: Blass, Thomas (Hrsg.): *Personality Variables in Social Behavior.* Hillsdale: Erlbaum, S. 281-314.

Van der Brug, Wouter/Franklin, Mark/Tóka, Gábor (2008): One Electorate or Many? Differences in Party Preference Formation Between New and Established European Democracies. In: *Electoral Studies* 27, S. 589-600.

Van der Brug, Wouter/Van der Eijk, Cees/Franklin, Mark N. (2007): EU-Support and Party Choice. In: Van der Brug, Wouter/Van der Eijk, Cees (Hrsg.): *European Elections and Domestic Politics: Lessons from the Past and Scenarios for the Future.* Notre Dame: University of Notre Dame Press, S. 168-188.

Van der Eijk, Cees/Van der Brug, Wouter/Kroh, Martin/Franklin, Mark N. (2006): Rethinking the Dependent Variable in Voting Behavior: On the Measurement and Analysis of Electoral Utilities. In: *Electoral Studies* 25, S. 424-447.

Verba, Sidney/Nie, Norman H. (1972): Participation in America. Political Democracy and Social Equality. New York u.a.: Harper Row.

Voerman, Gerrit/Lucardie, Paul (1992): The Extreme Right in the Netherlands. The Centrists and their Radical Rivals. In: *European Journal Of Political Research* 22, S. 35-54.

Wagner, Wolf (1976): Verelendungstheorie - die hilflose Kapitalismuskritik. Frankfurt am Main: Fischer.

Wahl, Klaus/Tramitz, Christiane/Blumtritt, Jörg (2001): *Fremdenfeindlichkeit. Auf den Spuren extremer Emotionen.* Opladen: Leske + Budrich.

Walker, Iain (2001): The Changing Nature of Racism. From Old to New? In: Augoustinos, Martha/Reynolds, Katherine J. (Hrsg.): *Understanding Prejudice, Racism, and Social Conflict.* London u.a.: Sage, S. 24-42.

Walker, Iain/Smith, Heather J. (2002): Fifty Years of Relative Deprivation Research. In: Walker, Ian/Smith, Heather J. (Hrsg.): *Relative Deprivation, Specification, Development, and Integration.* Cambridge: Cambridge University Press, S. 1-9.

Walz, Dieter/Brunner, Wolfram (1997): Das Sein bestimmt das Bewußtsein. Oder: Warum sich die Ostdeutschen als Bürger 2. Klasse fühlen. In: *Aus Politik und Zeitgeschichte* B51, S. 13-19.

Warwick, Paul V. (2002): Toward a Common Dimensionality in West European Policy Spaces. In: *Party Politics* 8, S. 101-122.

Waschkuhn, Arno (1999): Politik in Ostdeutschland - Politische Konfliktlinien, institutionelle Fragen und demokratisches Profil. In: Waschkuhn, Arno/Badelt, Joachim (Hrsg.): *Politik in Ostdeutschland: Lehrbuch zur Transformation und Innovation.* München u.a.: Oldenbourg, S. 43-183.

Weixner, Martina (2002): Direkte Demokratie in den Bundesländern: Verfassungsrechtlicher und empirischer Befund aus politikwisenschaftlicher Sicht. Opladen: Leske + Budrich.

Welzel, Christian (1992): Von der SED zur PDS: Eine doktringebundene Staatspartei auf dem Weg zu einer politischen Partei im Konkurrenzsystem? Frankfurt am Main u.a.: Peter Lang.

Welzel, Christian (2009): Werte- und Wertewandelforschung. In: Kaina, Viktoria/ Römmele, Andrea (Hrsg.): *Politische Soziologie.* Wiesbaden: VS Verlag für Sozialwissenschaften, S. 109-139.

Wende, Peter (1984): Radikalismus. In: Brunner, Otto/Conze, Werner/Koselleck, Reinhard (Hrsg.) *Geschichtliche Grundbegriffe. Historisches Lexikon zur politisch-sozialen Sprache in Deutschland.* Stuttgart: Klett-Cotta, S. 113-133.

Westle, Bettina (1994a): Demokratie und Sozialismus. Politische Ordnungsvorstellungen im vereinten Deutschland zwischen Ideologie, Protest und Nostalgie. In: *Kölner Zeitschrift für Soziologie und Sozialpsychologie* 46, S. 571-596.

Westle, Bettina (1994b): Nationale Identität der Deutschen nach der Vereinigung - Zur Asymmetrie deutschen Nationalstolzes. In: Rattinger, Hans/Jagodzinski, Wolfgang/ Gabriel, Oscar W. (Hrsg.): *Wahlen und politische Einstellungen im vereinigten Deutschland.* Frankfurt am Main u.a.: Peter Lang, S. 453-498.

Westle, Bettina (1999a): Ethnische Zugehörigkeit, nationale Identifikation und Unterstützung der Demokatrie - Zur Entwicklung in den baltischen Staaten 1990 bis 1997 In: *Politische Vierteljahresschrift* 40, S. 279-304.

Westle, Bettina (1999b): Kollektive Identität im vereinten Deutschland : Nation und Demokratie in der Wahrnehmung der Deutschen. Opladen: Leske + Budrich.

Westle, Bettina (2004): Kollektive Identifikation und Orientierungen gegenüber Demokratien und Sozialismus. In: Schmitt-Beck, Rüdiger/Wasmer, Martina (Hrsg.): *Sozialer und politischer Wandel in Deutschland: Analysen mit ALLBUS-Daten aus zwei Jahrzehnten.* Wiesbaden: VS Verlag für Sozialwissenschaften, S. 261-301.

Wiezorek, Christine (2005): Schule, Biografie und Anerkennung: Eine fallbezogene Diskussion der Schule als Sozialisationsinstanz. Wiesbaden: VS Verlag für Sozialwissenschaften.

Willems, Helmut (1993): Fremdenfeindliche Gewalt. Einstellungen, Täter, Konflikteskalation. Opladen: Leske + Budrich.

Wilson, Glenn D. (1973): *The Psychology of Conservatism.* London: Academic Press.

Winkler, Jürgen R. (1996): Bausteine einer allgemeinen Theorie des Rechtsextremismus. In: Falter, Jürgen W./Jaschke, Hans-Gerd/Winkler, Jürgen R. (Hrsg.): *Rechtsextremismus. Ergebnisse und Perspektiven der Forschung, PVS Sonderband 27.* Opladen: Westdeutscher Verlag, S. 25-48.

Winkler, Jürgen R. (2001): Rechtsextremismus. Gegenstand - Erklärungsansätze - Grundprobleme. In: Schubarth, Wilfried/Stöss, Richard (Hrsg.): *Rechtsextremismus in der Bundesrepublik Deutschland. Eine Bilanz.* Opladen: Leske + Budrich, S. 38-68.

Winkler, Jürgen R. (2005): Persönlichkeit und Rechtsextremsimus. In: Schumann, Siegfried/Schoen, Harald (Hrsg.): *Persönlichkeit. Eine vergessene Größe der empirischen Sozialforschung.* Wiesbaden: VS Verlag für Sozialwissenschaften, S. 221-241.

Winter, Thomas von (1996): Wählerverhalten in den östlichen Bundesländern: Wahlsoziologische Erklärungsmodelle auf dem Prüfstand. In: *Zeitschrift für Parlamentsfragen* 27, S. 298-316.

Winters, Peter J. (2000): Ist die PDS am Ende? In: Thierse, Wolfgang/Spittmann-Rühle, Ilse/Kuppe, Johannes (Hrsg.): *Zehn Jahre Deutsche Einheit.* Opladen: Leske + Budrich, S. 99-112.

Wittich, Dietmar (1995): Mitglieder und Wähler der PDS. In: Brie, Michael/Herzig, Martin/Koch, Thomas (Hrsg.): Die PDS. Postkommunistische Kaderorganisation, ostdeutsche Volksverein oder linke Volkspartei? Empirische Befunde und kontroverse Analysen. Köln: PapyRossa Verlag, S. 58-80.

Wittrock, Philipp/Medick, Veit (2011): *Kommunismus-Bekenntnis. CSU fordert Totalüberwachung der Linken.* Spiegel Online vom 05.01.2011, abrufbar unter: http://www.spiegel.de/politik/deutschland/0,1518,737911,00.html (zuletzt abgerufen 19.05.2011).

Zaller, John R. (1992): *The Nature and Origins of Mass Opinion.* Cambridge: Cambridge University Press.

Zelle, Carsten (1997): *Ostalgie? National and Regional Identifications in Germany after Unification.* Birminham: University of Birmingham, IGS Discussion Papers Series 10/1997.

Zelle, Carsten (1998a): Soziale und liberale Wertorientierungen: Versuch einer situativen Erklärung der Unterschiede zwischen Ost- und Westdeutschen. In: *Aus Politik und Zeitgeschichte* B41/42, S. 24-36.

Zelle, Carsten (1998b): A Third Face of Dealignment? An Update of Party Identification in Germany. 1971-94. In: Anderson, Cristopher J./Zelle, Carsten (Hrsg.): *Stability and Change in German Elections: How Electorates Merge Converge or Collide.* London: Praeger, S. 55-70.

Zempel, Jeannette/Bacher, Johann/Moser, Klaus (2001): *Erwerbslosigkeit. Ursachen, Auswirkungen und Interventionen.* Opladen: Leske + Budrich.

Zintl, Reinhard (1989): Der homo oeconomicus: Ausnahmeerscheinung in jeder Situation oder Jedermann in Ausnahmesituationen? In: *Analyse & Kritik* 11, S. 52-69.

The manufacturer's authorised representative in the EU is Springer Nature Customer Service Centre GmbH, Europaplatz 3, 69115 Heidelberg, Germany. If you have any concerns regarding our products, please contact ProductSafety@springernature.com

Printed and bound by CPI Group (UK) Ltd, Croydon, CR0 4YY

23/04/2026

02095592-0004